SV

Sonderdruck
edition suhrkamp

Ende der siebziger Jahre zeigte sich Albert Hofmann schwer enttäuscht vom Schicksal der von ihm entdeckten »Wunderdroge«: *LSD – mein Sorgenkind* lautete der Titel des damals erschienenen Erinnerungsbuchs. Hatte man die Substanz noch in den sechziger Jahren als Königsweg zur Erkundung der Psyche gefeiert, folgte bald der Rückschlag: Halluzinogene wurden flächendeckend verboten, ein Effekt des »War on Drugs«.

Heute scheint das Tabu zu bröckeln: Weltweit wird über die Legalisierung von Marihuana diskutiert; junge Menschen pilgern an den Amazonas, um sich mit Ayahuasca auf Jenseitsreise zu begeben; Mediziner erforschen das therapeutische Potenzial von MDMA oder der Pilzdroge Psilocybin; selbst im Mainstream-Kino wird an den Pforten der Wahrnehmung gerüttelt.

Die Autoren beleuchten die Renaissance des Psychedelischen aus unterschiedlichen Perspektiven, sprechen mit Hirnforschern, Usern und Juristen. Sie befassen sich mit dem Menschheitsthema Rausch und erklären, warum ihm kein Verbot einen Riegel vorschieben wird.

Paul-Philipp Hanske, geboren 1975, lebt als Journalist und Autor in München. Er schreibt u.a. für die *Süddeutsche Zeitung*, *Neon* und *Geo*.

Benedikt Sarreiter, geboren 1976, lebt als Journalist und Autor in München. Er schreibt u.a. für das Magazin der *Süddeutschen Zeitung*, *Neon* und *Wired*.

Paul-Philipp Hanske/Benedikt Sarreiter

Neues von der anderen Seite

Die Wiederentdeckung
des Psychedelischen

Suhrkamp

Erste Auflage 2015
© Suhrkamp Verlag Berlin 2015
Originalausgabe
Alle Rechte vorbehalten, insbesondere das der Übersetzung,
des öffentlichen Vortrags sowie der Übertragung
durch Rundfunk und Fernsehen, auch einzelner Teile.
Kein Teil des Werkes darf in irgendeiner Form
(durch Fotografie, Mikrofilm oder andere Verfahren)
ohne schriftliche Genehmigung des Verlages reproduziert
oder unter Verwendung elektronischer Systeme verarbeitet,
vervielfältigt oder verbreitet werden.
Umschlagabbildung: *Ciborium emesis*, Acryl auf Leinwand,
60 cm × 80 cm, 2008, © James Roper
Satz: Satz-Offizin Hümmer GmbH, Waldbüttelbrunn
Druck: Druckhaus Nomos, Sinzheim
Umschlag gestaltet nach einem Konzept
von Willy Fleckhaus: Rolf Staudt
Printed in Germany
ISBN 978-3-518-07121-2

Inhalt

Warum wir über Drogen reden müssen

You're an antenna,
sending your pattern out
across a million lives at night,
and they're your lives too.
Thomas Pynchon

Zeit für gute Nachrichten

Kaum jemand kennt heute noch Bill Hicks, was eine Schande ist. Legte dieser US-Stand-Up-Comedian doch schon vor mehr als zwanzig Jahren so kompromisslos wie kaum jemand vor oder nach ihm die Abgründe von Politik, Gesellschaft, Popindustrie und nicht zuletzt auch seine eigenen frei. Sein Einfluss auf heutige Comedy-Stars wie Louis CK oder Ricky Gervais ist unübersehbar. Doch seine Schärfe erreichen sie nicht. Hicks' Tiraden konnten jeden ereilen, vom Schmusesänger bis zum Abtreibungsgegner. Vor allem aber zielten sie auf die Widersprüche der Drogenprohibition. Einer seiner bis heute meistzitierten Jokes stammt aus dem Programm »Sane Man« (1989) und handelt von der stereotypen Berichterstattung über LSD. Hicks wundert sich, wieso in den Medien immer nur die gleiche Geschichte erzählt wird: »Mann springt auf LSD aus dem Fenster und stirbt!« Hicks' Kommentar: Was für ein Trottel! Würde man nicht, wenn man wirklich dächte, man könne fliegen, eher vom Boden starten? Und weiter: »Wie wäre es mal mit einer positiven LSD-Geschichte? Mal auf Grund von Informationen urteilen anstatt von Angstmacherei, Aberglauben und Lügen? Wäre nicht so was mal berichtenswert: ›Heute erkannte ein Mann auf Acid, dass Materie Energie ist, die zu einem langsamen Vibrieren verdichtet wurde; dass wir alle ein gemeinsames Bewusstsein haben, das sich selbst subjektiv erlebt; dass es den Tod nicht gibt und wir nur eine Einbildung von uns selbst sind.‹ Und jetzt: Tom mit dem Wetter …«

Hicks starb 1994 mit 32 Jahren an Bauchspeicheldrüsenkrebs. Würde er heute wieder auferstehen, er wäre überrascht, wie nah die Wirklichkeit an seine Vision herangerückt ist. Denn seit etwa zehn Jahren zeichnet sich immer deutlicher eine Tendenz ab, die man als psychedelische Renaissance bezeichnen könnte. Weltweit werden zahlreiche Studien durchgeführt, die den Nutzen psychedelischer Substanzen belegen. MDMA wird gegen Posttraumatische Belastungsstörungen eingesetzt, die Todesangst sterbenskranker Patienten wird mit Psilocybin oder LSD behandelt, DMT ist ein hochwirksames Arzneimittel der Suchttherapie. Daneben gibt es einen regelrechten Boom spiritueller Praktiken, bei denen psychedelische Substanzen zum Einsatz kommen. Und all das wird flankiert von einer Medienberichterstattung, die – anders als früher – überraschend wohlwollend ist. So utopisch Hicks' fiktiver Fernsehbeitrag vor zweieinhalb Jahrzehnten schien, heute kann man ähnliche Berichte regelmäßig auch in etablierten Medien finden.

Ein aussichtsloser Krieg

Bei all den freundlichen Stimmen über den Nutzen psychedelischer Substanzen darf man freilich nicht vergessen, dass LSD, Psilocybin, DMT und MDMA weiterhin verboten sind und ihr Verkauf und Gebrauch außerhalb streng reglementierter klinischer Versuchsreihen drakonisch bestraft wird. Dabei ist offensichtlich, dass der War On Drugs, den Richard Nixon Anfang der 1970er Jahre ausrief und den die USA mit Hilfe der Vereinten Nationen über die ganze Welt verbreiteten, verloren ist. Das sehen nicht nur liberale Drogenexperten so, auch 82 Prozent der US-amerikanischen Bevölkerung und sogar hohe US-Generäle sind inzwischen überzeugt, dass Drogenkonsum und -handel nicht mit Gewalt zu stoppen sind. Selbst in der Exekutive denkt man um. In einem Interview äußert sich André Schulz, der Vorsitzende des Bundes deutscher Kriminalbeamter, jüngst kritisch über die unsinnige Praxis, User zu kriminalisieren und damit ein Leben lang zu stigmatisieren. Und dann spricht er, der Polizist, sich dafür aus, auch in Deutschland endlich eine Debatte über eine Entkriminalisierung des Konsums weicher Drogen zu führen.

Seit jeher ist der Rausch ein Menschheitsthema: Wir möchten mit verschiedenen Bewusstseinszuständen spielen, unsere Wahrnehmung manipulieren, für einige Momente enthemmter, offener, mutiger, inspirierter, lustiger, stärker, sensibler, erleuchteter oder einfach nur irrationaler sein. Diesen Drang hemmt kein Verbot. Und trotzdem wiederholt sich seit etwa einem Jahrhundert ein Muster, dessen fatale Dynamik schon bei der Prohibition von Alkohol in den USA zu beobachten war – und das im Zuge des Kampfes gegen Heroin, Kokain, Marihuana und Psychedelika global ausgeweitet wurde. Der War On Drugs fördert die Etablierung krimineller Strukturen und eröffnet der Mafia lukrative Geschäftsfelder. Der Substanzgebrauch geht dabei in keiner Weise zurück, er wird bloß »schmuddeliger« und objektiv gefährlicher. Der gepanschte Alkohol von einst ist das mit Bleipulver beschwerte Marihuana von heute. Oder es sind brandneue, im Zweifelsfall noch unverbotene psychoaktive Substanzen, von denen aktuell sicher das größte Risiko für User ausgeht.

Die Wurzeln des Anti-Drogen-Krieges und der damit einhergehenden Hysterisierung des Mainstream-Diskurses reichen bis weit vor Nixons Phantasma einer drogenfreien, nüchternen Welt zurück. In den 1930er Jahren startete Harry Anslinger – der Leiter des amerikanischen »Federal Bureau of Narcotics«, Vorläufer der »Drug Enforcement Administration« (DEA) – eine Kampagne gegen Marihuana. Das Kraut, das vor allem von der afroamerikanischen und mexikanischen Minderheit konsumiert wurde und heute in den USA, Uruguay, Portugal und etlichen anderen Ländern schrittweise legalisiert oder zumindest entkriminalisiert wird, wurde als Killerdroge verunglimpft, die Leute in den Wahnsinn triebe. Mit Erfolg. Der Besitz von Marihuana wurde landesweit verboten und sehr hart bestraft, obwohl es schon damals von den meisten Ärzten und Forschern als relativ harmlos eingestuft wurde. Doch Anslingers Behörde brauchte nach der Aufhebung des Alkoholverbots dringend eine neue Aufgabe, drohten doch sonst Kürzungen. Und war der Kampf für eine nüchterne Welt nicht auch ein hehres Unterfangen? Anslingers Paranoia vor einer Gesellschaft der Süchtigen, die in den von puritanischen Werten geprägten USA begierig aufgegriffen wurde, bildete die Keimzelle der Drogenpolitik, wie wir sie heute kennen.

Vor diesem Feldzug hatte es einmal einen anderen, weitaus vernünftigeren Umgang mit Drogen gegeben. Morphin war Bestandteil vieler Hustensäfte und Stimmungsaufheller, die in Apotheken frei verkauft wurden, Kokain wurde in Softdrinks gemischt. Es gab sogar einen mit Koka versetzten Wein, den Vin Mariani, dem die Päpste Leo XIII. und Pius X. ebenso frönten wie die gestrenge Queen Victoria. Gleich den meisten ihrer Zeitgenossen konnten sie den Gebrauch von derartigen Medikamenten und Genussmitteln in unbedenklichem Rahmen halten, als unschuldige Bereicherung eines Lebensvollzugs, der sonst in keiner Weise vom Substanzgebrauch geprägt oder gar definiert war. Natürlich wurden auch damals schon manche Menschen von den Wässerchen, Sirups und Tränken abhängig, so wie von Alkohol bis heute. Die Ärzte behandelten sie als Kranke. Mit der Politik Anslingers änderte sich das jedoch. Den Ärzten wurde nun verboten, ihren Suchtpatienten die Substanzen weiter kontrolliert zu verabreichen. Für die Abhängigen war das eine Katastrophe. Konnten sie zuvor mit ärztlicher Hilfe weiter ihren Beruf ausüben und einen normalen Alltag bestreiten, mussten sie nun zu dubiosen Dealern und bezahlten horrende Preise für gestreckte und nicht selten toxische Ware. Unversehens waren aus Zu-Behandelnden Zu-Bestrafende geworden.

Der reine Rausch

Wir wollen jedoch im Folgenden nicht über Kokain und Heroin berichten, auch nicht über der Medien liebste »Horrordroge« Methamphetamin, und selbst über Cannabis, das die aktuellen Legalisierungsdebatten dominiert, bloß am Rande. Was uns interessiert, ist speziell der psychedelische Rausch. Der Ausdruck »Psychedelik« geht zurück auf den britischen Psychiater Humphry Osmund. Dieser prägte ihn in einem Briefwechsel mit dem Schriftsteller und Philosophen Aldous Huxley, von dem wir ebenfalls noch einiges hören werden. Wörtlich übersetzt heißt »psychedelisch« so viel wie »die Psyche offenbarend«. Die klassischen psychedelischen Substanzen sind das 1943 von Albert Hofmann entdeckte LSD, ferner die Pilzdroge Psilocybin oder Meskalin, das etwa im Peyote-Kaktus vorkommt. Auch das als Hauptwirkstoff von Ecstasy bekannte MDMA ist eine psychedelische Substanz, ebenso das Narkotikum Ketamin oder Alkaloide aus Nachtschattengewächsen. Darüber hinaus aber gibt es seit einigen Jahren eine wahre Flut an ganz unklassischen, teils im Wochenrhythmus evolvierenden psychedelischen Substanzen, die so kryptische Namen tragen wie 25I-NBOMe.

Alle Räusche eröffnen eine Gegenwelt zum Alltag mit seinen festen Regeln, gewähren Urlaub vom starren und determinierten Ich. In diesem Sinne kann man die psychedelische Erfahrung als reinste Form des Rausches begreifen, konfrontiert sie einen doch entschiedener als jede andere mit einer fremden Realität. Das kann bis zur vollständigen Auflösung des Ich-Gefühls gehen, was dann entweder als beglückendes Aufgehen im All-Einen oder als Absturz in den Wahn erlebt werden kann. So oder so jedoch ist der psychedelische Rausch kulturbildend. Er steht am Beginn zahlreicher Gründungsmythen indigener Gesellschaften und hat – auch im Abendland und in der westlichen Moderne – ästhetische und philosophische Eigenwelten ausgebildet. Über den Kokain- und Amphetaminrausch, der einfach eine Steigerung bekannter Vitalfunktionen und Potenzen bewirkt, lässt sich wenig Bemerkenswertes berichten (eher von den Folgen). Ebenso auch über Opiate, sofern sie einen bloß einlullen und mit der Welt versöhnen. Der psychedelische Rausch dagegen ist grell und dunkel, erhaben und unheimlich, er ist von Mal zu Mal anders, anstrengend und erhellend. Kurz: Er war und bleibt ein Abenteuer. Und er lässt sich nutzbar machen.

Eine Geschichte mit Unterbrechung

Bis in die 1960er Jahre wurde LSD in der Psychotherapie oder zur Minderung des Suchtdrucks bei Alkoholabhängigkeit eingesetzt. Dann verließ die Substanz die Therapiezimmer und befeuerte die Partys wie die inneren Forschungsreisen der Hippies. Der psychedelische Hedonismus der Gegenkultur verstörte das Establishment. Das reagierte auf das Unbekannte mit Verbot und Bestrafung. Seit 1966 ist LSD in den USA illegal, seit 1971 auch in Deutschland und dem Rest der Welt. Und mit LSD wanderten viele andere psychotrope Stoffe auf die schwarze Liste. Herstellung, Vertrieb und Gebrauch werden mit ähnlicher Härte bestraft wie bei Heroin oder Kokain. Und das, obwohl es zu diesen Stoffen in jeder Hinsicht substantielle Unterschiede gibt – nicht bloß in der Wirkung. In den letzten Jahren wurden immer wieder Studien veröffentlicht, die die Schädlichkeit der gängigen Rauschsubstanzen untersuchten. Auf den ersten Plätzen landeten immer Heroin, Alkohol, Kokain und Nikotin, auf den hinteren MDMA, Psilocybin und LSD. Psychedelische Substanzen machen nicht süchtig, sie prägen höchstens Toleranzen aus, ernsthafte körperliche Schäden sind nicht bekannt. Auch eignen sie sich nicht zur touristischen oder habituellen Realitätsflucht – was nicht heißt, dass sie deshalb immer ungefährlich wären. Doch scheint es überfällig, diese Gefahren auf der Basis neuerer Erkenntnisse realistisch einzugrenzen und so eine sachliche Diskussion über den potentiellen Nutzen und die potentiellen Schäden psychedelischer Erfahrungen zu ermöglichen. Nicht zuletzt dies soll Gegenstand und Ziel unseres Buches sein.

Seit ein paar Jahren versuchen Wissenschaftler, Aktivisten und Künstler den Schleier aus Fehlinformationen und Ressentiments zu lüften, der die realen Charakteristika und Potentiale von Psychedelika verdeckt. Sie greifen auf die Grundlagen zurück, die in den 1950er und -60er Jahren geschaffen wurden, und setzen die Arbeit fort, die durch die Prohibition unterbrochen wurde. Genauso halten Psychedelika wieder Einzug in Musik, Kunst und Film. Zwar waren sie in diesen Feldern nie völlig verschwunden, doch so explizit wie heute wurde die psychedelische Kultur seit ihren Anfängen vor 50 Jahren nicht mehr gefeiert. Im Silicon Valley nehmen Tech-Nerds LSD und DMT, Europäer fliegen nach Peru, um in Ayahuasca-Zeremonien die Selbsttranszendenz zu erfahren, und die Psychonauten der Gegenwart bestellen sich im Internet neu entworfene Substanzen. Dies alles sind Anzeichen für eine Wiederentdeckung des Psychedelischen. Es wird Zeit, einen anderen Blick auf diese Substanzen zu etablieren, einen vorurteilsfreien, ohne Angstmacherei und die alten Mechanismen der Dämonisierung, kurzum: einen Blick, wie schon Bill Hicks ihn damals forderte.

Für dieses Buch haben wir Therapeuten, Psychologen und Hirnforscher besucht, die mit psychedelischen Substanzen arbeiten, und lassen sie ausführlich zu Wort kommen. Wir untersuchen die Mechanismen des Rausches, berichten über die Geschichte und die neuesten Entwicklungen der psychedelischen Forschung. Wir erkunden die unübersichtliche Schattenwelt der neuen psychedelischen Substanzen, führen in die spirituell-psychedelische Bewegung ein und beschreiben den Zusammenhang von Psychedelika und Informationstechnologie. Wir begegnen Psychedelia in Kunst,

Pop und Kino und fragen, wieso es eigentlich gerade jetzt zur psychedelischen Renaissance kommt. Vor allem aber versuchen wir den psychedelischen Rausch von innen zu zeigen, indem wir User sprechen lassen: Trauma-Opfer, die mit MDMA geheilt wurden, LSD-Konsumenten, die künstliche Paradiese durchwanderten, und solche, die sich zitternd vor Angst in der Ecke zusammenrollten; spirituell erleuchtete Ayahuasca-Trinker und Neuro-Hipster aus dem Silicon Valley, die die psychedelische Erfahrung nutzen, um Neuland zu betreten. Bis auf wenige Ausnahmen bleiben die User anonym. Das geschieht nicht aus Scham, denn alle, die wir trafen, stehen zu ihrem Konsum. Aber noch ist viel, von dem wir hier berichten, illegal. Und wer will schon eine Exekutive wecken, die teils umso unverhältnismäßiger agiert, je stärker sie im Stillen an ihrem Auftrag zweifelt?

Was wirkt? Von kalten Kräutern und partiellen Serotonin-Agonisten

Eine stinkende Salbe

Im Jahr 1545 erhielt Andrés Laguna, Leibarzt des Papstes Julius III., Kunde von einem Ehepaar, das der Hexerei beschuldigt wurde. Der frühneuzeitliche Hexenwahn, dem unzählige Frauen und Männer zum Opfer fallen sollten, griff gerade um sich, doch der von den Ideen des Humanismus beeinflusste Laguna stand den Schreckensberichten von nächtlichen Hexenritten und Teufelsorgien skeptisch gegenüber. Er interessierte sich für den Fall und kam in Besitz einer grünen Salbe, die man bei dem verdächtigen Ehepaar gefunden hatte. Als vorsichtiger Wissenschaftler probierte er das »übelriechende Gemisch« nicht selbst aus, sondern rieb stattdessen lieber erst einmal die Frau des Henkers von Metz damit ein (die näheren Umstände des Versuchs sind leider nicht bekannt). Diese fiel schnell in ein Delirium, und als sie nach 36 Stunden wieder zu sich kam, berichtete sie die vertraute Geschichte vom Stelldichein mit dem Teufel – obwohl sie nachweislich das Bett nicht verlassen hatte. Der Gedanke, dass die Erlebnisse der Henkersgattin nicht real, sondern Halluzinationen waren, die von einer Substanz in der Salbe ausgelöst wurden, war noch nicht konsensfähig. Zwar wurden Nachtschattengewächse wie Stechapfel und Tollkirsche von den Inquisitionsbehörden immer wieder mit der Hexerei in Verbindung gebracht, jedoch nicht aufgrund von Inhaltsstoffen, sondern weil diese giftigen Pflanzen, wie der schwarze Hahn, als Insignien des Teufels galten. Laguna berief sich bei seiner Einschätzung des Falls auf den spätantiken Arzt Dioskurides. Der beschrieb in seiner *materia medica* die Wirkung verschiedener psychotroper Pflanzen. Die bewusstseinsverändernden Eigenschaften dieser Drogen lägen, so Dioskurides, in der »Kälte«, die sie hervorriefen. Die sinnliche Wahrnehmung, also die sichere Verbindung zur Welt, würde dadurch gedämpft, was zunächst zu angenehmen Effekten, in höheren Dosierungen aber zum Tode führe. Mehr als mit Dioskures zu vermuten, dass »kalte Kräuter«, vermutlich Bilsenkraut, Stechapfel oder Tollkirsche, in Verbindung mit einer vulgären Phantasie für die Zustände der Henkersgattin verantwortlich seien, konnte de Laguna freilich nicht. Sein experimentelles Vorgehen jedoch, vor allem aber sein Drang, nach dem Substrat der Sinnestäuschung zu suchen, weisen schon eindeutig in Richtung eines modernen Umgangs mit dem Rausch.

Die Erkundung des Rausches, vor allem die Erforschung von veränderten Bewusstseinszuständen und Halluzinationen, ist eng verbunden mit der Entwicklung der modernen Humanwissenschaften. Seit Psychologen, Mediziner und Neurowissenschaftler sich über das Bewusstsein, über die Funktionsweise der Nerven und des Gehirns Gedanken machen, interessieren sie sich auch für den Rausch als Abweichung von der Normalität. Lange Zeit konnten sie dabei nur rein deskriptiv vorgehen und die verschiedenen Rauscharten in ihren emotionalen und kognitiven Aspekten vergleichen. Die erste wissenschaftliche Monographie über Rauschzustände erschien 1762 unter dem Titel *Inebriantia*. Autor war der schwedische Universalgelehrte Carl von Linné, der sich vor allem als Botaniker einen Namen machte und dessen binäres System die Grundlage der modernen botanischen und zoologischen Taxinomie ist. Linné merkte an, dass es »keine Nation ohne Rauschmittel« gebe, systematisierte alle ihm bekannten Drogenpflanzen (neben den Nachtschattengewächsen, Hanf und Schlafmohn auch so exotische wie die syrische Steppenraute, deren Alkaloide dieselben sind wie ein Bestandteil des amazonischen Ayahuasca), bemerkte, dass die meisten Drogen einen bitteren Geschmack hätten, und gab überdies freimütig zu, dass auch er für die Wirkmechanismen der psychotropen Substanzen keine befriedigende Erklärung habe.

Das sollte sich erst über hundert Jahre später ändern. 1886 erhielt der Berliner Pharmakologe Louis Lewin, der sich später auf die Chemie von Giftstoffen spezialisieren sollte, auf einer Amerikareise eine Anzahl getrockneter Kakteenstücke, die seine Gewährsleute als »Peyote« bezeichneten. Nach seiner Rückkehr machte er sich mit dem Botaniker Paul Hennings an die Klassifikation der noch unbekannten Pflanzen. Zu Lewins Ehren wurde sie *Anahalonium Lewinii* genannt. Lewin veranstaltete mehrere Tier- und Selbstversuche, veröffentlichte zahlreiche Artikel, in denen er die Wirkung des Peyote-Kaktus beschrieb, beklagte jedoch, »dass auch das schärfste philosophische und psychologische Eingehen auf das Problem der Sinnesempfindung aus inneren Ursachen keinen Weg findet, um Entstehen oder richtige und falsche Beurteilung einer Empfindung im Nervenstück deuten zu können.« Sollte dieses biochemische Rätsel jedoch dereinst gelöst werden können, so versprach sich Lewin viel davon, etwa eine Aufklärung verschiedener Wahnkrankheiten: »Wenn überhaupt je in das absolute Dunkel, das über solchen Gehirnvorgängen lagert, Licht gebracht werden sollte, so könnte dieses nur aus der chemischen Forschung ausstrahlen.«

Im Jahr 1920 synthetisierte der österreichische Chemiker Ernst Späth als erster Meskalin, den wirksamen Bestandteil von Peyote. Meskalin war nicht die erste Droge, die in Reinform zur Verfügung stand. Schon 1859 wurde in Göttingen Kokain isoliert. Mit Meskalin lag nun jedoch erstmals ein chemischer Reinstoff vor, der Sinnestäuschungen und Halluzinationen hervorrief. Schnell begann damit eine vielfältige Forschung. In Tierversuchen wurde Meskalin bis zur letalen Dosis getestet, um auf Stoffwechselvorgänge zu schließen. In Tübingen beschreibt der Psychiater Hans Bensheim die Wirkung der Droge und kommt dabei zur Unterscheidung verschiedener »Rauschpersönlichkeiten«: »Der Cyclothyme sieht ornamental, der Schizothyme figürlich. Beim Cyclothymen finden wir somit Schilderungen von Farben und Formen, die kaleidoskopartig sich ändern, die in ständigem Wechsel sich durchdringen, sich ausbreiten und zusammenschrumpfen. Beim Schizothymen jedoch ballen sich diese Bausteine zu Figuren, die rasch aufleuchten, um sich in neue Kombinationen zu verwandeln; aus Wolken formen sich Berge und Schlösser, Köpfe von Menschen und Tieren in abenteuerlichster Weise. Der eine schaut, objektiv und distanziert den realen Urstoff, der andere verarbeitet und gestaltet diese Materie.«

Vor allem geht die Forschung jedoch in die Richtung, die schon Louis Lewin vorgeschlagen hatte. Da psychedelische Substanzen wie Meskalin bei Gesunden Rauschzustände verursachen, die dem Krankheitsbild der Schizophrenie ähneln (Verwirrtheit, optische und akustische Halluzinationen, wahnhafte Vorstellungen), glaubte man, mit der Verabreichung der Droge wesentliche Erkenntnisse über diese damals völlig unerklärbaren Krankheiten gewinnen zu können. In den 1920er Jahren fand derlei Forschung zum Teil in einem ethisch sehr fragwürdigen Rahmen statt, wenn etwa der an der Universität Greifswald amtierende Psychiater Konrad Zucker Schizophrenen ohne deren Wissen Meskalin spritzte und sie daraufhin befragte, inwieweit sich ihr Zustand veränderte – die meisten Kranken konnten die Rauschbilder deutlich von ihren »normalen« Halluzinationen unterscheiden.

Die enge Verbindung in der Erforschung von psychedelischen Räuschen und Geisteskrankheiten sollte sich halten. Die auffallende Ähnlichkeit beider Zustände veranlasste den britischen Psychiater Humphry Osmond 1954 zu der Vermutung, Psychosen könnten durch ein endogenes, also vom Körper selbst erzeugtes Halluzinogen verursacht werden. Humphry beschäftigte sich schon lange mit psychotropen Substanzen, er war es auch, der den Schriftsteller Aldous Huxley mit Meskalin vertraut machte, was zu dessen wirkmächtigen Essays »Pforten der Wahrnehmung« und »Himmel und Hölle« führte. Humphry glaubte, dass

Adrenochrom, ein Oxidationsprodukt des Adrenalins mit angeblich ähnlicher Wirkung wie Meskalin, für die Sinnestäuschungen Schizophrener verantwortlich sein könnte. Die Adrenochrom-Hypothese wurde einige Jahre lang heiß diskutiert, letztendlich jedoch verworfen, als entdeckt wurde, dass die meisten psychedelischen Substanzen schnell Toleranzen entwickeln – dass es also mit der Zeit immer größerer Dosen bedarf, um einen ähnlichen Rausch zu bewirken. Da das bei einem endogenen Halluzinogen auch der Fall wäre, würden die dadurch verursachten Sinnestäuschungen nach wenigen Tagen wieder verschwinden, was bei Schizophrenie offensichtlich nicht der Fall ist. Und doch spielen Psychedelika bis in die Gegenwart eine wichtige Rolle bei der Erforschung von Psychosen. Zum einen, weil bis heute darüber diskutiert wird, ob der psychedelische Rausch als »Modell-Psychose« verstanden werden könne, ob also das Erleben in beiden Fällen ähnlich sei, sich bloß in der zeitlichen Begrenztheit des Rausches und im Wissen um die Künstlichkeit des Zustands unterscheide. Vor allem aber wurde – auch nach der Adrenochrom-Hypothese – über eine Ähnlichkeit der Wirkmechanismen diskutiert. Auch heute noch weiß man erstaunlich wenig über die biologischen Ursachen einer Psychose. Klar ist jedoch, dass ein gestörter Stoffwechsel von Neurotransmittern wie Serotonin, Glutamat, vor allem aber Dopamin bei dem Krankheitsbild eine wichtige Rolle spielt. Deren Andockstellen, die Rezeptoren, sind es auch, an denen die psychedelischen Drogen ansetzen.

Serotonin und andere Rätsel

1938 synthetisierte Albert Hofmann zum ersten Mal LSD. Hofmann arbeitete bei Sandoz in Basel und forschte mit teilsynthetischen Chemikalien, also Stoffen, deren Grundbausteine natürlich vorkommen. In einer Versuchsreihe fügte er verschiedene Molekülgruppen an die Lysergsäure, die aus dem Mutterkornpilz, einem Roggen-Parasiten gewonnen wurde. Schon seit 1918 wurden ähnliche Präparate in der Geburtshilfe eingesetzt. Die 25. Substanz in der Versuchsreihe war das Diethylamid der Lysergsäure (daher der ursprünglich gebräuchliche Name LSD-25). Da das Diethylamid der chemisch verwandten Nikotinsäure kreislaufstärkende Wirkung hatte, vermutete Hofmann beim LSD einen ähnlichen Effekt. Es dauerte jedoch noch fünf Jahre, bis er die eigentliche, heftige halluzinogene Wirkung der Substanz selbst kennenlernte. Nachdem er im Labor unabsichtlich eine winzige Menge zu sich genommen haben musste und sich daraufhin über Sinnestäuschungen wunderte, probierte er es mit einer Dosis, von der er meinte, dass sie den unteren Schwellenwert der Wirksamkeit darstelle: 250 Millionstel Gramm. Was folgte, war sein berühmter erster, stark überdosierter Trip. Wieso die Droge so stark war und wie sie überhaupt wirkte, das konnte Hofmann freilich nicht erklären.

Es dauerte noch zehn Jahre, bis Wissenschaftler den Wirkmechanismus ahnten. 1949 konnte die chemische Struktur von Serotonin entschlüsselt werden. Die körpereigene Substanz war schon länger bekannt, allerdings wusste man nur von ihren Effekten auf den Darm sowie das Gefäßsystem (daher auch der Name: es wurde vermutet, dass Serotonin der Bestandteil des Blut*serums* ist, der den Gefäßtonus beeinflusst). Anfang der 1950er Jahre entdeckten die amerikanische Biochemikerin Betty Twarog und ihre Kollegen die Tatsache, dass Serotonin im Nervensystem eine zentrale Rolle spielt. Heute weiß man, dass Serotonin einer der wichtigsten jener Neurotransmitter ist, über die Nervenzellen miteinander kommunizieren und sich steuern. Da auch im Nervensystem der primitivsten Lebewesen Serotonin und dessen Rezeptoren vorkommen, wird vermutet, dass dieser Neurotransmitter einer der biologisch ältesten ist. Bis heute aber ist seine Funktion alles andere als klar. Serotonin hat Auswirkungen auf die Verdauung und das Gefäßsystem, auf den Schlaf- und Wachrhythmus, das Sexualverhalten und die Emotionen. In der Psychiatrie spielt Serotonin seit etwa zehn Jahren eine entscheidende Rolle, verschreiben Psychiater Selektive Serotonin-Wiederaufnahmehemmer (SRRIs) gern als Mittel gegen Depressionen. Diese erhöhen nicht nur den Serotonin-Spiegel im Gehirn, sondern haben auch eine angstlösende und stimmungsmodulierende Wirkung. Darüber hinaus wird vermutet, dass Serotonin die komplizierten Wahrnehmungsvorgänge steuert – und genau hier setzen die Halluzinogene an.

Allerdings dauerte es, bis sich diese Auffassung durchsetzte. Wohl angeregt vom Psychiater Humphry Osmond geht Aldous Huxley 1954 in seinem berühmten Essay »Pforten der Wahrnehmung« davon aus, dass das Halluzinogen Meskalin die Glukosezufuhr im Gehirn reduziere, dass auf diese Weise der »zerebrale Reduktionsfilter« in seiner Funktion gestört und das Bewusstsein so mit einer Unmenge an Informationen überschwemmt werde. Es wird sich zeigen, dass diese Vermutung richtig war, einzig die Ursache deutete Huxley falsch.

Serotonin ist, wie das ab den 1950er Jahren sehr prominente LSD, die Pilzdroge Psilocybin oder der Ayahuasca-Bestandteil DMT, ein Tryptamin. Die chemische Ähnlichkeit all dieser Substanzen ist auffällig, so unterscheidet sich Psilocin, der psychisch aktive Stoff, der im Körper aus Psilocybin gebildet wird, nur durch zwei kleine Molekülgruppen von Serotonin. Mithin liegt die Vermutung nah, dass Halluzinogene gewissermaßen vortäuschen, der körpereigene Botenstoff zu sein. Diese überaus plausible Hypothese wird jedoch dadurch fraglich, dass die zweite große Gruppe der Halluzinogene, die so genannten Phenylethylamine – wozu etwa auch Meskalin zählt– chemisch ganz anders aufgebaut und eher mit körpereigenen Stoffen wie dem Hormon Adrenalin oder dem Botenstoff Dopamin verwandt sind.

Seit den 1980er Jahren scheint zumindest so viel sicher zu sein: Halluzinogene Substanzen wie LSD, Psilocin, DMT oder Meskalin setzen an einem Subtyp des Serotonin-Rezeptors namens 5HT$_{2a}$ an. Dieser befindet sich auf allen Nervenzellen, in besonders großer Dichte jedoch auf den großen und besonders stark vernetzten Pyramidzellen im präfrontalen Cortex, jenem Teil des Gehirns, der unter anderem mit der Verarbeitung der eingehenden sensorischen Reize beschäftigt ist. Die Nervenzellen werden durch diese Aktivierung leichter erregbar, tauschen, vereinfacht gesagt, mehr Signale untereinander aus.

Nun aber werden die Dinge verworren. Denn die Halluzinogene ersetzen Serotonin nicht einfach, sondern wirken vielmehr als »partielle Agonisten«, d. h. sie lösen in der Nervenzelle, auf der sich der Rezeptor befindet, die gleiche Reaktion aus wie Serotonin – jedoch schwächer. Während LSD aber nur etwa 20 Prozent des Aktivierungspotenzials von Serotonin hat, fungieren Meskalin oder halluzinogenes Amphetamin beinahe als »Vollagonisten«, aktivieren die Zelle also fast so stark wie der natürliche Botenstoff. Aber wie passt diese Tatsache mit dem Fakt zusammen, dass LSD in wesentlich niedrigerer Dosis wirksam ist als die meisten anderen Halluzinogene? Der Pharmakologe David E. Nichols, der selbst einige Halluzinogene entwickelt hat und als einer der umtriebigsten Forscher auf diesem Gebiet gilt, räumt unumwunden ein, dass die 5HT$_{2a}$-Rezeptoren die Wirkweise dieser Substanzen bislang nur sehr unbefriedigend erklären.

Erschwerend kommt hinzu, dass es neben den prominenten Halluzinogenen wie LSD, Meskalin und DMT, von denen man inzwischen weiß, dass sie mit dem 5HT$_{2a}$-Rezeptor agieren, noch eine Reihe anderer Substanzen gibt, die zwar ebenfalls halluzinogen wirken, jedoch erwiesenermaßen andere Signalpfade benutzen. Auch THC, der wichtigste Cannabis-Wirkstoff, löst in hohen Dosierungen Sinnestäuschungen aus, aktiviert jedoch die Cannabinoid-Rezeptoren, die unter anderem für die Koordination von Lernprozessen verantwortlich sind. Ketamin, eines der populärsten Halluzinogene in jüngerer Zeit (das in hoher Dosierung narkotisch wirkt), blockiert allerdings den NMDA-Rezeptor, während Nachtschatten-Drogen wie Atropin und Scopalamin mit dem Neurotransmitter Acetylcholin konkurrieren. Trotzdem können all diese Substanzen Halluzinationen auslösen und psychedelisch im Sinne von Humphry Osmond wirken. Und um es noch komplizierter zu machen: Personen, die an der Parkinson-Krankheit leiden, werden mit Medikamenten behandelt, die den Dopamin-Spiegel in ihrem Gehirn erhöhen. Bei einer Überstimulation leiden diese Patienten oft unter Halluzinationen. Es liegt also die Vermutung nahe, dass halluzinogenes Erleben von einer *Verkettung verschiedener* Signalpfade herrührt – die bisher noch nicht entdeckt ist.

Schaufenster ins Gehirn

Doch so vertrackt die biochemischen Mechanismen auch sind, so kann man doch die Hirnregionen betrachten, die dadurch aktiviert oder gedämpft werden. Halluzinogene stimulieren etwa den locus caeruleus, der zentral für die Steuerung von Aufmerksamkeit ist und gern als eine Art »Neuigkeitsdetektor« bezeichnet wird. Dessen Aktivierung könnte, so vermutet der Pharmakologe David E. Nichols, dafür verantwortlich sein, dass unter dem Einfluss von Halluzinogenen höchst gewöhnliche und sogar unscheinbare Objekte auf einmal überraschend und fesselnd wirken. In »Die Pforten der Wahrnehmung« berichtet Aldous Huxley, dass ihm beim Blättern in einem Bildband von Botticelli nicht etwa die bekannten Meisterwerke in ihren Bann zogen, sondern so unscheinbare Details wie der Faltenwurf eines Kleides – und gleich darauf seine eigene graue Hose.

Eine weitere partielle Auswirkung hat das Halluzinogen Psilocin (zu dem, wegen seiner Ähnlichkeit zum Serotonin, am häufigsten geforscht wird) auf die Amygdala-Region im limbischen System. Die Mandelkerne scheinen eine wichtige Rolle in der Verarbeitung negativer Emotionen zu spielen, vor allem von Angst. Eine Depression oder Angststörung geht immer auch mit einer übermäßigen Aktivität der Amygdala einher. Es wird vermutet, dass negative Umweltsignale auf diese Weise verstärkt wahrgenommen werden. Unter Psilocin verändert sich die Aktivierung der Mandelkerne, was sich emotional in einer Reduzierung von Furcht und negativen Gedanken bemerkbar macht – weshalb in jüngster Zeit zum Potenzial von Psilocybin als Antidepressivum geforscht wird.

Das alles sind jedoch nur interessante Nebenaspekte. Um dem Rätsel des psychedelischen Erlebens auf die Spur zu kommen, konzentrieren sich Forscher auf andere Gehirnregionen. Der Schweizer Neurowissenschaftler Franz-Xaver Vollenweider, einer der weltweit führenden Gehirnforscher, hat auch ein besonderes Interesse an veränderten Bewusstseinszuständen. Mit einem differenzierten Katalog, dem so genannten »APZ-Fragebogen«, sollen anhand von Angaben zu Wahrnehmung, Stimmung und Denkabläufen »außergewöhnliche psychische Zustände (APZ)« quantifiziert und kalibriert werden, egal ob diese durch Rausch, Meditation oder ein religiöses Erlebnis ausgelöst wurden. Ab den 1990er Jahren verabreichte Vollenweider Probanden Halluzinogene wie Psilocybin, erfragte die Rauschstärke mit dem APZ-Fragebogen und beobachtete die Gehirne der Psychonauten zugleich mittels Positronen-Emissions-Tomographie (PET), die es erlaubt, anhand von Glucose-Raten die Stoffwechselaktivität im Gehirn zu beobachten.

Dass er dies durfte, war zu jener Zeit mehr als ungewöhnlich – erreichte die Tabuisierung aller berauschenden Substanzen damals doch gerade ihren Höhepunkt. In der Schweiz jedoch besann man sich auf das Erbe Albert Hofmanns und genehmigte die Studien nicht nur, sondern finanzierte sie gar aus dem »Schweizer Nationalfonds zur Förderung der wissenschaftlichen Forschung«.

Was in der PET-Röhre deutlich wurde: Je stärker der Rausch, umso mehr Stoffwechselaktivität im präfrontalen Cortex, der unter anderem für die Verarbeitung von sensorischen Signalen zuständig ist. Diese Region ist für Neurowissenschaftler und Psychiater von besonderem Interesse, scheint sie doch einer der Orte zu sein, an denen sich auch Schizophrenie manifestiert. Bei Psychotikern lässt sich eine verminderte Stoffwechselrate in diesem Bereich, eine so genannte Hypofrontalität, feststellen, bei akuten psychotischen Schüben jedoch – wie auch im Halluzinogen-Rausch oder nach intensivem Meditieren – eine erhöhte Tätigkeit.

Allerdings stehen neuere Studien zu diesen Ergebnissen im Widerspruch. Im Zuge der psychedelischen Renaissance, der Lockerung des Tabus, mit psychedelischen Substanzen zu forschen, finden seit einigen Jahren in England großangelegte Untersuchungen statt. Bedeutet die Beschäftigung mit Psychedelika doch heute nicht mehr zwangsläufig eine Karrieresackgasse. Und so hat Colin Carhart-Harris, ein junger britischer Hirnforscher, keine Probleme damit, die psychedelische Wirkung um ihrer selbst willen (und nicht etwa nur als Modell für Psychosen) zu erforschen. Das Team um Carhart-Harris verabreichte gesunden Probanden intravenös Psilocybin und beobachtete den Blutfluss im Gehirn mittels Magnetresonanzverfahren. Mit Blick auf die Vollenweider-Ergebnisse rechneten die Forscherinnen und Forscher mit einer erhöhten Hirnaktivität. Aber das Gegenteil war der Fall: Je stärker der Rausch, umso geringer war der Blutfluss und also die Aktivität im mittleren Präfrontalen Cortex (mPFC) und im Posterioren Cingluate Cortex (PCC). Carhart-Harris macht keinen Hehl daraus, dass er von diesem Ergebnis sehr überrascht war – und bisher nur sehr spekulative Erklärungen dafür hat. Vielleicht lassen sich die Ergebnisse aber doch versöhnen. Besagte Hirnregionen scheinen vor allem in einer Hinsicht eine wichtige Rolle zu spielen, nämlich in der Selbstwahrnehmung. Carhart-Harris sieht das neuronale Netzwerk mit dem Namen »Default Mode Network«, in welchem jene Hirnregionen aktiv sind, »als ziemlich genau das, was Freud mit ›Ego‹ beschrieben hat. Alle Vorgänge, die mit einer Reflexion einhergehen – Grübeln über sich selbst, der Abgleich von Vergangenheit, Gegenwart und Zukunft, aber auch das Denken über das eigene Denken – haben eine Aktivierung dieses Netzwerkes zur Folge«. Andere Untersuchungen zeigten, dass das »Default Mode Network« am aktivsten ist, wenn das Individuum ruht und von Außenreizen abgeschirmt ist. Richtet sich die Aufmerksamkeit dagegen auf die Umwelt – und das passiert etwa schon, wenn der Proband aus dem Fenster schaut –, so reduziert sich auch die Aktivität. Insofern liegt die Vermutung nahe, dass eine Destimulation dieses Netzwerks zum einen jene Ich-Auflösung zur Folge hat, von der Berauschte oft berichten, zum anderen die übrige Kognition, etwa die Wahrnehmung, intensiviert.

Interessanterweise schließt diese Vermutung an eine der ersten Mutmaßungen über den psychedelischen Rausch an, nämlich dass dieser eine Art »Reduktion der Reduktion« sei. Aldous Huxley vermutete schon 1954, dass Meskalin eine Filterfunktion des Gehirns schwäche, die im Normalbewusstsein dazu führe, dass uns nur ein kleiner – der für das biologische Überleben wichtige Teil der Realität – zu Bewusstsein komme.

Welche Realität?

Doch wird auch diese Vermutung der Komplexität des Rauschphänomens nicht ganz gerecht. Denn selbst wenn man mit Huxley davon ausgeht, dass die Droge die Sensibilität steigert und bestehende Realitäten freilegt, die dem Normalbewusstsein verschlossen sind, so muss doch auch an den Teufelsritt der Henkersgattin von Metz erinnert werden. Deren offensichtliches Delirium wertete der frühneuzeitliche Rauschforscher Laguna ja gerade als Beleg für die *Irrealität* all der grassierenden Teufelsgeschichten. Die vermeintlich so klare Frage, wie sich nur vom Subjekt wahrgenommene Bilder von der »objektiven Realität« unterscheiden lassen, führt also auf dünnes Eis. Und zwar in mehrfacher Hinsicht. Denn hier kollidieren verschiedene

Realitätsbegriffe. Zunächst ist jede Halluzination immer auch sozial und kulturell verankert: Der Henkersgattin erschien der Teufel, weil sie ihn aus Predigten und Schauermärchen kannte. Soziologisch verweist die Halluzination also auf eine sehr handgreifliche Realität. Anders, nämlich psychologisch, argumentiert Huxley, wenn er behauptet, dass die Wesen, denen man im Rausch begegne, nicht etwa »falsches« Trugbild, sondern eine »wahrnehmbare Realität« seien, dass sie lediglich einem »noch nicht kartographierten Borneo« entstammen, das jedoch entdeckt und beschrieben werden könne. Und schließlich würde jeder Schamane der indigenen Amazonas-Völker, der im DMT-Rausch mit den Geistern der Ahnen kommuniziert, die Unterstellung, dass er sich die Dinge nur einbilde, entschieden zurückweisen. Er würde sagen, dass der Rausch ihn in eine andere Welt führe, die dem Uneingeweihten bloß nicht zugänglich sei. Die Naturwissenschaft kann diese Art von Realität weder verifizieren noch falsifizieren – sie muss darüber schweigen.

Und auch in der exakten Wissenschaft gilt keineswegs als ausgemacht, wie die Welt »da draußen« sich im Bewusstsein darstellt. Seit langer Zeit arbeiten sich Neurowissenschaftler und Psychologen am sogenannten *Bindungsproblem* ab. Zur Frage steht, wie es das Gehirn schafft, aus einer Vielzahl von Sinneseindrücken diejenigen zu isolieren und vor allem zu synchronisieren, die uns zum Beispiel einen Apfel als Objekt wahrnehmen lassen, das man berühren, sehen, riechen und schmecken kann und an dem bestimmte Erinnerungen und Bewertungen haften. Die Neurowissenschaft schließt damit an das altbekannte philosophische Problem an, dass die *Dinge*, die uns umgeben, nicht einfach »da« sind und von uns nur passiv erkannt werden müssten. Vielmehr muss das Gehirn sie erst aus einer sensorischen Flut heraus formen, konstruieren.

Wieder scheinen es neuronale Netzwerke zu sein, die hier eine zentrale Rolle spielen. Diese Netzwerke synchronisieren ihre Feuerraten in verschiedenen Geschwindigkeiten –

Schwingungen um die 10 Hz, im Alpha-Bereich, werden mit leichter Entspannung in Verbindung gebracht, während Konzentration auf Außenreize, aber auch Meditation Gamma-Wellen um die 30 Hz zur Folge haben. Robin Carhart-Harris beobachtete diese Hirnaktivität an gesunden Probanden mittels Magnetenzephalographie: »Wir konnten feststellen, dass es in allen Frequenzbereichen zu einer Desynchronisation kam – vor allem aber im Alpha-Bereich. Je stärker dieser Effekt war, umso deutlicher war zum einen der Ego-Verlust ausgeprägt, zum anderen berichteten die Probanden von übernatürlichen Erlebnissen.« Folgt man der Erklärung, dass die Welt-Konstruktion des Gehirns über synchronisierte Schaltkreise läuft, die aus dem Takt gebracht werden können, dann hätte der Psychedelika-Rausch weniger eine Reduktion des Wahrnehmungsfilters zur Folge (was ja gewissermaßen ein »Mehr« an Realität bedeuten würde), sondern vielmehr ein Brüchigwerden dessen, was wir Realität nennen – die feste Unterscheidung von Objekten untereinander, von Außen und Innen, von Vergangenheit, Gegenwart und Zukunft. Genau das aber ist die psychedelische Erfahrung, zumindest in höheren Dosen. Dieses Konzept könnte jedoch auch ein weit verbreitetes Phänomen des milden Psychedelika-Rausches erklären, nämlich die Tatsache, dass sich das Gesichtsfeld mit geometrischen Mustern, mit Kreisen, Kacheln und Gittern überzieht. Laut Carhart-Harris ist die Wahrnehmung strikt hierarchisch organisiert, wie sich vor allem am Gesichtssinn zeigt: Was uns als realitätsgetreues Bild erscheint, ist in Wirklichkeit ein Zusammenspiel verschiedener visueller Zentren, von denen die primitiveren zum Beispiel nur für das Erkennen geometrischer Grundformen zuständig sind. Kommt es nun zu einer Desynchronisation, geschieht nichts anderes, als dass diese Zentren plötzlich autonom agieren. Was man sieht, sind nicht etwa Formen, die es »da draußen« wirklich gibt und für die man sonst nur keinen Sinn hat. Man sieht vielmehr das Sehen selbst.

Wir können davon ausgehen, dass sich die Erkenntnisse

auf diesem Bereich in den nächsten Jahren rasant vermehren werden. Vor kurzem wurde Robin Carhart-Harris eine LSD-Studie genehmigt – die erste in Großbritannien seit Jahrzehnten. Dies geschah wohl nicht zuletzt auch in der Erwartung, dass das Wissen über künstlich veränderte Bewusstseinszustände für die Erforschung von Krankheiten wie Demenz, Parkinson oder Schizophrenie relevant sein wird. Was indes die subjektive Qualität des Rausches anbelangt, so wird die interessante Frage sein, welche ihrer Eigenschaften biologisch erklärbar sind und welche weiterhin im Dunkel bleiben. Wird etwa die Morphogenese der Halluzinationen jemals auf ihr biologisches Substrat abzubilden sein? Wird die Neurowissenschaft aufklären können, wieso gerauchtes DMT in eine kristalline Welt führt, DMT als Ayahuasca getrunken jedoch in eine organisch-lebendige? Wird sie die in ihrer »Istigkeit« (Originalausdruck Huxley), in ihrem metaphysischen Glanz strahlenden Objekte auf Meskalin erklären können, die dunkle Klarheit von Ketamin oder die unheimliche, durch nichts als Halluzination gekennzeichnete Schattenwelt, in die man unter dem Einfluss von Nachtschattengewächsen gerät, wie seinerzeit die Henkersgattin aus Metz? Es ist nicht ausgeschlossen – aber bis es so weit ist, werden wieder viele neue Drogen erfunden worden sein.

»Aus einem ontologischen Schlaf erwacht« –
Eine kurze Geschichte der
Psychedelika in den 1950er und 1960er Jahren

Dubiose Pilze

An einem Augusttag des Jahres 1960 fragte der Psychologe Timothy F. Leary den Anthropologen Frank Braun: »Bist du sicher, dass sie nicht giftig sind?« Leary machte mit ein paar Freunden Urlaub in Cuernavaca, einem Städtchen südlich von Mexiko City. Während eines Nachmittags am Pool legte Braun, der damals an der Staatlichen Universität von Mexiko City lehrte, Leary schrumpelige Pilze in die Hand: Teonanacatl, das Fleisch Gottes, das schon die Azteken auf den Pfad zum Jenseitigen führte. Braun hatte sie von einem Schamanen aus der Gegend besorgt. Leary überwand seine Bedenken, spülte die übel schmeckenden Psilocybin-Fungi mit Bier hinunter und spürte eine halbe Stunde später zum ersten Mal in seinem Leben die psychedelische Woge: dass Bäume, Blumen und Büsche in einem gemeinsamen Rhythmus zu atmen scheinen, dass Vögel und andere Tiere sich in ihm bewegen, dass die Umwelt zur Welt wird. Leary reiste an diesem Nachmittag am Pool mit geschlossenen Augen ins alte Indien und Ägypten und sagte später:

»Ich hatte keine Ahnung, welches Potential die Erforschung dieser Substanzen haben kann, bevor ich nicht selbst Psilocybin ausprobierte. Grundsätzlich muss man wissen, dass es hier nicht um eine geistige Betätigung geht, man muss diese Dinge erfahren. Es ist, und mir ist es fast peinlich, das zu sagen, religiös. Ach nein, mehr als religiös, es ist über die Maßen erhebend. Es zeigt uns die unendlichen Fähigkeiten unseres Gehirns, das in Raum-Zeit-Dimensionen operieren kann, von denen wir keine Ahnung hatten. Ich fühle mich, als wäre ich aus einem langen ontologischen Schlaf erwacht.«

Leary war also erweckt und begeistert und zwar derart, dass er bald anfing, in Harvard, wo er Professor war, ein Psilocybin-Forschungsprojekt zu starten. Es war der erste Schritt auf Learys Weg zum wenig schmeichelhaften Titel »LSD-Papst«, der ihm noch sehr viel Ärger einbringen sollte. Er war durch sein Charisma – sein langjähriger Begleiter Richard Alpert (Ram Dass) sagte einmal, wo Leary gewesen sei, hätte alles möglich geschienen –, durch sein Selbstbewusstsein und seine Redekunst der ideale Mittler der neuen psychedelischen Kultur. Und zugleich auch ihr Problem, wie immer wieder konstatiert wird. Denn sein Enthusiasmus war kompromisslos. Er wollte der Welt mitteilen, welche Möglichkeiten in bewusstseinserweiternden Substanzen liegen; er wollte nicht, dass sie nur Kranken und einer gesellschaftlichen Elite zugänglich sind; und er wollte sicherlich auch den verknöcherten akademischen Apparat seiner Disziplin herausfordern und die amerikanische Mittelklasse provozieren, deren Konformität er verabscheute. Dass er sich damit mächtige Gegner schuf, war ihm bewusst, wie er in einem Interview mit dem Playboy 1966 bezeugte. In diesem Gespräch unterstrich er auch die Magie von Sex und freier Liebe unter LSD-Einfluss. Die Interviewer fragten begierig nach, und Leary tat ihnen den Gefallen, seine Erfahrungen zu präzisieren: Sex ohne LSD sei im Vergleich zu LSD-Sex so, als schliefe man mit einer Schaufensterpuppe. Frauen könnten während einer Session hunderte Orgasmen haben. Kein Wunder, dass die amerikanischen Puritaner in Leary einen bedrohlichen Verführer der Jugend sahen.

Wie sich der gesellschaftliche Umgang mit LSD und verwandten Substanzen in den Jahren zuvor verändert hatte, kann man an der Reaktion zu einem anderen Interview ablesen. Ende der 1950er Jahre hatte Cary Grant, Hollywoods Superstar dieser Zeit, ein paar Pressetermine zum Film »Unternehmen Petticoat«. Er sprach unter anderem mit der »New York Herald Tribune« und dem »Ladie's Home Journal and Good Housekeeping«. Aber nicht über seinen Lieblingsapfelkuchen oder darüber, wie man eine gute Ehe führt. Nein, zu Joe Hyams von der Tribune sagte er: »Ich durchlief gerade eine psychiatrische Erfahrung, die mich grundlegend verändert hat. Ich musste mich mit mir selbst auseinandersetzen, mit Dingen, die ich nie anerkannt habe, ja, von denen ich nicht einmal wusste, dass sie existieren. Ich weiß nun zum Beispiel, dass ich jede Frau, die ich geliebt habe, verletzt habe.« Hyams dachte zuerst, Grant würde nur »off the records« plaudern, aber der Schauspieler wollte ein Interview zu seinen umwälzenden Erlebnissen in psychotherapeutischen LSD-Sitzungen geben. Er hielt sich nicht zurück, weder bei Hyams noch in späteren Gesprächen noch in der Biographie »Archie Leach« (Grants eigentlicher Name war Archibald Leach). Besonders ein Zitat ist berühmt und bis heute vielfach wiederholt worden, weil es schon damals im Vergleich zu anderen PR-Beichten Prominenter von kaum fassbarer Offenheit und Einsicht war:

Wir verkrampfen alle unbewusst den Anus. In einem LSD-Traum habe ich auf den Teppich geschissen, den ganzen Boden habe ich vollgemacht. Ein andermal habe ich mich als riesigen Penis gesehen, der von der Erde wie ein Raumschiff abhebt. Und dann schien ich eine Welt von gesunden, feisten Babybeinen zu betreten, mit Windeln und verschmiertem Blut, eine Art allgemeine Menstruation fand da statt.

Grant berichtet in »Archie Leach«, über hundert Mal LSD genommen zu haben. Nur nach den Interviews Ende der 50er Jahre gab er sich schmallippig. Universal Pictures, der Verleih von »Unternehmen Petticoat«, wollte deren Veröffentlichung verhindern, und Grant ließ sich von der Angst seines Arbeitgebers anstecken, war er doch an den Einnahmen des Films beteiligt, und Geld sollte ihn seine Liebe zu LSD dann doch nicht kosten. Er setzte Hyams unter Druck. Doch die Interviews erschienen im April 1959.

Im »Ladie's Home Journal« etwa unter dem Titel: »How LSD changed Cary Grant's private life« samt Babybildern und knallig rosa Aufmacherdesign. Und es passierte: nichts. »Unternehmen Petticoat« war ein großer Erfolg, Cary Grant wurde nicht zum »fallen angel« der City of Dreams. Stattdessen engagierte er den Reporter Hyams sogar als Ghost Writer für »Archie Leach«. Die Biographie erschien 1963 dreiteilig im »Ladie's Home Journal«. Und das Interesse an diesen merkwürdigen Therapien in Beverly Hills war entfesselt. Timothy Leary berichtet in »High Priest« von einem Gespräch mit Joe Hyams. Dieser sagte: »Nachdem meine Serie erschienen war, klingelte mein Telefon pausenlos. Psychiater beschwerten sich, dass ihre Patienten sie jetzt um LSD bitten. Jeder Schauspieler in der Stadt, der in Analyse ist, will es. Insgesamt habe ich an die 800 Briefe bekommen.«

»Man lernt zu sterben auf LSD« – Wiedergeburt in Hollywood

Cary Grant war 55 Jahre alt, als er das erste Mal die blauen Pillen von Dr. Mortimer Hartman schluckte. Hartman, ein Radiologe und Experte für Krebserkrankungen, hatte mit dem Psychiater Arthur Chandler Mitte der 50er Jahre »The Psychiatric Institute of Beverly Hills« gegründet. Sie boten eine neue Therapieform an, die sie »LSD Therapy« nannten und die folgendermaßen abgelaufen sein muss: Vor der ersten Sitzung überprüften die Ärzte, ob bei den Patienten psychotische Erkrankungen vorlagen. War das der Fall, konnte der Patient die Therapie nicht antreten. Die Gefahr einer Entfesselung der Psychose wäre zu groß gewesen. So viel wusste man schon damals über die weitgehend unerforschten Effekte von LSD. Hartman und Chandler wiesen die Therapiewilligen an, 24 Stunden vor der Sitzung auf Beruhigungs- und Schmerzmittel zu verzichten und vier Stunden davor nichts mehr zu essen. Als es dann so weit war, geleitete einer der beiden den Besucher in einen abgedunkelten Raum mit einer Liege, wie man sie aus der psychoanalytischen Praxis kennt. Der Arzt reichte die Substanz und ein Glas Wasser und bat den Patienten, sich hinzulegen. Die Dosis war gemäßigt. Chandler und Hartman wollten einen traumähnlichen Zustand herstellen, die Patientinnen und Patienten sollten mit durch eine schwarze Binde verschlossenen Augen ihr Unbewusstes durchwandern. Mystische Erlebnisse waren nicht erwünscht. Grants Trip-Berichte sprechen für diese Annahme. Wörter wie »Divine« und »God« tauchen kaum auf, nur selten ging es in die Höhen und Tiefen hochdosierter Ego-Auflösung.

Konfrontativ war die Zeit im dunklen Raum trotzdem: »Man lernt zu sterben auf LSD, stellt sich all seinen Zwängen – Liebe, Sex, Eifersucht, dem Wunsch zu töten«, sagte Cary Grants Frau Betsy Drake. Und 50 Jahre später in einem Interview mit Vanity Fair: »LSD gab mir den Mut, meinen Mann zu verlassen.« Sie hatte eine schwere Kindheit, die sie über weite Teile getrennt von ihren Eltern verbrachte, 1956 überlebte sie nur knapp den Untergang der SS Andrea Doria, und sie litt unter ihrer Ehe mit Grant, für den sie ihre Schauspielkarriere aufgegeben hatte, zur ausgezeichneten Köchin wurde, und der sie dafür mit Sophia Loren betrog. Bei Hartman und Chandler fand sie die Behandlung, die ihre Traumata löste. Drake überzeugte ihren Mann, es auch zu versuchen. Und so kam es zu Grants »Wiedergeburt« durch LSD. »My Mahatma« nannte Grant Hartman. In seinem Testament bedachte er ihn mit 10 000 Dollar. Doch der frühere Radiologe hatte vorher schon gut verdient. Dank Grant und seinem öffentlichen Bekenntnis zu LSD war Hartman für ein paar Jahre wirklich der Mahatma von Hollywood.

Bevor er mit Chandler das »Psychiatric Institute of Beverly Hills« eröffnete, hatte sich Hartman selber einer dreijährigen Psychoanalyse unterzogen und danach mit LSD experimentiert. Das reichte damals offenkundig aus, um die Substanz zu erhalten. Er und Chandler übermittelten

Sandoz in der Schweiz, dem damals einzigen Hersteller, den Antrag für eine fünfjährige Studie zur Erforschung der Substanz. Sandoz willigte ein. Zu dieser Zeit gab es in der Beschaffung keine Hürden. Der Professor für Sozialpsychologie George Litwin schreibt in Ram Dass' und Ralph Metzners Buch »Birth Of A Psychedelic Culture«, wie überrascht die Forscher des Harvard Psilocybin Projects, von denen er einer war, damals über den entspannten Umgang mit Substanzen waren. Für die Bestellung mussten kaum Formulare und Anträge ausgefüllt werden. Es wurde eine große Flasche synthetisierten Psilocybins geliefert, mit der Nachricht: »Viel Glück für Ihre Forschung. Teilen Sie uns Ihre Ergebnisse mit!« Hartman und Chandler waren nicht die Einzigen, die LSD zu therapeutischen Zwecken nutzten. Eine der entscheidenden Figuren in Kalifornien war der UCLA Professor Sidney Cohen. Er führte viele Psychiater und Interessierte an LSD heran, auch Mortimer Hartman und schon 1958 Henry Luce, den Gründer und Präsidenten von Time Inc. und dessen Frau Clare Booth Luce, die ihren Mann zu dem Experiment überredete. An diesem Tag in Phoenix, Arizona, soll Luce ein unsichtbares Orchester dirigiert und mit Gott Zwiesprache über Amerika gehalten haben.

Cohen, Hartman und Chandler waren Vertreter der Psycholytischen Therapie, einer der beiden großen Schulen LSD-induzierter Psychotherapie. Das Suffix -lytisch geht auf das griechische Wort »lysis« zurück, Lösung oder Auflösung. Den Begriff »psycholytisch« führte der britische Psychiater Ronald Sandison ein. Er zeigt an, worum es in der Therapie ging: um die Lockerung von Blockaden, die im üblichen Arzt-Patient-Gespräch nicht oder nur schwer zu überwinden waren. Sandison war Arzt am Powick Krankenhaus nahe Worcester und besuchte Anfang der 50er Jahre Albert Hofmann und Werner Stoll, den Sohn von Sandoz-Chef Arthur Stoll, in Basel, um sich die klinische Verwendung von LSD erklären zu lassen. Stoll hatte 1947 begonnen, die Effekte von LSD an sich selbst und an Freiwilligen zu testen. Seit 1949 vertrieb Sandoz LSD unter dem Namen »Delysid« als Mittel zur psychiatrischen Kur. Bald nach seinem Besuch gründete Sandison am Powick eine Abteilung für LSD-Therapie. Bis in die 1960er Jahre hinein behandelte er dort tausende Patienten, die depressiv oder neurotisch waren und bei denen übliche Therapieformen nicht anschlugen. Mit außergewöhnlichem Erfolg, wie Sandison bis zu seinem Tod 2010 immer wieder sagte.

Die Patienten lagen in einem abgedunkelten, dezent möblierten Raum. Die LSD-Dosen reichten von 75 bis 300 Mikrogramm, je nach Erkrankung und Prädisposition. In den ersten Stunden saß der Therapeut im Zimmer und begleitete die Patienten durch die Sitzung. Er fragte nach, half Bilder und Erscheinungen zu interpretieren, unterstützte die Patienten, wenn es ihnen körperlich schlecht ging, und beruhigte sie, wenn der Trip zu aufwühlend wurde. Durchschnittlich umfasste die Therapie vierzig LSD-Sitzungen, die sich mit normalen psychotherapeutischen Treffen und Gruppentherapien abwechselten. In Letzteren wurde sowohl über die Erlebnisse unter dem Einfluss des Halluzinogens gesprochen als auch darüber, welche Aufschlüsse sie über die Quelle der Erkrankung geben konnten. Transzendenz und Mystik, die Teil jedes Trips sein können, wurden von den Psycholytikern eher als zweitrangig angesehen. Sie waren Freudianer. Wichtig war die Realität. Und diese wurde durch ein Trauma bestimmt, das es zu lösen galt. Wie sollte Gott da helfen?

Die Psycholytische Therapie war die europäische Schule der LSD-Therapie. Sie wurde unter anderem in Norwegen, Holland und der Tschechoslowakei praktiziert. In Deutschland behandelte Hanscarl Leuner seine Patienten ab Mitte der 1950er Jahre mit LSD. Er wurde zu einer wichtigen Figur des psycholytischen Zweigs, veranstaltete 1960 an der Uni Göttingen das »Erste europäische Symposion für die Psychotherapie unter LSD 25« und gründete 1964 die »Europäische ärztliche Gesellschaft für psycholytische Therapie«. Noch vor Leuner setzte der Hamburger Psychiater

Walter Frederking, der mit Hofmann und Ernst Jünger befreundet war, LSD und Meskalin ein, um seinen Patienten einen leichteren Zugang zu Kindheitserinnerungen und traumatischen Erlebnissen zu ermöglichen. Und er entdeckte noch einen anderen Effekt, den er 1953 in seinem Aufsatz »Über die Verwendung von Rauschdrogen« beschrieb:

Insbesondere wirkt das LSD zuweilen nachhaltig krampf- und spannungslösend. Ein Patient z. B., der seit Monaten an spastischen Darmbeschwerden litt, wurde durch eine einzige LSD-Dosis von 25 µg auf die Dauer hiervon frei. Eine entsprechende Wirkung bei einer 45-jährigen Patientin dauerte hingegen nur kurz. Bei 50 µg LSD war sie ganz leicht animiert und verspürte eine Weile eine Unruhe im Leib, die aber erst sieben Stunden nach Rauschbeginn heftig wurde. In den darauf folgenden Tagen war der Stuhlgang, der 20 Jahre lang Schwierigkeiten gemacht hatte, ganz in Ordnung, nach einer Woche aber nur mehr halb gegenüber der Zeit vor der Rauschbehandlung gebessert. Mit Hilfe weiterer Entspannungen blieben die Störungen etwa in diesem Umfang auf die Dauer bestehen, wobei noch einmal mit LSD nachgeholfen wurde.

In Nordamerika war neben der Psycholytischen vor allem die Psychedelische Therapie populär. Beide unterscheiden sich grundlegend. Das beginnt schon bei der Dosierung. Sie ist sehr viel höher als bei der europäischen Variante. Ziel war der »Ego-Death«, die Grenzen zwischen Subjekt und Objekt sollten fallen, ein Einheitsgefühl mit der Natur und dem Universum hervorgerufen werden. Im zugehörigen Standardwerk »LSD Psychotherapie« schreibt Stanislav Grof:

In den meisten Fällen ist diese Erfahrung inhaltslos und wird von Visionen von hellem weißem oder goldenem Licht begleitet, von den Farben des Regenbogens und kunstvollen Mustern, die an Pfauenfedern erinnern. Es kann aber auch sein, dass archetypische Visionen von göttlichen Wesen und Göttern aus verschiedenen Kulturen erscheinen. LSD Subjekte haben diesen Zustand auf verschiedenste Weise beschrieben, je nach Ausbildung und intellektueller Ausrichtung. Sie sprechen von kosmischer Einheit, unio mystica, mysterium tremendum, kosmischem Bewusstsein, der Einheit mit Gott ...

Doch warum muss das »Ich« sterben, um geheilt zu werden? Man wusste es nicht genau – und entdeckte es auch eher zufällig. Die Begründer der Psychedelischen Therapie waren der kanadische Biochemiker und Psychiater Abram Hoffer, der vor allem über Schizophrenie forschte, und der britische Psychiater Humphry Osmond, der ein enger Freund von Aldous Huxley war. Sie wollten eine neue Therapieform für Alkoholismus finden. Ausgehend von der Beobachtung, dass einige Alkoholabhängige durch die zerschmetternde Erfahrung eines Delirium Tremens – also einer plötzlich auftretenden, schweren Wahrnehmungs- und Bewusstseinsstörung, die durchaus tödlich enden kann – das Trinken aufgeben, versuchten Hoffer und Osmond, diesen Zustand mit LSD zu simulieren. Ihre Hoffnung war, dass der Schock dieses profunden, aber während des LSD-Rausches nicht lebensgefährlichen Schwindels Suchtkranke von ihrem Leiden befreien könnte. Nun hatten viele Patienten aber anstatt der therapeutisch angezeigten deliriösen Horrortrips eher ekstatische Gottes- und Einheitserlebnisse, wie Grof sie beschreibt. Diese veränderten die Perspektive auf ihr Leben, legten die Gründe ihrer Sucht frei, so dass das Resultat oft ähnlich war: Viele hörten mit dem Trinken auf oder schränkten es zumindest ein.

Hoffer, Osmond und andere Psychiater entwickelten die Psychedelische Therapie, die vor allem zur Suchtbekämpfung eingesetzt wurde, weiter. Es wurde ein vor- und nachbereitender Prozess gestaltet, in dem über die Lebensprobleme und Wertvorstellungen der Patienten gesprochen wurde. Keine simple Lebenshilfe à la »Sie sollten sich besser mal von Ihrer Frau trennen«, sondern eher ein Deuten auf bestimmte sich wiederholende Muster. Kindheitserlebnisse, unbewusste Traumata und latente Depressionen spielten ebenso eine Rolle wie die Gegenwart und deren Veränderung. Während des Trips wurde besonderer Wert auf das Setting gelegt. Die Raumgestaltung war wichtig, Naturbilder zierten die Wände, das Soundsystem, aus dem beruhigende oder anregende Musik quoll, hatte einen satten Klang. Angeblich hörten, laut Hoffer, fünfzig Prozent der Süchtigen in Folge der Therapie auf, Alkohol zu trinken, was bei der üblichen Rückfallquote von siebzig Prozent im ersten und neunzig Prozent im zweiten Jahr, sofern es stimmt, ein großer Fortschritt gewesen wäre. Doch leider fehlen gesicherte Erkenntnisse, wie lange die LSD-Patienten wirklich trocken blieben. Konnte die Wirksamkeit von LSD als Medikament bei Suchterkrankungen doch nicht mehr allzu lange weiter untersucht werden.

Im Sommer 1962 verschärfte die Federal Drug Administration (FDA) die Vorgaben für alle Studien mit neuen Drogen, darunter neben Amphetaminen auch LSD und Psilocybin. Von da an musste jedes Projekt bei der FDA vorgelegt und bewilligt werden. Bald darauf bekam der Psychiater Oscar Janiger, ein Cousin von Allen Ginsberg, Besuch von einem FDA-Beamten. Janiger, der von Freunden Oz genannt wurde, hatte seit den späten 50er Jahren in Santa Monica eine breit angelegte Studie zum Verhalten und der Kreativität von gesunden Menschen unter LSD-Einfluss durchgeführt. Seine Gäste kamen in seine Praxis, darunter viele Studenten, aber auch Prominente wie Jack Nickolson oder Anaïs Nin. Alle bekamen LSD und durften dann machen, was sie wollten. Musik hören, malen, im Garten spazieren gehen, immer begleitet von einem Aufpasser. Janiger, der auch einen Salon organisierte, in dem sich unter anderen die Autoren Gerald Heard, Christopher Isherwood und Alan Watts regelmäßig über Acid austauschten und gesellschaftsübergreifende LSD-Riten entwarfen, sammelte die

Tripberichte und die während der Session entstandenen Kunstwerke. Seine Ergebnisse klingen aus heutiger Sicht wenig überraschend: Die Zeitwahrnehmung ändert sich, Farben erscheinen intensiver, der Rausch kommt in Wellen, man fühlt sich mit allen Elementen verbunden. Doch LSD war neu, niemand hatte den Rausch bisher klassifiziert und nach Gemeinsamkeiten gesucht.

Mit dem Türschellen der FDA kündigte sich das Ende der LSD-Forschung an. Janiger musste den Beamten seine Aufzeichnungen zeigen, ihnen sein Vorgehen erklären und seine LSD-Vorräte aushändigen. Ähnlich erging es Hartman und Chandler. Der Gegenwind wurde schärfer. Konservative Psychiater warnten vor der Verwendung von LSD und Psilocybin. Der Neurologe und Psychiater Roy Grinker, der noch bei Sigmund Freud gelernt hatte, warnte vor Missbrauch und der Werbung, die Schauspieler aus Hollywood für die Substanzen machten. Er schrieb 1963 in den »Archives of General Psychiatry«: »Schlummernde Psychosen brechen schon unter dem Einfluss von geringen Dosen auf; sich wiederholende LSD-Erlebnisse führen unmerklich zu Geisteskrankheit. Psychische Abhängigkeit entsteht, und die Laien suchen nach Spezialisten, die es ihnen verabreichen können.« Grinker hatte weder Daten noch Fakten, mit denen er seine Aussagen stützen konnte. Aber er war hoch angesehen, seine Worte verfehlten ihre Wirkung nicht.

Da half es auch nichts, dass Sidney Cohen 1960 ein Paper mit dem Titel »Lysergic Acid Diethylamide: Side Effects and Complications« verfasst hatte. Cohen hatte die veröffentlichte Literatur nach Berichten über Nebenwirkungen durchforstet und an 66 Forscher, die mit LSD oder Meskalin arbeiteten, einen Fragebogen geschickt. 44 von ihnen antworteten. Insgesamt hatten sie die Substanzen an knapp 5000 Männer und Frauen in 25000 Sitzungen gegeben. Lang anhaltende Schädigungen des Körpers konnten nicht festgestellt werden. Nachhaltiger wirkten die Substanzen auf die Psyche. Die Angst, dass Leute durch LSD in den

Wahnsinn getrieben würden und sich selbst töten, war weit verbreitet. Die Gefahr eines Selbstmords war aber vergleichsweise gering. Nur einen Fall fand Cohen. Ein schizophrener Mann brachte sich nach einer Session um. Unter gesunden Patienten lag die Rate bei null. Sehr viel häufiger waren Bad Trips: Panik erfasste die Patienten, eine unüberwindliche Angst, nicht mehr in den Normalzustand zurückkehren zu können, Fluchtreflexe. Cohen stellte fest, dass besonders jene Patienten Gefahr liefen, einen Albtraum zu erleben, die schon vor Beginn einen Bad Trip fürchteten und sich mit allen Kräften gegen die LSD-Eindrücke wehrten. Deswegen war es so wichtig, die Patienten nie allein zu lassen, sie auf die Sitzung vorzubereiten, sich mitfühlend um sie zu kümmern. Cohen entdeckte aber auch Fälle, bei denen die Schleifen des Schreckens länger anhielten, 48 Stunden oder mehr. Besonders anfällig waren schizophrene oder schizoide Patienten. Cohen schlussfolgerte, dass LSD für Menschen mit diesen Krankheitsbildern keine Hilfe sein könne. Cohens Paper zeigte, dass Psychedelika gut verträgliche therapeutische Mittel sein können, solange mit ihnen verantwortungsvoll umgegangen wird.

Cohens Paper war die vernünftige Stimme, die jedoch leider im Trompeten der Begeisterten wie der Verängstigten unterging. Erstere, namentlich Leary oder Grant, verstrickten sich im Krieg gegen die Letzteren, Grinker und viele andere Psychiater und Psychologen. LSD verlor seine Unschuld. Dazu trugen auch einige Therapeuten bei, die nicht sehr sorgfältig mit den Substanzen hantierten. Anfang der 1960er Jahre schrieb Aldous Huxley an seinen Freund Humphry Osmond: »Welch fürchterliche Leute es in deinem Job gibt. Wir trafen einmal zwei Psychiater aus Beverly Hills, die sich auf LSD-Therapie spezialisiert haben. 100 Dollar kostet eine Sitzung. Und wirklich, ich habe selten Leute getroffen, die so unsensibel und vulgär sind. Es ist zutiefst verstörend, darüber nachzudenken, dass Leute, die durch LSD verletzlich wurden, solchen Personen ausgesetzt sind.« Huxley meinte wohl Chandler und Hartman. Dabei waren die beiden im Vergleich zu anderen »Therapeuten« sicher noch ein Ausbund an Seriosität. Ein Mann wie Alfred Matthew Hubbard etwa ruft bis heute tiefe Abneigung hervor, erwähnt man nur seinen Namen. Ralph Metzner etwa, Timothy Learys Wegbegleiter, der heute in San Rafael, einem Städtchen im Sonama Valley in der Nähe von San Francisco, wohnt, wurde vom Würgreiz überfallen, als wir ihn während eines Besuches auf Hubbard ansprachen.

Al Hubbard war der Präsident der kanadischen Uranium Corporation und durch einen Meskalintrip in den Sog der Anderen Welt geraten. Er ließ ihn zeitlebens nicht mehr los und veränderte sein Leben. Hubbard hatte ein seltsames Auftreten. Jay Stevens beschreibt ihn in seinem Buch »Storming Heaven: LSD And The American Dream« so: »Er war klein und untersetzt mit einem großen runden Kopf und einem rasierten Crewcut. Als er älter wurde, glich er der Karikatur eines Redneck-Sheriffs aus dem Süden. Verstärkt wurde dieser Eindruck durch seine Angewohnheit, die Uniform eines Sicherheitsoffiziers mit Faustfeuerwaffe zu tragen.« Trotz seiner brutalen Exzentrik und oft beschriebenen Rotzigkeit fand er durch Enthusiasmus und bestimmt auch durch seine Kontakte und seinen Reichtum Zutritt zur psychedelischen Szene. Er lud Osmond auf seine Yacht in Vancouver ein, um mit ihm über Meskalin zu konversieren. Osmond beschrieb ihn später als Mann mit festem Händedruck und exzellenten Gastgeber. Er war es, der Aldous Huxley zum ersten Mal LSD beschaffte und viele Westküsten-Psychiater mit der Substanz versorgte. Stets gab er damit an, den größten LSD-Vorrat in den USA zu besitzen, ja nach Sandoz den größten der Welt. Ende der 1950er Jahre machte er an der nicht besonders renommierten Taylor University seinen Doktor in Biopsychologie. Nicht viel später wurde ihm ein ganzer Flügel am Hollywood Hospital in Westminster, Kanada, zur Erforschung der Psychedelic Therapy und ihre Wirkung auf Alkoholismus überlassen. Dabei trug er einiges zu ihrer Weiterentwicklung bei. Zum Beispiel das präzise Design des Sitzungszimmers (Kunst, Musik, Möbel), des sogenannten »Hubbard-Rooms«.

Hubbard hatte, wie gesagt, beste Verbindungen. Timothy Leary erwähnte einmal, dass er wirklich jeden kannte, wahrscheinlich sogar den Papst. Und Hubbard hatte Großes vor, für ihn war LSD eine Gottesgabe, die die Welt verändern sollte. Er gab seinen Posten bei der Uranium Corporation auf, widmete sich ganz seinen Forschungen, wollte Politiker und die Chefs der 500 umsatzstärksten Unternehmen der Welt zu LSD-Sitzungen einladen. Doch daraus wurde nichts, und auch das Hollywood Hospital entließ ihn schließlich. Denn Hubbard arbeitete nicht nur für den Geheimdienst Kanadas, sondern wahrscheinlich auch für die CIA. Das schadete seinem Ruf. Noch mehr als seine Cowboy-Attitüde, seine Angeberei und sein Konservatismus. Keiner wollte mit der CIA in Verbindung gebracht werden. Denn der Geheimdienst bezahlte zwar Studien und Forscher, experimentierte mit psychedelischen Substanzen aber auf höchst fragwürdige Weise. Um zu verstehen, warum die Substanz bis heute einen so schlechten Ruf hat, wie er aus den Geheimlaboren in die Öffentlichkeit sickerte, und in welchem Maße die Hippie-Bewegung indirekt durch den CIA evoziert wurde, muss man die Geschichte der Psychedelika als Kampfmittel erzählen.

Psychedelische Kriegsführung – LSD als Waffe

Die Idee, den Feind mit Nervengiften kampfunfähig zu machen, ist nicht neu. Der Psychiater Ephraim Goodman sammelte für sein Buch »Historical Contributions to the Human Toxicology of Atropine« Fälle von Vergiftungen auf dem Kriegsfeld. Stoff der Wahl war lange Atropin, ein Alkaloid, das in mittleren Dosen Halluzinationen, Orientierungslosigkeit und Delirien bewirkt und bei Überdosierung tödlich ist. Es kommt in Nachtschattengewächsen (Solanaceae) wie der Alraune (Mandragora), der Schwarzen Tollkirsche (Atropa belladonna) oder Engelstrompeten (Brugmansia) vor.

Goodman erzählt die Geschichte von General Maharbal aus der Armee Hannibals, der im Jahr 200 vor Christus den Aufstand eines afrikanischen Stammes mit Hilfe der Alraune niederschlug. Der Karthager versetzte Wein mit ihr – wissend, dass die Rebellen ihn oft genossen – und inszenierte einen fluchtartigen Rückzug seiner Armee, wobei diese den vergifteten Wein zurückließ. Die Stammeskrieger griffen zu und waren dann ein leichter Gegner für Maharbals Soldaten. Ziellos wankten sie umher oder fielen ins Koma. Ähnlich erging es der Armee von Sweno, König von Norwegen Mitte des 11. Jahrhunderts. Seine Nordmannen fielen in Schottland ein, schlugen die Einheimischen schon in der ersten Schlacht. Bei den Friedensverhandlungen versorgten die Schotten die Eindringlinge mit Speisen und Wein, in welchen sie das Nachtschatten-Alkaloid gemischt hatten. So war der Sieg der Norweger nur von kurzer Dauer. 1908 wurden 200 französische Soldaten in Hanoi von Chinesen vergiftet. Einer der Soldaten stieg auf einen Baum, um vor einem eingebildeten Tiger zu fliehen, ein anderer schoss auf imaginierte Vögel, berichtet Goodman. 1959 versuchten verschlagene sowjetische Agenten, die Mitarbeiter von Radio Free Europe in München mit Atropin zu paralysieren. Sie wollten die Substanz in die Salzstreuer der Cafeteria füllen. Doch ein noch verschlagenerer Doppelagent verriet den Plan.

Effektiver und berechenbarer – denn wer weiß, ob der Stoff wirklich zum Gegner und nicht etwa zu den eigenen Leuten dringt und ob er wirkt – blieb letztlich der Einsatz von Schwert, Gewehr und Panzer. Dennoch begannen ab den 1950er Jahren des letzten Jahrhunderts mehrere Armeen, darunter die britische, die russische und vor allem die US-amerikanische, im großen Stil nach chemischen Kampfstoffen zu forschen, die den Gegner außer Gefecht setzen, ihn dabei aber nicht töten sollten. Glaubt man den Statements von Forschern aus der Zeit, war ein opferloser Krieg das Ziel. Zu grausam und blutig waren die beiden Weltkriege gewesen. Atropin spielte bei der Suche nach der idealen Knockout-Waffe eine Rolle, ebenso LSD, Psilocybin oder Meskalin, zu Beginn auch Marihuana. Die Forscher experimentierten mit Dosierungen, Verbreitungsarten, katalogisierten Wirkweisen und Reaktionen unter Substanzeinfluss.

Und alles wurde grün – Das Edgewood Arsenal

Die US Army hatte schon in den 1940er Jahren begonnen, das Konzept eines »Psychochemical Warfare« zu entwickeln. Ab den frühen 1950er Jahren starteten dann die Forschungen auf dem Militärgelände Edgewood Arsenal, Maryland. In den dortigen Versuchsräumen muss die Stimmung nicht selten bizarr gewesen sein. Viele der Psychiater und Chemiker probierten die Substanzen selber aus. Besonders der Leiter der Einrichtung, der Internist und Army-Veteran Dr. Van Murray Sim, der in Statur und Aussehen an Gerd Fröbe als James-Bond-Schurke erinnert, hatte den Ruf des furchtlosen Raubeins. Bevor ein Stoff an Soldaten, am Ende des Programms waren es 7000, gereicht wurde, testete Sim ihn selbst. Es konnte vorkommen, dass er nur in Unterhosen durch die Gänge des Labors trippte, ein Armband aus Glas am Handgelenk, unter dem sich in Glykol eingelegtes LSD befand. Sim wollte wissen, inwieweit die Substanz über Hautkontakt in den Körper diffundiert. Er konsumierte Red Oil, ein hochkonzentriertes, von Chemikern synthetisiertes Marihuana-Extrakt, um ein Vielfaches stärker als handelsübliches Gras und mit einer Wirkungsdauer von manchmal 30 Stunden. Er trank kristallisiertes Psilocybin in Wasser aufgelöst, und alles um ihn herum färbte sich grün. Er fühle sich leicht, ja schwerelos, und das sei für ihn schon ein außergewöhnlicher Kniff, soll er gemurmelt haben. 1959 gab ein General bei einer Kongressbefragung zu Protokoll: »Sim wurde zum Versuchskaninchen. Die Ärzte schubsten ihn herum wie jeden anderen freiwilligen Teilnehmer. Und wenn die Ereignisse ihren Lauf nahmen, war er nicht länger der Chef des Labors, sondern nur noch ein kleiner Junge in einem Käfig.«

Die anderen Teilnehmer waren Soldaten, die sich freiwillig zum Dienst in Edgewood meldeten. James Ketchum, einer der leitenden Ärzte in den 1960er Jahren, widerspricht den in vielen Artikeln erhobenen Anschuldigen, die Soldaten hätten nicht gewusst, dass ihnen bewusstseinsverändernde Substanzen eingeflößt würden. In seinem Buch »Chemical Warfare – Secrets Almost Forgotten« über seine Zeit in Edgewood schreibt Ketchum, dass sich jeder Soldat präzisen Tests zu seiner psychischen und physischen Gesundheit unterziehen musste. Danach erst wurde entschieden, wer für hohe, wer für niedrige Dosen geeignet war und wer nur für die Kontrolle von Schutzkleidung. Jedem von ihnen wurde erklärt, was unter dem Einfluss der chemischen Agenten passieren konnte. Jeder musste eine Einwilligungserklärung unterschreiben. Doch trotz aller Vorbereitung bewegten sich die Soldaten auf dünnem Eis, und die Ärzte, die sie betreuten, natürlich auch. Wer konnte schon prophezeien, was wirklich unter dem Einfluss der Stoffe geschehen würde, von denen LSD noch einer der harmloseren war. Außerdem war das Setting nicht gerade dazu angetan, einen angenehmen Trip zu bescheren. Den Soldaten wurden Aufgaben gestellt, sie mussten zum Beispiel Schach spielen oder Befragungen über sich ergehen lassen. Personen in weißen Kitteln standen um sie herum, beobachteten jede Bewegung, lauschten jedem noch so entrückten Geplapper und kritzelten auf ihren Clipboards herum. Etliche Versuchspersonen gerieten in Panik. Ketchum schreibt über Soldaten, die während der Edgewood-Acid-Tests aggressiv oder von negativen Gedanken übermannt wurden. Andere fühlten sich in die Ecke gedrängt, waren misstrauisch und vermuteten, dass Schwestern und Ärzte sie nach einem vorher bestimmten Drehbuch in den Wahn treiben wollten. Für diejenigen, die nicht euphorisch reagierten, was auch vorkam, war der Trip eine Folter. In den 1980er Jahren machte das Militär eine Nachfolgestudie, an der ungefähr die Hälfte der 1500 LSD-Soldaten teilnahm. Demnach kamen psychische Erkrankungen wie Phobien, Depression, Paranoia oder Angstzustände nicht öfter vor als im gesellschaftlichen Durchschnitt. Allerdings ist die Untersuchung nicht besonders aussagekräftig, weil viele der Probanden von damals nicht antworteten…

Doch trotz der psychischen Qualen meldeten sich viele Soldaten zwei-, dreimal zu den Tests. Für sie war es ein Abenteuer. Selbst wenn sie mit Benzilsäureester, kurz: BZ oder auch Buzz, betäubt wurden. Die Droge führt zu sehr starken Halluzinationen, die als Wirklichkeit wahrgenommen werden (die von LSD verursachten Sinnestäuschungen sind dagegen meist als solche zu erkennen und also, medizinisch gesprochen, nur Pseudo-Halluzinationen). Ketchum berichtet von einem Soldaten, der im BZ-Delirium imaginäre Käfer tötete, imaginäre Zigaretten rauchte und imaginäre Getränke trank. Andere duschten in Uniform. Ihr Verhalten war rätselhaft und zusammenhangslos. Bis zu drei Tagen dauerte der Spuk. Ein feindlicher Soldat würde also nicht merken, wie und wann er überwältigt und gefangen genommen wird. BZ schien der ideale psychochemische Kampfstoff zu sein. Die Army fand die ersten Testphasen so überzeugend, dass sie die Stärke von BZ auch außerhalb der Laboratorien prüfen wollte. Das ging so weit, dass es ein hoher Militär, General William Dick, in Betracht zog, russische, vor Alaska liegende Fischkutter unter BZ-Dampf zu setzen. Ketchum wurde gefragt, ob das möglich wäre. Er sagte »vielleicht«, obwohl er den Plan für verrückt hielt. Doch er wollte wissen, inwieweit sich BZ über die Luft verteilen ließ und ob es dabei seine Potenz behielt. Und dafür war nun Steuergeld da. Unter dem Decknamen Project DORK (also DEPP, eine Anspielung auf General

Dick) baute Ketchum mit seinen Mitarbeitern ein kleines Filmset in der Wüste von Utah auf. Über Generatoren wurde BZ in die Wüstenluft geblasen. Einen halben Kilometer entfernt standen erst Hunde, dann Soldaten auf Armee-Lastwagen und warteten, bis die Halluzinogen-Wolken sie trafen. In sicheren, aufblasbaren Zelten mit Luftfiltern saßen Ketchum und sein Team und überwachten die Vorgänge. Welche Windgeschwindigkeit war gut? Acht bis elf Kilometer in der Stunde. Welche Wetterlage? Eine ruhige Inversionslage, bei der die oberen Luftschichten wärmer als die unteren sind und so den Nebel am Boden halten. Welche Menge BZ war nötig? Ketchum macht darüber keine genauen Angaben, es muss aber eine sehr große gewesen sein. Er erwähnt, dass 22 Kilogramm der versprühten Droge, also ca. 50 Millionen Einzeldosen, nicht ausreichten, um ein Dorf unter BZ zu setzen.

Der Test in Utah war ein Erfolg, BZ knockte die Soldaten ebenso aus wie im Labor. Sie sollten militärische Pflichten wahrnehmen. Aber stillstehen, Ausweise an Checkpoints prüfen oder Luftüberwachung bekamen sie nicht mehr auch nur annähernd hin. Jede Kleinigkeit wurde von Kameras festgehalten. Aus den 15 Stunden gedrehten Materials schnitt Ketchum einen kurzen Film mit Orson-Welles-hafter Erzählerstimme (»And on this desert, this cloud was unleashed, so men could measure the dimensions of its stupefying power.«) und dramatischer Musik, um die DORK-Ergebnisse den Generälen vorzuführen. Titel des Films: »Cloud of Confusion.« Letztlich blieben die russischen Fischer verschont. Doch Benzilsäureester wurde trotz der großen Wetterabhängigkeit bald als psychochemischer Kampfstoff eingeführt. Unter anderem wurden M44 Clusterbomben mit ihm ausgestattet. Zum Einsatz kamen sie aber wohl nie. Im Zuge der Erklärung der Pariser Konferenz zum Verbot von chemischen Waffen 1989 wurden alle US-BZ-Waffen zerstört. Verschwunden sind sie deshalb nicht. Saddam Hussein soll BZ versprüht haben, und auch im Syrienkrieg könnte es zum Einsatz gekommen sein.

Als so schlagkräftig und fürchterlich wie BZ erwies sich LSD glücklicherweise nicht. Wie ein rebellisches Kind entzog es sich den strikten Forderungen der Militärs. Seine Wirkungen waren zu komplex, die richtige Dosierung war nur schwer zu berechnen, und manche Soldaten stellten nach den Sitzungen die Autoritätsstrukturen der Army in Frage – nein, das war nicht der gesuchte Kampfstoff. Die Forscher führten ihre Analysen in Edgewood dennoch fort. Schon weil man vermutete, dass die Sowjetunion ebenfalls mit LSD experimentierte. Laut europäischen Geheimdienstinformationen hatten die Russen Ende der 1950er Jahre große Mengen Mutterkorn aus dem Balkan importiert. Und zu was sollte man es sonst brauchen als zur Produktion von LSD? Die USA wollten Schritt halten im psychedelischen Wettrüsten. In Wirklichkeit interessierte sich Moskau aber kaum für LSD, wie Vil Mirzayanov, ein Chemiker, der in einem Geheimwaffenprogramm der Sowjets arbeitete, Raffi Khatchadourian vom New Yorker in einem Interview sagte. Schon eher für BZ, das dort unter dem Namen »Substanz 78« geführt wurde. Doch auch für die Rote Armee erwies es sich als nutzlos.

Der Wille, LSD gegen Menschen einzusetzen, war dennoch nicht gebrochen. Mochte es auch auf dem Schlachtfeld sinnlos sein, so könnte es doch im Verhörzimmer wertvolle Geheimnisse entlocken, vermuteten Geheimdienstler. Und riefen umgehend Programme ins Leben, die in ihrer Grausamkeit den Spielereien hartgesottener Sadisten glichen.

»Wie Menschen jederzeit verrückt gemacht werden können« – MK Ultra

Den Wunsch nach einem Wahrheitsserum, das Verbrecher, Verdächtige und Feinde zum Reden bringt, sie unfähig macht, sich hinter Lügen zu verstecken, gibt es schon lange. Der neapolitanische Arzt Giambattista della Porta berichtet in seinem Buch »Magia Naturalis«, das Mitte des

16. Jahrhunderts erschien, von Tränken, die folgende Eigenschaften hätten: »Quomodo homines per diem dementari possint« – »Wie Menschen jederzeit verrückt gemacht werden können«. Diese Gebräue wurden zum großen Teil aus Nachtschattengewächsen gewonnen – Atropin spielte also auch hier eine Rolle – und wohl bei Verhören und Hexenprozessen eingesetzt.

In Della Portas Tradition stand der amerikanische Geburtsarzt Robert E. House, der 1916 während seiner Arbeit zufällig eine spezielle Eigenschaft von Scopolamin entdeckte. Das zum Beispiel im Stechapfel (Datura) enthaltene, hochpotente Tropan-Alkaloid wurde damals als Schmerzstiller für Gebärende verwendet. Bei einer Geburt, die Dr. House begleitete, beantwortete eine Frau Fragen sehr genau und richtig, obwohl sie apathisch war und sich später an nichts mehr erinnern konnte. House war verblüfft. Ist es möglich, die Ratio auszuschalten und trotzdem die Wahrheit zu erfahren? Er probierte in Zusammenarbeit mit dem Staat Texas Scopolamin an zwei verdächtigen Dieben aus. Unter Einfluss beantworteten sie einfache Fragen zu ihrem Leben richtig und blieben zugleich bei ihren Aussagen, den Diebstahl nicht begangen zu haben. Sie wurden später freigesprochen. Für Dr. House stand fest, dass man im Scopolamin-Delirium nicht lügen könne, weil eine Lüge darin schlichtweg nicht zu imaginieren sei. Ab diesem Zeitpunkt benutzten Polizisten bei Befragungen immer wieder Scopolamin. Freilich nur, um bald herauszufinden, dass Menschen, die einen Hang zur Selbstbestrafung hatten, etwa Neurotiker, unter Scopo-Serum-Einfluss ihre Lügengebäude aufrechterhielten oder gar Verbrechen beichteten, die sie nicht verübt hatten. Das Wahrheitsserum war demnach gar keines, die Suche nach einem verlässlicheren Mittler damit aber keineswegs vorbei.

In den 1940er Jahren injizierten KZ-Ärzte Insassen des Konzentrationslagers Dachau Meskalin, um zu analysieren, inwieweit das Halluzinogen dabei hilft, Menschen Geheimnisse zu entlocken. Das tat es allerdings nur unbefriedigend und die Gedanken des Opfers ließen sich auch nicht steuern. Trotzdem blieb Meskalin eine vielversprechende Substanz für Geheimdienste und Militärs. Einer der befehlenden Nazi-Ärzte in Dachau war Dr. Hubertus Strughold. Er wurde nie angeklagt und wanderte später, wie sechshundert andere nationalsozialistische Wissenschaftler, im Zuge des von der US-Regierung initiierten Project Paperclip in die USA aus, um seine Forschungen beim früheren Feind und gegen den neuen, die Sowjetunion, fortzusetzen. In den Vereinigten Staaten hatte man, inspiriert durch die Meskalin-Experimente der Nazis, längst angefangen, eigene Wege der chemisch induzierten Wahrheitsfindung zu beschreiten. Die US Navy betrieb das Programm CHATTER und experimentierte selbst mit Meskalin, gab es allerdings bald wieder auf. Die Office Of Strategic Services (OSS), der Vorgänger der CIA, hatte in den 1940er Jahren ein hochpotentes, geruch-, geschmack- und farbloses Cannabis-Extrakt kreiert, das den Redefluss anregen sollte. OSS-Spione träufelten es auf Zigaretten oder mischten es ins Mittagessen von Versuchspersonen, die dann tatsächlich – wie User es nennen – einen »Laberflash« bekamen. Aber wiederum nicht alle. Andere nämlich wurden paranoid oder besonders verschwiegen. Auch Cannabis war also ungeeignet.

Gleich nach ihrer Gründung 1947 rief die CIA das Projekt BLUEBIRD ins Leben, eine Weiterentwicklung von CHATTER. Hierbei handelte es sich nicht mehr allein um die Suche nach unwillkürlicher Informationsvermittlung. Die CIA wollte Mittel und Wege finden, wie man bei Ostblock-Agenten eine Amnesie hervorrufen, wie man Psychosen evozieren, wie man sie unter Hypnose setzen, wie man sie verrückt machen könnte. BLUEBIRD war das erste, groß angelegte und umfassende Drogentest-Programm der US-Regierung. 1951 wurde es in ARTICHOKE umbenannt. Von da an suchten CIA-Mitarbeiter weltweit nach Pflanzen, die für die Zwecke der Agency nützlich sein könnten. Festgehalten wurden sie etwa im Dokument »Exploration of Potential Plant Resources in the Caribbean Region«. Alle möglichen Gräser, Wurzeln und Kräuter wurden gesammelt. Genauer untersucht wurde aber erst einmal Kokain, weil es »ein Hochgefühl und Geschwätzigkeit…« verursache, wie ein Forscher in einem Bericht festhielt. Das reichte aber nicht. Die nächste Droge in der Reihe war Heroin, weil der »Cold Turkey« dazu benutzt werden könne, den zu Befragenden unter Druck zu setzen. Aber auch Heroin erwies sich nicht als das gesuchte Wahrheitsserum.

Vielversprechender waren Psychedelika. Im Zuge von ARTICHOKE brachte einer der CIA-Pflanzen-Detektive aus Mexiko Geschichten über einen sagenumwobenen heiligen Pilz der Azteken mit in die USA. Er selbst hatte diesen zwar nicht gefunden, doch wollte sein Chef Morse Allen dessen bewusstseinsverändernde Kraft unbedingt für die Agency nutzen. Etwa zur gleichen Zeit, im April 1953, hielt der neue Chef des CIA Allen Dulles eine Rede auf der National Alumni Conference an der Princeton University. In dieser Rede sprach Dulles vom gerade entbrannten Kampf um den Geist des Menschen, und wie der Feind aus dem Ostblock an »Gehirn verdrehenden Techniken« forsche. Dulles weiter: »Personen, die einer solchen Behandlung ausgesetzt werden, sind nicht mehr fähig, eigene Gedanken zu bilden. Wie Papageien sind sie darauf konditioniert, nur die Gedanken zu wiederholen, die ihnen vorher eingesetzt wurden. So wird das Gehirn ein Plattenspieler, der eine Platte abspielt, die von einem Schöpfer ausgesucht wurde, über den das Gehirn keine Kontrolle hat.«

Die paranoide Angst vor der »mind control« war völlig ernst gemeint. Sie hatte ihren Ursprung im Schauprozess gegen das Oberhaupt der katholischen Kirche Ungarns, Kardinal József Mindszenty, 1949 in Budapest. Mindszenty führte die Opposition gegen die kommunistische Regierung an. 1948 wurde er verhaftet und des Verrats und der Verschwörung angeklagt. Während des Prozesses wirkte er in den Augen der amerikanischen Beobachter, deren Verbündeter er war, außer sich, wirr, fremdgesteuert, wie ein anderer Mensch. Und tatsächlich erinnert er auf den Prozessfotos an Nosferatu. Man war sicher: Die Sowjets mussten ihn manipuliert haben. Was wäre, wenn der KGB westliche Politiker vergiften würde und diese zum Beispiel in einem Interview vor laufender Kamera in einer Rede bizarre Ideen äußern oder gar vollends durchdrehen würden? Die politischen Folgen könnten desaströs sein. Deshalb dürfte die CIA den Sowjets nicht das Feld überlassen, so Dulles Überzeugung.

Ein paar Tage nach seiner Rede startete er ein weiteres Geheimprogramm, das sich voll und ganz auf die Synthetisierung, Erforschung und Entwicklung berauschender Substanzen konzentrieren sollte: MK ULTRA. Es konkurrierte bald mit ARTICHOKE, nur um es rasch zu überholen und schließlich obsolet zu machen. Den Vorsitz übernahm der Chemiker Dr. Sidney Gottlieb, ein Experte für Volkstanz, der mit vier Kindern und Frau in einer ehemaligen umgebauten Sklavenhütte mit 15 Hektar Land vor Washington wohnte. Jeden Morgen stand er um 5:30 Uhr auf und molk seine Ziegen. Im Winter verkaufte er Weihnachtsbäume, die er auf seinem Grundstück zog. Gottlieb war diszipliniert, fromm und ehrgeizig. Und startete in den 1950er Jahren unter dem Dach von MK ULTRA ein Psychedelika-Programm, das jeglichen ethischen Rahmen sprengen sollte.

Unter MK Ultra lagerte die CIA die wissenschaftliche Forschung und chemische Analyse in weiten Teilen aus. Um die Finanzierung von Studien vor der Öffentlichkeit und russischen Spionen zu verbergen, lief diese fortan über zwei Stiftungen, die das Geheimdienst-Geld reinwuschen. Die eine war die Josiah Macy, Jr. Foundation, die andere der *Geschickter Fund*. Über Letzteren sponserte der CIA auch eine Reise des jungen Chemikers James Moore nach Mexiko. Moore hatte sich zuvor beim Vizepräsidenten von J. P. Morgan & Company Gordon Wasson gemeldet. Er wollte von dem Banker aber keine Anlagetipps, sondern mit ihm an einer Expedition teilnehmen. Denn Wasson und seine Frau Valentina waren begeisterte, auch in der Fachwelt anerkannte Amateur-Mykologen.

Wasson gelang, woran die Agenten der CIA bis dahin kläglich gescheitert waren. Auch er und seine Frau suchten schon länger nach den magischen Pilzen der mexikanischen Ureinwohner. 1955, während eines Trips nach Mexiko, entdeckte er Teonanacatl, den heiligen Pilz, in einem kleinen Dorf in den Mixeteco Bergen. Wasson und sein Freund, der Fotograf Allan Richardson, waren wahrscheinlich die ersten weißen Nordamerikaner, die den Rausch der Azteken erlebten. »Ich fühlte, dass ich das erste Mal klar sah, wohingegen unser eigentliches Sehvermögen uns nur eine eingeschränkte Perspektive gibt. Ich konnte die Archetypen sehen, die Platonischen Ideen, die die Grundlage der unvollkommenen Bilder unseres alltäglichen Lebens bilden«, schrieb Wasson 1957 in seinem nicht nur von Huxley und den Beatniks begeistert aufgenommenen Artikel »Seeking The Magic Mushroom« für das Life-Magazine. In dem Artikel taucht auch der Name James Moore auf. Der CIA-Chemiker hatte sich mit 2000 Dollar von der Geschickter Stiftung in Wassons Expedition eingekauft. Und bald saß er mit ihm und dem französischen Mykologen Roger Heim in einem Kleinflugzeug über Mexiko. Heim und Wasson wussten nicht, dass ihre Reise vom CIA mitfinanziert worden war. Moore kehrte nach einer Tour de Force mit einem Sack Pilzen zurück und versuchte ihren halluzinogenen Wirkstoff zu synthetisieren.

Die MK ULTRA-Verantwortlichen wollten durch Moores Forschung ein synthetisches Halluzinogen entwickeln, das nur sie besaßen. Doch Sandoz war schneller. Albert Hofmann, der ein Freund Wassons war und später auch mit ihm nach Huautla de Jimenez reiste, isolierte den Wirkstoff und konnte ihn chemisch reproduzieren. Er nannte ihn Psilocybin. Die CIA schickte Moore in die Schweiz, um Proben zu holen. Die CIA war ein treuer Kunde von Sandoz. 1953 wollte die Agency gar 10 Kilogramm Acid kaufen, was ungefähr einhundert Millionen Einzeldosen entsprochen hätte. Sandoz stellte aber nur 10 Milligramm zur Verfügung (ein CIA Mitarbeiter hatte Kilogramm mit Milligramm verwechselt). Neben regelmäßigen Substanz-Lieferungen erhielt die CIA von Sandoz-Chef Arthur Stoll genaue Informationen darüber, wer sonst wie viel LSD bestellte und zu welchen Zwecken. Erst ab 1954 versorgte das amerikanische Pharmaunternehmen Eli Lilly die CIA mit LSD. Es hatte im Auftrag des Geheimdienstes Hofmanns Formel geknackt und stellte bald große Mengen des Halluzinogens her.

Das war auch nötig, denn das MK ULTRA Programm lief auf Hochtouren. Über die Josiah Macy, Jr. Foundation und den *Geschickter Fund* floss viel Geld in die klinische Erforschung von LSD. Die CIA hatte viele anerkannte Ärzte und Forscher der Zeit unter Vertrag, etwa Dr. Robert Hyde von der Boston Psychopathic Clinic. Hyde war 1949 der erste Amerikaner, der jemals LSD genommen hatte. Sein Kollege Max Rinkel hatte es von Sandoz mitgebracht. Weitere Ärzte waren der Allergologe Dr. Harold Abramson vom Mt. Sinai Hospital, der an der Columbia University in New York lehrte, oder Dr. Harris Isbell, der am vom National Institute of Mental Health gestützten Addiction Research Center in Lexington, Kentucky, residierte. Alle hatten LSD im Selbstversuch probiert und zogen nun Studenten und Patienten für ihre Untersuchungen heran. Liefen die Studien mit den Studenten noch gesittet und unter sicheren Bedingungen ab, kannten die Ärzte bald keine Grenzen mehr. Besonders Harris Isbell tat sich mit grotesken Experimenten hervor. An der Drogenklinik in Lexington arbeitete er mit Heroinabhängigen. Diesen wurde reines, feines Heroin oder Morphium versprochen, wenn sie an Isbells Substanzversuchen teilnahmen. Er setzte sie nicht nur unter LSD, sondern unter anderem auch unter Scopolamin und Psilocybin. In einem Experiment hielt er sieben Junkies, allesamt Afroamerikaner, 77 Tage pausenlos im LSD-Rausch, um zu prüfen, inwieweit sie Substanztoleranzen entwickelten. Am Ende musste er die drei- bis vierfache

Dosis injizieren, damit das LSD wirkte. Welche Folgen dieser aberwitzige Versuch auf das Leben der Beteiligten hatte, ist bis heute unbekannt.

Harold Abramson wurde bald zum gefragten und anerkannten LSD-Experten, der viele seiner Kollegen, auch solche, die nichts mit der CIA zu tun hatten, von den Möglichkeiten der Substanz überzeugte. Er selbst driftete später in immer seltsamere Sphären ab. 1965 bat er einen Kollegen um 10 Kilogramm LSD, die er in einen Weiher schütten wollte, um zu erkunden, was mit den darin schwimmenden Fischen passieren würde.

Abramson war es auch, der 1953 Frank Olsen, einen Armee-Spezialisten für biologische Kriegsführung, behandelte. Olsen litt unter schweren Depressionen und verhielt sich erratisch. Er war Opfer eines missglückten LSD-Versuchs. Sidney Gottlieb, der Leiter von MK ULTRA, begann, ähnlich wie später Van Sim, mit der Substanz herumzuspielen. So hatte er bei einem Abendessen mit Kollegen die Absacker-Cocktails mit Acid versetzt. Als er das den Gästen mitteilte, lachten die meisten und hatten einen verwirrend amüsanten Abend. Frank Olsen aber wurde von der Erfahrung krank. Wenig später stürzte er sich aus dem Fenster eines New Yorker Hotels in den Tod. Ein Skandal, der sorgfältig unter den Mantel des Schweigens gekehrt wurde. Olsens Witwe erhielt eine Pension, die Experimente mit CIA-Personal wurden ausgesetzt. Ab Mitte der 1950er Jahre waren klinische Studien jedoch nicht mehr genug, das Zeug sollte auf die Straße. Was es wohl mit Leuten anstellt, die keine Ahnung hatten, warum sich plötzlich die Wahrnehmung verschiebt? Wie verhält sich LSD im richtigen Leben, außerhalb der Mauern eines Behandlungszimmers?

Für diese Operation hatte Sidney Gottlieb einen knallharten New Yorker Drogenfahnder engagiert. George Hunter White hatte Erfahrung darin, Unbeteiligten Substanzen unterzujubeln. Er hatte vorher schon für den OSS konzentriertes Cannabis in das Essen von Kommunisten gemischt.

Der ideale Mann für Gottliebs Zwecke. White sollte sich auf die Unter- und Schattenwelt konzentrieren, auf Prostituierte, Drogendealer und Kleinkriminelle, weil von ihnen keine Rache oder Klagen zu erwarten waren. White zeigte sich sehr engagiert. Er baute mit Hilfe von CIA-Technikern zwei nebeneinanderliegende Wohnungen im Greenwich Village zum Überwachungszentrum um, mit Einwegspiegeln, versteckten Kameras und Mikrofonen, und gab sich als Künstler und Seemann aus. White feierte Partys in seiner Wohnung, tröpfelte LSD in die Drinks seiner Gäste und führte genau Protokoll über deren Verhaltensveränderungen (»Gloria hat Horror…«).

Nach Olsens Tod bat Gottlieb White, ein wenig zu pausieren, nur um die Operation zwei Jahre später in ungleich größerem Maße weiterzuführen. Unter dem schönen Decknamen »Midnight Climax« baute White ein Haus in San Francisco zu einem Bordell um, das präzise Spionage erlaubte. Wieder wurden Einwegspiegel installiert, Kameras, Mikrofone. White agierte als Lude, holte sich Prostituierte von der Straße und beauftragte sie, ihren Freiern LSD in die Getränke zu mischen. Hinter den Spiegeln beobachtete White Martinis schlürfend den Beischlaf. Die Erforschung der LSD-Effekte interessierte den bezahlten Voyeur bald weniger als die Erkundung von Sex für Geheimoperationen. Könnten nicht Prostituierte feindlichen Agenten Informationen entlocken? In John Marks »Manchurian Candidate« sagt ein CIA-Mitarbeiter: »Wir fanden heraus, dass es für einen Freier ein Ego-Boost ist, wenn die Prostituierte ihm sagt, dass er süß sei und dass sie gerne noch ein paar Stunden mit ihm verbringen würde. Meistens werden die Männer dann recht weich. Aber über was sprechen? Sie reden dann nicht über Sex, sondern über ihren Beruf. Sie muss ihn sanft dahin führen. Dafür muss man die Prostituierten trainieren.«

Sex wurde also als Spionage-Waffe entdeckt. Trotzdem gingen auch die LSD-Versuche bis in die 1960er Jahre weiter. Ein zweites Bordell wurde eröffnet. Immer wieder wurden Leute aus der Halbwelt mit LSD-beträufelten Zigaretten oder Sandwiches in bunte Farben- oder düstere Schattenwelten geschossen. Schließlich musste man trainieren, wie man so etwas unbemerkt hinbekommt. Ab und zu verloren die CIA-Agenten eines ihrer trippenden Objekte. Gröbstmögliche Fahrlässigkeit war eines der beständigsten Merkmale von »Midnight Climax«. Nur selten waren während der Operation Ärzte vor Ort, um eventuell durchdrehenden Freiern zu helfen.

In den Bordellen testete die CIA auch Stinkbomben, Juckpulver und Durchfall-Drogen. Agenten feierten LSD-Partys mit den Prostituierten. Erst als ein CIA-Inspektor die geheime Operation aufdeckte, moralische Bedenken äußerte und die Validität und den Nutzen von Whites »wissenschaftlichen« Daten bezweifelte, fand »Midnight Climax« langsam sein Ende. Die Ergebnisse für die LSD-Forschung waren nicht sehr ergiebig. Als Wahrheitsserum taugte LSD ebenso wenig wie als Fernsteuerung für feindliche Subjekte. Nachlesen kann man über das MK ULTRA Programm sowieso sehr wenig. Gottlieb und der neue CIA-Chef Richard Helms, Dulles' Nachfolger, veranlassten die Zerstörung der meisten Unterlagen. Dass es die Operationen gab, kam erst 1978 im Zuge des »Freedom Of Information Act« an die Öffentlichkeit. Man weiß also auch hier, wie bei den meisten anderen psychedelischen CIA-Operationen, nur sehr wenig über die Opfer.

Eine der wenigen Ausnahmen ist Wayne Ritchie. Er war ein angesehener Polizeidirektor aus San Francisco, besuchte 1957 eine Weihnachtsparty in einem Amtsgebäude. Er nahm ein paar Drinks, nach einiger Zeit fühlte er sich komisch. Es war aber nicht der ihm vertraute Schwindel des Alkoholrausches. Ritchie, der ansonsten sehr entspannt und ausgeglichen war, wurde plötzlich paranoid. Er vermutete, dass seine Kollegen über ihn lachten, sich gegen ihn verschworen hatten, dass man ihn feuern wollte. Er ging nach Hause »wie in einem Tunnel«. Zuhause dann machte eine Freundin eine unbedachte Bemerkung über die Vorteile von New York gegenüber San Francisco, die Ritchie sofort als harte Zurückweisung verstand. Er floh, wanderte umher und fasste den Plan, eine Bar zu überfallen, um mit dem erbeuteten Geld seiner Freundin ein Flugticket nach New York zu kaufen. Auch würde die Tat zu seiner Entlassung führen, und dann wären schließlich alle zufrieden. Er holte aus seinem Büro zwei Revolver und versuchte tatsächlich eine Bar auszurauben. Dort wurde er aber sofort überwältigt. Erst in Polizeigewahrsam kam er wieder zu Sinnen und erkannte, was er getan hatte. Einen Grund dafür konnte er über viele Jahre nicht erkennen. Erst als MK Ultra öffentlich gemacht wurde, hatte er einen Anhaltspunkt. Ihm war klar, dass er ein Versuchungskaninchen der CIA gewesen sein musste. Ende der 90er Jahre reichte er eine Klage gegen den Staat ein und James Ketchum wurde von Ritchies Anwälten gebeten, ein Gutachten zu erstellen. Für Ketchum, der Ritchie eingehend untersuchte und lange Gespräche führte, stimmten dessen Erlebnisse mit manchen Reaktionen überein, die er im Edgewood Arsenal beobachtet hatte, er erkannte klare Anhaltspunkte, dass der Polizist unwissend unter LSD gesetzt worden war. Die Klage Ritchies, der nach seiner Tat seinen Job verloren hatte und unter nicht endenden Schuldgefühlen und Depressionen litt, wurde trotzdem abgelehnt.

All das waren Versuche. Zum großflächigen militärischen oder geheimdienstlichen Einsatz kamen die psychedelischen Substanzen nie. Zwar überlegte die CIA, Fidel Castros Geist mit Acid zu verwirren, unterließ es aber dann. MK Ultra hatte noch ein Folgeprogramm, MK DELTA, bei dem vor allem in Südamerika nach psychoaktiven Pflanzen gesucht wurde, die Geheimdienstzwecken dienen könnten. Die Sammelwut und der hohe Aufwand erinnern in der paranoiden Detailversessenheit an die heutigen Überwachungspraktiken der NSA, die Skrupellosigkeit dagegen an die Verhöre der CIA mit Terrorverdächtigen. Wie in den 1960er Jahren entwickelten amerikanische Psychologie-Professoren in enger Zusammenarbeit mit der Agency Techniken, um den Feind zu demütigen und zu brechen. Die Erkenntnisse sind freilich ernüchternd, denn es gibt kaum welche – außer der, dass es ab einem gewissen Operationsgrad keine ethischen Grenzen mehr zu geben scheint. Der Mensch wird zum Objekt, das es zu manipulieren gilt, mit Waterboarding, LSD, Schafentzug und Heavy Metal. Das psychochemische Waffenprogramm wurde nach und nach aufgegeben. Gewaltige Auswirkungen hatte es trotzdem, wenn auch nicht die von der CIA beabsichtigten.

»Sie sind für die Gesellschaft und für sich verloren« – Die Gegenkultur

1959 suchte Dr. Leo Hollister für eine von der CIA finanzierte Studie zur Wirkung psychedelischer Substanzen am Menlo Park Veterans Hospital in Kalifornien Freiwillige. Unter den Personen, die sich meldeten, war ein früherer Top-Athlet (Football und Ringen) aus Oregon: Ken Kesey. Er wohnte nicht weit entfernt in der Perry Lane in Stanford, einer Enklave für Beatniks und Bohemians. Kesey trank gerne zu viel, klampfte Folksongs und studierte Kreatives Schreiben an der Stanford University. Über einen Freund gelangte er in Hollisters Behandlungsraum. Der verabreichte ihm jeden Dienstag unter anderem Psilocybin, LSD, das Super-Amphetamin IT-290 und Ditran, ein dem Atropin und Scopolamin verwandtes Anticholinergikum, das auch im Edgewood Arsenal getestet wurde (Kesey fand es furchterregend und schmerzhaft). LSD und Psilocybin jedoch öffneten bei ihm »verschlossene Türen«, wie er im Duktus der psychedelisch Erweckten später sagte. Kesey war beeindruckt, er wollte mehr, er meldete sich für die Nachtschicht in der psychiatrischen Abteilung einer Klinik in Palo Alto. Dort arbeitete auch Hollister, der zwar seine Studien beendet hatte, aber immer noch über einen Vorrat an Halluzinogenen verfügte. Während seiner Schichten bediente sich Kesey ausgiebig. In seiner Essay-Sammlung »Garage Sale« schreibt er: »Einmal nahm ich die doppelte Menge Meskalin (an eine solche Menge würde ich heute nicht einmal mehr zu denken wagen). Ich kam durch die Nacht, indem ich eifrig den Boden wischte, wann immer die Nachtschwester auftauchte. Sie sollte meine riesigen Pupillen nicht sehen. Den Rest der Zeit diskutierte ich mit meiner knorrigen Bürotür aus Kiefernholz. Letztlich zog ich eine breite, gelbe Kreide-Linie zwischen mir und ihr auf den Boden und sagte: ›Du bleibst auf deiner Seite, du glotzäugiger Hurensohn, ich auf meiner.‹«

Keseys Experimente waren aber nicht immer nur bizarr, sondern eröffneten ihm auch neue Einsichten: »Als wir zum ersten Mal diese Drogen in der Klinik nahmen, waren sie wie die Bücher, die Gott aufbewahrt. Man hört etwas über die Bibel oder die Akasha-Chronik, aber nun bekamen wir eine erste Ahnung von ihnen. Diese Bücher findet man nicht in der Schulbibliothek, das waren die echten Bücher. Wir wollten mehr von diesen Büchern sehen, also nahmen wir immer mehr Drogen. Bis Gott sagte: ›Ihr wollt die Bücher sehen, ich zeige euch die verdammten Bücher.‹ Und es war so, als würde uns eine große Hand am Kragen packen und uns über zwölf Stunden festhalten. Es war höllisch, denn plötzlich sahen wir uns selbst, all die Dinge, die wir gemacht hatten, die Fehler, die Schwächen, die Grausamkeiten.« Kesey wusste: Dieses Zeug darf nicht in der Klinik, nicht in den CIA-Laboren bleiben. Er klaute aus Hollisters Medizinschränkchen große Mengen an Substanzen, mit denen er eine Gruppe von Freunden, die sich um ihn in Palo Alto versammelte, über längere Zeit versorgen konnte. LSD und Psilocybin hatten endgültig die freie Wildbahn betreten.

In seinen Nachtschichten hatte Kesey das Konzept für einen Roman entworfen, inspiriert durch seine Begegnungen mit den psychisch Lädierten. Eine Allegorie auf die USA seiner Gegenwart: ein Irrenhaus, aus dem es zu entfliehen gilt. Der Erzähler der Geschichte, Chief Bromden, ein paranoider Choctaw-Indianer, der vorgibt taubstumm zu sein, erschien Kesey in einer Peyote-Session. Diese Figur, die alles hört und sieht, vor der sich aber niemand verstellt, weil sie offensichtlich nichts versteht, erkennt die amerikanische Gesellschaft als Maschinerie, in der jedes Teilchen nach einem bestimmten Prinzip funktionieren muss – und wenn es das nicht mehr tut, wird eben in der Klinik nachjustiert. Eine der Fragen, die Kesey in seinem Roman, den er »Einer flog über das Kuckucksnest« nannte, behandelte, war: Was ist verrückt und was nicht? Und macht uns nicht die Gesellschaft krank, so wie die Elektroschock-Therapie in der Psychiatrie von Hause aus gesunde Menschen irre macht? Heilung erfährt Chief Bromden erst durch die Flucht aus der Anstalt am Ende des Romans. Auf ähnliche Weise sah Kesey den psychedelischen Trip als Ausbruch aus den üblichen Normen, eine Befreiung aus den Zwängen eines psychotischen Systems. Kesey war fest entschlossen, einen neuen Lebensstil zu etablieren.

»Einer flog über das Kuckucksnest« erschien 1962 und wurde ein großer Erfolg. Kesey, damals 26, verkaufte die Filmrechte und war plötzlich vermögend. Mit den Tantiemen erstand er etwas später eine Farm in La Honda nahe Palo Alto, tief auf dem Land. Er versammelte dort eine Gruppe von Frauen und Männern um sich, die sich »The Merry Pranksters« – die fröhlichen Witzbolde – nannte. Die Farm wurde das kalifornische Zentrum für Erkundungen der »Other World«, der Anderen Seite. Wilde Partys wurden gefeiert, mit Kostümen, Lightshow und Theatralik. Sie mündeten 1965 in eine legendäre Feier, bei der die Hells Angels, Allen Ginsberg, Hunter S. Thompson und viele andere LSD in hohen Dosen nahmen. Damit wurde La Honda endgültig zur »intellectual tourist attraction«, wie Tom Wolfe in »Electric Kool Acid Test«, seinem Buch über die Pranksters, schrieb. Zuvor hatten Kesey und seine Witzbolde, animiert durch die wiederholte Lektüre von Jack Kerouacs »On the road«, eine legendäre Tour durch die Vereinigten Staaten unternommen, die sie filmten. 2011 erschien der Dokumentarfilm »Magic Trip«, in dem man viele der Originalaufnahmen sehen kann. Die Pranksters reisten in einem psychedelisch bemalten Schulbus nach New York, um dort die Veröffentlichung von Keseys zweitem Roman »Manchmal ein großes Verlangen« zu feiern. Auf dem Weg dorthin reichten sie jedem, der sich halbwegs interessiert zeigte, LSD. Sie besuchten Jack Kerouac, der zurückgezogen und depressiv bei seiner Mutter wohnte. Kesey lud seinen Helden zu einer Prankster-Party ein, doch Kerouac hielt es dort nicht lange aus. Seine Droge war Alkohol und nicht der halluzinogene Stoff, der den Karneval verursachte, der sich vor ihm abspielte.

Ein weiteres Ziel der Pranksters war Millbrook, nördlich von New York. Dort hatten 1963 die Psychologieprofessoren Timothy Leary und Richard Alpert mit Ralph Metzner, einem in Deutschland geborenen Psychologiestudenten, der in Oxford sein Studium begonnen und in Harvard promoviert hatte, ein Herrenhaus mit 64 Zimmern, Nebenhäusern und beträchtlichem Grund bezogen, um ihre psychedelischen Forschungen fortzusetzen, die ihnen in Harvard verboten worden waren. Den Landsitz hatten Peggy Hitchcock und ihre zwei Brüder zur Verfügung gestellt. Hitchcock war ein »trust fund baby«, wie sie selbst sagte, eine Erbin des Mellon Banken- und Finanzimperiums. Sie musste nicht arbeiten, doch das Leben in der Oberschicht langweilte sie. Spannender war die New Yorker Künstler-Community der späten 50er und frühen 60er Jahre, deren Mitglied sie war. 1961 lernte sie über einen Freund Timothy Leary kennen. Der hatte nach der Rückkehr von seinem ersten Pilz-Trip in Mexiko sofort begonnen, mit Richard Alpert in Harvard ein Psilocybin-Projekt in die Wege zu leiten.

In Alperts Büro hatte Peggy Hitchcock ihre erste Psilocybin-Erfahrung. Von da an gehörte sie, wie etwa auch Allen Ginsberg, Aldous Huxley, William S. Burroughs und Allan Watts, zum erweiterten Kreis der Gruppe um Leary, die unter anderem den Einfluss von psychischer Verfasstheit (set) und Umgebung (setting) auf den psychedelischen

Rausch wissenschaftlich untersuchen wollte. Die ersten privaten Versuche fanden in Learys Haus in Boston statt. Der offiziellere Teil des Harvard Psilocybin Projects war eine Studie mit Gefängnisinsassen. Leary, Metzner und Kollegen wie Arthur Cohen wollten herausfinden, ob die Erfahrungen eines Trips bei der Wiedereingliederung in die Gesellschaft helfen könnten. Die Ergebnisse sind umstritten. Die Teilnehmer des »Concord Prison Experiments« brachen zwar seltener die Bewährungsauflagen als die Kontrollgruppe, doch Nachfolgestudien warfen den Forschern um Leary Mängel in der Durchführung und falsche Schlüsse vor.

Eine weitere Studie im Rahmen des Harvard Psilocybin Projects war das »Marsh Chapel Experiment« von Walter N. Pahnke. Hier sollte der Frage nachgegangen werden, inwieweit die in Mythen und Legenden beschriebenen mystischen Erfahrungen der Menschheitsgeschichte den Erlebnissen der psychedelischen Reise ähneln und ob Letztere nicht eine Grundlage der alten Erzählungen sein könnten. Pahnke bestimmte neun Kategorien der mystischen Erfahrung, darunter: Einheitsgefühl mit innerer und äußerer Welt, Verlust des Raum- und Zeitgefühls, anhaltende Veränderungen der Einstellung zum Leben und zu mystischen Erfahrungen. Als Versuchspersonen engagierte er zwanzig Studenten der Religionswissenschaften, sämtlich Protestanten, die keine Erfahrungen mit Psilocybin, wohl aber mit religiösen Praktiken hatten. Sie wurden in vier Fünfer-Gruppen aufgeteilt, um die sich jeweils zwei mit dem psychedelischen Rausch vertraute Leiter (einer war Leary selbst) kümmerten und sie auf das Experiment vorbereiteten. Zehn Studenten erhielten Psilocybin, zehn das aktive Placebo Nicotinsäure, das ein leichtes Körperkribbeln erzeugt. Während des Trips hörten die Studenten über Lautsprecher eine Messe, die gleichzeitig in einem anderen Teil der Kirche durchgeführt wurde. Pahnke wollte die Atmosphäre einer rituellen Zeremonie schaffen.

Die Ergebnisse waren eindeutig: Die Psilocybin-Studenten hatten eine mystisch-religiöse Erfahrung, die Placebo-Gruppe nicht. Pahnke war bewusst, dass er mit seinen Ergebnissen nicht auf breite Zustimmung hoffen konnte. Drogeninduzierte spirituelle Erlebnisse konnten in einer puritanischen Gesellschaft wie der amerikanischen nur auf Unbehagen stoßen, weil sie so leicht auszulösen waren und somit nicht »echt« sein konnten. Das Transzendente muss man sich verdienen! Pahnke dagegen betonte, dass psychedelische Substanzen natürlich nicht automatisch in eine Konversation mit Gott münden, sondern dafür auch die Umgebung, die Vorbereitung, die eigene Bereitschaft stimmen müssen. Er plädierte für weitere Untersuchungen: »Ein besseres, wissenschaftliches Verständnis der Mechanismen und Gebräuche des Mystischen könnte zu einer größeren Wertschätzung und zu mehr Respekt vor diesem bisher nur spärlich erforschten Gebiet des menschlichen Bewusstseins führen. Wenn dieses Gebiet eine Relevanz für die Spiritualität des Menschen hat, dann sollte man darüber glücklich und nicht alarmistisch sein«, schrieb er in einem Aufsatz für das International Journal of Parapsychology. Er fasst damit das Aufgabengebiet zusammen, das sich Leary und seine Mitstreiter vorgenommen hatten: die Erforschung verschiedener Bewusstseinszustände und deren Bedeutung für das menschliche Dasein.

Aber in Harvard wurde das immer schwieriger. Die Studien und Versuche der Gruppe um Leary wurden von den Harvard-Kollegen äußerst kritisch beäugt. Flächendeckend herrschte das behavouristische Dogma, dass der einzige Weg, das menschliche Verhalten zu verstehen, über die Beobachtung von Umwelteinflüssen und deren Wirkung auf den Menschen führe. Alles andere musste demnach unbeweisbarer Blödsinn sein. Außerdem mehrten sich die Geschichten entrückter Studenten, die von Alpert und Leary unter Drogen gesetzt worden sein sollten. 1962 kappte Harvard den Psilocybin-Nachschub aus der Schweiz. Doch Leary hatte einen anderen Stoff gefunden, der potenter war und zudem noch nicht unter das Radar seiner Vorgesetzten gefallen war. Michael Hollingshead, damals Geschäftsführer des Institute of British-American Cultural Exchange, war über Umwege an LSD gekommen und verschaffte Leary im Sommer 1961 seinen ersten Trip. Leary hatte anfangs Angst, weil die Substanz aus einem Labor und nicht aus der Natur stammte und folglich auch noch keine Kultur um deren Gebrauch, wie etwa die indianische bei Psilocybin, entstanden war. Er nahm das LSD trotzdem. Später schrieb er in »High Priest«: »Es war die erschütterndste Erfahrung meines Lebens. Ich saß da, ein Teil von Einsteins Gleichung, alles sehend, schockiert und verwirrt, verzweifelt nach einem Gerüst suchend, das dem unaufhörlichen Bombardement von Energiewellen standhält.« Als die ersten Wirren des Trips nachließen, wurde ihm die Welt als Puppenspiel vorgeführt, in dem jeder nur wie ein Automat handelt und kommuniziert. Leary sah sich und seine Tochter, wie sie einen »flachen, oberflächlichen, stereotypen, bedeutungslosen Austausch von: ›Hi Dad, Hi Sue, wie geht's dir, Dad? Wie war die Schule? Was wünschst du dir zu Weihnachten? Hast du deine Hausaufgaben gemacht?‹« hatten. »Der Plastikpuppen-Vater und die Plastikpuppen-Tochter, auf Räder geschnallt rollen sie umeinander herum auf fixen Schienen.« Leary fühlte sich in seiner Vaterroutine ertappt, auch in seiner Egozentrik, die das Besondere in seiner Beziehung zu seiner Tochter nicht achtet. LSD hatte ihm diese Erkenntnis vor Augen geführt.

Ähnlich wie Ken Kesey erschien Leary die Gesellschaft in widersprüchlichen Normen und Werten gefangen. Spätestens ab diesem Zeitpunkt war er überzeugt, dass psychedelische Substanzen Menschen helfen können, Beziehungen, Verhalten, die Liebe, das Leben, sich selbst klarer zu sehen. Und zwar nicht nur wie bisher den Depressiven und Alkoholkranken, sondern auch den Gesunden. Von nun an wurde eine Diskussion geführt, die bis heute anhält bzw. gerade wieder von neuem entfacht wird: Sollen LSD, Psilocybin oder DMT nur für Todkranke und Abhängige zugänglich sein oder für jeden, der die Erfahrung machen will? Leary plädierte für Letzteres. Und er sah es als seine Aufgabe, dafür einen geeigneten Rahmen zu schaffen.

Nach der Entdeckung von LSD rückte Psilocybin bald in den Hintergrund. Im Sommer 1962 veranstalteten Leary, Metzner und Alpert mit einigen Hochschulabsolventen und Freunden ein sechswöchiges Trainingscamp zum Gebrauch von Psychedelics im Hotel Catalina in Zihuatanejo an der Küste Mexikos. Dort begann auch die Adaption des Tibetanischen Totenbuchs als Handbuch für den psychedelischen Rausch, wie sie später unter dem Titel »The Psychedelic Experience« erschien. Learys Haus in Boston wurde zu einer Kommune mit verstecktem Session-Raum, den neben Burroughs und Ginsberg auch der Jazzmusiker Charles Mingus besuchte. Anfang 1963 gründeten Leary, Alpert und Metzner mit befreundeten Forschern und Künstlern die International Federation for Internal Freedom (IFIF), eine unabhängige Lehr- und Forschungseinrichtung mit eigener Zeitschrift, »The Psychedelic Review«, deren Chefredakteur Ralph Metzner war. Sie wollten sich aus dem engen Griff von Harvard befreien und bestellten bei Sandoz eine Million Dosen LSD, um die eigenen Forschungsgruppen ausreichend versorgen zu können. Harvard verhinderte den Handel und entließ wenig später Leary und Alpert, weil Letzterer bei den gemeinsamen Forschungen gegen die zuvor getroffene Abmachung einem Vordiplomsstudenten eine psychoaktive Substanz gegeben hatte. Die Yellow Press schlachtete den »Harvard Drug Scandal«, wie sie die Vorgänge um das »Psilocybin Project« nannten, aus. Dabei waren Alpert und Leary keineswegs die ersten Universitätsprofessoren, die Psychedelika an Studenten ausgegeben hatten. Über die CIA-Ärzte und -Forscher hatten diese sich schon vorher in studentischen Kreisen verbreitet. Und ein Mann wie Harold Abramson verteilte LSD schon Ende der 50er Jahre außerhalb der Klinikräume.

Doch nun erst wendete sich das Blatt. Die Berichterstattung zu LSD und Psilocybin wurde zunehmend negativ. In den nächsten Jahren sollte sich die kritische Stimmung zur

Hysterie auswachsen. Leary, Alpert und Metzner tauschten ohne Bedauern ihre Tweed-Jackets gegen gemütlichere Kleidung ein – Leary bevorzugte weiße Hose und weißes Hemd – und zogen sich nach einem weiteren Camp in Mexiko auf das Hitchcock-Anwesen zurück. Sie tauschten die Welt der »Plastikpuppen« und universitären Zwänge gegen Experimente mit verschiedenen Bewusstseinszuständen und freier Liebe und etablierten einen Kommunen-Lebensstil mit wechselndem Personal, Dauerrausch-Versuchen und Bergen von dreckigem Geschirr. Man ist verführt, sie Prä-Hippies zu nennen, doch im Vergleich zu den Pranksters, die an einem Sommertag 1964 dort ankamen, war Millbrook eine fromme Gemeinde von Gebetsbrüdern- und -schwestern. Tom Wolfe beschreibt die Begegnung so: »Die Pranksters fielen mit fliegenden Fahnen in Millbrooks tiefgrün verwucherter Schauerroman-Parklandschaft ein, und wie ein außer Rand und Band geratener Wanderzirkus raste der Bus sternenbannergespickt, schier berstend vor tosendem Rock 'n' Roll, durch verschlungenes, grünes Dickicht, vorbei an friedlich-verschlafenen Teichen und Lichtungen, die mäandernde, schmale Straße hinauf«. Für Leary und die anderen stand trotz gesellschaftskritischem Lebensentwurf der wissenschaftliche Antrieb im Vordergrund, Regeln für den Umgang mit psychedelischen Substanzen zu entwerfen, sozusagen Stammesriten für die Kulturen des Westens. Die Pranksters, die Millbrook schnell wieder verließen – der Empfang war wider Erwarten sehr kühl gewesen, auch war es dort zu langweilig –, wollten zwar auch, dass LSD in der Mitte der Gesellschaft erblüht, aber auf eine völlig andere Weise. Ein Leitfaden für den Rausch, wie ihn Leary, Metzner und Alpert aus dem tibetanischen Totenbuch ableiteten, war für sie eine Beschränkung. Vorbereitung, Guide, Fürsorge? Die Pranksters wollten sich hineinschmeißen in die endlosen Verzweigungen des Unbewussten. Ohne Sicherheitsgurt. Go with the flow, das war ihr Motto. Der Bad Trip ein Geschenk für die Seele, durch das man sich durchkämpfen musste. Die Pranksters arbeiteten nach ihrer Rückkehr in Kalifornien an ihrer Form des richtigen Settings. Welchen Einfluss haben Sound, Licht und Verkleidungen auf den LSD-Rausch, wie lässt er sich manipulieren und was macht er dann mit den Menschen? Das interessierte die Pranksters und sie wollten ihre Schlüsse mit ihren Mitmenschen teilen.

»Can you pass the Acid Test?«, stand auf dem Plakat, das die erste öffentliche Party der Pranksters 1965 ankündigte. In dieser Frage schwang eine deutliche Macho-Attitüde mit. Bist du hart genug für den Trip, hast du den Mut, dich auch an die hohen Dosen zu wagen? Na klar, sagten – beim ersten Acid Test nur ein paar wenige. Doch auf die nächsten Partys, die von den Prankstern über ein mobiles Party-Set-up in San Jose und Palo Alto veranstaltet wurden, kamen schon sehr viel mehr. »Alle waren unglaublich stoned und fanden sich in einem Raum mit tausend anderen wieder. Keiner hatte Angst. Es war magisch«, sagte Jerry García, der Kopf und Lead-Gitarrist von Grateful Dead. Ob wirklich niemand Angst hatte, ist sehr zweifelhaft. Bad Trips waren normal, der Freak Out fester Bestandteil des Abends. Die Pranksters hatten mittlerweile einen eigenen LSD-Koch. Der schnell zur Legende aufgestiegene Augustus Owsley Stanley III versorgte die Tests mit hochpotentem Acid, das nicht jeder vertrug. Heute steht das Wort Owsley im Oxford English Dictionary für eine besonders pure Art von LSD. Der Partyreigen erreichte seinen Höhepunkt im Januar 1966 mit dem Trips Festival in San Francisco. Mittlerweile besorgte eine Agentur das Marketing, an die 10 000 Gäste träufelten sich Owsleys Tröpfchen auf die Zunge und tanzten zu Jerry Garcías Endlossoli. Die Merry Pranksters hatten eine Jugendbewegung ins Rollen gebracht, die mit ihrem erratischen Verhalten und ihrer bunten Flucht vor der immer noch nachwirkenden Enge und Prüderie der 1950er Jahre die amerikanische Gesellschaft schockierte. In ihren Augen verbreitete sich der LSD-Missbrauch wie eine Seuche, die leicht an der höheren Zahl von Patienten abzulesen war, die unter Paranoia und Panik litten und von Ärzten mit dem Neuroleptikum Chlorpromazin beruhigt werden mussten.

Leary und Kesey – von der Ost- und von der Westküste her brannte ein subversives Feuer, das die Gesundheit der amerikanischen Jugend und die USA selbst bedrohte. So vermittelten es zumindest die Medien. Selbst das Time Magazine sprach 1966 von einer Epidemie. Dass nur ein sehr geringer Teil der LSD-User einen Zusammenbruch erlebte, spielte keine Rolle mehr. Horror-Geschichten von Vergewaltigungen, Morden, Selbstmorden (»Ich kann fliegen!«) verfestigten sich im öffentlichen Bewusstsein und wirken bis heute nach. Sie erinnern in Drastik und Übertreibung an die »Gore Files« von Harry Anslinger, der von 1930 bis in die 1960er Jahre das Federal Bureau of Narcotics (FBN), einen Vorläufer der DEA, leitete. Für die »Gore Files« sammelten Anslingers Mitarbeiter Verbrechen, die angeblich unter dem Einfluss der »Killerdroge« Cannabis begangen worden waren. Zum Beispiel: »Ein junger Mann, der abhängig von Marihuana war, tötete seinen Vater, seine Mutter, zwei Brüder und eine Schwester, er löschte die gesamte Familie aus, nur sich selbst verschonte er.« Propaganda, die von der Sensationspresse unter Führung der Blätter von William Randolph Hearst, dem mächtigen Medienmagnaten, begierig aufgegriffen und großflächig verdealt wurde. Die Artikel waren genau wie einige Exploitationfilme der Zeit, zum Beispiel der unsäglich alberne »Reefer Madness«, politisch gesteuert und stellten den Marihuana-Rausch als Weg in den Irrsinn dar.

Bis heute hält sich die Theorie, dass Hearst zusammen mit dem Unternehmen DuPont die Verbreitung von Hanf eindämmen wollte. DuPont besaß mehrere Patente auf die Herstellung von Kunststoffen, unter anderem für Nylon; Hearst verdiente sein Vermögen auch in der Papierindustrie. Mit einem Verbot von Hanf, der bis dahin als Werkstoff nur eine Nebenrolle gespielt hatte, hätte man einen Konkurrenten aus dem Feld gedrängt. Bewiesen ist die Anslinger/Hearst/DuPont-Verbindung bis heute nicht. Ein wahrscheinlicherer Grund für die forcierte Ächtung von Marihuana ist, neben der Erschließung eines neuen Aufgabenfelds für die vollends sinnlos gewordenen Prohibitions-Beamten, Rassismus. Gras war die Droge der mexikanischen und afroamerikanischen Minderheit. Schon vor Anslingers Kampagne hatten dreißig US-Staaten Gesetze erlassen, die den Gebrauch von Marihuana eindämmten oder verboten. In Ländern, wo eine weiße Minderheit über eine schwarze Mehrheit regierte, wie Südafrika und Jamaika, war es schon seit Anfang des 20. Jahrhunderts illegal. Anslinger warnte immer wieder vor schwarzen Jungs, die weiße Mädchen mit ihren Joints verführten und ins Verderben stürzten. Hearst, selbst glühender Rassist, und Anslinger trafen sich also eher in ihrer Hetze gegen Minderheiten und ihrem ausgeprägten Puritanismus als in gesundheitlicher Fürsorge. (Anslingers Rassismus pointiert sich etwa darin, dass er die heroinsüchtige schwarze Sängerin Billie Holiday gnadenlos verfolgte und letztlich in den Tod trieb, der ebenfalls heroinsüchtigen weißen Schauspielerin Judy Garland dagegen Tipps gab, wie sie ihre Abhängigkeit wieder loswerden könne.) Bei einer Befragung vor dem Kongress nannte Anslinger Marihuana »eine Bedrohung für die Nation« und warnte vor schweren Schäden für Körper und Geist. Mit Erfolg. Ab 1937 war der Verkauf und Besitz von Marihuana, das auch in der Medizin verwendet wurde, in den gesamten USA nur noch Hanfhändlern erlaubt, die im Besitz einer entsprechenden Steuermarke waren. Diese konnte man aber nur beantragen, wenn man Marihuana bei sich führte, was wiederum strafbar war. So wurde es de facto unmöglich, es zu konsumieren oder damit zu handeln. Wurde man erwischt, musste man mit hohen Gefängnisstrafen rechnen.

Nun, 30 Jahre später, sollte dieser Spuk sich wiederholen. Viele Verbrechen wurden mit LSD in Zusammenhang gebracht. Und obwohl Timothy Leary in Interviews immer wieder die Wichtigkeit von Set und Setting betonte und dafür plädierte, LSD in die Hände der Regierung zu geben, die dann nach genauer Untersuchung der Psyche und Vorbereitung interessierten Bürgern eine Art Trip-Führerschein, eine Lizenz zum Rausch ausstellen sollte, wurde er zur Reizfigur. Viele beschuldigten ihn, LSD und seine Vorzüge zu offensiv zu bewerben. Und je stärker konservative Politiker, Talkmaster und Journalisten die Substanz dämonisierten, umso schärfer schoss Leary zurück. Sein berühmter Slogan »Turn on, tune in, drop out«, den er das erste Mal bei einem Besuch in Kalifornien auf einer Zusammenkunft im Golden State Park vor den Lesern seiner Bücher, zehntausenden Hippies, deklamierte, wurde nun zum dezidierten Angriff auf die restriktive, konservative Plastik-Gesellschaft. Steigt aus! Und sie taten es. Sie verdienten Geld mit Gelegenheitsjobs, lebten die gerade geborene Psychedelic Culture, wohnten im Haight-Ashbury-Viertel von San Francisco. Wie übrigens auch James Ketchum aus dem Edgewood Arsenal, der sich eine kurze Auszeit vom Psychedelic Warfare genommen hatte und sich in einer Arztpraxis in Haight um Bad-Trip-Patienten kümmerte. So freundlich begegneten Staatsangestellte und Hippies sich danach nie wieder.

Was aber, wenn sich noch mehr Studenten und junge Leute bunte Klamotten überziehen und dem für sie vorgesehenen Job-Karriere-Familie-Modell den Rücken zukehren würden? Wie sollte eine Gesellschaft funktionieren, wenn am Ende keiner mehr die Pflichten zu ihrem Erhalt übernehmen wollte? James Fadiman, der damals eine LSD-Studie mit Ingenieuren durchführte, sagt heute: »Stellen Sie sich vor, Sie sind Vater, leben in New England, haben ein schönes Haus, verdienen gut, Ihre Kinder gehen auf eine der Ivy-League-Universitäten. Und dann kommt Ihr Junge nach Hause und sagt: ›Du, das mit dem Jurastudium, das bringt mir nichts mehr. Und deine Auffassung vom Leben ist falsch, unsere Gesellschaft ist krank, und der Krieg, den wir da in Vietnam führen, ist es auch.‹ Sie fallen aus allen Wolken, Sie fragen sich, wofür Sie eigentlich die hohen Studiengebühren zahlen, und Sie bekommen Angst um die Zukunft Ihrer Kinder und Ihre eigene.« Diese Angst war größer als die vor Psychosen. Und sie erfasste nicht nur Politiker, Eltern und Personaldirektoren, sondern auch LSD-Forscher wie Sidney Cohen, der 1966 während einer von drei Anhörungen des Kongresses zum LSD-Problem sagte: »Wir sehen etwas, das überaus alarmierend ist, auf eine Art alarmierender als der Tod, und das ist der Verlust aller kulturellen Werte, des Gefühls, was richtig, was falsch, was gut, was böse ist. Diese Leute führen ein wertloses Leben, ohne Antrieb, ohne Ziel […], sie haben keine Kultur mehr, sind für die Gesellschaft und für sich verloren.« Cohen war enttäuscht und wütend. Er sah seine Forschung in Gefahr, er wusste, dass ein Verbot von LSD kurz bevorstand, und machte Timothy Leary und Ken Kesey dafür verantwortlich. Und er war nicht allein. Die gesamte Forschungsgemeinde machte Leary Vorwürfe. Ralph Metzner weist sie bis heute zurück: »Nicht Leary war schuld daran, dass der LSD-Konsum in den 1960er Jahren explodierte. Er hat nie gesagt, dass alle Leute nun Drogen nehmen sollen. Vielmehr hat er immer betont, dass man vorsichtig sein, den richtigen Rahmen schaffen, Set und Setting beachten müsse. Er war nur dafür, dass sie nicht auf den medizinischen Komplex beschränkt sein sollten, sondern auch für gesunde Menschen nützlich sein können.«

Trotzdem nannte Richard Nixon ihn in den 70er Jahren »den gefährlichsten Mann Amerikas«. Ralph Metzner: »Absolut lächerlich, vor allem, wenn es ein Mann wie Nixon sagt. Timothy Leary musste für seinen Überzeugungen viel leiden.« Zweimal wurde Leary wegen Besitz von Marihuana zu Gefängnisstrafen verurteilt. Zuerst 1965 aufgrund von zwei Joints, die bei der Durchsuchung seines Autos an der mexikanischen Grenze gefunden wurden. Den drohenden 30 Jahren Haft konnte er in einem langwierigen Prozess entgehen. Dann 1970 zum zweiten Mal bei einer Razzia in Millbrook. Er ging ins Gefängnis, floh, verbrachte die nächsten Jahre in Algerien und der Schweiz und wurde 1974 von Afghanistan an die USA ausgeliefert, wo er

zwei Jahre im kalifornischen Folsom Prison verbüßen musste. Ken Kesey erging es nicht viel besser. Auch er wurde mit
Marihuana aufgegriffen, entging der Haftstrafe jedoch zunächst, indem er einen Selbstmord vortäuschte und sich
nach Mexiko absetzte. Acht Monate später kehrte er zurück, wurde verhaftet und saß fünf Monate im Gefängnis.

1966 wurden der Besitz, die Herstellung und der Gebrauch von LSD in den USA verboten. Die Ausbreitung
der psychedelischen Hippie-Kultur verhinderte das aber
vorerst nicht. Über 250 000 US-Amerikaner sollen zu dieser Zeit LSD probiert haben. Bis heute sollen es weit über
20 Millionen sein. Nach Deutschland kam die LSD-Welle
etwas verzögert. Stellte die Polizei 1968 nur 27 Trips und
drei Zuckerwürfel sicher, waren es 1970 bereits 178 925
Trips, was aber wohl auch mit der erhöhten Aufmerksamkeit der Gesetzeshüter zu tun hatte. LSD war zu dieser Zeit
in Deutschland zwar noch nicht verboten, überhaupt hatte
sich die Politik mit dem Drogenkonsum der Bevölkerung
bis Mitte der 60er Jahre kaum beschäftigt, doch die Angst
vor einer benebelten, aufrührerischen Jugend nahm auch
hier zu. Seit 1971 regelt das Betäubungsmittelgesetz den
Umgang mit Rauschmitteln. Man weiß, mit welchem Erfolg.

Spätestens ab den 1970er Jahren waren die Vereinten Nationen vom Vorhaben beseelt, eine Welt ohne Drogen zu
schaffen. 1972 rief Richard Nixon den »War on Drugs« aus,
in dessen Zuge der internationale Drogenhandel einge-
dämmt werden sollte. Sowohl die Idee einer rausch- und be-
täubungsfreien Welt als auch der Kampf gegen Herstellung
und Vertrieb der Substanzen schlugen grandios fehl. Allein
die USA soll der diffuse Krieg gegen die Drogen seit seinem
Beginn etwa eine Billion Dollar gekostet haben, was wenig
ist im Vergleich zu den Einnahmen der Drogenmafia, die
sich letzthin je nach Schätzung auf jährlich 300 bis 500 Milliarden Dollar belaufen sollen. Psychotrope Substanzen
spielen dabei, mit Ausnahme von MDMA, nur eine untergeordnete Rolle. Und stehen doch immer noch in Anlage 1

des UN »Einheitsabkommens über die Betäubungsmittel«, fallen also unter die Kategorie der am meisten reglementierten Substanzen, weil die Missbrauchsgefahr besonders hoch und kein medizinischer Nutzen zu erwarten sei. Dass zumindest Letzteres nicht stimmt, wussten schon Albert Hofmann, Hanscarl Leuner, Sidney Cohen und viele andere Mediziner der 1950er und 1960er Jahre. Trotzdem ist ihr Ruf bis heute zerstört. Der Grund dafür liegt teils im verantwortungslosen Gebrauch, nicht zuletzt durch geheimdienstliche Mad Scientists, vor allem aber in einer blinden Prohibitionskultur, die jegliches Argument für psychedelische Substanzen mit Fehlinformationen und Horrorszenarien niederbügelt. Seit einigen Jahren jedoch versuchen vor allem Forscher und Mediziner, geduldig die zahlreichen Schichten von Vorurteilen und Fehleinschätzungen abzutragen, die LSD, Psilocybin oder MDMA bis heute verdecken. Vielleicht ist der Blick auf psychedelische Substanzen bald wieder weniger vernebelt, als er es die letzten Jahrzehnte über war.

Vertrauen in Kapseln – MDMA

Rachels Hoffnung

Irgendwann musste sich Rachel Hope eingestehen, dass sie am Ende war. Sie schlief keine Nacht mehr durch, alle paar Stunden wachte sie schwitzend und schreiend vor Albträumen auf. Ihre Haare fielen aus, sie zitterte, ihre Augenlider zuckten unwillkürlich, außerdem litt sie an Sprachstörungen, suchte oft vergeblich nach dem passenden Wort. »Immer öfter brach ich zusammen. In Meetings begann ich zu heulen. Keiner hielt es mehr mit mir aus. Meine Freunde verließen mich, auch die Liebe meines Lebens verlor ich. Hätte ich nicht für meine Tochter sorgen müssen, ich hätte mich umgebracht. Jeden Tag, jede Stunde sehnte ich mich nach der Ruhe des Todes«, sagt sie.

Hopes Leiden begann, als sie ein vierjähriges Kleinkind war. Ihre Mutter bekam sie mit 19 Jahren, sie kümmerte sich liebevoll um Rachel, war aber auch überfordert. Sie nahm eine Auszeit, nicht ahnend, dass der Freund, der so freundlich anbot, die kleine Rachel aufzunehmen, Böses vorhatte. Über sechs Wochen missbrauchte er das Mädchen. Als die Mutter zurückkam, war aus der fröhlichen Rachel ein ängstliches und aggressives Kind geworden. Aber Rachel schwieg. Sie schwieg über Jahre, wusste jedoch immer, dass da ein dunkles Geheimnis auf dem Grund ihrer Seele lag. Umso erstaunlicher war, dass sie zunächst ein halbwegs normales Leben führen konnte. Sie zog zu ihrer Großmutter, war gut in der Schule, tanzte Ballett. Doch dann der nächste Schlag: Als Rachel elf Jahre alt war, übersah sie ein Truckfahrer beim Abbiegen und riss sie vom Fahrrad. Wie durch ein Wunder überlebte sie. Sie hatte dutzende Knochenbrüche, war teilweise gelähmt und lag monatelang im Krankenhaus. »Aber mein Lebenswille war größer«, sagt sie, »ich raffte mich auf, biss die Zähne zusammen, und irgendwie schaffte ich es, ein äußerlich normaler Teenager zu werden. Mit 19 Jahren fühlte ich mich sogar so sicher, dass ich mich entschied, ein Kind zu bekommen.« Hope zog nach Hawaii, arbeitete, hatte mehrere Angestellte, pflegte einen großen Freundeskreis und war eine gute Mutter. Doch ihrer Vergangenheit entkam sie nicht. »Mit 33 hatte ich zwanzig Jahre Psychotherapie hinter mir – REM-, Verhaltens-, Gesprächs- und Konfrontationstherapie, alles kannte ich schon. Ich hatte jede Medikation probiert, Neuroleptica, Antidepressiva, Tranquilizer. Damit dämmte ich mich tagsüber so weit runter, dass ich funktionierte. Aber ich wusste, dass ich am Ende war.«

Hopes Assistent wollte dem Elend nicht mehr zusehen. »Er knallte mir einen zehn Zentimeter dicken Stapel von allen experimentellen Therapien auf den Tisch, die gerade angeboten wurden. Es dauerte Tage, ihn durchzuarbeiten. Der Großteil davon war offensichtlicher Schwachsinn. An einer Therapie jedoch blieb ich hängen – denn sie hatte das denkbar strengste Auswahlverfahren. Die Aspiranten mussten zwischen 30 und 35 sein, therapieresistent, psychopharmaka-erfahren, aber nicht suchtkrank. ›Na viel Glück, da jemanden zu finden‹, dachte ich.« Zudem imponierte Hope, dass die Studie nicht von einem großen Pharmakonzern oder einer Universität, sondern einer kleinen Stiftung finanziert war. »Ich dachte: Wenn es denen die Sache wert ist, mich 6000 Kilometer nach South Carolina und zurück zu fliegen, dann probiere ich es aus.« Hätte Hope gewusst, dass die Substanz MDMA, die in der Studie die entscheidende Rolle spielte, auch unter dem Namen Ecstasy bekannt ist, hätte sie mit Sicherheit die Finger davon gelassen. »Ich kannte Drogen nur von den Freunden meiner Mutter. Ich sah eine Menge Elend und Verwahrlosung. Damit wollte ich nichts zu tun haben. So aber entschied ich mich, nach South Carolina zu reisen. Was hatte ich denn zu verlieren?«

Aus dem Behandlungszimmer auf die Straße

Es scheint einen typischen Verlauf in der Verbreitung psychedelischer Substanzen zu geben. Denn in vielen Punkten wiederholte MDMA die Geschichte von LSD. 1978 veröffentlichten die beiden Chemiker Alexander Shulgin und David Nichols ein Forschungspapier, in dem sie die Substanz der akademischen Öffentlichkeit vorstellten. Bekannt war sie jedoch bereits seit 1912, und schon in den späten 1960er Jahren wurde sie in einer kleinen Underground-Szene geschätzt. Mit der Publikation von Shulgin und Nichols wurde MDMA plötzlich bekannt und zum heißen Thema auf einschlägigen wissenschaftlichen Konferenzen. Vor allem Therapeuten waren begeistert. Ende der 1970er Jahre war die substanzgestützte Therapie – sei es in ihrer psycholytischen oder psychedelischen Variante – aufgrund der verschärften Drogengesetze weltweit unter schwerem Beschuss. Psychedelika wie LSD, Psilocybin oder Meskalin waren illegal, der Konsum wurde rabiat verfolgt, die Freiräume der Hippies wurden vom konservativen Rollback nach und nach wieder kassiert und Ronald Reagan schickte sich an, Präsident zu werden. Nichtsdestotrotz arbeiteten Therapeuten im Verborgenen weiter und verabreichten Depressiven, Neurotikern oder Traumatisierten psychedelische Substanzen – stets unter enormem persönlichem Risiko. So wird verständlich, wie schnell sich das damals noch legale MDMA verbreitete. Noch dazu, wo man es hier mit einer »einfachen Substanz« zu tun hatte, die bei so gut wie jeder Art von psychischer Störung anwendbar war.

Die Frage, ob MDMA überhaupt ein Psychedelikum sei, ist alt. Alicia Danforth, Psychologin an der University of California, Los Angeles, die mehrere MDMA-Studien betreute und betreut, beantwortet sie wie folgt: »MDMA ist kein Halluzinogen. Unter dem Einfluss von MDMA kommt es zu einer geringeren Wahrnehmungsveränderung als auf LSD oder Psilocybin. Die Personen haben nicht das Gefühl, die Kontrolle zu verlieren. Wenn man den Begriff ›psychedelisch‹ jedoch wörtlich nimmt – ›die Psyche offenbarend‹ –, so trifft das auf MDMA in vollem Umfang zu. MDMA erlaubt es, sich mit Teilen der Psyche zu konfrontieren, die man sonst verdrängt. Man kann deshalb auch von einem ›Entaktogen‹ sprechen, einer Substanz, die erlaubt, ›das Innere zu berühren‹. Manche sagen auch, MDMA sei ein ›Empathogen‹, da es die Empathie unterstützt und Personen das Gefühl gibt, mit ihren Mitmenschen – aber auch mit sich selbst – verbunden zu sein.« Halluzinogene Substanzen lösen einen Rausch aus, der beängstigen kann. Gerade für Patienten, die an Angststörungen leiden, ist das oft eine zu hohe Hürde. Einer der wichtigsten Wirkmechanismen von MDMA scheint jedoch zu sein, dass es Angstsperren löst – und einen so überhaupt erst therapiefähig macht. Alsbald wurde MDMA deshalb in der kleinen Szene der psycholytischen Therapeuten, die vor allem an der amerikanischen Westküste angesiedelt war, als wahres Wundermittel gehandelt. In der ersten Hälfte er 1980er Jahre wurden schätzungsweise 500 000 wirksame Dosen therapeutisch verabreicht.

Doch dann wiederholte sich die Geschichte von LSD: »MDMA entkam den Behandlungszimmern einiger weniger Psychotherapeuten in den USA und Europa und wurde zur Party-Droge«, wie Ralph Metzner schreibt. Man kann diesen Zeitpunkt sogar ziemlich genau angeben: 1983 verfiel ein Anhänger der Substanz in Los Angeles auf die Idee, ihr den Marketingnamen »Ecstasy« zu verpassen. Zwar war er sich angeblich darüber bewusst, dass »Ekstase« diesen Rausch sehr unzureichend beschreibt, doch verkaufte sich das Zeug unter diesem Namen nun mal besser als etwa unter »Empathy«. Als »Ecstasy« schlug MDMA in der texanischen Schwulenszene ein, vor allem im legendären Starck Club in Dallas, in dem sich auch Prominente wie Grace Jones und Annie Lennox vergnügten. Von dort aus wanderte die Substanz nach New York, London, Ibiza. Spätestens seit 1982 stand sie im Fokus der »Drug Enforcement Administration« (DEA). Hier glaubte man, mit MDMA eine neue »Horrordroge« gefunden zu haben, die zum einen enorm süchtig machen, zum anderen vielfältige Degenerationen im Gehirn nach sich ziehen könne. Man berief sich auf Studien, die eine direkte Schädigung von Nervenzellen postulierten, verminderten Blutfluss im Gehirn sowie, dieses Argument wog am schwersten, einen erheblichen Einbruch im Serotonin-Haushalt. Schon bald wurde jedoch klar, dass die Beweisführung der DEA hinkte. Die Forscher, die dachten, die Störungen im Serotonin-Stoffwechsel gefunden zu haben, verwendeten im Tierversuch statt MDMA die verwandte Substanz MDA – und das regelmäßig und in extrem hohen Dosen.

Dennoch kam es 1985 zum Verbotsverfahren. Dieses unterschied sich jedoch auf interessante Weise von ähnlichen Kriminalisierungen. Die Expertenkommission der WHO für Drogensucht – nicht gerade bekannt für liberale Positionen – veröffentlichte einen Bericht, in dem es hieß: »Es gab lange Diskussionen über den berichteten therapeutischen Nutzen von MDMA. Diese Berichte waren beeindruckend, jedoch mangelte es den Studien am notwendigen methodologischen Design, und die Ergebnisse schienen nicht zuverlässig erhoben zu sein. Nichtsdestotrotz drücken die Experten ein großes Interesse aus und empfehlen, diese ersten Ergebnisse in weiteren Studien zu vertiefen. Aus diesem Grund drängt die Expertenkommission die Staaten dazu, die Forschungen an dieser interessanten Substanz zu erleichtern.« Dieser Appell sollte allerdings unerhört verhallen.

Gegen die Prohibition

Rick Doblin sah das Verbot kommen. »Ich wusste, wenn die DEA sich einmal festgebissen hat, gibt sie nicht auf«, sagt er. Und er kämpfte dagegen. Wie viele seiner Generation kam Rick Doblin in den späten 1960er Jahren zum ersten Mal mit psychedelischen Substanzen in Kontakt. Er studierte am kleinen, liberalen »New College of Florida« Kunst und Psychologie. Sehr viel prägender waren für ihn jedoch die bacchanalischen Strandpartys, auf denen LSD und ähnliche Substanzen konsumiert wurden. »Natürlich ging es uns um Spaß, um Tanzen und Sex. Aber schon sehr bald merkte ich, dass LSD mehr war. Die Substanz machte eine spirituelle, eine sensible Person aus mir. Schnell wurde mir klar, dass man diese Eigenschaften therapeutisch nutzen kann – und muss.« Als Doblin in den frühen 1980er Jahren MDMA entdeckte, sah er darin die Möglichkeit, seinen therapeutischen Interessen ganz legal nachzugehen. »Wir glaubten damals, mit MDMA die ideale Therapiesubstanz gefunden zu haben. Einen LSD-Rausch hält nicht jeder aus, zumal wenn er psychische Probleme hat. Zwar öffnet auch MDMA die Psyche – aber eben sanft.«

1985, als das Verbotsverfahren anstand, war Rick Doblin gewappnet. Er hatte eine breite Koalition aus Therapeuten, Anwälten, Forschern und sogar Richtern versammelt, die gegen die Verbotspläne der DEA antraten – und zumindest erreichen wollten, dass die Substanz nur unter Schedule III des »Controlled Substances Act« verboten würde, also weiterhin für Therapien nutzbar wäre. Auch wenn es zu mehreren Verhandlungen kam und die Ergebnisse oft denkbar knapp waren, letztendlich konnte sich die DEA durchsetzen. 1985 wurde MDMA unter Schedule I des Controlled Substances Act gestellt und damit kriminalisiert. Bis heute ist in den USA das Strafmaß für den Besitz und Handel großer Mengen MDMA höher als das für andere Drogen, etwa Stimulanzien. 1986 folgten die meisten Industrienationen dem amerikanischen Vorbild, die weltweite Forschung wurde so gut wie untersagt. Vier Jahre später setzte dann der Massenkonsum ein und MDMA wurde als Ecstasy die erfolgreichste Partydroge der 1990er Jahre.

Rick Doblins Kampf aber begann nun erst. Er sollte zum wichtigsten Lobbyisten für MDMA und für Psychedelika im Allgemeinen werden. 1986 gründete er die Nonprofit-Organisation MAPS – »Multidisciplinary Association for

Psychedelic Studies«. »Es war klar, dass wir den Kampf juristisch verloren hatten. Also blieb uns nur ein Weg – die verschlossene Tür konnte nur durch Studien wieder aufgestemmt werden. Nur wenn man den therapeutischen Nutzen von Psychedelika belegen kann, schafft man es vielleicht, diese zu entkriminalisieren. Und klar war auch, dass das nur mit MDMA geht. An allen anderen Substanzen haftete das Timothy-Leary-, das Underground-Stigma.«

Seit dreißig Jahren besteht Doblins Arbeit nunmehr im Schmieden von Allianzen, in der Koordination und Finanzierung von Studien und vor allem im Sammeln von Geld. Sein charmantes Wesen kommt ihm dabei zugute, Doblins wuchtige Gestalt und seine großen Hände vermitteln Gemütlichkeit und Wärme, er lacht viel und laut und beginnt so gut wie jeden Satz damit, sein Gegenüber beim Vornamen zu nennen. Schon gleich nach dem Verbot wusste er, was zu tun sei: Sollte MDMA entkriminalisiert werden, musste es als Medikament zugelassen werden. Dieser Prozess läuft in mehreren Schritten. In der sogenannten Phase I muss zunächst die Ungefährlichkeit der Substanz belegt werden. »Ein enorm schwieriges Unterfangen«, sagt Doblin, »fußte das Verbotsverfahren doch auf der Überzeugung, MDMA verursache schwere Gehirnschäden.« Zunächst galt es also, die FDA (»Food and Drug Administration«), die für die Genehmigung von Arzneimittel-Entwicklungen zuständig ist, zu überzeugen. 1989 klappte es schließlich, denn bei der FDA stand ein Generationenwechsel an, und die neuen Beamten hatten ihre Karriere nicht zur Hochphase des War on Drugs gemacht. »Trotzdem war es enorm schwierig. Da vermutet wurde, MDMA könne zum einen süchtig machen, zum anderen Hirnschäden verursachen, durften wir die Studie zunächst nur mit Personen machen, die in ihrer Freizeit schon oft MDMA genommen hatten. Wir rekrutierten zwölf Freiwillige, die sich einer Lumbalpunktion, bei der Rückenmarksflüssigkeit entnommen wird, unterziehen mussten. Wir überzeugten sie, indem wir sie eine Woche nach Kalifornien einluden und ihnen ein paar Tage im Wellness-Ressort Esalen spendierten. Alle machten gerne mit.«

Die Untersuchungen zogen sich in die Länge. Auch gab es Rückschläge, zum Beispiel als im Magazin »Science« eine Studie veröffentlicht wurde, die belegen wollte, dass MDMA schwere Störungen im Dopamin-Stoffwechsel verursachen könne. Das Problem war bloß, dass die Forscher, die dies herausfanden, die Proben verwechselt hatten. Statt MDMA untersuchten sie das wesentlich toxischere Methamphetamin, bekannt als Crystal Meth. Science zog den Bericht bedauernd zurück. Und schließlich war klar: MDMA verursacht in Dosen bis zu 2,5 Milligramm pro Kilogramm Körpergewicht keinen Schaden im Gehirn, der Serotoninspiegel sinkt zwar nach dem Konsum, pendelt sich aber nach kurzer Zeit wieder auf das Normallevel ein. Die von Doblin finanzierten Studien bestanden auch vor den strengen Augen von FDA und DEA. Und so stand im Jahr 2004 der nächste Schritt in Sachen Dekriminalisierung MDMA an. Ein Team um den Mediziner und Psychologen Michael C. Mithoefer, ebenfalls ein Mitglied von MAPS, veranstaltete den ersten Phase II-Versuch mit MDMA. Titel: »Sicherheit und Wirksamkeit von ±3,4-Methylenedioxymethamphetamin-assistierter Psychotherapie bei Patienten mit chronischer, therapieresistenter posttraumatischer Belastungsstörung«. Während bei klinischen Versuchen der Phase I ganz allgemein Verträglichkeit und Sicherheit einer Substanz getestet werden, geht es bei Phase II darum, mit kleinen Gruppen das Therapiekonzept, die ideale Dosis und die Wirksamkeit zu prüfen. Unter den zwanzig Teilnehmern an dieser Studie war Rachel Hope.

Eine neue Epidemie?

Posttraumatische Belastungsstörung, kurz PTBS, scheint eine der epidemischen Krankheiten der Gegenwart zu sein. Wie der Name schon sagt, tritt eine PTBS – nicht notwendig, aber sehr wahrscheinlich – in Folge traumatischer Ereignisse wie Unfall, Vergewaltigung, Folter, Gefangenschaft oder Gefecht auf. Dabei muss dieser Schrecken nicht unbedingt selbst erlitten werden. Auch Zeugen von Unfällen oder Helfer können traumatisiert werden, ja sogar Familienmitglieder von Opfern. Die Symptome sind vielfältig. Sie reichen von Schlafstörungen und Herzrasen bis hin zu unkontrollierbarem Zittern, Lähmungen und Sprachverlust. Zum Teil leiden die Opfer unter schmerzhaften Flashbacks – sie erinnern sich an das schreckliche Erlebnis so lebhaft, als durchlebten sie es noch einmal. In anderen Fällen ist das eigentliche Trauma komplett unbewusst. Immer ist das Leben von PTBS-Opfern bestimmt von unerträglicher, dauerhafter Angst, von Albträumen, Depression und Vereinsamung. Oft leiden sie unter Alkohol- oder Medikamentensucht. Dem entspricht eine erschreckend hohe Suizidrate.

Die Krankheit ist vermutlich so alt wie die Menschheit, ins öffentliche Bewusstsein drang sie jedoch erst mit dem Ersten Weltkrieg. Die Lazarette füllten sich nicht nur mit von Bomben Zerfetzten und vom Giftgas Erblindeten, sondern auch mit den sogenannten »Kriegszitterern«. Diese hatten keinen erkennbaren organischen Schaden, waren aber dennoch komplett kampfuntauglich. Zum Teil wurden sie auf bestialische Weise, mit Elektroschocks und anderen Grausamkeiten, »therapiert« bzw. »fronttauglich gemacht«, was etwa von Sigmund Freud schwer kritisiert wurde. In seinem klassischen Text »Jenseits des Lustprinzips« von 1920 definierte dieser das Trauma wie folgt: Das Wahrnehmungsbewusstsein sei ein »Reizschutz«, der den Organismus gegen die Außenwelt abgrenze. Manche Erregungsmengen seien jedoch so gewaltig, dass sie diese »Schutzschicht«, auch in ihrer gesteigerten Form der »Angstbereitschaft«, durchschlagen könnten. Der Effekt sei, dass das traumatische Ereignis nicht wie eine normale Erinnerung bearbeitet und vergessen werden könne, sondern als Fremdkörper konserviert werde – was unter anderem die ständige Wiederholung, sei es in Albträumen, Zwängen oder somatischen Symptomen, zur Folge habe.

Seither beschäftigten sich Generationen von Medizinern, Psychologen und Hirnforschern mit der Entstehung und Behandlung solcher Traumata. Interessant ist, dass neue hirnphysiologische Erkenntnisse auf frappante Weise zu Freuds Konzept passen. Traumatische Erlebnisse werden als so überwältigend erlebt, dass sie den Thalamus, der als »Wahrnehmungsfilter« oder erste Informationsweiche gedacht werden kann, in unkontrollierter Weise passieren und im Hippocampus ohne jede Vorsortierung gespeichert werden. Die normale, bewusste Verarbeitung von Sinneseindrücken im Neocortex wird auf diese Weise unterlaufen. Ein Effekt davon ist, dass die traumatischen Erfahrungen als ungeordnete Erinnerungen mitsamt allen darin enthaltenen, unbearbeiteten Spannungen gespeichert werden. Daher tauchen sie für den Betroffenen immer wieder als real erlebte Rückblenden, als sogenannte Flashback-Erinnerungen in Albträumen, aber auch in alltäglichen Situationen wieder auf und werden dann als gegenwärtige Bedrohung wahrgenommen.

Daten zur Häufigkeit von PTBS wurden vor allem in den USA erhoben. Sie sind erschreckend: Die Lebenszeitprävalenz, die statistische Wahrscheinlichkeit, an PTBS zu erkranken, liegt bei acht Prozent. Für Risikoberufsgruppen wie Feuerwehr, Armee oder Polizei sind die Werte zum Teil drastisch höher und betragen bis zu 50 Prozent. Auch erkranken doppelt so viele Frauen wie Männer an einer posttraumatischen Belastungsstörung – eine Folge davon, dass sie häufiger Opfer von Gewalt werden.

Angesichts dieser Zahlen verwundert es nicht, dass es für PTBS inzwischen ein breites Therapieangebot gibt. Als Standardbehandlung wird eine Verhaltenstherapie sowie eine Konfrontationstherapie empfohlen. Bei Ersterer geht es darum, den Patienten wieder die Kontrolle über ihr Leben zu ermöglichen. Nach einem genau geregelten Therapieplan sollen unerwünschte Kognitionen wie Angst, Panik, Selbsthass oder Antriebslosigkeit allmählich abtrainiert und so ein Weg zurück in ein normales Leben gebahnt werden. Die Konfrontationstherapie arbeitet ähnlich. Auch hier besteht das Ziel darin, die alles bestimmende Angst zu »verlernen«, indem sich der Patient in einer geschützten Situation den Angstreizen aussetzt und dabei erfährt, dass sich die Angst nicht immer weiter steigert und zur Katastrophe führt, sondern abnimmt, je öfter man sich ihr stellt.

Beide Therapieformen werden vielfach angewendet und sind, darüber besteht kein Zweifel, im Prinzip effektiv. Was die konkreten Zahlen anbelangt, sind die Ergebnisse jedoch eher mager. Laut einer Erhebung des amerikanischen National Center of PTSD leiden zehn Jahre nach einer der erwähnten Therapien noch 80 Prozent der Patienten an PTBS – wenngleich zum Teil in abgeschwächter Form. Die Tatsache, dass ein Viertel der angesprochenen Patienten nicht an der Studie teilnehmen wollte, lässt indes vermuten, dass die Zahl derer, die trotz Therapie noch an der Krankheit leiden, weit höher liegt als angenommen. Das Problem der eigentlich hochwirksamen Konfrontationstherapie besteht darin, dass die oft so schmerzhaft ist, dass Patienten die Behandlung abbrechen. Oft genug gelingt es dem Therapeuten nicht, die Traumatisierten davon zu überzeugen, dass keine reale Gefahr drohe. Im schlimmsten Fall kommt es zu einer Retraumatisierung. Ein anderes Problem ist noch basaler: Bei schweren Traumatisierungen verstummen die Opfer – ein Effekt, der schon an den »Kriegszitterern« im Ersten Weltkrieg auffiel. Sie kapseln sich ein, brechen alle Kontakte ab, vertrauen niemandem. Im Extremfall stellen sie tatsächlich das Sprechen ein. In diesem Stadium sind sie für eine klassische Therapie so gut wie nicht mehr zu erreichen.

Angesichts der gravierenden Symptome und der Schwierigkeiten einer Therapie verwundert es nicht, dass so gut wie alle PTBS-Betroffenen ihr Leid mit Psychopharmaka zu lindern suchen. Standardmäßig kommen Antidepressiva vom Typ der Selektiven Serotonin Wiederaufnahmehemmer zum Einsatz, Trizyklische Antidepressiva, Beruhigungs-mittel, Medikamente zur Aggressionsminderung, Schlaf-mittel, aber auch Antipsychotika wie Risperdon oder Abi-lify – das gewinnbringendste Arzneimittel der USA. Nach den Anschlägen vom 11. September 2001 schaltete das Phar-maunternehmen Pfizer eine fast sechs Millionen Dollar teure Werbekampagne, die der verschreckten Nation sug-gerierte, die Traumaopfer ließen sich mit dem Antidepres-sivum Zoloft behandeln. Ein lukratives Geschäft. Mit je-dem Patienten, der sein Leben lang auf Psychopharmaka angewiesen ist, lassen sich bis zu 1,5 Millionen Dollar ver-dienen. 2011 zeigte eine Studie der Harvard School of Me-dicine und der University of Chicago, dass bei vielen der häufig verschriebenen Psychopharmaka nie wirklich unter-sucht wurde, inwieweit sie überhaupt wirken. Unzweifel-haft sind dagegen die massiven Nebenwirkungen, die von Gewichtszunahme und Schläfrigkeit über Verwirrung und Halluzinationen bis hin zu Impotenz und Herzrhythmus-störungen reichen. Dazu kommen Gewöhnungseffekte, die dazu führen, dass Patienten immer mehr dieser Mittel neh-men – 30 und mehr Pillen pro Tag sind keine Seltenheit. Einige Stoffe – etwa Benzodiazepame, die offiziell nicht als PTDB-Medikation vorgesehen sind, aber dennoch oft zum Einsatz kommen – machen zudem schnell süchtig. Für viele PTBS-Opfer sind Medikamente jedoch die ein-zige Möglichkeit, den Tag zu überstehen.

Das Hirn neu verkabeln

So war es auch bei Rachel Hope. Für die bevorstehende MDMA-Therapie musste sie dennoch die Medikation stop-pen. Viele Antidepressiva oder Antipsychotica können die Wirkung von MDMA entweder abschwächen oder gefähr-lich verstärken, so dass von allen Teilnehmern an der von Michael C. Mithoefer veranstalteten Studie verlangt wur-de, diese Medikamente auszuschleichen – oder zumindest drastisch zu reduzieren. Hope entschied sich, auf die Psychopharmaka ganz zu verzichten. Als sie Ende 2004 in der Kleinstadt Charleston in South Carolina ankam, hatte sie zwar wenig Hoffnung, dass etwas Entscheidendes geschehen werde, war aber neugierig: »Ich hatte in meinem Leben mit Dutzenden von Therapeuten zu tun gehabt. Ich wusste, wie sie reden, wie sie sind. Mithoefer war anders. Zum ersten Mal hatte ich das Gefühl, dass sich einer der Therapeuten wirklich für mich interessiert, dass es ihm ein Anliegen ist, mir zu helfen.« Zunächst musste sich Mithoefer ein genaues Bild von Hopes Krankheit machen. Zwei Tage lang führte er Vorgespräche, arbeitete mit Hope Fragebögen durch, erfragte die Symptome und Hopes Grad der Reflexion über die Ursachen ihrer Traumatisierung. Es folgte ein Blut- und Urin-Screening, das ausschließen sollte, dass Rachel unter dem Einfluss unerlaubter Substanzen stand. Dann ging es los. »Ich kam am Morgen in die Klinik. Mithoefer und seine Frau Ann führten mich in einen kleinen Raum. Er war warm, mit Teppichen ausgelegt, die Möbel waren aus unlackiertem Holz. Ich legte mich auf eine Liege, nahm die Kapsel in den Mund, schluckte sie. Ann legte eine CD mit angenehm monotoner Musik ein. Das Licht wurde abgedunkelt. Ich kannte die Substanz nicht, wusste also nicht, was passieren sollte. In dieser Situation fühlt man sich automatisch anders, aber irgendwie passierte nicht viel.«

Einer der Hauptvorwürfe an die frühe MDMA-Forschung der 1980er Jahre war, dass sie wissenschaftlichen Standards nicht genüge, denn sie sammle ja bloß Fallgeschichten, anstatt sich um einen statistischen Effektivitätsbeleg zu bemühen. Dieser wird in der zeitgenössischen Pharmaforschung üblicherweise über Doppelblindstudien erbracht, sprich: Zum Zeitpunkt des Experiments wissen weder der Patient noch der Therapeut, ob die wirksame Substanz verabreicht wurde oder ein Placebo. In Hopes Fall war es das Placebo. Trotzdem fand die Sitzung statt. »Mithoefer sprach mit mir über das, was geschehen war, über meine

Ängste, meine Gedanken, meine Beschwerden. Ich machte mit, so gut es ging – aber bald spürte ich diese Mauer, die da immer war, wenn ich über mein Problem sprechen sollte.« Enttäuscht flog sie zurück nach Hawaii. Eine Woche darauf meldete sich Mithoefer wieder bei ihr. Er habe von der Food and Drug Administration die Erlaubnis erhalten, auch mit den Placebo-Patienten eine MDMA-Sitzung durchzuführen. »Normalerweise hätte ich gesagt: Spinnt ihr? Soll ich noch einmal tausende Meilen fliegen für eure Versuche? Aber ich stimmte sofort zu. Irgendwie hatte ich ein gutes Gefühl.«

Also noch einmal in das Behandlungszimmer im Souterrain der Klinik, noch einmal gedämmtes Licht, leise Musik und noch einmal so eine dicke, weiße Tablette. Nur enthielt sie diesmal 125 mg MDMA – eine Dosis, die von den meisten Usern als »stark« beschrieben wird. »Das Erste, was ich spürte, war eine leichte Übelkeit, erhöhter Puls und dass mir der Schweiß auf der Stirn stand. Mithoefer sah, was passierte, legte mir seine Hände auf die Knie und beruhigte mich: Es könne nichts Schlimmes passieren. Ich solle einfach warten, der Rest ergebe sich von allein.«

MDMA-Therapien unterscheiden sich in etlichen Punkten von klassischen Methoden. Während diese – vor allem die Verhaltens- und die Konfrontationstherapie – einem strikten Script folgen, ist das Setting der substanzunterstützten Variante relativ offen. Immer wird das traumatische Ereignis nicht nur angesprochen, sondern in möglichst allen emotionalen Aspekten bewusst gemacht. Aber wann genau und in welchem Kontext das passiert, entscheiden Patient und Therapeut spontan. Und während bei üblichen Therapien eine große Distanz zwischen beiden herrscht, nach manchen Schulen sogar herrschen muss, ist hier nichtsexueller Körperkontakt möglich, ja sogar erwünscht. Der Psychologe Benjamin Shechet, der bei MAPS die MDMA-Therapie mitgestaltet und sich um die Auswertung der Studienergebnisse kümmert, erklärt: »Auf der einen Seite haben die Sitzungen nur ein sehr schwaches Protokoll, es gibt für den Therapeuten also weniger an Technik zu lernen als bei anderen Verfahren. Auf der anderen Seite aber sind die Anforderungen an ihn viel höher. Er muss sich emotional öffnen, bereit sein, eine intensive Beziehung zum Behandelten aufzubauen. Das kann und will sicher nicht jeder.«

MDMA zeitigt viele Effekte. Die Substanz sorgt für eine erhöhte Ausschüttung von Serotonin und eine direkte Stimulation von Serotonin-Rezeptoren. Außerdem werden die Hormone Oxytocin, Prolactin und Kortisol vermehrt freigesetzt. All das führt zu einem sehr spezifischen Wirkmuster. Zum einen löst MDMA eine Art Euphorie aus und schaltet Angst und negative Gefühle zeitweise so gut wie aus. Die Gesamtwirkung führt zu einer ausgeprägten Empathiesteigerung, zu Entspannung und erhöhter Rezeptivität, ein Gesamtzustand, wie er auch direkt nach dem Erleben eines Orgasmus zu beobachten ist. Die Aktivierung der Serotonin-Rezeptoren ist wohl für einen klassisch psychedelischen Effekt von MDMA verantwortlich, etwa dass schneller und leichter assoziiert wird.

Der Hannoveraner Professor für Psychiatrie und Psychotherapie Torsten Passie kennt sich mit substanzgestützter Therapie so gut aus wie wenige. Seit den 1990er Jahren leitete er klinische Experimente zu verschiedenen Bewusstseinszuständen. Er erforschte, als dies noch möglich war, diverse psychedelisch wirkende Substanzen, veröffentlichte Studien zur Therapie mit MDMA und arbeitet heute eng mit dem MAPS-Team um Rick Doblin zusammen. Er fasst das therapeutische Potenzial von MDMA so zusammen: »Bei vielen psychischen Störungen – und PTBS ist nur eine davon – liegt eines der Hauptprobleme in dem, was im Englischen mit ›Distrust‹, zu deutsch: ›Misstrauen‹, oder besser vielleicht: ›Unvertrauen‹ bezeichnet wird. Die Patienten können sich nach traumatischen Erfahrungen meist nicht mehr öffnen und sind in ihrer Beziehungsfähigkeit und beim Dazulernen durch neue Erfahrungen stark behindert. MDMA schafft auf biochemische Weise einen Raum, in dem sich die Patienten absolut sicher fühlen, wieder Vertrauen erleben können – dabei aber nicht gedämpft sind wie mit Beruhigungsmitteln, sondern neugierig und mutig die Reise nach innen antreten, sich selbst neu erfahren und verstehen lernen können. Dies geschieht im Unterschied zu den meisten sonstigen Psychotherapieformen nicht primär durch kognitive Einsicht, sondern durch eine erweiterte Erfahrung mit sich selbst.«

Rachel Hope kann bis heute nicht verstehen, warum manche User MDMA freiwillig nehmen: »Ich weiß, dass das eine Partydroge ist. Nach Party war mir dabei aber nicht zumute. Die körperlichen Effekte waren heftig, ich zitterte, konnte meinen Blick nicht halten. Ständig hatte ich das Gefühl, gleich die Kontrolle zu verlieren. Aber ich hatte keine Angst. Michael und Ann Mithoefer führten mich. Es ist sehr sinnvoll, die Therapie mit einem weiblichen und einem männlichen Ansprechpartner zu machen. Bei manchen Punkten wandte ich mich an Michael, bei manchen an Ann – gemeinsam repräsentierten sie die gesamte Gesellschaft. Wenn es mir zu viel wurde, setzte ich Eyeshades und Kopfhörer auf. Die Phasen der Gespräche wechselten sich mit Schweigen und Berührungen ab, alles war im Fluss und sehr intensiv, wahrscheinlich für die Therapeuten noch mehr als für mich. Aber zum ersten Mal in meinem ganzen Leben hatte ich das Gefühl, an das Problem heranzukommen.«

Im Gegensatz zu manch anderen PTBS-Opfern wusste Hope immer, was die Ursache ihrer Krankheit war. Sie erinnerte sich an den Missbrauch, sie wusste, wie sie darauf reagiert hatte, wieso seither gewisse Reize – Gerüche, Geräusche oder Gedanken – bei ihr Panik oder Übelkeit auslösten. »Dieses Wissen war aber abstrakt. Es war eher so, als hätte ich von jemandem gehört, was mit mir passiert ist. Nun machte ich mir die traumatisierende Situation erstmals vollkommen bewusst. Das war aber nur der erste Schritt. Ich hatte ja ständig das Gefühl, dass ich noch aktuell gefährdet bin, dass diese schreckliche Situation irgendwie andauert. Nun konnte ich sehen: Nein, das stimmt nicht. An dem, was passiert ist, kann ich nichts mehr ändern. Aber es ist vorbei und ich bin nicht mehr in Gefahr. Vor allem aber sah ich, dass meine Gedanken, die um den Missbrauch kreisten, die eines Kindes waren. Ich fragte mich zum Beispiel immer: Was habe ich getan, dass meine Mutter mich in diese Situation hat kommen lassen? Oder: Will mich Gott bestrafen? Und wofür? Diese Gedanken waren irgendwie unbewusst, d. h., ich dachte sie ständig, wusste aber nicht, dass ich sie denke. Auf MDMA kam ich da dran und konnte mir klarmachen, dass diese Gedanken einfach falsch sind. Zugleich empfand ich ein tiefes Mitgefühl für das Kind, das sie damals gedacht hat. Zum ersten Mal hatte ich das Gefühl, mit mir selbst verbunden zu sein.« All das dauerte von neun Uhr morgens bis in den Abend. »Es war der anstrengendste Tag meines Lebens.«

Bisher gibt es nur Vermutungen, was während einer MDMA-Therapie genau passiert. Torsten Passie erklärt: »Es scheint sich um einen Prozess zu handeln, bei dem mehrere Faktoren ineinandergreifen. Zentral ist sicherlich, dass die Amygdala deaktiviert wird und zugleich der präfrontale Cortex aktiviert wird. Das scheint dem Patienten zu ermöglichen, die irregulär gespeicherten Erinnerungen zugänglich zu machen und im Gedächtnis zu kontextualisieren. Unterstützt wird dieser Prozess durch eine Ausschüttung von Cortisol, wodurch Lern-, aber auch Löschvorgänge erleichtert werden. Und nicht zuletzt bewirkt das Hormon Oxytocin, dass sich der Patient sicher fühlt und sich dem Therapeuten gegenüber besser öffnen kann, auch in Bezug auf schmerzhafte und belastende Erfahrungen und Erinnerungen.«

MAPS-Psychologe Benjamin Shechet wählt ein anderes Bild, um die Therapie zu erklären: »Ich bin davon überzeugt, dass der Mensch nicht nur über körperliche Selbstheilungskräfte verfügt. Wenn man sich schneidet, heilt die Wunde – vorausgesetzt, sie ist nicht verdreckt. Etwas Ähnliches scheint auch bei der MDMA-Therapie zu passieren. Nicht die Substanz selbst und auch nicht der Therapeut bewirken die Verbesserung, beides ermöglicht bloß dem Patienten, das Problem zu greifen und damit fertig zu werden. Dafür spricht auch, dass der Therapieerfolg meist nicht direkt nach der Sitzung zu beobachten ist, sondern in den Wochen, manchmal sogar Monaten danach.«

Die Ergebnisse dieser MDMA-Studie hätten alle sehr überrascht, sagt Shechet. Die Schwere der PTBS-Symptome wurde mit verschiedenen Fragebögen erfasst. »Es zeigte sich, dass 83 Prozent der Patienten zwei Monate nach der dritten Behandlung gemäß den diagnostischen Kriterien nicht mehr an PTBS litten. Bei den Übrigen hatten sich die Symptome zumindest deutlich gebessert. Eine Verschlechterung oder einen anderweitigen Schaden beklagte keiner der Probanden. Nach zwei Jahren führten wir eine follow-up-Untersuchung durch, die die Ergebnisse bestätigte.«

Zum Beispiel bei Rachel Hope: »An dem Abend nach der ersten Behandlung ging ich erschöpft ins Hotel. Ich wusste nicht so recht, was los war, aber ich fühlte mich anders. Zum ersten Mal seit über zehn Jahren schlief ich an diesem Abend ruhig und ohne Schlafmittel ein. Ich hatte keine Albträume. Am nächsten Morgen glaubte ich an einen Zufall. Doch wieder schlief ich durch. Nach zwei Wochen realisierte ich endlich: Etwas hat sich verändert, alles hat sich verändert. Nach dem Fragebogen haben sich meine Symptome um 80 Prozent reduziert. Nach der dritten und letzten Behandlung war ich symptomfrei. Hätte mir das vorher jemand gesagt, ich hätte ihn ausgelacht.« Heute sagt Hope: »Ich weiß, was mir passiert ist, und ich kann es nicht rückgängig machen. Aber ich weiß auch: Es steckte kein Masterplan dahinter, niemand wollte mich mit dem Missbrauch strafen. Es war einfach Pech. Und heute bin nicht mehr in Gefahr. Ich kann schlafen, arbeiten, meine Kinder erziehen. Ich habe meiner Mutter verziehen. Es ist vorbei. Ich habe keine Ahnung von Biochemie, Hirnphysiologie oder Psychologie. Aber ich habe einmal den Ausdruck gehört, in einer MDMA-Therapie werde das ›Hirn neu verkabelt‹.

Ich weiß, dass das nur ein Bild ist, aber bei mir fühlt es sich genau so an.«

Dennoch bleibt Vorsicht geraten. Eine andere, ebenfalls von MAPS finanzierte Studie, die in der Schweiz durchgeführt wurde, zeitigte nicht die erhofften Ergebnisse. Zwar berichteten die Partizipanten von subjektiven Verbesserungen, laut PTBS-Fragebögen zeigten sich jedoch keine grundlegenden Fortschritte. »Ehrlich gesagt, wissen wir nicht, wie das zu erklären ist. Auch diese Studie hatte eine kleine Fallzahl, was Verzerrungen möglich macht. Auch könnte es sein, dass kulturelle Faktoren, die wir noch nicht beachtet haben, zum Tragen kamen. Deshalb führen wir nun breit angelegte Phase III-Studien durch«, sagt Shechet. Bei Phase III-Studien geht es darum, eine vermutete Wirksamkeit auf breiter Basis zu testen. Dazu werden im Augenblick in den USA, in Kanada und Israel große Studien mit mehreren hundert Teilnehmern veranstaltet. Es gibt spezielle Studien mit Feuerwehrmännern und Polizisten. »Die Ergebnisse werden in den nächsten Jahren veröffentlicht. Bei großen Fallzahlen ist das eine sehr langwierige Arbeit«, sagt Shechet. »Aber wir können immerhin so viel sagen, dass wir sehr zuversichtlich sind.«

Der Plan

Benjamin Shechet arbeitet im MAPS Büro in Santa Cruz. Das ist ein kleines Holzhaus unweit des Zentrums. Auf dem Türschild steht nur »MAPS« – nicht jedoch, wofür das Akronym steht. Aber wenn irgendwo in den USA die Nachbarn keinen Anstoß an einem Lobbybüro für Psychedelika nehmen, dann in Santa Cruz. La Honda, die Farm, auf der die Merry Pranksters ihre ersten LSD-Experimente veranstalteten, liegt nur wenige Kilometer entfernt. Und auch heute noch wirkt die Kleinstadt eine Stunde südlich von San Francisco wie eine Übererfüllung des kalifornischen Klischees. Santa Cruz ist Surfer-Hochburg, in Downtown reihen sich Cannabisbedarf-Läden, Skateshops und Biosupermärkte an vegane Burgerrestaurants, auf den Bürgersteigen sitzen Männer und Frauen mit Bändern in den Haaren und Gitarren auf dem Schoß. Man könnte sie für Relikte aus den späten 1960ern halten, wären sie nicht Anfang zwanzig. MAPS-Gründer Rick Doblin entschied sich aus mehreren Gründen, seine Organisation hier anzusiedeln. »Zum einen sitzt der Großteil unserer Mitglieder und Spender in Kalifornien, da ist Santa Cruz ein gutes Zentrum. Zum anderen arbeitet hier eine Gruppe von Anti-Prohibitions-Anwälten, mit denen wir eng kooperieren. Und nicht zuletzt konnte man auch viele Mitarbeiter mit dem tollen Strand hierher locken ...«

Etwa Ben Shechet. Der 28-Jährige ist eines dieser typisch kalifornischen Gewächse: unrasiert, in bunten Shorts, in der Ecke seines Büros im Dachgeschoss des MAPS-Gebäudes steht ein Skateboard. An der Wand darüber hängen die bekannten knallbunten Gemälde der psychedelischen Heroen Albert Hofmann sowie Alexander und Ann Shulgin. Nach dem Studium arbeitete Shechet bei einem Pharmakonzern und konzipierte Studien mit Alzheimer-Patienten. »Auf der einen Seite war die Arbeit genau das, was ich wollte. Ich komme von den harten Wissenschaften, es macht mir Vergnügen, mich durch Datensätze zu arbeiten. Aber ich hatte immer das dumme Gefühl, die untersuchten Patienten seien nur Material, an dem ein neues Produkt entwickelt wird«, sagt Shechet. Und dann erzählt er eine Geschichte, wie sie hier jeder zu erzählen hat: sein erstes Mal. »Ich war komplett unerfahren in Sachen Psychedelika. Ein Freund gab mir MDMA. Mit einem Schlag änderte sich alles. Ich begriff, dass ich mich in einer Welt bewegte, die mir nicht gut tat. Ich kündigte, und als ich erfuhr, dass MAPS anheuert, war klar, was ich machte. Rick Doblin bat mich um einen Bewerbungsessay. Ich überlegte lange, ob ich meinen eigenen, illegalen Konsum erwähnen soll. Ich tat es, und Rick sagte mir später, er habe mich unter anderem wegen dieser Aufrichtigkeit genommen.«

Auch Brad Burge, der Kommunikationschef von MAPS, hat so eine Geschichte zu erzählen. Auch er ist unrasiert und trägt ein kleines Amulett um den Hals, auch er wendet beim Sprechen den Blick nicht von den Augen seines Gegenübers. »Mit 13 bekam ich plötzlich psychische Probleme. Ständig war ich am Limit. Entweder deprimiert oder hyperenergetisch. Meine Eltern gingen mit mir zum Psychiater. Der diagnostizierte eine angebliche bipolare Störung. Ich bekam Antidepressiva und Beruhigungsmittel, hatte damit aber noch Glück. Einige Jahre später hätte man mich mit den atypischen Antipsychotika behandelt, die damals in Mode kamen. Meine ganze Jugend über war ich ruhiggestellt und hatte das Gefühl, krank zu sein. Mit 20 erfuhr ich von psychedelischen Substanzen, besorgte mir LSD und nahm alleine 200 Mikrogramm. Vielleicht eine riskante Entscheidung – aber zum ersten Mal seit meiner Kindheit spürte ich eine tiefe Klarheit und wusste, dass ich nicht krank war. Gut, ich litt unter Stimmungsschwankungen, aber welcher Jugendliche tut das nicht? Die Woche darauf ging ich zu meinem Therapeuten und sagte, dass ich keine Psychopharmaka mehr nehmen werde. Er war erstaunt, akzeptierte aber die Entscheidung. Er war ein netter Kerl, nur eben falsch ausgebildet«, erzählt Brad und lacht.

Timothy Learys Gefährte Ralph Metzner kennt das MAPS-Team von etlichen Konferenzen. Er spricht von den »jungen Wilden« und bewundert die Aktivisten für ihren Enthusiasmus und ihre Mission. Das dezente Hippie-Image der MAPS-Mitarbeiter, die psychedelischen Poster und die freundliche Unordnung im Hauptquartier in Santa Cruz sollten jedoch nicht darüber hinwegtäuschen, dass MAPS eine sehr effektive Lobby-Organisation ist. Und eine, bei der es auch um Geld geht. MAPS hat jährliche Einnahmen von etwa 5 Millionen Euro, die zum Großteil für die Finanzierung der MDMA-Studien ausgegeben werden, daneben aber auch anderen Studien zukommen, etwa zum medizinischen Cannabis-Gebrauch. Regelmäßig werden Erbschaften der Organisation vermacht, oft komme es dabei zu einer Anfechtung durch die Familie des Verschiedenen, die so gar nicht einsehen will, wieso gerade dieser Gruppe Geld zukommen solle. Um noch mehr Spenden werben zu können, wurde im Herbst 2014 ein Büro in Palo Alto, dem Zentrum des Silicon Valley und Sitz von Google, eröffnet. »Auf mehrfachen Wunsch stand auf den Einladungskarten zur Eröffnung nichts mit ›psychedelisch‹, stattdessen stellten wir uns als Organisation für ›Transformative Medicine‹ vor. Einige der großzügigsten Spender sitzen im Silicon Valley. Schon immer gab es enge Verbindungen zwischen der psychedelischen Bewegung und den Techies… Aber heute müssen sie eben vorsichtig sein, schließlich geht es ja um illegale Substanzen – noch«, erläutert Burge.

Und dann eröffnet er den Masterplan von MAPS: »Die Phase-III-Tests mit MDMA laufen gerade auf Hochtouren. An deren Ende steht die Zulassung eines Medikaments durch die Food and Drug Administration. Wir gehen davon aus, dass das zwischen 2020 und 2022 der Fall sein wird.« Auf die Frage, was dazwischen kommen könnte, antwortet Burge: »Die Ungefährlichkeit der Behandlung wurde in Phase I getestet. Da sind wir also auf der sicheren Seite. Das Einzige, was jetzt noch passieren könnte, wäre, dass der Großteil der Studien auf eine Wirkungslosigkeit der Behandlung hinweist. Aber wir sehen ja die laufenden Ergebnisse: das ist nicht der Fall.« Nun könnte man meinen, dass die großen Pharmakonzerne auf diese Entwicklung nervös reagierten, dass sie mit Lobby-Arbeit bei der Food and Drug Administration (FDA) die Zulassung von MDMA verzögern oder sabotieren würden – eine alternative Therapie für PTBS könnte schließlich den Markt für Psychopharmaka schwächen. »Wir sind in engem Kontakt mit der FDA und wissen, dass nichts dergleichen passiert. Die Pharmakonzerne ignorieren unsere Forschungen vollkommen. Es ist klar, dass sie davon mitbekommen haben, aber sie haben darauf in keiner Weise reagiert«, sagt Burge.

Noch ist nicht ganz klar, wie eine etablierte MDMA-assistierte Therapie aussehen könnte. Der Hannoveraner Mediziner und MDMA-Experte Torsten Passie geht bei der Behandlung von Psychoneurosen von »etwa fünf plusminus zwei Sitzungen mit Dosen zwischen 100 und 150 Milligramm aus; eingebettet in einen 6 bis 24 Monate dauernden psychotherapeutischen Prozess«. Sollte die MDMA-assistierte Therapie in etwa fünf bis sieben Jahren zugelassen werden, hat MAPS eine exklusive Fünf-Jahres-Lizenz, das Medikament zu vermarkten und Therapeuten zu schulen. »Wir reden von voraussichtlichen Einnahmen von 20 bis 50 Millionen Dollar«, sagt Burge. Was damit geschehen wird? Burge lächelt: »Der Kampf um MDMA wird dann gefochten sein. Danach werden wir uns auf andere psychedelische Therapien konzentrieren: Psilocybin, Iboga, Ayahuasca. Vielleicht hat Amerika auch irgendwann sein Trauma mit LSD überwunden, und wir könnten an die große Forschung anschließen, die Anfang der 1970er so abrupt abriss.«

Die Vision des MAPS-Gründers Rick Doblin geht noch weiter. Auch wenn er mit seiner Organisation die letzten Jahrzehnte auf die Etablierung substanzunterstützter Therapien konzentriert war, vergaß er doch nie seine psychedelische Urszene: die LSD-Bacchanalien am Strand von Florida. »Dass wir nur den therapeutischen Weg gehen, liegt einzig und allein daran, dass alle anderen Möglichkeiten, Psychedelika zu enttabuisieren, verbaut sind. Das heißt aber nicht, dass unser Kampf vorbei ist, wenn psychedelische Therapien legal sein sollten. Ich stelle mir vor – aber das wird wohl noch einige Jahrzehnte dauern –, dass man dereinst auch für Gesunde sichere Möglichkeiten für psychedelische Reisen anbietet. Wieso sollte diese Möglichkeit nur Kranken zur Verfügung stehen? Es gibt mehr Leute, die das Bedürfnis haben, sich emotional und spirituell zu öffnen, und mit Psychedelika geht das am einfachsten.« Doblin hat dabei eine Substanz im Kopf, die etwas in Vergessenheit geraten ist: Meskalin. »Ein fantastischer Stoff. Ab den 1920er Jahren fand damit eine Menge Forschung statt. Klassische Texte wie Huxleys ›Pforten der Wahrnehmung‹ basieren auf Meskalin. Man weiß, dass es absolut sicher ist. Auch wird Meskalin seit Jahrtausenden von den amerikanischen Ureinwohnern verwendet. Der Meskalinrausch ist auf der einen Seite sehr ernst und spirituell, jedoch auch optisch und auch für Neulinge verständlich.« Heute schon dürfen in den USA Mitglieder der »Native American Church« mekalinhaltige Peyotekakteen legal zu sich nehmen. Ginge es nach Doblin, gäbe es bald ähnliche Rituale – bloß für alle.

Das ist aber Zukunftsmusik. Vorerst geht es um MDMA, und hier hat Doblin mit Rachel Hope eine lautstarke Mitkämpferin. »Die Substanz hat mir das Leben gerettet, das mache ich nun publik«, sagt sie. Heute ist Hope eine typische American Mom, die in einem dieser leicht überdekorierten, mit vielen Kreuzen behangenen Bungalows in den Suburbs von Los Angeles wohnt. Sie ist pedantisch darauf bedacht, den Gästen regelmäßig Kaffee, Wasser und Saft nachzuschütten, und schafft es nebenher auch noch irgendwie, Essen für ihre Tochter und ihren Sohn aufzuwärmen. Sehr enthusiastisch erzählt sie von ihrem Auftritt beim Burning Man Festival. »Jeder weiß, dass es da vor allem um Drogen geht. Früher hätte ich das verurteilt, heute nicht mehr. Aber ich habe den Leuten dort erklärt, dass MDMA, das sie als Droge benutzen, Leben retten kann, und zwar sehr viele Leben. Wenn die Substanz aber immer als Droge in den Medien ist und regelmäßig ein paar Jugendliche an einer Überdosis sterben, erschwert das den Kampf um die Legalisierung sehr. Und am Ende meiner Rede, in der ich meine Geschichte erzählt habe, applaudierten mir Hunderte zu. Ok, es ist nicht auszuschließen, dass sie auf MDMA waren…«

Die aber wohl wichtigste Entscheidung im Prozess der Enttabuisierung von MDMA fällt an anderer Stelle. Im Jahr 2016 wird der Abzug der amerikanischen Bodentruppen aus Afghanistan und dem Irak beendet sein, über zwei Millionen Soldaten werden dort gekämpft haben. Jeder dritte kehrt traumatisiert aus dem Krieg zurück, schon heute sind es 650 000. Seit dem Jahr 2001 stieg der Einsatz von Psychopharmaka in der US Army um 75 Prozent, 2012 gab das Verteidigungsministerium fast eine Milliarde Dollar für Psychopharmaka aus. Ohne Erfolg. Heute bringen sich im Schnitt täglich 22 US-Veteranen um – fast jede Stunde einer. Und immer wieder kommt es zu Gewaltausbrüchen traumatisierter Veteranen, etwa im März 2014, als Ivan Lopez auf einer Militärbasis drei Soldaten und sich selbst erschoss oder im Oktober 2014, als der Veteran Omar Gonzalez schwer bewaffnet ins Weiße Haus eindrang und nur durch einen tödlichen Schuss gestoppt werden konnte.

»Sie lehrten uns töten, nicht leben« – Bericht eines 38-jährigen Ex-Soldaten über seine Erfahrungen mit MDMA

Ich war Soldat. 2001, mit 23 Jahren, hatte ich meinen ersten Einsatz in Afghanistan. 2003 und 2004 war ich im Irak. Ich gehöre zu denen, die nicht gesund zurückkamen. Meiner Meinung nach gibt es für die Soldaten so gut wie keine Möglichkeit, nicht traumatisiert zu werden. Ich war nicht in einen Bombenanschlag verwickelt, geriet nicht in einen Hinterhalt. Aber ich sah Freunde sterben, sah verwundete und getötete Männer, Frauen und Kinder, sah von Bomben entstellte Kameraden. Und was man an Schrecklichem nicht selbst sieht, das hört man. Die Angst kriecht auch in das am besten geschützte Armeequartier.

Aber so wie viele Kameraden merkte ich nach meinem

Ausscheiden erst einmal nichts von meinem Problem. Zwar fühlte ich mich ständig erschöpft und müde, ich schlief schlecht und vernachlässigte Familie und Freunde, aber ich brachte das nicht mit meinem Einsatz in Zusammenhang. Und irgendwie funktionierte ich auch, wenngleich nur eingeschränkt. Dann passierte die Katastrophe: Im Jahr 2008 lief ein ehemaliger Student an der University of Northern Illinois, an der ich studierte, Amok. Sechs Menschen kamen dabei ums Leben. Ich war in dem Hörsaal, in dem der Täter um sich schoss, neben mir lagen Leichen mit zerfetztem Schädel. Wie schon im Krieg hatte ich Glück und erlitt keinen körperlichen Schaden. Aber schon am Abend merkte ich, dass alles anders war. Auf einmal war ich wieder im Krieg. Ich fühlte mich nicht wie in einer sicheren Wohnung, sondern wie auf der Straße in einem Vorort von Mossul. Alles, was ich damals erlebt hatte, war nun Gegenwart. Mein Zustand verschlechterte sich schlagartig. Ich schlief nur noch stundenweise und kapselte mich völlig ab. Ich wendete mich an eine Vertrauensstelle für Veteranen, von wo man mich zu einem Psychiater weiterschickte. Der sagte mir, was ich sowieso schon wusste: Ich hätte PTBS. Und er steckte mich in die Maschinerie, die in diesen Fällen anläuft. Zehn Stunden Gesprächstherapie, die ich schon deshalb nicht ernst nehmen konnte, weil ich fühlte, dass der Arzt das auch nur für ein relativ wirkungsloses Standardprogramm hielt. Die Sitzungen gingen nach einem strikten Script vor: Ich sollte angstauslösende Gedanken und Situationen identifizieren und diese dann wieder und wieder durchgehen. Ich machte mit, hatte aber das Gefühl, es gehe bei alldem nicht um mich. Der Psychiater hatte mir auch signalisiert, dass der entscheidende Teil der »Therapie« die Medikamente seien. Ich bekam das volle Programm: Prozac, Antidepressiva, Benzodiazepam gegen Panikattacken und Schlafmittel für die Nacht. Wieder hatte ich das Gefühl, halbwegs zu funktionieren, jedoch auf noch niedrigerem Level. Dazu wurde ich dick, meine Hände zitterten, und ich dachte derart langsam, dass ich kaum einem normalen Gespräch folgen konnte.

Eher durch Zufall traf ich in dieser Zeit einige Veteranen, denen es ähnlich erging. Mir wurde die Dimension des Problems bewusst. Du gehst als Mann von 20 Jahren in die Armee. In diesem Alter bist du noch nicht reif, du hast keine Verbindung zu dir, bestenfalls vage Ideen, was du gut und schlecht findest. Normalerweise ist das nicht schlimm, normalerweise bist du auf dem College oder beginnst deinen Job, feierst, hast viel Sex und lernst das Leben in kleinen Schritten. In der Armee aber lernst du töten, du bist in einem System, das Aggression züchtet. Du wirst dich davor hüten, Angst oder Trauer zu zeigen. Am Ende deines Dienstes bekommst du eine Karte in die Hand gedrückt mit der Nummer eines Psychologen. Es ist eine Situation, die man auf Englisch »perfect storm« nennt, alles Schlechte kommt zusammen: Im Krieg überlebst du nur, wenn du enorm misstrauisch und aggressiv bist. Eigentlich müssten diese Eigenschaften einem am Ende der Dienstzeit wieder abtrainiert werden – denn sie erschweren es den Veteranen enorm, im Zivilleben Fuß zu fassen. Dieses Schild, mit dem du in den letzten Jahren alle Angst, allen Schrecken abgeschirmt hast, wird rissig – und auf einmal kommt der Horror zurück. Deshalb ist PTBS unter Veteranen ein größeres Problem als unter aktiven Soldaten.

Irgendwann fanden wir uns, vier Veteranen, die in dieser Hinsicht gleich dachten und die keine Lust mehr auf die ständigen Psychopharmaka hatten. Einer von uns erfuhr von der MDMA-Therapie, die zu dieser Zeit gerade in South Carolina praktiziert wurde. Wir wussten alle, dass uns das eine Tür öffnen könnte. Nur waren eben die Therapieplätze enorm beschränkt. Es wäre unmöglich gewesen, vier Veteranen gleichzeitig in die Studie aufzunehmen. Also besorgten wir uns auf dem Schwarzmarkt MDMA. Das ist kein Problem. Mit ein bisschen Geduld kann man sogar an klinisch reinen Stoff kommen. Zugleich besorgten wir uns von MAPS Schulungsmaterial, mit dem sich Therapeuten auf die Sitzungen vorbereiten. Natürlich weiß ich, dass das nicht üblich und alles andere als ideal ist: Vier Kranke, die sich selbst eine Therapie basteln. *Aber was hätten wir sonst tun sollen? Warten, bis MDMA in zehn Jahren legal ist? Bis dahin dick werden wie ein Wal, zitternd, impotent – und zusammenbrechen, wenn ein Kind hinter dir »Buh!« sagt?*

Und es funktionierte. Ich hatte nicht das Gefühl, dass die Substanz selbst heilt, aber es war ein erster Schritt: Wir offenbarten uns einander, und sobald wir wussten, dass wir nicht allein waren, bekam das Eis, in dem man festgefroren war, Risse. Viel wichtiger war für mich jedoch die zweite Sitzung. Über Jahre waren es die gleichen drei, vier Gedanken, die ich dachte: von früh bis spät. Ich hatte eine Schlafmaske auf und stellte mich darauf ein, dass ich noch einmal in den blutverspritzten Vorlesungssaal muss, zu meinem Schrecken. Aber etwas völlig anderes passierte: die Substanz nahm mich und setzte mich auf einmal in den Garten meiner Großmutter. Ich war ein Kind, das geliebt wurde. Ich hatte das Gefühl, an der Quelle zu sitzen, die mich speist. Meinen Freunden ging es ähnlich, also entschieden wir uns, den engen pseudotherapeutischen Rahmen zu verlassen und die nächsten Sitzungen freier zu gestalten. Zuerst gingen wir in die Natur, in die spektakulären Nationalparks der Westküste. Von Mal zu Mal wurden die Sitzungen, wie soll ich sagen: weniger problemorientiert. Wir hatten nicht mehr das Gefühl, an den Ort des Horrors zu müssen, sondern ließen uns treiben und hatten auf diese Weise die erstaunlichsten Erlebnisse unseres Lebens. Es war keine Flucht aus der Realwelt. Vielmehr änderte sich durch die kurzen, positiven und intensiven Erfahrungen die gesamte Realität. Bestimmend waren auf einmal nicht mehr die schlimmen Erinnerungen. Die gibt es freilich und ich werde sie nicht los, sie sind Teil von mir. Aber das war nun Vergangenheit. Wichtig waren jetzt die Freunde, die Natur, die Liebe – die Gegenwart. Wir experimentierten weiter, versuchten es auch mit LSD und Psilocybin, und schließlich besuchten wir sogar unseren Helden, den MDMA-Wiederentdecker Alexander Shulgin auf seiner Farm in Lafayette. Die »Kur« machte aus uns verängstigten, aggressiven Veteranen so eine Art Neohippies. Ich bin glücklich damit.

Natürlich weiß ich nicht, inwieweit unser Fall verallgemeinerbar ist. Sicherlich litten wir nicht an der schwersten Form von PTBS – ansonsten hätten wir gar nicht genug Energie aufgebracht, um uns die Therapie zu organisieren. Auf der anderen Seite nimmt heute keiner von uns mehr Psychopharmaka. Etwa einmal im Monat begeben wir uns auf eine psychedelische Reise – nicht weil wir danach süchtig wären, sondern weil wir das wollen. Sicherlich kommt das daher, dass wir alle schon eine gewisse Disposition hatten, uns immer zu spirituellen Themen und zur Subkultur hingezogen gefühlt haben. Aber auch ganz unabhängig davon weiß man, dass die Substanz allen Traumatisierten helfen kann. Der Gedanke, dass so viele heute umsonst leiden, macht mich krank.

Die Geschichte von MDMA und den Veteranen ist nicht neu. Schon in der ersten Welle der MDMA-assistierten Therapie Ende der 1970er Jahre ließen sich viele traumatisierte Vietnam-Veteranen mit Hilfe der Substanz behandeln. Auch in der von Rick Doblin versammelten Anti-Prohibitions-Allianz anlässlich des Verbotsverfahrens 1985 befanden sich einige Veteranen. Was sich seither jedoch massiv geändert hat, ist die öffentliche Wahrnehmung der Ex-Soldaten. Diese waren Ende der 1970er Jahre trotz ihrer Proteste noch weitgehend unsichtbar, sie wurden sozuagen mit dem Vietnamkrieg mitverdrängt, was ihre Situation noch schwieriger machte. Heute ist das anders. Das »Veteranen-Problem« – die unglaubliche Masse an traumatisierten Soldaten, die Selbstmord begehen, gewalttätig werden oder mit ihren Schwierigkeiten weitgehend allein bleiben – ist ein Thema, das die Schlagzeilen bestimmt. Rick Doblin: »Heute bringen sich weit mehr Soldaten um als im Feld sterben. Für das Verteidigungsministerium ist das eine PR-Katastrophe ersten Ranges.«

Lange Zeit wollte man bei der Armee natürlich nichts von MDMA wissen. Zum einen spielt das Thema Sucht dort eine zu heikle Rolle. Und auch wenn MDMA nicht süchtig macht, wollte man bei der Armee nicht den Anschein erwecken, illegale Drogen zu verabreichen. »Außerdem gilt MDMA als ›love drug‹ oder ›peace drug‹«, sagt Doblin. »Ich weiß, dass mehrere Generäle Sorgen hatten, dass so eine Substanz die Kampffähigkeit ihrer Soldaten beeinträchtige.«

Aber auch auf Seiten von MAPS gab und gibt es Diskussionen. Torsten Passie, ein enger Vertrauter von Rick Doblin, findet die Annäherung an die Armee problematisch. »Wir haben es hier größtenteils mit Soldaten zu tun, die in völkerrechtswidrigen, kriminellen Kriegen der USA zu Schaden gekommen sind. Auch wenn wir einzelnen Individuen helfen, tragen wir so unwillkürlich dazu bei, dass diese mörderische Maschinerie noch reibungsloser funktioniert. Ich verstehe Ricks pragmatischen Ansatz, dass er alle Bündnisse nutzen möchte, die sich bei dem schwierigen Unternehmen, MDMA als legitime Therapie zu etablieren, bieten. Doch sollte man ethische Grenzen nicht unberücksichtigt lassen. Mir scheint, dass solche Hilfe in erster Linie anderen Gruppen zukommen sollte, etwa Vergewaltigungsopfern.« Dem entgegnet Doblin: »Natürlich wollen wir keine Kriegsverbrecher unterstützen. Ich war jedoch immer der Meinung, dass unsere Therapie helfen könnte, diese Verbrechen zu verhindern. Denn man weiß, dass gerade traumatisierte Soldaten besonders oft in Kriegsverbrechen verwickelt sind.«

Eine erste Annäherung fand im Jahr 2009 statt. Wieder war Doblins ganzes Geschick erforderlich. Er verhandelte quasi mit der gesamten »Chain of Command« bis hinauf zum Verteidigungsministerium, schmiedete Allianzen mit Senatoren, mit verschiedenen Veteranenverbänden und Armeeärzten. Ständig galt es, Fallstricken auszuweichen. »In der Armee gibt es speziell entwickelte Therapieverfahren. Uns wurde signalisiert, dass es nicht gut ankäme, wenn wir die mit unserem Ansatz ausbooten würden. Also haben wir eine Mischform entwickelt.« Ein weiterer Punkt: »Alle Therapeuten, die heute mit MDMA experimentieren, kennen die Wirkung der Substanz aus eigener Erfahrung. Das ist auch enorm wichtig. Sie nahmen es entweder vor 1985 – oder eben illegal. Armee-Therapeuten dürfen offiziell nichts Illegales machen. Also verhandelten wir mit der FDA, um eine Lizenz zu erhalten, den Therapeuten, also Gesunden, eine Dosis MDMA verabreichen zu dürfen.« Die größte Schwierigkeit aber bleibt: Solange die Substanz illegal ist, scheut sich die Armee, die teuren Studien zu finanzieren. »Also zahlt MAPS für die Entwicklung und Durchführung der Untersuchungen. Insgesamt fast eine Million Dollar. Es ist schon ein Witz, wenn man bedenkt, dass MAPS ein Non-profit-Unternehmen ist und der Verteidigungsetat etliche Milliarden Dollar beträgt«, sagt Doblin und lacht. Nun aber ist es so weit: Nach etlichen Anlaufschwierigkeiten beginnen im Sommer 2015 mehrere Studien mit Veteranen. Doblin macht keinen Hehl daraus, dass er sich davon viel erhofft. Sollte MDMA Veteranen helfen können, wäre die Sache entschieden. Es wäre ein weiteres Kapitel in der langen und bewegten Geschichte »Die Armee und Psychedelika«.

Gefühle lesen lernen

Neben dem Einsatz für die PTBS-Therapie gibt es noch andere Zwecke, für die MDMA nutzbar gemacht werden könne – glauben zumindest viele Therapeuten. So wurde vor einigen Jahren an dem mit der Harvard Medical School assoziierten McLean Hospital in Boston eine Studie durchgeführt, die erkunden sollte, ob MDMA Krebspatienten im letzten Stadium ihrer Krankheit helfen kann, ihre Ängste zu überwinden. Auch diese Studie war von MAPS finanziert – wurde jedoch abgebrochen. Das McLean Hospital hat sich einen Namen im Drogenentzug gemacht, und die Klinikleitung befürchtete schlechte Presse, falls ruchbar würde, dass MAPS, eine bekennende Anti-Prohibitions-Organisation, die Studie finanziert. Doch ohnehin scheinen in der Palliativmedizin rein psychedelisch wirkende

Substanzen wie LSD oder Psilocybin die bessere Wahl zu sein. Das glaubt zumindest Ralph Metzner, der erklärt: »Meiner Meinung nach ist MDMA eine sehr lebensbejahende Substanz, eine, die einen ins Leben zurückholen kann.« Oder das Leben – in seinen sozialen Aspekten – lehrt.

Im Augenblick läuft in der Klinik der University of California eine Studie mit Autisten. Geleitet wird sie von Alicia Danforth. Auch über ihrem Schreibtisch hängt ein kleines Portrait von MDMA-Visionär Alexander Shulgin. »Eigentlich sollte es da nicht hängen«, sagt Danforth, »es gibt Leute, gerade in der Forschung, die das in den falschen Hals bekommen könnten. Aber es wird langsam besser ...« Danforth arbeitet schon lange mit Psychedelika, zusammen mit einem Kollegen verabreichte sie Psilocybin an Krebspatientinnen und -patienten. Über ihr neues Projekt sagt sie: »Autismus wird heute nicht mehr als Krankheit betrachtet. Das ist wichtig, denn anders als bei PTBS geht es uns nicht darum, die Patienten zu heilen. Das würden die Autistinnen und Autisten auch gar nicht wollen. Sie empfinden ihren Autismus als Veranlagung, die zu ihrem Leben gehört.« Jedoch soll MDMA helfen, eine Folge des Autismus in den Griff zu bekommen: die Sozialangst. »Viele Autisten können ein relativ normales Leben führen, sie arbeiten, wohnen allein, gehen unter Menschen. Sie haben jedoch Schwierigkeiten, das Gefühlsleben der anderen zu interpretieren. Und das führt fast zwangsläufig zu sozialen Katastrophen.« Die Fälle, von denen Danforth erzählt, klingen zum Teil fast lustig. So haben viele Autisten ein Problem damit, das Konzept Höflichkeit zu verstehen. Werden sie gefragt, ob sie mit zum Mittagessen kommen wollen, antworten sie schlicht wahrheitsgemäß (aber eben nicht sehr nett): »Nein!« »Problematischer wird es, wenn sie einer Person ihre Zuneigung zeigen wollen, jedoch Signale der Zurückweisung nicht lesen können. Dann verhalten sie sich wie Stalker – aber nicht, weil sie das wollen, sondern weil sie die Situation schlicht nicht verstehen.«

Hier setzt die Behandlung mit MDMA an. Das Setting ist

dasselbe wie bei der PTBS-Kur: ein kleines Zimmer im Erdgeschoss des Universitätsgebäudes, Holzmöbel, ein Schwingsessel, Kopfhörer und eine Schlafbrille. »Zwei Eigenschaften von MDMA interessieren uns: zum einen löst es Angst, zum anderen steigert es Empathie«, sagt Danforth. »Zunächst einmal lassen wir die Substanz wirken und stellen Nähe zum Patienten her. Wenn er berührt werden möchte, machen wir das. Gerne bieten wir auch an, nur unsere kleinen Finger zu verhaken. Das beruhigt und wahrt doch die Distanz.« MDMA bewirkt, dass viele Patienten die Sphäre des Zwischenmenschlichen zum ersten Mal auch emotional erfahren können. An diesem Punkt hält Danforth eine Art »Trainingsprogramm« bereit: »Wir spielen kurze Filme ab, auf denen beispielsweise eine Frau zu sehen ist, die man gerade zum Essen eingeladen hat. Wir stoppen dann den Film und fragen: ›Freut sie sich wirklich?‹ Emotionen sind lesbar. Aber jede Schrift muss gelernt werden.« Zwölf Patienten behandelt Danforth im Zuge dieser Studie, acht Männer und vier Frauen. Wie alle MDMA-Forscher hofft sie, den Patienten nicht nur im experimentellen Rahmen helfen zu können.

Jenseits der Depression

Die Winkelzüge und enormen Anstrengungen im Bewilligungsprozess, zu denen die MDMA-Forscher durch die Illegalität ihrer Substanz gezwungen sind, muten umso absurder an, wenn man die MDMA-Therapie mit einer anderen psychedelischen Behandlung vergleicht, auf die im Augenblick viele setzen: Ketamin gegen schwerste Depressionen. Unter den Psychedelika hat Ketamin eine Sonderstellung inne. Im Gegensatz zu den meisten anderen psychedelisch wirkenden Substanzen, die am Serotonin-Soffwechsel ansetzen, wirkt Ketamin über den Glutamat-Signalpfad. Die genauere Mechanik bleibt allerdings noch weitgehend unverstanden. Zudem ist Ketamin eine vergleichsweise junge Substanz. 1962 wurde sie entwickelt, seit 1966 ist sie auf dem Markt und kommt täglich tausendfach in der Notfallmedizin zum Einsatz, da sie – im Gegensatz zu anderen Narkosemitteln – die Eigenschaft hat, in hohen Dosen nicht nur bewusstlos zu machen, sondern dabei auch schmerzstillend und vor allem kreislaufstabilisierend zu wirken. Im Operationssaal wird sie hingegen nicht oder nur in Kombination mit anderen Narkotika verwendet, da von Fällen berichtet wurde, in denen Ketamin sehr reale, gewalttätige Albträume verursachte. Als Droge spielt Ketamin erst seit den späten 1970er Jahren eine Rolle – vor allem aber in den letzten zehn Jahren, wo es als »Special K« eine der populärsten Clubdrogen wurde. Und zwar nicht zuletzt deshalb, weil es nicht auf dem Betäubungsmittelindex steht und man sich als User bei Entdeckung schlimmstenfalls eine harmlose Anklage wegen Verstoßes gegen das Arzneimittelgesetz einhandelt. Im Freizeitkonsum wird Ketamin geschnupft oder injiziert, meist in subnarkotischer Dosis. Die Wirkung variiert dann – je nach Menge – von einer psychedelischen Lockerung des Denkens bis hin zu als kosmisch empfundenen Außerkörpererfahrungen. Unter Usern gilt Ketamin als anspruchsvolle Droge, der komplett dissoziierte Zustand des »K-Holes« wird oft als Jenseitsreise beschrieben, die schnell beängstigend wirken kann.

Als Mittel gegen Depressionen wird Ketamin erst seit wenigen Jahren untersucht. Die Ergebnisse aber sind so überraschend, dass etwa der Depressionsforscher Carlos Zarate vom »größten Durchbruch seit über 50 Jahren« spricht. Verabreicht wird Ketamin an Schwerstdepressive, die gegen andere Behandlungen resistent sind und häufig schon einen Selbstmordversuch hinter sich haben. Den Patienten wird bis zu 80 Milligramm intravenös verabreicht – eine Dosis, die meist nicht in das »K-Hole« führt, doch deutliche Halluzinationen und zum Teil auch außerkörperliche Erfahrungen zur Folge hat. Während andere Antidepressiva erst nach Wochen anschlagen, wirkt Ketamin sofort. Zwischen 60 und 70 Prozent der Patienten geben nach der Behandlung an, dass es ihnen deutlich besser gehe. Allerdings ist klar, dass die Linderung nicht dauerhaft ist. Nach wenigen Wochen verebbt der Effekt – kann aber durch eine neue Gabe wiederholt werden. Die grundlegenden Untersuchungen laufen noch, schon jetzt zeichnet sich aber ab, dass auch der regelmäßige Gebrauch keine negativen kognitiven Folgen hat. Allerdings kann Ketamin langfristig die Blase schädigen, weshalb gerade nach neuen, speziell für den Dauerkonsum konzipierten Derivaten geforscht wird. Über den Wirkmechanismus kann bisher nur spekuliert werden. Aber für die Patienten ist nicht wichtig, wie Ketamin, sondern dass es wirkt. Und aus genau diesem Grund wird die Therapie auch heute schon für Schwerstdepressive angeboten, etwa an der Charité in Berlin. Vergleichbares wäre mit jeder Substanz, die als nicht-verkehrsfähiges Betäubungsmittel eingestuft ist, undenkbar.

Ein anderer Übergang –
Sterben mit LSD und Psilocybin

Himmel, Moksha, Nichts

Wir werden alle sterben. Man vergisst es so leicht. Denn auch, wenn in letzter Zeit viel über Sterbehilfe, verbesserte palliative Therapien und selbstbestimmtes, friedlicheres Hinübergleiten diskutiert wird, gilt immer noch der Befund des Historikers Philippe Ariès, wonach die natürliche Präsenz des Todes in den modernen, westlichen Gesellschaften verblasst. In seinem 1977 erschienenen Werk »Geschichte des Todes« schrieb er: »Die Gesellschaft legt keine Pause mehr ein. Das Verschwinden eines Einzelnen unterbricht nicht mehr ihren kontinuierlichen Gang. Das Leben der Großstadt wirkt so, als ob niemand mehr stürbe.« Natürlich meinte Ariès nicht, dass die Öffentlichkeit bei jedem letalen Herzinfarkt, Schlaganfall oder Fahrradunfall innehalten sollte, doch bedauerte er den Verlust von Gesten und Zeichen, die an das Ende erinnern und es anzeigen. Schwarze Kleidung, über mehrere Tage getragen, das Zusammenkommen am Totenbett für das letzte Geleit. Riten, die das Unvermeidliche, das so schwer Denkbare in den Alltag einbetten und es für den Sterbenden und seine Angehörigen leichter erträglich machen. Ariès' weitere Beobachtung, dass der Tod in der Moderne zusätzlich in dem Maße mit Scham besetzt sei, wie man es nicht geschafft habe, ihn noch weiter hinauszuzögern, zeigt sich im einsamen Siechtum in Krankenhauszimmern und Altenheimen. Der Tod ist nicht mehr Teil des Lebens, er ist die Krankheit, die es beendet. Eine Kränkung. Dass das einmal anders war, weiß jeder, der in Museen Bilder aus dem Mittelalter und der Renaissance betrachtet hat: Vanitas-Motive überall, Schädel, Sanduhren, verwelkende Blumen, verfaulende Früchte, und der Tod tanzt als Skelett mit jungen Frauen (was er auch

Ende des 19. Jahrhunderts auf Edvard Munchs Bildnis »Das Mädchen und der Tod« noch tat). Der Mensch wurde angehalten, seine Vergänglichkeit zu bedenken, nicht zu eitel, nicht zu hochmütig, nicht zu snobistisch zu sein. Denn am Ende wartet der Tod, und dann wird abgerechnet. Dieses »Memento Mori« hatte den Effekt, dass der Tod als gerecht angesehen wurde, als großer Gleichmacher, der auf den Bauern wie den Kaiser wartet. Es wurde öffentlicher, sozialer gestorben. Die Menschen, die einen im Leben begleiteten, taten dies auch auf dem letzten Weg. Der Sensenmann verbreitete Schrecken, aber wenn er an der Pforte stand, wehrte man sich nicht mehr mit allen Mitteln. Die folgenden Sätze von Seneca, aus dessen »Trostschrift an Marcia«, konnten die Sterblichen bis ins 18. Jahrhundert hinein bereitwilliger akzeptieren als die fitnessaffinen Bewohner der westlichen Kulturkreise heute, ja wahrscheinlich wirkten sie sogar einmal beruhigend:

O wie unbekannt mit ihrem Elend sind die, welche den Tod nicht als beste Erfindung der Natur preisen und erwarten; denn mag er ein Glück endigen oder ein Unglück, mag er dem Lebensüberdruß und der Erschöpfung des Greises ein Ziel setzen oder ein jugendliches Alter, von dem man noch Schöneres hofft, in der Blüte entführen, oder die Kindheit abrufen, ehe die härteren Altersstufen kommen: allen ist er ein Ende, vielen eine Hilfe, manchen ein Wunsch, und macht sich um keinen mehr verdient als um den, zu welchem er kommt, ehe er gerufen wurde.

Nun ist das eigene Ableben einfacher zu ertragen, wenn man es als Übergang betrachtet. Für Seneca und die Stoiker betritt man mit dem Tod einen anderen Aggregatzustand, bleibt Teil des ewigen Kreislaufes des Werdens und Vergehens. Man lebt, stirbt, die Bestandteile lösen sich auf und bilden wieder etwas Neues: ein früher Pantheismus. Die Weltreligionen versprechen dem Gestorbenen Himmel, Paradies, großäugige Jungfrauen, Seelenwanderung, Wiedergeburt oder eben Befreiung aus dem Kreislauf in Nirwana und Moksha, Loslösung von allem Irdischen. Vorstellungen, die in einer säkularen Gesellschaft eine immer geringere Rolle spielen. Bei allen Vorteilen, die es mit sich bringt, wenn man nicht alles, was geschieht, als gottgegeben ansieht, Gesetze nach heiligen Schriften ausrichtet oder Religion als Mittel zur Unterdrückung missbraucht, gibt es einen Nachteil: Der Glaube an ein Leben nach dem Tod, an eine wie auch immer gestaltete kosmische Ordnung wirkt lächerlich, unvernünftig, regressiv. Der Tod ist nicht mehr Trost, sondern bloße Vernichtung. Und mit dem Glauben verschwinden die von Ariès beschriebenen Gesten und Rituale, die das Dahinscheiden erleichtern. Sie werden durch Medikamente ersetzt, die es verlängern. Das ist selbstverständlich sinnvoll und ermutigend, wenn die Hoffnung auf Heilung besteht, aber deprimierend, wenn der Kampf aussichtslos ist. Oder wie Viktor Frankl in seinem Buch »Der Mensch auf der Suche nach Sinn« schreibt: »Leiden zerstört den Menschen nicht, sinnloses Leiden zerstört ihn.«

Doch wie wattiert man das »Stahlharte Gehäuse«, als das Max Weber unsere religionsferne und von Kontrolle, Vernunft, Bürokratie und Berechenbarkeit geregelte Gesellschaft beschrieb? Wie nimmt man Sterbenden die Angst vor dem Tod? Wie mindert man ihr Leiden, welche Rites de passages sind die richtigen?

»Geh, geh, lass los, Liebling«

Aldous Huxley beantwortete die Frage so: »Die letzten Riten sollten einen mehr und nicht weniger bewusst machen, mehr und nicht weniger menschlich.« Ein tödlich Erkrankter sollte demnach nicht in betäubtem Zustand dahindämmern, sondern Mittel bekommen, die ihm noch einmal zeigen, was die menschliche Existenz ausmacht, was sie bedeutet. Für Huxley waren diese Mittel Psychedelika, Moksha-Medizin, wie er sie in seinem Roman »Eiland« (1962) nannte, Mittel, die dem Menschen helfen, »anders zu essen, anders zu trinken, anders zu sterben«. Es erscheint etwas befremdlich, dass ausgerechnet Substanzen, die allgemein als Drogen klassifiziert werden und im Verdacht stehen, die Wirklichkeit zu verschleiern, einen luziden Umgang mit den Dingen des Lebens und Sterbens lehren sollen. Doch wie schon mehrfach erwähnt, unterscheidet sich ihre Wirkung grundlegend von der des Alkohols oder Kokains. Der Religionswissenschaftler Alan Watts schrieb in seiner Essay-Sammlung »Does it matter« (1970): »Besonders LSD ist keine sanfte und bequeme Realitätsflucht«, weil es nämlich nicht selten einen Kampf fordere, der in die Hölle führen könne, aber dann eben auch »die Welt als System totaler Harmonie und Herrlichkeit präsentiert«. Für Watts kann diese Einheitserfahrung die Perspektive auf Leben, Tod und Gesellschaft verändern. »Jene, die eine solche mystische Erfahrung durchlebt haben, haben keine Angst mehr vor dem Tod und es mangelt ihnen an weltlichen Zielen, weder Drohungen noch Versprechungen können ihnen etwas anhaben.« Nun kann man bestimmt darüber streiten, ob das Transzendenzerlebnis eines psychedelischen Trips gegen alle Verlockungen der Konsumgesellschaft imprägniert, den Umgang mit dem Tod und das Sterben selbst scheint es aber tatsächlich verändern zu können. Darauf weisen die letzten Stunden Huxleys und mehrere Studien aus den 1960er Jahren hin. (Und an die wird gerade angeknüpft.)

Aldous Huxley starb am 22. November 1963, dem Tag des Anschlags auf John F. Kennedy, an Kehlkopfkrebs. Seine Frau Laura hatte ihn die Wochen zuvor, als es ihm immer schlechter ging, begleitet und saß nun an seinem Bett. Irgendwann bat Huxley um die intramuskuläre Injektion von 100 Mikrogramm LSD. Laura hatte sich kurz zuvor am Telefon mit dem Psychiatrieprofessor Sidney Cohen beraten, ob sie solchem Wunsch, würde Huxley ihn äußern, nachkommen sollte. Cohen war unschlüssig, obwohl er selbst schon Krebskranken LSD gegeben hatte. Laura fragte Huxleys Arzt, der es zuerst ablehnte, aber dann doch zustimmte, weil Huxleys Zustand keine Aussicht mehr auf Besserung bot. Sie injizierte die Substanz. Und etwas später noch einmal die gleiche Dosis. Laura hatte den Eindruck, dass ihr Mann nun den Tod empfing, gegen den er sich die Tage zuvor noch gewehrt hatte. Laura flüsterte immer wieder:»Geh, geh, lass los, Liebling, voraus und nach oben, du gehst voraus und nach oben, in Richtung des Lichts.« In einem bewegenden Brief an Huxleys Bruder Julian schrieb sie später, dass der befürchtete Todeskampf mit Erstickungsanfällen, der bei dieser Art Erkrankung üblich ist, ausblieb. »Nichts dergleichen geschah, eigentlich war das Nachlassen des Atmens überhaupt kein Drama, weil es so langsam, so sanft vor sich ging, wie ein Pianostück, das in einem *sempre piu piano dolcemente* endet.« Zwei Ärzte, eine Schwester und eine Freundin waren neben Laura bei Huxleys letzten Atemzügen anwesend, »beide Ärzte und die Schwester sagten, dass sie nie einen Patienten im vergleichbaren Zustand gesehen hätten, der so ohne Schmerzen und Anstrengung gegangen sei.«

Urlaub von sich selbst – LSD in der Palliativmedizin

Die möglicherweise veränderte Wahrnehmung von Schmerzen unter LSD-Einfluss interessierte schon ein paar Jahre vor Huxleys Tod den Internisten und Psychiater Eric Kast an der Chicago Medical School. Welche Wirkung haben ein anderes Körperbewusstsein und Out-Of-Body-Experiences auf das Schmerzempfinden? Kast untersuchte diese Frage, indem er bei fünfzig Schmerzpatienten den Effekt von LSD mit dem der Analgetika Dilaudid und Demerol verglich. LSD zeigte sich beiden überlegen. In zwei Folgestudien mit insgesamt über zweihundert unheilbar an Krebs Erkrankten fanden Kast und sein Kollege Vincent Collins heraus, dass nicht nur der Schmerz selbst durch LSD gelindert wurde, sondern dass die Patienten besser schliefen, ihre Stimmung sich aufhellte und dass sich ihre Haltung zu Tod und Krankheit nicht selten grundlegend änderte. Patienten berichteten von einem »ungeheuer glücklichen Gefühl«, das bis zu zwei Wochen anhielt. LSD hatte anscheinend den »total pain« besänftigt. Der Begriff geht auf die englische Palliativmedizinerin Cicely Saunders zurück, die mit ihm eine umfassendere Beschreibung der Schmerzen Sterbenskranker etablierte. Ihre Stärke oder Schwäche bestimmen, laut Saunders, nicht nur körperliche Sensationen, sondern auch das Fehlen oder Vorhandensein emotionaler Wärme, nagender Sorgen um Familienmitglieder sowie einer spirituellen Heimat. Physiologisches sowie psychisches Leiden, körperliches Elend und Depression bedingen sich gegenseitig. Eine Transzendenzerfahrung, wie LSD und Psilocybin sie liefern können, scheint dieses Band zu zerschneiden, das Loslassen leichter zu machen.

Im LSD-Manual »The Psychedelic Experience« von Timothy Leary, Ralph Metzner und Ram Dass wird ausführlich das Erlebnis des »Ego Death« beschrieben. Das Ich löst sich auf, keine Gedanken mehr, keine Illusionen, das, was Leary »game life« nannte, ist vorbei, man verschmilzt mit einem Universum, in dem alles eins und das rational nicht zu fassen ist. Nicht nur von Leary und Co. wurde dieser Zustand mit dem Sterben verglichen. Diesen Effekt beobachteten auch andere Wissenschaftler, die etwa zur gleichen Zeit wie Kast und Collins nach neuen Wege suchten, unheilbar Kranken, meist Krebspatienten, ein sanfteres Hinübergleiten zu ermöglichen. Einer der wichtigsten war Stanislav Grof, der in Prag eine LSD-Therapie entwickelte, die sich immer weiter von der psychoanalytischen Tradition entfernte und die transzendentalen Erlebnisse und kosmischen Einheitsgefühle, die Patienten während der Sitzungen kennenlernten, ernst nahm. Grof stellte fest, dass viele Patienten den Tod in Folge der Therapie nicht mehr als Auslöschung erwarteten, sondern als einen Übergang in einen anderen Bewusstseinszustand. Mitte der 1960er Jahre ging Grof in die USA und setzte seine Arbeit am Spring Grove

State Hospital in Baltimore fort, wo ebenfalls an psychedelischen Therapien für Todkranke gearbeitet wurde. Aus
dieser Zeit stammen folgende Auszüge aus einem Protokoll
von Gloria (zitiert aus »The Human Encounter with Death«
von Stanislav Grof & Joan Halifax), einer Mitarbeiterin am
Spring Grove, die an Brustkrebs erkrankt war, der sich in
die Leber ausgebreitet hatte und nicht mehr behandelbar
war. Sie unterzog sich nach Absprache mit ihrem Mann
und eingehender Vorbereitung einer LSD-Sitzung. Die Dosis betrug 200 Mikrogramm:

*Hauptsächlich erinnere ich mich an zwei Erfahrungen. Ich
war in einer grenzenlosen Welt ohne Zeit. Es gab keine Atmosphäre, keine Bilder, keine Farben, aber es gab Licht.
Plötzlich begriff ich, dass ich ein Moment in der Zeit war,
der von jenen vor mir kreiert worden war, und ich kreierte nun die nächsten. Das war mein Moment, meine Haupt-
aufgabe war getan. Indem ich geboren wurde, gab ich der
Existenz meiner Eltern eine Bedeutung... Wieder in der
Leere, allein ohne Raum und Zeit. Das Leben reduzierte
sich weiter und weiter auf den letzten Nenner. An die Logik der Erfahrung kann ich mich nicht erinnern, aber mir
wurde eingehend klar, dass der Kern des Lebens Liebe war.
In diesem Moment fühlte ich, wie ich mich der Welt zu-
wandte, allen Menschen, aber vor allem meinen Nächsten.
Ich bedauerte die verlorenen Jahre, die Suche nach einer
Identität an falschen Orten, die vergebenen Möglichkeiten, den Verlust emotionaler Kraft durch das Streben nach
bedeutungslosen Dingen... Als ich begann wieder auf-
zutauchen, kam ich in eine gut durchlüftete Welt zurück.
Mitglieder der Abteilung begrüßten mich... Ich fühlte
mich ihnen sehr nahe, und als später meine Familie kam,
war da eine Nähe, die sich neu anfühlte. Abends, zurück
zuhause, kamen dann auch meine Eltern. Alle erkannten,
dass ich mich verändert hatte. Sie sagten, ich würde strah-
len, wäre im Frieden mit mir selbst. Ich spürte das auch
selbst. Was hatte sich geändert? Ich lebe jetzt, ich bin. Ich*

kann aushalten, was immer auch kommt. Einige meiner Symptome sind verschwunden, die überwältigende Müdigkeit, der ein oder andere Schmerz. Ab und zu bin ich gereizt und schreie herum. Ich bin halt immer noch ich. Aber friedlicher.«

Fünf Wochen später starb Gloria. Etwa zur selben Zeit schrieb Sidney Cohen, der Freund der Huxleys, für das amerikanische Politik- und Kulturmagazin Harper's einen Artikel über das Sterben mit LSD. Er berichtete über Irene, eine Frau, die aufgrund einer Krebserkrankung kurz vor dem Tod stand. Sie sagte nach ihrer LSD-Sitzung:

Meine Auslöschung hat keine großen Konsequenzen, nicht einmal für mich. Es ist nur eine weitere Wendung im Kreislauf von Werden und Vergehen. Ich spüre, dass das wenig mit der Kirche und dem Gerede über den Tod zu tun hat. Ich vermute, dass ich losgelöst bin, von mir selbst, von meinen Schmerzen, von meinem Dahinscheiden. Ich kann nun gut sterben – wenn es so sein soll. Ich empfange es nicht, aber ich lehne es auch nicht ab.

Irene klingt wie ein Buddhist, der vom Übergang spricht. Cohen berichtet, dass das zuvor durchaus anders gewesen sei. Irene konzentrierte sich vor allem auf ihre Schmerzen, die mit Barbituraten, Opiaten, Analgetika unterdrückt wurden, aber trotzdem noch da waren. Irenes Stimmung war schlecht, das Leiden hatte keinen Sinn. LSD änderte das. »Es scheint, dass LSD nicht direkt mit den Hirnarealen interagiert, die Schmerzimpulse empfangen. Stattdessen scheint es die Bedeutung des Schmerzes zu verändern und ihn auf diesem Weg zu verkleinern«, schrieb Cohen. Einen Tag nach der Sitzung waren Irenes Schmerzen wieder zurück. Doch sie konnte nun besser mit ihnen umgehen. »Was für ein Tag gestern war. Es war wie Urlaub von mir selbst«, sagte sie. Das Verschwinden des Egos scheint einen ganz eigenen Trost mit sich zu bringen, eine klare

Sicht auf Zusammenhänge, die vorher verborgen waren. »Wir werden in eine Welt ohne Ego geboren, aber wir leben und sterben als Gefangene in uns selbst«, schrieb Cohen. LSD scheint einige der Gitterstäbe dieses Käfigs zu verbiegen und einen Durchschlupf zu gewähren. Natürlich nicht bei allen, nicht jeder Patient hatte die gleichen Erlebnisse wie Gloria und Irene. Doch aufgrund seiner Untersuchungen plädierte Cohen dafür, diese Art von Therapie in die Palliativmedizin aufzunehmen, auch wenn die Substanz einen schlechten Ruf hatte. Wie später Ariès forderte er, dass der Tod wieder humaner, wieder Teil des Lebens werden müsse, dass der Sterbende seine Würde bewahren und die Lebenden sich nicht von ihrer Sterblichkeit distanzieren sollten. Für Cohen konnte LSD mit der richtigen Vorbereitung und Begleitung eine Umgebung schaffen, die wie ein Ritus für moderne Gesellschaften funktionierte, zumindest für unheilbar Kranke. Doch daraus wurde nichts. Nicht viel später wurden Halluzinogene verboten und die Forschung mit Sterbenskranken schlief ein. Erst in den letzten Jahren wachte sie wieder auf.

Der hängenden Nadel einen Schubs geben

2010 veröffentlichte Charles Grob, ein Professor für Psychiatrie an der University of California in Los Angeles (UCLA), eine Pilotstudie zur Psilocybin-Behandlung von Angststörungen bei Patienten mit fortgeschrittenen Krebserkrankungen. Grob, der schon seit über einem Jahrzehnt die Effekte von Psychedelika auf die Psyche erforscht, und sein Team gehörten zu den ersten Wissenschaftlern, die sich wieder auf dieses Feld wagten. In Anlehnung an die Arbeiten aus den 1960er Jahren untersuchten sie, welche Wirkung eine Therapie mit der psychedelischen Substanz auf die psychischen Beschwerden der Schwerkranken hat und ob sie deren Lebensumstände verbessern kann. Der Rahmen unterschied sich ein wenig von dem bei Kast oder

Grof. Das begann schon bei der Wahl der Substanz. »Wir entschieden uns für Psilocybin, weil zum einen sein Ruf nicht so schlecht ist wie der von LSD, es ist weniger bekannt, was bei einem so empfindlichen Gebiet wie der Forschung mit psychedelischen Substanzen nicht ganz unwichtig ist. Zum anderen ist es ein wenig sanfter und wirkt nur vier Stunden statt acht, die Sitzungen sind also für die Patienten nicht so anstrengend«, sagt Charles Grob während eines Interviews im Büro seiner Mitarbeiterin Alicia Danforth. Auch die Dosis war vergleichsweise gering, die Teilnehmeranzahl mit zwölf (ein Mann, elf Frauen) sehr viel niedriger und die Methodik entsprach als doppelblinde, placebo-kontrollierte Studie dem Anspruch wissenschaftlicher Arbeiten der Gegenwart. »Wir fangen wieder mit kleinen Schritten an«, sagt Alicia Danforth.

Zur Vorbereitung wurden die Teilnehmer nach ihren Zielen und Erwartungen befragt. Jeder wurde eingehend auf psychotische Erkrankungen und vorausgehende Depressionen untersucht, es wurden Gespräche mit den behandelnden Onkologen über die Verfassung der Teilnehmer geführt. Man war vorsichtiger als die Kollegen 40 Jahre zuvor. Das Setting aber war das Gleiche. Der Raum war angenehm eingerichtet. Die Teilnehmer lagen auf einem verstellbaren Sessel, ihre Augen waren bedeckt, über Kopfhörer hörten sie beruhigende Musik. »Die Erfahrung sollte mehr nach innen gehen. Die Teilnehmer sollten sich mit ihren tieferen Gefühlen auseinandersetzen. Es sollte anders sein, als wenn man Pilze in der freien Natur nimmt und viele Ablenkungen hat«, sagt Alicia Danforth. »Wir sprechen hier nicht von einer Drogenstudie, sondern von einer veränderten, vielleicht auch verbesserten Psychotherapie.« Ziel war, das Gespräch zwischen Therapeut und Patient auf ein anderes Niveau zu heben und den Teilnehmern die Möglichkeit zu geben, sich eindringlicher mit ihren Problemen auseinanderzusetzen. Das gelang. »Oft gleicht der psychische Zustand eines Krebspatienten im Endstadium einer Schallplatte, die hängen geblieben ist. Die Gedanken kreisen immer wieder um das gleiche Thema, es ist ein endloser Loop: Was wird aus meiner Familie, werden sie leiden, werde ich leiden, was erwartet mich? Psilocybin wirkt wie eine Hand, die der Nadel einen Schubs versetzt – und die Musik, in unserem Fall das Leben, läuft wieder an«, sagt Alicia Danforth. Nach den Sitzungen kamen die Teilnehmer leichter mit ihren Ängsten und mit dem bevorstehenden Tod zurecht. Eine Frau hatte während ihrer Sitzung die Vision, ihr Bett würde aus vielen Händen bestehen, die sie in die Höhe hoben und sie trugen. Sie trugen sie auch über die nächsten Wochen und Monate. Aber nicht jede Erfahrung war so sanft, berichtet Danforth. Doch auch aus ernsten, traurigen und dunklen Sitzungen zogen die Teilnehmer neue Kraft, dem Tod zu begegnen. Sie waren ihren Angehörigen und sich selbst gegenüber mitfühlender, ihre Stimmung verbesserte sich für zwei Wochen erheblich, danach flaute die Wirkung aber wieder ab. Und keiner der Teilnehmer hatte derart ego-auflösende Eindrücke wie etwa Gloria bei Grof. Dafür waren die Dosen zu gering. »Trotzdem scheint die Angst vor dem Leiden und dem Tod nachzulassen«, sagt Charles Grob.

Das bestätigt Roland Griffiths, Professor für Psychiatrie an der Johns Hopkins University Baltimore und Mitglied des Heffter Research Institutes in Santa Fe, wo zum Nutzen von psychedelischen Substanzen geforscht wird. Griffiths leitete eine 2010 abgeschlossene Studie zu Psilocybin und Spiritualität, in der untersucht wurde, inwiefern die Substanz mystische Zustände hervorrufen könne. Die meisten Teilnehmer, alle gesund und ohne Beschwerden, hatten Transzendenz-Erfahrungen. In der Folge veränderte sich ihre Stimmung – sie waren zufriedener mit ihrem Leben – und vor allem ihre Einstellung zum Tod, den sie nun nicht mehr als absolutes Ende ansahen. Nach der Studie mit gesunden Freiwilligen wiederholte Griffith sie mit Personen, die unheilbar an Krebs erkrankt sind. Diese Studie ist noch nicht abgeschlossen, aber die Ergebnisse scheinen ähnlich zu sein. 2012 sagte Griffith in einem Interview mit der

New York Times: »Nach einer transzendenten Erfahrung zeigen Leute mit einer tödlichen Erkrankung oft deutlich verringerte Angst vor dem Sterben, und sie spüren auch nicht mehr das Verlangen, unbedingt auch noch die letzte medikamentöse Möglichkeit auszureizen. Stattdessen interessiert sie mehr die Qualität ihrer verbleibenden Zeit und die Qualität ihres Todes.« Von drüben dürften Aldous Huxley und Alan Watts ihm zunicken.

Vielleicht liegt die Antwort auf das Rätsel, wieso gerade eine psychedelische Erfahrung mit dem nahenden Tod versöhnen kann, auch im Verhältnis des modernen Menschen zur Zeit. Wir entwerfen uns ständig auf eine mehr oder weniger entfernte Zukunft. Die droht – mit Krankheit, Karriereknick oder Altersarmut. Vor allem aber versöhnt sie uns mit der unangenehmen Gegenwart. Das Kalkül: »Jetzt gerade muss ich jeden Abend bis 23 Uhr arbeiten – aber in einem Monat oder einem Jahr wird alles besser ...«. Das gute Leben wird ständig in den nächsten Urlaub, den nächsten Karriereschritt, die nächste Beziehung verschoben – und dadurch nie eingelöst, denn das würde ja einen Ausstieg aus dem Trott erfordern und den wagt man nicht. Die Ungeheuerlichkeit der tödlichen Krankheit besteht nun darin, dass sie einem diese pragmatische Illusion raubt. Der Gedanke: »Ja, es wird einen nächsten Sommer geben – aber ohne mich«, ist uns unerträglich. An dieser Stelle greift der psychedelische Rausch ein, ist dieser doch so etwas wie ein Gegenwartsverstärker. Je profunder die psychedelische Erfahrung, umso mehr wirft sie auf das Hier und Jetzt zurück. Anscheinend kann diese Erfahrung auch in die Zeit nach dem Rausch mitgenommen werden. So berichtet Ralph Metzner von einer Frau, die an Krebs erkrankt war und nur noch wenige Wochen zu leben hatte. Vor einem ärztlich verabreichten Psilocybin-Trip war sie unruhig, ängstlich und depressiv. »Sie fühlte sich, als sei ihr Herz im festen Griff einer Faust gefangen. Nach ihrer psychedelischen Erfahrung berichtete sie, dass dieser Griff sich gelöst habe. Sie sagte: ›Ich bin bei meiner Familie und liebe sie, ich gehe in meinen Garten und arbeite an den Beeten. Ich weiß nicht, was kommt. Aber ich lebe jetzt und das fühlt sich gut an‹.« Nicht zufällig erinnert diese Erzählung an Huxleys »Eiland«. Die psychedelische Medizin Moksha, die nichts anderes ist als Psilocybin, spielt in dieser Utopie eine zentrale Rolle: bei der Initiation von Jugendlichen in die Gesellschaft genauso wie beim regelmäßigen Meditieren oder bei der Sterbebegleitung. Und auch die für Huxley ideale Gesellschaft zeichnet sich durch ein spezielles Zeitverhältnis aus: sprechende, papageienartige Vögel erinnern die Inselbewohner ständig daran, worauf es ankommt: »Hier und Jetzt!«, krächzen sie. Und so werden die Sterbenden auf Pala weder sediert noch dazu angehalten, auf ein wie auch immer geartetes Jenseits zu hoffen. Vor allem aber trauern sie nicht um die Zukunft, die ihnen vom Tod geraubt wird. Sie konzentrieren sich auf die Gegenwart – und genau das versöhnt sie mit ihrem Schicksal. Doch so einleuchtend Huxley diese *ars moriendi* darstellt, so klar ist doch auch, wie fremd eine solche Praxis in unserer Gesellschaft mit ihrem speziellen Zeitbezug – determiniert von der Vergangenheit und ausgerichtet auf die Zukunft – wirken mag. Auch ist klar, dass eine psychedelische Sterbebegleitung immer auch auf flankierende Therapien angewiesen bleibt. Wessen Gegenwart von unerträglichen Schmerzen bestimmt ist, der wird wenig Lust dazu verspüren, sich ganz und gar aufs »Hier und Jetzt« zu konzentrieren.

Ob es weitere Erkenntnisse darüber geben wird, welchen Einfluss transzendentale Erlebnisse auf diese schwierigste aller Lebensphasen haben können, hängt auch davon ab, inwieweit die medizinische Forschung mit psychedelischen Substanzen tabubehaftet bleibt. Noch dominieren Vorurteile und Skepsis die Diskussionen um deren medizinischen Gebrauch. Das macht die Genehmigung und die Finanzierung langfristiger Studien schwierig. Trotzdem wird heute sogar wieder mit dem »horriblen« LSD geforscht. 2013 wurden in der Schweiz die Ergebnisse einer Studie des Psychiaters Peter Gasser mit Krebskranken veröffentlicht. Im folgenden Interview berichtet er, auf welche Schwierigkeiten man heute stößt, wenn man eine Studie zu psychoaktiven Substanzen beantragt und warum er sich für LSD als Therapiemittel entschieden hat.

Interview mit dem Psychiater Peter Gasser

Herr Gasser, für einen Psychiater und Psychotherapeuten ist die Arbeit mit psychedelischen Substanzen bis heute ein Wagnis. Wann kamen Sie das erste Mal mit ihnen in Berührung?

Am Anfang meiner Facharzt-Ausbildung, 1988, ich war damals 28 Jahre alt, gab es in der Schweiz fünf Therapeuten, die eine fünfjährige Ausnahmebewilligung hatten, mit LSD und MDMA Therapiesitzungen durchzuführen. Geforscht wie in den 1960er Jahren wurde in diesem Zeitraum aber nicht, die Bewilligung war nur für therapeutische Sitzungen vorgesehen. Ich lernte einen der Therapeuten kennen, unterzog mich einer Therapie bei ihm und machte danach eine Ausbildung. Das war mein Einstieg. Ab 1992 war ich Mitglied der Schweizer Ärztegesellschaft für psycholytische Therapie, die 1985 gegründet wurde und deren Ziel es ist, psychoaktive Substanzen für die Psychotherapie wieder zugänglich zu machen. Außerdem war es immer unser Interesse, die weitere Erforschung der Substanzen zu ermöglichen. Deshalb haben wir um das Jahr 2000 herum ein Psilocybin-Projekt zur Behandlung von depressiven Patienten eingereicht. Die Ethik-Kommission hat es jedoch abgelehnt. Und so ein Nein ist unanfechtbar. Wir mussten das Projekt aufgeben.

Was waren die Argumente der Ethik-Kommission?

Die Kommission muss Risiko und Nutzen eines solchen Antrags abwägen. Beim Psilocybin fiel das Ergebnis zu unseren Ungunsten aus, beim LSD-Projekt lief es anders.

Warum?

Vielleicht erzähle ich erst einmal, wie es zu diesem Projekt kam. 2006 wurde ein großes Symposium zu Albert Hofmanns 100. Geburtstag in Basel veranstaltet. Es waren Leute aus der ganzen Welt da, auch Rick Doblin von MAPS. Wir unterhielten uns auch darüber, ob man nicht mal wieder ein Forschungsprojekt mit LSD anschieben sollte. MAPS hatte ja schon Studien zu MDMA und PTBS unterstützt, auch in der Schweiz. Etwas später haben wir einen offenen Brief an die Gesundheitsministerien mehrerer europäischer Länder geschrieben, mit der Anfrage nach Erlaubnis zur Forschung mit LSD. Der Schweizer Minister war der Einzige, der antwortete, soweit ich weiß. Er schrieb recht lapidar, wenn die ethischen und wissenschaftlichen Anforderungen erfüllt seien, dann würden sie ein Projekt bewilligen. Also machten wir uns dran, einen Antrag zu verfassen. Instanzen wie die Heilmittel-Kontrolle und das Gesundheitsministerium haben sehr bürokratisch entschieden. Wir erfüllten bestimmte Auflagen, und es ging glatt durch.

Aber dann kam die Ethik-Kommission.

Genau. Sie war die große Hürde. Ich habe später erfahren, dass dort sehr mit unserem Projekt gerungen wurde. Es war wohl das erste Mal, dass abgestimmt werden musste. Sonst diskutieren sie so lange, bis Einstimmigkeit herrscht. Wir hatten das Glück, dass die Präsidentin der Kommission auf unserer Seite war. Letztlich fiel das Ergebnis zu unseren Gunsten aus.

Warum haben Sie sich entschieden, die Studie mit Krebspatienten durchzuführen?

Nun, zum einen konnte man im Bewilligungsantrag auf die Studien aus den 1960er Jahren und deren Erfolge hinweisen.

Was sicher ein Vorteil war. Zum anderen hatten diese Leute nicht mehr die Zeit, eine intensive Therapie zu beginnen, die sich über Jahre ziehen kann. Sie brauchten etwas Schnelleres, das gleich beginnt und in kurzer Zeit gute Ergebnisse bringen kann. Und dazu eignet sich diese Methode eben gut.

Die neueren Studien von Grob und Griffith in den USA verwenden Psilocybin, um dessen Wirkung auf Depressionen und Ängste von unheilbar Krebskranken zu erforschen. Warum haben Sie sich für LSD entschieden?

Nun, wie Sie sagen: Die Forschung zu Psilocybin war schon wieder angelaufen. Zu LSD gab es nichts. Und Rick Doblin sagte, in den USA sei es unmöglich, eine Erlaubnis zur LSD-Forschung zu bekommen, in der Schweiz eher. Ich wollte etwas für LSD tun, damit man wieder einen Schritt aus der ganz illegalen Ecke in Richtung Medizin machen kann. Das war meine Hauptmotivation.

Charles Grob sagt, dass neben dem schlechten Ruf von LSD ein weiterer Grund für Psilocybin der sanftere, nicht ganz so fordernde Trip sei.

Natürlich ist LSD etwas schwerer handhabbar. Wir haben ja Einzelsitzungen gemacht, da sitzt man als Therapeut den ganzen Tag neben dem Patienten in einem Raum, was schon anstrengend sein kann. Für den Patienten ist die Länge aber kein Nachteil, sie spielt keine Rolle. Er will eine intensive Erfahrung machen und hat dafür den ganzen Tag Zeit. Die Reaktionen auf meine Studie waren eigentlich durchweg positiv, allerdings schrieb mir eine Frau, dass sie meine Arbeit zwar sehr wichtig und interessant fände, aber trotzdem glaube, Psilocybin sei die geeignetere Substanz für Patienten mit diesem Krankheitsbild. Ich denke jedoch, man sollte die beiden Substanzen nicht gegeneinander ausspielen. Jede hat ihre Eigenarten.

Welche?

LSD ist konfrontativer, es führt einen eher in den Schatten-bereich, es kann unangenehm sein. Man muss aufpassen, dass es nicht zu sehr in den Kopf geht. Psilocybin ist wei-cher, körperlicher, es kann aber unberechenbar sein. Es gibt Leute, die eine halbe Stunde lang nur lachen, sich nicht mehr einbekommen. Es hat seine Tücken, genau wie LSD. Deswegen ist eine gute und fachliche Begleitung notwen-dig. Ist das der Fall, sind beide Substanzen für diese Art der Therapie geeignet.

Wie war das Setting?

Es war ein Einzelbehandlungs-Setting. Nicht, weil ich das bevorzugen würde, sondern weil wir dachten, dass eine Gruppen-Therapie ein Schritt zu viel wäre. Für die Behör-den wäre das eventuell nicht mehr nachvollziehbar gewesen. Ein weiterer Grund war der offizielle, wissenschaftliche Forschungsansatz, der einen Wirksamkeits- und Neben-wirkungsversuch vorsah, in dem Sicherheit und Risiko bei dieser Behandlung untersucht werden sollten. Das lässt sich präziser über eine Einzelbehandlung erfassen. Die Sit-zungen dauerten, wie gesagt, den ganzen Tag. Zwei Thera-peuten, ein Mann und eine Frau, begleiteten den Patienten. Wir hielten sie an, so wenig wie möglich zu sprechen. Ab und zu wurde Musik gespielt, aber zwei Drittel der Zeit war Ruhe. Es sollte ein meditatives Umfeld sein, das eine Wendung nach innen ermöglicht. Natürlich gab es ab und zu Gespräche, und wir boten auch eine rudimentäre Kör-pertherapie an, gentle touch, die dem Patienten, wenn nötig, Halt und Sicherheit geben sollte. Aber wir steuerten die Sit-zung nicht, das überließen wir der Substanz. Sie gibt die Richtung vor, sie ist der Pilot.

Welche Dosis haben Sie verwendet?

Unsere Studie war ein Double-Blind-Placebo-Versuch, das heißt, eine Gruppe hat ein aktives Placebo bekommen, das waren bei uns 20 Mikrogramm LSD, die andere eine sehr viel höhere Dosis von 200 Mikrogramm. Für jeden Patienten gab es zwei Runden, damit er auf jeden Fall einmal die volle Dosis bekam. Wir benutzten ein aktives Placebo, um den Therapeuten und den Patienten nicht sofort Klarheit über den Zustand zu verschaffen. Aber das funktionierte nicht, spätestens nach eineinhalb Stunden wussten Therapeuten und Patienten, was los war. Wir haben das nach den Sitzungen noch einmal kontrolliert und lagen bis auf einmal immer richtig. Was bei diesem Unterschied der Dosierung aber auch klar ist. Obwohl Albert Hofmann, der am Anfang der Studie noch lebte, meinte, dass es kein bloßes Placebo sei, dass es schon eine Wirkung habe. Er war ja davon überzeugt, dass LSD in kleinen Dosen antidepressiv wirke. Auch bei Clusterkopfschmerzen scheint es zu helfen.

Gab es Patienten, die mit der Wirkung Schwierigkeiten hatten?

Wenn Sie Bad Trips meinen, also paranoide Zustände, die gab es nicht. Und wenn es dazu gekommen wäre, hätten wir die Patienten auch mit Tranquilizern oder Neuroleptika beruhigen können. Schwierige Phasen kamen aber schon vor. Die Patienten gerieten durchaus in seelische Prozesse, wo sie verzweifelt oder traurig waren. Aber der Umgang mit schwierigen Gefühlen ist ja Teil jeder Psychotherapie. Nur geht es vielleicht sonst nicht so tief wie bei LSD, deswegen ist die Begleitung so wichtig. Wenn ein Patient sagt: ›Es ist gerade wahnsinnig schwierig, ich fühle mich schlecht‹, dann sind wir da, sagen, du bist nicht allein, wir kennen das, das ist normal, das genügte dann schon. Und am nächsten Tag in der Nachsitzung haben wir dann die Probleme noch

einmal aufgenommen, um einen Bezug zum Leben herzustellen. Denn man gerät ja nicht zufällig in solche Prozesse,
und sie sind auch sehr wichtig und heilsam. Man lernt sich
besser verstehen, man erkennt vielleicht, dass man ein Typ
ist, der sich immer wieder zurückzieht und sich isoliert, der
allein ist, aber eigentlich viel lieber mehr Kontakt mit anderen hätte. Das bewirkt eine Verzweiflung, von der man gar
nicht weiß, woher sie kommt. Und wenn man sie dann in
der Sitzung durchlebt, erkennt man es plötzlich.

*Haben Sie bei Ihren Patienten einen schmerzstillenden Ef-
fekt durch LSD feststellen können?*

Die Ergebnisse waren nicht eindeutig. Ich hatte auch nicht
viele Patienten, die eine schmerzvolle Erkrankung hatten.
Ein Patient litt unter einer sehr starken Migräne, die sich
vorübergehend besserte, aber nach einigen Monaten waren
die Schmerzen wieder da. Ein anderer Patient, der etwa unter monatlichen, ziemlich schweren Migräneattacken litt,
hatte nach den zwei LSD-Sitzungen überhaupt keine Mi-
gräneanfälle mehr, und zwar über mindestens zwei Jahre.
Seither habe ich keinen Kontakt mehr mit ihm. Sicher
war es so, dass kurzfristig, das heisst während der LSD-Sitzung und vielleicht auch einige Tage danach, Schmerzen
weitgehend zurückgegangen sind. Da LSD selbst aber kein
Schmerzmittel ist, stellt sich generell die Frage, wie das wirken könnte. Sicherlich geht es um Schmerzverarbeitung
und ganz allgemein um eine größere Entspanntheit oder
Gelassenheit im Leben.

*Wie hat sich die Einstellung der Patienten zu Ihrer Erkran-
kung und zu ihrem Tod geändert?*

Ich muss dazu einschränkend sagen, dass wir keine Patienten hatten, die direkt vor ihrem Tod standen. Der erste ist
ein halbes Jahr nach dem Ende der Behandlung gestorben.
Die Ethik-Kommission wollte keine Patienten zulassen, die

auf dem Sterbebett lagen, und auch für uns war klar, dass wir Leute brauchten, die mobil genug waren, um zu mir in die Praxis zu kommen. Ich war trotzdem überrascht, dass der Tod gar nicht so eine große Rolle spielte. Eher stellte sich die Frage: Was mache ich mit der Zeit, die mir noch bleibt. Weniger dagegen: Was geschieht nach dem Tod? Viele sagten, der Tod selbst mache ihnen gar nicht so große Angst. Angst mache ihnen mehr das Leiden, das Ausgeliefertsein. Und ein übergreifender Effekt der Therapie war, dass sie mit dieser Angst besser umgehen konnten. Ein anderes großes Thema waren Familie und Partnerschaft bzw. die Frage, wer tut mir gut und wer nicht, was möchte ich mit wem noch erleben. Die Therapie legte die Antworten auf diese Fragen mit großer Klarheit frei. Diese Fokussierung und neue Unterscheidungsfähigkeit hat viele erleichtert. Es war öfter so, dass die Leute erkannt haben, der oder die tun mir nicht gut, ich möchte mich mit ihnen nicht mehr treffen. Was später im eigentlichen Sterbeprozess passiert ist, weiß ich nur von einem Patienten. Eine Bekannte erzählte mir, dass er sehr ruhig gestorben sei und gesagt hätte, es habe alles seine Ordnung, er habe akzeptiert, dass er gehen müsse. Ob das nun wegen unserer Behandlung so war, weiß ich nicht.

Gab es auch Patienten, die eine Auflösung erlebten, den sogenannten Ego-Tod?

Nun ja, der ist ja nicht so eindeutig definiert. Meiner Meinung nach gibt es da zwei Formen. Die erste ist eine durch bewusste Hochdosierung hervorgerufene Dissoziation, in der das beobachtende Ich-Bewusstsein ausgelöscht ist. Das hatten wir nicht. Die zweite ist, dass Grenzen verschwinden – ich verlasse meinen Körper und beobachte mich selbst –, solche Phänomene hatten wir schon. Aber wir wollten, dass das Ich-Bewusstsein erhalten bleibt. Zumal elf von unseren zwölf Patienten noch nie LSD genommen hatten. Und zum Einstieg ist eine gemäßigte Dosis selbstverständlich besser, weil die Gefahr eines unkontrollierbaren Bad Trips niedriger ist.

Wie erklären Sie sich, dass LSD oder auch Psilocybin einen besänftigenden Effekt auf Ängste haben können?

Das ist eine komplexe Frage, die mich seit Jahren beschäftigt. Es hat bestimmt etwas damit zu tun, dass man sich existenziell vollständiger erlebt. Man fühlt: Ich bin mehr als die Angst, ich bin mehr als die Sorge, und vielleicht sogar, ich bin mehr als dieser Körper – das wäre dann eine spirituelle Erfahrung. Die hatten bei uns aber nicht alle. Wichtig ist eben der Perspektivwechsel, zu erkennen, dass man alle Dinge auch anders sehen kann. Beim Krebs zum Beispiel geben sich viele Leute selbst die Schuld. Sie fragen sich: Habe ich mich ungesund ernährt, habe ich Konflikte unterdrückt, war mein Leben zu stressig, bekomme ich jetzt dafür die Quittung? Auf LSD kann man nun erfahren, dass das nur ausgedachte Konzepte sind, dass das Leben aus mehr als bloß linearen Bezügen besteht. Sicher wird einem ein Freund das auch im Gespräch sagen können. Aber jeder weiß, dass man in diesem Fall die Worte zwar hört, sie einem logisch erscheinen, man sie aber trotzdem nicht annimmt. Wenn man die Irrationalität seiner Gedanken aber selbst erfährt, wenn sie durch einen durchgegangen ist, dann hat das eine andere Wertigkeit. LSD hilft einem dabei. Ich glaube, dass das eine seiner heilsamen Wirkungen ist. Dafür muss man aber nicht unbedingt eine so genannte mystische Erfahrung machen oder den Ego-Tod erleben.

Wie lange hat diese Wirkung bei Ihren Patienten angedauert?

Wir haben sie ein Jahr später noch einmal interviewt. Alle sagten, sie hätten profitiert, sie würden es wieder tun und sie würden es auch Freunden empfehlen. Es war also auch in der Langzeitperspektive eine positive Erfahrung.

Glauben Sie, dass diese Art von Therapie auch einmal mehr Menschen zugänglich sein wird?

Ich glaube, es wird nie eine Mainstream-Therapie werden, aber vielleicht schafft sie sich eine Nische. Die Skepsis ist immer noch sehr groß, was vor allem an unserem völlig irrationalen Umgang mit Betäubungsmitteln liegt. Die Meinung, LSD sei ein Gift, sei schlecht, die Leute würden krank davon, ist ganz tief in den Köpfen verankert. Die Diskussion darüber zu normalisieren, braucht viel Zeit. Es wird langsam gehen, aber es ist möglich. Irgendwann wird man verstehen, dass es ein Medikament mit Risiken und Nebenwirkungen ist, aber eben auch mit Potential. Dass es zum Beispiel in der Begleitung von Schwerkranken durchaus nützlich sein kann. Natürlich gibt es mittlerweile auch viele andere gute Methoden, sie auf ihrem letzten Weg zu begleiten. Wir sind nicht mehr in den 1960er Jahren. Es geht auch anders, aber es geht eben auch so, wie wir es getan haben.

Das kosmische Bewusstsein –
Die vielen Dimensionen von Ayahuasca

Die lebensverändernde psychedelische Erfahrung als Trend

»Ich unterzog mich einer Reinigung mit Ayahuasca bei einem Schamanen. Es war sehr intensiv. Ich sah mein ganzes Leben an mir vorüberziehen, Dinge, an denen ich festhalte, obwohl sie mir nicht gut tun. Ich sah mich sterben und wie ich wieder geboren wurde. Es war verrückt. Seitdem fühle ich mich anders. Ich habe meinen Frieden mit den Trümmern meiner Vergangenheit gemacht, konnte loslassen, neu starten. Es fühlt sich gut an. Das Wichtigste, was ich aus dieser Erfahrung gelernt habe, ist, dass ich einen Zündteufel, eine Aggressivität in mir habe, der ich verfallen war und die mich davon abhielt, glücklich zu sein. Nun fühle ich meine Seele wieder«. Das sagt Lindsay Lohan in der nach ihr benannten achtteiligen Doku-Serie »Lindsay«, die von der Läuterung der L. A.-Party-Queen erzählt. Vorbei sind die Alkohol-, Kokain- und Sexabenteuer, eine der Hauptnahrungsquellen der globalen Yellow-Press, vorbei das Leben außerhalb der engen gesellschaftlichen Normen. Lohan zeigt sich vor der Kamera verletzlich, sie spricht von einer Fehlgeburt und vom langen Weg zur Selbstfindung, der in der oben beschriebenen Ayahuasca-Erfahrung mündete. Der Bericht über ihre Erweckung ist der Schlusspunkt der Serie und war offenbar ein Wendepunkt in ihrem Leben. Lohans Worte gleichen den leicht verklärten, öffentlichen Schilderungen anderer Prominenter: Die Sängerin Tori Amos, Father John Misty von der amerikanischen Band Fleet Foxes oder die Schriftstellerin Isabel Allende sprachen schon über ihre Lebensveränderung – bewirkt durch das psychedelische Gebräu der Amazonas-Indianer. Nach der Sitzung war nichts mehr wie zuvor.

Anfang der 1960er Jahre sagte Cary Grant schon Ähnliches über die Wirkung seiner LSD-Therapiesitzungen, heute nehmen Reporter in peruanischen Retreats, in kalifornischen Villen oder schäbigen Berliner Wohnungen an Ayahuasca-Zeremonien teil. Die Berichte – es gibt unglaublich viele – gleichen sich. Man übergibt sich ausgiebig, eine der möglichen Begleiterscheinungen der Ayahuasca-Erfahrung, dann aber wird ins Unbewusste gereist, über antike Städte im gleißenden Licht geflogen. Kurios ist, dass die Texte nicht selten in den Mode-, Beauty-, Kunst- und Stil-Sektionen der Medien veröffentlicht werden, z. B. in der *New York Times* (»Ayahuasca: A Strong Cup of Tea«) oder in der amerikanischen Elle (»My Journey With a Life Altering Drug: Ayahuasca«). Dort nahm die Reporterin eine essentielle To-Do-Liste in ihre erste Sitzung mit: 1. Karrierefragen klären, 2. Probleme mit Ex-Freunden lösen, 3. Die Wurzeln für die leichte Essstörung ergründen. Der Neugestaltung des Selbst wird nach Mode-, Sex- und Schminktipps, Massage, Meditation und Yoga eine weitere Komponente beigefügt: Hardcore-Wellness mit dem halluzinogenen Amazonas-Tee. Eine »Psychoanalyse auf Höchstgeschwindigkeit«, eine rasendes »mental healing«, was dem knappen Zeitkorsett der Bewohner des westlichen Kulturkreises entgegenkommt.

Die Promi-Beichten, begeisterte Selbsterfahrungs-Reportagen und Mundpropaganda trugen dazu bei, dass es in den letzten Jahren zu einem regelrechten Ayahuasca-Boom kam. Schamanen aus Südamerika reisen nach Europa und halten Sitzungen ab, die sie sich mit mehreren hundert Euro bezahlen lassen. In Kalifornien sind viele Gruppierungen entstanden, bei denen nicht nur Lindsay Lohan ihren Tee trinkt. Europäer, Amerikaner und Asiaten fliegen in noch höherer Zahl als zuvor nach Peru, um sich im Urwald ihren verletzten Seelen zu nähern.

Nun wäre gegen all dies nicht viel einzuwenden, würde dieser Boom nicht auch Scharlatanen die Tür öffnen und die Ayahuasca-Erfahrung harmloser erscheinen lassen, als sie ist. Man darf nicht vergessen, dass der Tee eine sehr starke halluzinogene Wirkung hat, und dass sich, wer ihn trinkt, in einer gesetzlichen Grauzone bewegt. Man sollte besondere Vorsicht walten lassen und sich genau überlegen, wo man Ayahuasca zu sich nimmt und vor allem mit wem. Unter die Schamanen mit langjähriger Erfahrung, geschult in einer alten Kultur, mischen sich vermehrt Amateure, die gerade noch Yoga-Lehrer oder Einzelhandelskaufmann waren und sich nun selbst zum Ayahuasca-Schamanen ernannt haben. Unter die »Life Changing Experience«-Texte in Magazinen mischen sich immer öfter Horror-Geschichten von Frauen, die von lüsternen Schamanen-Darstellern vergewaltigt wurden, als sie durch den Tee wehrlos waren, von Leuten, die ausgeraubt und sich selbst überlassen wurden, und von Leuten, die während einer Sitzung oder kurz danach sogar starben. Im Jahr 2013 machte der Fall des 18-jährigen US-Amerikaners Kyle Nolan Schlagzeilen, dessen Herz während einer Ayahuasca-Session in Peru stehenblieb, 2014 der Tod des 19-jährigen Henry Miller aus Bristol. Beide suchten das psychedelische Abenteuer und kehrten nicht zurück. Woran sie starben, ist bis heute nicht geklärt. Unwahrscheinlich ist, dass Ayahuasca selbst die Ursache war, denn der Tee gilt trotz seiner halluzinogenen Potenz als physisch ungefährlich. In Peru werden ihm aber oft Zusätze beigemischt, um seine Wirkung zu steigern: etwa die das Alkaloid Scopolamin enthaltenden und aus der Familie der Nachtschattengewächse stammenden Engelstrompeten (Brugmansia). Deren Dosierung ist äußerst schwierig, eine Überdosierung kann letal sein. Unerfahrene Schamanen oder Amateur-Healer machen bei der Zubereitung des Tranks leicht Fehler. Aber selbst wenn das nicht der Fall ist, muss man noch andere Dinge beachten. Ayahuasca erhöht Blutdruck und Herzschlag; leidet man also an einer Herzerkrankung, kann eine Sitzung lebensbedrohlich werden. Auch die Wechselwirkungen mit Antidepressiva sind gefährlich, da es zu einem Überschuss an Serotonin im zentralen Nervensystem und infolgedessen zu schweren

Nebenwirkungen (starkes Zittern, Ohnmacht) kommen kann, im Extremfall zum Herzinfarkt.

Nimmt man den Tee in Peru zu sich, besteht noch ein weiteres Risiko. Denn zwar wird Ayahuasca dort schon seit sehr langer Zeit als Medikament eingesetzt; Heiler, sogenannte Ayahuasqueros, behandeln mit ihm psychische und psychosomatische Erkrankungen, der Tee hilft während einer komplexen Heil-Zeremonie Schamanen und Patienten bei der Diagnose und dem Bann der schlechten Geister, die für die Krankheit ursächlich sein sollen (vgl. dazu Marlene Dobkins de Rios »Visionary vine: Psychedelic healing in the Peruvian Amazon«). Aber es gibt dort auch die Tradition der Brujeria, der Hexenkunst. Die Brujos (Hexer) benutzen einen mit giftigen Stoffen versetzten Tee, um Menschen samt Verwünschungen und Bannsprüchen in den Wahnsinn zu treiben oder gar zu töten. De Rios schreibt: »Diese Hexer sind darauf spezialisiert, das Mittel für böse Zwecke zu nutzen. Sie erhalten ihr Geld nicht wie Ayahuasqueros nach der Sitzung, sondern vor ihrer Arbeit, um anderen Schaden zuzufügen.« Engagiert werden die Brujos von betrogenen Ehefrauen, neiderfüllten Geschäftsleuten, eifersüchtigen Liebhabern, eventuell auch von Gangstern, die Touristen ausnehmen wollen.

Zwei Dimensionen, eine Welt

In Südamerika ist Ayahuasca jedoch nicht nur Medikament oder Hexentrank, sondern vor allem ein spiritueller Mittler. Die Verwendungen sind vielfältig. Dobkins de Rios analysierte für ihr 1984 erschienenes Buch »Hallucinogens, Crosscultural Perspectives« anthropologische Arbeiten zum rituellen Gebrauch psychedelischer Pflanzen. Für Ayahuasca fasste sie ihre Ergebnisse in drei Punkten zusammen: 1. Es ist ein Mittler zu übernatürlichen Welten, zu Transzendenz und Göttlichem, ein Instrument für Weissagungen oder Hexenkunst; 2. Es ist ein Instrument zur Diagnose von Erkrankungen und ein Medikament, um diese zu heilen; 3. Es ist ein Mittel, um Vergnügen zu bereiten, Sex aufregender zu machen oder soziale Interaktion zu erleichtern und zu stärken.

Der Experte der Darreichung, der Meister der Zeremonie, der Interpret der Visionen und Bewusstseinszustände ist der Schamane. Lange Zeit als Urwald-Verrückter deklassiert, wurde er von Claude Lévi-Strauss 1949 in dessen Aufsatz »L'efficacité symbolique« zum indigenen Psychoanalytiker erhoben, der im Gegensatz zu seinen Analytiker-Kollegen im Westen spricht statt zuhört. Er schrieb: »Der Schamane gibt seinen Kranken eine Sprache, in der vorher nicht formulierbare Zustände unmittelbar ausgedrückt werden können. Und der Übergang zu dieser sprachlichen Ausdrucksform (die es gleichzeitig ermöglicht, eine Erfahrung in geordneter und verständlicher Form zu erleben, die sonst anarchisch bliebe) führt zur Lösung des physiologischen Prozesses, das heißt zur günstigen Neuordnung jener Reihe, deren Verlauf die Kranken sich unterworfen haben.« Die Schamanen schaffen Ordnung im Chaos, sie suchen im ekstatischen Zustand die – eben oft psychische – Quelle der Erkrankung, benennen sie und ermöglichen so einen Umgang mit ihr. Ethnologen haben im 20. Jahrhundert vielfach untersucht, wie sie das machen, und welche Auswirkungen es bei indigenen Völkern, etwa siebzig von ihnen verwenden Ayahuasca, auf die soziale Ordnung und die Wahrnehmung ihrer Welt hat.

Der österreichisch-kolumbianische Anthropologe Gerardo Reichel-Dolmatoff, der über mehrere Jahrzehnte Leben und Kultur der kolumbianischen Tukano-Indianer beobachtete und erforschte, schrieb in seinem Buch »The Shaman and the Jaguar: A Study of Narcotic Drugs Among the Indians of Colombia«: »Die von verschiedenen indianischen Stämmen ausgeübte Verwendung halluzinogener Trance reicht von Heilritualen zu Initiationsriten, von brutalem, kriegerischem Wahnsinn zu ekstatischen religiösen Erfahrungen. Es scheint, dass in allen Fällen Yajé [d.i.: Ayahuasca, Anm. des Verf.] eine Bedeutung des Seins aus einer anderen Dimension des Bewusstseins liefert, welche im Alltag des Individuums oder der Gruppe eine große Bedeutung erlangt. Ohne eine Erforschung dieser Dimension ist ein Verständnis der Kultur der Eingeborenen unmöglich.« Reichel-Dolmatoff trank mehrere Male das indianische Gebräu. Genau wie der Schweizer Anthropologe Jeremy Narby, der in seinem Buch »Die kosmische Schlange. Auf den Pfaden der Schamanen zu den Ursprüngen modernen Wissens« unter anderem beschreibt, wie ein Schamane der peruanischen Asháninka, bei denen er über mehrere Jahre lebte, aus der Ayahuasca-Dimension Informationen über Heilpflanzen und Substanzkombinationen erhält. Die hohe Wirksamkeit der Heilmittel, die daraus entstanden waren, verblüffte den skeptischen Wissenschaftler. Für die Asháninka ist die Welt, die sie während der Sitzungen betreten, nicht von der realen Welt getrennt, sondern Teil von ihr.

Für Außenstehende wirkt die Sichtweise der Jivaro-Indianer aus Ecuador noch befremdlicher. Sie beurteilen die Ayahuasca-Erfahrung als die wahre Realität und den Alltag als Illusion – wie der amerikanische Anthropologe Michael Harner bei seinen zahlreichen Besuchen im ecuadorianischen Amazonas-Gebiet herausfand. Ihr Wissen über die richtige Lebensführung, ihre Einstellung zum Leben insgesamt und den Umgang miteinander beziehen sie aus der Begegnung mit den Geistern und Göttern in der Ayahuasca-Erfahrung. Der deutsche Ethnologe Florian Deltgen schrieb über einen Stamm in Kolumbien nach seiner Feldrecherche in den 1970er Jahren: »Cají [d.i.: Ayahuasca, Anm. des Verf.] und dessen Konsum ist eng mit dem kulturellen System der Yebámasa-Indianer verwoben. In diesem System hat der Trank die Funktion eines Vehikels oder einer Brücke, die zwei Bewusstseinszustände und zwei korrespondierende Realitäten verbindet.« Deltgen betont, dass die Kinder der Yebámasa durch eine Art teilnehmende Beobachtung von ihren Eltern lernen. Sie sehen zu, wie ein Korb geknüpft wird, und studieren so die Technik des

Handwerks. Die Eltern erklären nichts, sie arbeiten wie immer. Es zählt die Tat und nicht die abstrakte Vermittlung durch Worte. Ähnliches könnte man über die Begegnung mit der spirituellen Welt, dem eigenen Selbst oder verschiedenen Alltagssituationen unter dem Einfluss von Ayahuasca sagen. Die Indianer beobachten sich selbst in vergangenen Momenten von außen, die Dinge ihres Lebens werden ihnen vor Augen geführt, sie lernen sie direkt kennen, sie sind dabei, sie hören nicht nur von ihnen. Und der Schamane hilft ihnen, sie zu verstehen.

Im Laufe des 20. Jahrhunderts bewerteten Ethnologen diese Form der Wissensvermittlung als der westlichen ebenbürtig. Sie war anders als die rationale Vorgehensweise aus Versuch und Irrtum, führte aber trotzdem zu luziden Einsichten über die Natur und das Wesen des Menschen und seiner Umwelt. Es war die Wiederentdeckung einer Kultur, die mit der Eroberung Südamerikas durch Spanier und Portugiesen beinahe ausgerottet worden war. Die ekstatischen Rituale der Indianer verstörten die katholischen Priester und tiefgläubige Soldaten, genau wie die Erzählungen der Eingeborenen, dass sie in der Pflanze Gott träfen. Sie mussten vom Teufel besessen sein. Insbesondere nachdem der Gebrauch von psychoaktiven Pflanzen in religiösen Zeremonien 1616 durch die Inquisition verboten worden war, wurden diese wahrscheinlich jahrtausendealte Kultur und ihre Anhänger durch die brutale Verfolgung der Eroberer immer weiter in schwer zugängliche Urwaldregionen verdrängt. Erst als der englische Botaniker Richard Spruce 1851 während seiner über ein Jahrzehnt dauernden Südamerika-Reise den Gebrauch des legendären Urwaldtranks bei den Tukanos beobachtete, eine Liane als Hauptbestandteil designierte und Proben von ihr nach England schickte, kam Ayahuasca aufs Tapet von Chemikern, Botanikern und Ethnologen. Sie untersuchten im folgenden Jahrhundert, welche Pflanzen und welche Stoffe darin die psychedelischen Effekte verursachen.

Die Suche nach den Wirkstoffen

Der psychedelische Trank hat in Südamerika angeblich über vierzig Namen, darunter Ayahuasca, Caapi, Yahé, Kahé, Cají, Mihi, Dápa oder Natema. Viele der Namen verweisen auf dessen Hauptbestandteil: Unterarten der kräftigen Urwald-Lianen-Gattung Banisteriopsis. Ayahuasca etwa heißt in Quechua, einer indigenen Sprache Südamerikas, »Liane der Geister«. Der österreichische Botaniker Friedrich Morton und sein amerikanischer Kollege Richard Evans Schultes fanden im Laufe des 20. Jahrhunderts unabhängig voneinander heraus, dass in den meisten Fällen die Banisteriopsis-Arten B. caapi oder B. inebrians verwendet werden, aber durchaus auch viele andere Unterarten gebräuchlich sind. Die Zubereitung des Tranks unterscheidet sich je nach Region. Die Lianen werden entweder ausgiebig geklopft, zerschnitten oder intakt gelassen und über längere Zeit gekocht, oder auch wie in einigen Gebieten Kolumbiens pulverisiert und in kaltes Wasser gelegt. Je länger die Zutaten eingekocht werden, desto potenter wird der Sud. Dass die Stärke Ayahuascas und der Visionen, die es induziert, aber auch von anderen Zutaten abhängt, die dem Sud beigemischt werden, war der westlichen Forschung bis in die 1960er Jahre entgangen. Im Folgenden zeichnen wir den Weg zu dieser Erkenntnis und einer aus ihr entspringenden unglaublichen Entdeckung in seinen Eckpunkten nach. Grundlegender hat das freilich schon Ralph Metzner in seinem Buch »Sacred Vine of Spirits: Ayahuasca« getan.

Welche wirksamen chemischen Bestandteile in Banisteriopsis caapi enthalten sind, wurde erst etwa siebzig Jahre, nachdem Spruce Proben nach England geschickt hatte, entdeckt. Mehrere Forscher isolierten sogenannte β-Carboline, Alkaloide, die nur ungenau studiert worden waren, aber im Verdacht standen, Erregungs- und Angstzustände auszulösen. Einer der Forscher war der deutsche Pharmakologe Louis Lewin, der 1928 in Banisteriopsis caapi auf das β-Carbolin Harmin stieß. Harmin lief in der Forschung zuerst unter dem Namen Yagein, Banisterin oder Telepathin (wegen der Ayahuasca zugeschriebenen Kraft). Lewin stellte fest, dass es dasselbe Alkaloid war, das Mitte des 19. Jahrhunderts vom deutschen Chemiker J. Fritsch aus den Samen der Steppenraute (Peganum harmala) isoliert und ein Jahr zuvor von Chemikern des Pharmaunternehmens Merck synthetisiert worden war. Lewin war einer der ersten, der das chemische Verhalten und die Wirkung Harmins, das bei ihm Banisterin hieß, ausführlich untersuchte. Seine Ergebnisse hielt er in dem kurzen Band »Banisteria Caapi – ein neues Rauschgift und Heilmittel« fest. In Tierversuchen zeigte sich, dass das Alkaloid zu erhöhter Erregbarkeit und Bewegungsdrang bei Affen und Hunden führte und zu einem starken Zittern der Extremitäten. Lewin verabreichte den Stoff auch an Menschen. Er hoffte, die Beschwerden von Patienten mit Gehirnerkrankungen wie Parkinson zu erleichtern, hatte er doch bei zwei Versuchen mit Patientinnen erlebt, wie eine »außerordentlich korpulente, sonst schwer bewegliche, an Hemiplegie leidende Frau, sich mit einem Mal leicht fühlte. Nach der zweiten Injektion meinte sie besser laufen zu können und wünschte eine weitere Einspritzung.«

Klinische Versuche mit Parkinson-Patienten an der Hufeland Klinik in Bad Mergentheim unter Mithilfe der dort praktizierenden Ärzte führten zu interessanten Ergebnissen. Die Patienten hatten ein besseres Körpergefühl, waren agiler, Lewin berichtet von einem Mann, der vor der Injektion des Harmins seine Arme nicht mehr hatte bewegen können und nun scherzend rief, er könne wieder boxen, und seine Arme in fast voller Breite öffnete. Nur der Tremor, das Zittern ließ nicht nach, und die Wirkung hielt nicht lange, nur drei bis sechs Stunden. Zudem hatten die Patienten keine Halluzinationen oder Rauscherlebnisse wie die Indianer im Amazonas-Urwald. Diese Beobachtung entsprach den Untersuchungen der Effekte Harmins auf die Psyche. Sie lassen sich mit den Worten Hanscarl Leuners, die der deut-

sche Ethnobotaniker Christian Rätsch im Vorwort zur Neu-
auflage von Lewins Texts zitiert, zusammenfassen: Rückzug von der Umgebung, wohlige Entspanntheit bei leicht
verminderter Konzentrationsfähigkeit, bei höheren Dosen
verstärkte Übelkeit. Kurzzeitige elementare optisch-hal-
luzinatorische Phänomene fanden sich nur in dem Maße,
in dem sie auch sonst bei reduziertem Umweltkontakt auftreten.

Harmin konnte also kaum für die durch Ayahuasca aus-
gelösten Halluzinationen und den Eintritt in eine andere
Dimension verantwortlich sein. Auch nicht die Alkaloide
Harmalin und Tetrahydroharmin, ebenfalls β-Carboline,
die später in unterschiedlichen Arten der Banisteriopsis in
geringerer Konzentration als Harmin gefunden wurden.
Es musste etwas anderes sein.

In den späten 1960er Jahren verfasste Homer Pinkley, ein
Schüler von Schultes, der über ein Jahr bei den Kofán-In-
dianern in Kolumbien gelebt hatte, einen Bericht über Pflanzen, die dem Banisteriopsis-Sud beigefügt wurden. Er hatte nach einer Ayahuasca-Zeremonie Samen des Psychotria
viridis (in Quechua: Chacruna), eines niedrigen Baums aus
der Familie der Kaffeegewächse, gefunden. Pinkley erfuhr
von seinen Gastgebern, dass die Blätter des Baums mitge-
kocht wurden, um die Visionen zu verstärken. Eine andere
Pflanze, die von den Indianern zum gleichen Zweck mit-
gekocht wurde und wird, ist die Liane Diplopterys cabre-
rana (chaliponga), genauer: deren Blätter. Ein in beiden ent-
haltenes Alkaloid, es wurde wenig später isoliert, ist das
Tryptamin N,N-DMT, ein starkes Halluzinogen. Es war
neben Harmin der entscheidende Wirkstoff. Das Überraschende war nur, dass DMT, oral eingenommen, bisher
bei allen Versuchen unwirksam war.

Über fünfzig Pflanzen weltweit tragen DMT in sich, in
Europa zum Beispiel das Schilfgras Havelmielitz (Phalaris
arundinacea L.). Warum Pflanzen Alkaloide produzieren,
weiß man nicht. Sasha Shulgin sagte einmal: »Vielleicht helfen sie ja gegen Ameisen.« DMT ist zudem das einzige Psy-

chedelikum, das endogen ist, also im Körper aller Säugetiere, mithin auch des Menschen, produziert wird, ein Botenstoff, der sich ähnlich wie LSD oder Psilocybin an bestimmte Serotoninrezeptoren bindet. Welche Funktion DMT im Körper hat, ist bis heute unklar, ebenso wenig weiß man, wo es hergestellt wird. Im Gehirn, in anderen Organen? Für eine präzise Analyse wird es zu schnell verstoffwechselt. Das gilt übrigens auch für künstlich zugefügtes DMT. Es bleibt nicht lange im Körper, nach kurzer Zeit sind weder im Gehirn noch in der Leber oder im Blutplasma Spuren zu finden.

Doch je weniger man über DMT noch wirklich weiß, umso mehr kühne Theorien gibt es. So soll es während der Geburt vermehrt ausgeschüttet werden, wie auch beim Sterben, es soll Einfluss auf unsere Traumtätigkeit haben, eine zu hohe Konzentration im Körper soll dafür verantwortlich sein, dass manche Menschen denken, sie seien von Aliens entführt worden oder sie würden einen brennenden Dornbusch sehen, der nicht verbrennt. Nichts davon ist bewiesen. Was man weiß, ist, dass DMT, geraucht oder injiziert, einen gewaltigen, aber kurzen Trip auslösen kann. Zur Zeit seiner ersten Synthetisierung, 1931, war aber nicht einmal dies bekannt. Der kanadische Chemiker Richard Manske identifizierte die Struktur, indem er andere Tryptamine modifizierte. Er wollte einen Stoff nachbilden, der vorher in einem nordamerikanischen Buschgewächs gefunden worden war, N,N-DMT. Er schrieb die Struktur auf, veröffentlichte einen Artikel und kümmerte sich nicht weiter darum. Erst als in den 1950er Jahren südamerikanische Chemiker die Bestandteile des psychedelischen Schnupfpulvers Yopo aus den Samen des Anadenanthera-peregrina-Baumes studierten, kam DMT wieder zum Vorschein. Seine psychedelische Wirkung aber blieb weiter verborgen, da die Südamerikaner davon ausgingen, dass der wirksame Stoff im Yopo das Tryptamin-Alkaloid Bufotenin sei, was ja zum Teil auch stimmte.

Erst als der ungarische Chemiker und Psychiater Stephen Szára aus der Not heraus auf DMT zurückgriff und es selbst synthetisierte, kam das psychedelische Potenzial von DMT zum Vorschein. Szára wollte in Budapest die Auswirkungen von LSD und Meskalin auf die Psyche erforschen. Doch Sandoz, damals der einzige Hersteller dieser Substanzen, schickte in die Satellitenstaaten der Sowjetunion keine Proben. So stellte Szára sein eigenes Psychedelikum her, er hatte von DMT in den wissenschaftlichen Arbeiten zu Yopo gelesen. Wie damals in Forschungskreisen üblich, probierte Szára die Substanz zuerst selber aus. Er schluckte sie – und nichts geschah. Er erhöhte die Dosis. Wieder nichts. Er vermutete, dass das DMT im Magen abgebaut wurde, und injizierte es sich. Der Effekt war überwältigend: »Mein emotionaler Zustand war manchmal euphorisch. Mein Bewusstsein war vollkommen von Halluzinationen besetzt, ich achtete nur auf sie. Deswegen kann ich auch nichts darüber sagen, was während dieser Zeit um mich herum passierte«, schrieb er 1957 in seinem Forschungsbericht. Seine Erfahrungen gleichen den Tripberichten von Usern, die DMT rauchen oder sich spritzen. Sie sind in einer geschlossenen halluzinierten Welt, die nicht einfach nur eine verformte Version der Realität ist (wie bei den meisten anderen Halluzinogenen), sondern mit dieser nichts zu tun hat. Zum selben Ergebnis kam der kalifornische Psychiater Oscar Janiger, der sich etwa zur gleichen Zeit wie Szára DMT injizierte. Durch ihn fand die Substanz kurz Einlass in die Szene um William S. Burroughs, dem der Trip aber schrecklich zusetzte. Burroughs Buch »Naked Lunch« ist augenscheinlich von diesen Erlebnissen beeinflusst. Szára erweiterte seine Forschungen, indem er dreißig Freiwilligen, die meisten davon Ärzte, DMT verabreichte. Er fand dabei heraus, dass der Körper kaum Toleranz zu DMT aufbaut, die Dosis also nicht erhöht werden muss, um bei wiederholter Injektion den gleichen Effekt zu erzielen. Spätere Studien bestätigen das. Und Szára hatte auch mit der Vermutung recht, dass DMT, oral eingenommen, metabolisiert wird, bevor es die Blutbahn erreicht und wirken kann.

Wie aber ist es dann möglich, dass Ayahuasca trotzdem wirkt? Es liegt an den Harmin-Alkaloiden in Banisteriopsis caapi, das bewies in den 1980er Jahren der Biologe und Ethnobotaniker Terrence McKenna. Diese Alkaloide sind MAO-Hemmer. Sie blockieren das Enzym Monoaminooxidase und verhindern so, dass es Neurotransmitter wie Serotonin oder Dopamin spaltet und dadurch deren Funktion als Botenstoff minimiert. Das Enzym zerlegt auch DMT. Trinkt man nun Ayahuasca, halten Harmin und ihre Schwestern die Monoaminooxidase im Zaum, damit DMT ungehindert bis zum Gehirn vordringen und so die Reise auslösen kann. Der spanische Pharmakologe Jordi Riba untersucht seit 15 Jahren den Einfluss Ayahuascas auf die Körperfunktionen. Er fand nach der Einnahme des Tranks Spuren von Harmalin, THH und DMT im Blutplasma der Probanden. Die DMT Konzentration war aber geringer als in der Quelle, also dem Trank selbst. Nur Spuren von ihm gelangten in den Blutkreislauf, in höchster Konzentration eineinhalb Stunden nach der Einnahme, wenn auch die subjektiven Empfindungen der Erfahrung am intensivsten sind. Die Harmin-Alkaloide sorgten also dafür, dass DMT länger im Körper verweilt, als wenn es ohne sie injiziert oder geraucht wird.

Es ist die perfekte Zusammenarbeit zweier Stoffe, die in zwei Pflanzen vorkommen, die erst einmal nichts miteinander zu tun haben. Wie die Indianer darauf kamen, aus den tausenden Arten von Sträuchern, Bäumen, Blumen, Gräsern und Lianen genau die beiden zu wählen, die Harmin und DMT enthalten, ist ein Rätsel. Und wird es wohl auch immer bleiben. Ein einfaches Trial & Error Verfahren dürfte bei der Menge an Gewächsen wohl ausscheiden. Die Schamanen sind genaue Kenner der Tier- und Pflanzenwelt, sie stützen sich auf Erkenntnisse, die über Jahrtausende von einem zum nächsten weitergegeben wurden. Das zeigt sich auch an den vielen verschiedenen Ayahuasca-Rezepten. Es soll über 75 Pflanzen geben, die Schamanen zur Verfertigung von Ayahuasca hinzuziehen. In den meisten Fällen kommen in ihren Topf Banisteriopsis caapi und Psychotria viridis, aber auch noch andere Zutaten, um etwa auf bestimmte Erkrankungen zu reagieren oder die Stärke der Visionen zu regulieren. Zum Beispiel Ocimum micranthum, eine Basilikum-ähnliche Pflanze, die Fieber senkt, oder die Rinde des Strauches Brunfelsia chiricaspi, die Rheuma und Arthritis lindern soll (weitere Beispiele finden sich in: »Plants of Gods« von Richard Evan Schultes, Albert Hofmann, Christian Rätsch).

Die alten, traditionellen Mischungen ergeben jedoch einen Trank, dessen Einnahme eine aufwühlende und umwälzende innere Reise nach sich zieht. Vor Lindsay Lohan haben das schon viele andere erfahren und dafür passendere Worte gefunden als sie. Der Ethnologe Florian Deltgen etwa schrieb: »Mein Ego war in drei Unter-Egos gespalten: ein Körper-Ego, ein Seelen-Ego und, es ist schwer zu beschreiben, ein spirituelles Ego. Das Körper-Ego nahm nicht richtig am Geschehenden teil. Das Seelen-Ego hatte alle meine Empfindungen, meine Gefühle, Emotionen und Leidenschaften inne. Es war lustig, glücklich, es litt und war verzweifelt. Aber es war der Meister von allem. Das Seelen-Ego war das Ich, das mit den Dämonen sprach, das verführt wurde, das mit dem Teufel verhandelte. Es war der General, der von seinem König in den Krieg, oder der Botschafter, der von seiner Regierung in ein fremdes Land geschickt wurde: Beide handelten scheinbar frei und selbstverantwortlich innerhalb gewisser Grenzen, aber die eigentlichen Entscheidungen, die größtmögliche Verantwortung lag beim König. So war das Regiment immer beim spirituellen Ego. Es steuerte mein Boot durch die Stromschnellen meiner Visionen, hatte die Kontrolle, dachte über die Ereignisse nach und reflektierte sie, stimmte zu und lehnte ab. Ich sah mit meinem Gehirn, nicht mit meinen Augen. Oder genauer: Ich sah mit meinem Geist. Und was ich sah, war die pure Seele der Natur. Ich sagte zu mir selbst: ›Mann, das ist pure Spiritualität.‹« Was bei Deltgen das spirituelle Ego ist, haben auch schon andere als eigene, vom Selbst getrennte Entität wahrgenommen. Alan Ginsberg nannte es in seinem Briefwechsel mit Burroughs über deren Ayahuasca-Erfahrungen (»The Yagé Letters«): »ein Ding, das anwesend zu sein schien.« Im folgenden Bericht über eine Reise nach Iquitos, Peru, ist es weiblich und heißt Aya.

»Also was machen wir mit dem jetzt, soll ich den umbringen?« – Erfahrung eines 32-jährigen Autors

Auf die Idee, Ayahuasca zu trinken, kam ich durch die Erzählung einer Freundin. Zwei Freunde von ihr hatten an einer Sitzung auf Mallorca teilgenommen, und was sie über deren Erfahrungen erzählte, interessierte mich. Ich nahm es aber auch nicht so richtig ernst, denn die Typen kommen aus dem großbürgerlichen Milieu, ganz so hart würden die es sich schon nicht gegeben haben. Es ergab sich dann eine Möglichkeit, nach Peru zu fliegen, und ich dachte mir: probier es doch mal aus. Als ich dann im Internet die ersten Berichte über Ayahuasca-Erfahrungen las, wusste ich schnell »Oh-oh, so harmlos ist das doch nicht.« Ich muss dazusagen, dass ich vorher fast keine Erfahrungen mit Psychedelika hatte. Ich begann mich zu informieren und suchte sehr lange nach einem geeigneten Ort zum Trinken. In Iquitos gibt es alles. Das fängt ganz oben mit sehr teuren Wellness-Hotel-artigen Retreats an. Eines davon heißt Blue Morpho, das dickste dieser Zentren. Die verkaufen das psychedelische Wohlfühl-Paket mit fünf Zeremonien, Schlammbad usw. Das wollte ich nicht. Am anderen Ende der Skala sind die Brujos, die wollen dir nichts Gutes. Eine Geschichte, die ich öfter gehört habe, ist, dass Leute nach Iquitos gereist sind und nicht einmal Ayahuasca trinken wollten. Dann wurden sie in einer schmierigen Nebengasse von irgendwelchen Typen angesprochen, ob sie nicht eine umwerfende Erfahrung machen wollen. Sie sagten ja und landeten beim Brujo oder irgendwelchen Abzockern. Das endet meistens nicht gut. Mir wurde gesagt, dass die Brujos dich mit Absicht an düstere Orte füh-

ren, dich seelisch verletzen wollen und manchmal tatschen sie auch einfach ihre weiblichen Gäste an. Das wollte ich natürlich auch nicht. Also wählte ich die Mitte. Bei meinem Schamanen überzeugte mich, dass er mir freistellte, wann ich kommen und wann ich gehen wollte, dass also die Sache nicht so strikt durchorganisiert war und dass er eine sehr lange Erfahrung hatte.

Auf dem Flug war ich nervös, und als ich in Lima zwischenlandete, dachte ich: »Oh shit, was für ein Chaos.« Ich bin mit einem sehr grimmigen Gesicht durch den Flughafen gelaufen. Lasst mich alle in Ruhe. Ich kam in Iquitos an, als es schon Nacht war. Die Stadt selbst sah ich erst nach meiner Woche im Urwald. Ein seltsamer Ort, sehr auf den Ayahuasca-Tourismus ausgelegt. In vielen Restaurants wird die Dieta angeboten, also salzlose und zuckerfreie Gerichte ohne Fleisch und Gewürze, kein Alkohol. So soll man sich eine Woche ernähren, bevor man trinkt. Ich habe das übrigens auch getan. Überall fragen dich Leute, ob du Ayahuasca trinken möchtest. An der recht schäbigen Amazonas-Uferpromenade hängen Hippies herum, die Feuerspucken und solchen Kram machen. Sie sind dort hängengeblieben und eindeutig psychedelisch unterwegs.

Ein Assistent meines Schamanen holte mich vom Flughafen ab. Ich war froh, denn es war eine meiner großen Sorgen gewesen, dass ich allein in mein Zentrum fahren und allein durch den Urwald dorthin hätte streifen müssen. Dass das unmöglich gewesen wäre, wurde mir klar, als wir an einem Weiler in der Nähe eines Dorfes aus dem Auto stiegen. Es war beeindruckend dunkel, ich sah buchstäblich die Hand vor meinen Augen nicht. Wir gingen in den Wald. Es war sehr laut, tausende Tiere, nur ein kleiner Bruchteil von ihnen begegnete mir im Spotlight meiner Taschenlampe. Ich mag die Wärme und die Feuchtigkeit der Tropen sehr gern, in dem Wald habe ich mich sehr wohl gefühlt, das erste Mal auf der Reise. Und plötzlich waren wir da. Ich hatte die Häuser gar nicht gesehen. Ein Nachtwächter führte mich zu meiner Hütte. Ich habe mich in mein Bett gelegt und war zufrieden.

Es war geschafft, es würde gut gehen. Am nächsten Tag merkte ich, dass ich mich in einem recht meditativen Zustand befand. Ich habe gewartet und hatte ein Mantra im Kopf, habe zu Gott, aber auch schon zur Pflanze gebetet und ihr gesagt, dass ich demütig sein will. Und dann habe ich mir überlegt, worüber ich mit der Pflanze sprechen möchte. Ich glaube, ich bin ziemlich gut in die Sache reingegangen, weil ich sie absolut ernst genommen habe. Retrospektiv kommt mir dieser massive Respekt ein bisschen lächerlich vor, aber ich hatte überhaupt keine Ahnung. Der Tag ging sehr langsam und ereignislos vorüber. Einmal kam der Schamane vorbei, er war sehr nett, verbreitete gute Laune, hatte eine Dakine Short an, einen nackten Oberkörper, ein goldenes Kruzifix um den Hals und Bürstenhaarschnitt, sah also nicht unbedingt so aus, wie Europäer sich einen Urwald-Schamanen vorstellen. Mit dem Schamanentum hatte er sehr früh angefangen. Sein Großvater konnte es und hat ihn, als er zehn war, zur Seite genommen und ihm gesagt, du hast es, du machst es, und seitdem trinkt er Ayahuasca. Schon als Kind sehr regelmäßig und mittlerweile dreimal in der Woche.

Vor der ersten Zeremonie wurden wir – außer mir war noch ein Amerikaner dabei – mit Blumenwasser besprenkelt und uns wurde Tabakrauch ins Gesicht geblasen. Dann sollten wir noch mal zurück in unsere Hütten und uns umziehen, und dann ging es los. Es wurde wieder sehr dunkel, ein Gewitter begann, der Schamane kam, es blitzte, der Wind fegte, es war eine grotesk geladene Atmosphäre. Dann habe ich aus dem Becher getrunken, nur drei Schluck, nicht so viel. Beim ersten Mal fand ich den Geschmack noch nicht so schlimm, aber mit jedem Schluck wurde es härter, weil ich auch wusste, was mich erwartete, welche Form von Übelkeit. Dann legte ich mich hin, der Schamane sang. Vorher hatte mir der Amerikaner gesagt, dass der Schamane seiner Ansicht nach immer zu früh gehen würde. Dass er sich von ihm verlassen gefühlt hätte. Und so hoffte ich, dass die Wirkung bei mir vorbei sein würde, bevor der Schamane ging. Er sang immer dieselben vier Lieder. Und als er uns dann verließ, versank ich erst.

Er war fertig, er sagte, die Zeremonie sei beendet, aber die Arbeit fange erst an. Für mich war sein Verschwinden nicht weiter schlimm, ich vertraute ihm. Wir waren auch nicht allein. Sein Assistent war noch da und der Gärtner, sie passten auf uns auf. Der Assistent saß auf einem Stapel Matratzen, der sich nun unter dem Einfluss des Tees in ein Sofa verwandelte, auf dessen Lehne er wie ein Kind hockte. Die optischen Effekte waren beeindruckend. Einmal musste ich aufstehen, weil es mir zu viel wurde, ich lief ein bisschen herum. Der Amerikaner neben mir war platt wie 2D. Ich habe ihn dreimal umkreist, um zu testen, ob er überhaupt noch da war. Der lag wie ein Stück Papier auf der Erde unter seinen Decken, sie waren 3D geblieben. Nun fing also meine Arbeit an.

Man muss dazu sagen, dass während der ersten Sitzung keine kausale oder chronologische Ordnung bestand. Vieles passierte gleichzeitig und vielfarbig. Die Prozesse liefen parallel, ineinander verschränkt ab. Ich konnte sie erst später rekonstruieren. Ich sprach in diesen Momenten mit einer Präsenz, die ich Aya nannte. Ich spürte, dass sie mächtig war, unfassbar viel mächtiger, älter, einsichtiger als ich selbst. Aya ist aber auch verspielt, sie hat etwas von einem kleinen Kind, sie begann mit mir zu reden, als sich die Girlanden der beginnenden Reise vor meinen geschlossenen Augen drehten. Ich habe sie geduzt, und sie war für mich weiblich. Das war die erste Begegnung mit Aya. Sie zeigte mir, dass sie schön ist, und dann kamen Totenschädel, und sie zeigte mir, dass der Tod dazugehört, dass das alles kein Scherz ist. Ich fand es nett, dass ich gewarnt wurde. Und dann kam ein Frosch, der mich durch meine erste Sitzung führte. Aya war bei der zweiten und dritten Sitzung viel präsenter, ein sich ständig morphendes Wesen, Mutter, Liebhaberin, Schwester, Freundin, durch ein Kaleidoskop immer aus Licht gemalt in unterschiedlichen Gestalten oder formlos. Die Arbeit in der ersten Sitzung war eine Auseinandersetzung mit autoaggressiven Elementen in mir. Ich habe Aya gefragt, warum bin ich so hart zu mir, härter als zu anderen. Woher kommt das? Was soll das?

Sie zeigte mir einen Kontrolleur, und meine Arbeit war,

dass ich lernen musste, loszulassen, den Kontrolleur zu überwinden und mich der Wirkung der Pflanze hinzugeben. Das
war mit der Einsicht verbunden, dass diese autoaggressiven
Tendenzen zwar zu mir gehören, sie in letzter Zeit aber über-
mächtig groß geworden waren, mehr als nur eine Stimme in
meinem Charakterorchester. Aya verdrosch nun diesen Kontrolleur, und während sie das tat, spürte ich immer mehr, dass
ich selbst es war, der verdroschen wurde. Als er dann kaputt
war, zeigte sie ihn mir. Ich selbst war zu diesem Zeitpunkt auf
allen Vieren, röchelnd am Boden. Ich kam aus mir heraus
und schaute auf mich selbst herab, und da war er, der Kontrolleur. Und sie sagte: Also, was machen wir mit dem jetzt, soll
ich den umbringen? Und ich verspürte plötzlich großes Mit-
leid und dachte, der kann ja gar nichts dafür, das ist alles gar
nicht so böse gemeint, lass ihn. Ich habe den Bösewicht gestrei-
chelt, und in dem Moment war diese Arbeit getan.

   Das Ganze war mit einer immensen Übelkeit gepaart.
Mein Magen war wie zu einer Faust geballt und zusammen-
geschrumpft. Ich hatte das Gefühl, er ist hart wie Stein. Irgendwann habe ich mir in den Mund gegriffen. Ich frage
mich bis heute, ob ich mich zum Kotzen bringen wollte,
ich glaube nicht. Ich habe in den Mund gegriffen, an der Zunge gezogen, und dann kamen Speichelfäden heraus, es roch
ganz stark nach Aya. Ich dachte, sie kommt raus, sie kommt
raus und ich habe mich so erleichtert gefühlt, weil ich wusste,
dass diese Schlacht jetzt geschlagen war. Ich hatte ein libidi-
nöses Gefühl, ich wollte es haben, und dann kam alles raus.
In dem Moment habe ich wieder losgelassen und dann ging
die DMT-Rakete durch die Decke in die Ewigkeit hinein. Ich
spürte den Wald um mich, die Kröte, die mich begleitete, die
Grillen, die Bäume, alles um mich herum wurde angeknipst,
wie Lichtsäulen vom Boden in den Himmel hoch. Und am
Ende machte ich selbst das Licht an. Paff, und wir waren alle
zusammen. Ich sagte, ich bin auch da. Ich dachte, das sind
alles meine Brüder und Schwestern, wir sind alle dasselbe
und das ist glorreich, schön und tröstlich. Ich wachte auf,
da kroch eine Raupe über den Boden, ich war froh, dass

sie da war, ließ sie über meine Hand klettern und spielte mit ihr.

Die zweite Session: Ich bekam mehr Tee und wusste, dass ich gut durchkommen würde. Es begann sehr physisch. Ich habe es als Massage empfunden, lag da, spürte zuerst an der linken Schulter einen Druck, und dann sagte Aya: Mach dich mal locker, entspann mal die Schultern. Und so löste sich der ganze Körper, bis ich das Gefühl hatte, absolut entspannt dazuliegen. Ich merkte, wie sich alles ausrichtet, spürte, dass unter der Hütte ein Energiemeridian fließt. Ich legte mich so hin, dass Arschloch und Mund in der Linie dieses Meridians waren. Und in dem Moment kam aus beiden Licht heraus! Das war so verrückt, denn ich habe nie an Shakren oder so was geglaubt, aber genau an diesen Punkten gingen die Lichter an, und ich fühlte mich in einem vollendet guten körperlichen Zustand. Nur im Magen wanden sich Schlangen, da war sie. Über mir hatte sie ein grünes kubusartiges Zelt aufgebaut. In diesem Zelt wurden mir nacheinander unterschiedliche Elemente meines Wesens gezeigt. Und sie sagte, du musst sie alle zum Gespräch bitten, nicht nur den Bully, sondern alle. Dann sah ich den Mond – und diese Sache war gelaufen. Es hatte sich gewandelt, ich mochte die Nacht, das Stille, Dunkle, und wollte nicht, dass die Sonne kommt. Und als mir bewusst wurde, dass das trotzdem passiert, habe ich gekotzt. Ich lehnte über dem Geländer und habe wie ein Tier in den Urwald gebrüllt. Mein Ego wurde nicht zerschlagen. Ich war Gott – und das war für mich kein ästhetisches oder ethisches Problem, denn ich dachte ja, dass alles andere auch Gott war und ebenso im Mittelpunkt. Es gab keine Subjekt-Objekt-Grenze mehr, stattdessen habe ich mich selbst als eine Synapse in diesem Gewitter betrachtet und war damit total zufrieden. Bei diesem Mal war es libidinöser. Ich sagte, ich will wieder zu dir, nimm mich in die Arme, und dann war ich nicht mehr wirklich da, sondern nur noch ein Schauer von Eindrücken und Erkenntnissen und eine Zeitlosigkeit in der Betrachtung des Waldes im Mondlicht, der aus Silber und Schatten gemalt war. Das war wirklich ein Pausenknopf, die Zeit gab es nicht mehr. Das war unglaublich toll. Das war, wie wenn du in einem Computerspiel stirbst und dann als eine Art Gespenst rumlaufen kannst, bevor du dich wieder manifestierst. Und ich weiß noch, dass ich mir stundenlang diesen Pausenbildschirm angeschaut habe. Ich hatte das Gefühl, der nackten Welt zu begegnen. Ich weiß nicht, was ich metaphysisch aus alldem machen soll, aber es wurde mindestens eine Pforte der Wahrnehmung aufgestoßen. Der dritte Trip war leichter, obwohl ich mehr getrunken habe. Ich erinnere mich nur noch an wenig.

Als ich Peru verließ, hatte sich mein Verhältnis zur Welt geändert. Ich hatte das Gefühl, dass meine Augen ausgespült worden waren, dass ganz viel Kruste verschwunden war, der Blick war wieder klar. Durch Ayahuasca wird die übliche Basis im Erleben der Welt in Frage gestellt. Ist alles so, wie wir glauben, dass es ist? Man ahnt vorher schon, dass es nicht so sein könnte, man weiß es vielleicht auch. Mir ist es jetzt klar, denn in der Zauberwelt war ich woanders.

Die kosmische Intelligenz und das alte Ägypten – Phänomene unter dem Einfluss von Ayahuasca

Wie für jede psychedelische Erfahrung gilt auch für Ayahuasca, dass jeder sie auf eine andere Art erlebt. Es kommt darauf an, wo man den Trank zu sich nimmt, mit wem, in welchem Kontext, aus welchem kulturellen Hintergrund man kommt, also wie gehabt: auf Set und Setting. Dem einen wird detailliert vorgeführt, aus welchen Gründen Justin Timberlake ein grandioser Entertainer ist (hohe Wandelbarkeit, Bescheidenheit, Selbstironie), einer anderen, aus welchen Gründen das Verhältnis zu ihrer Mutter so schwierig, wieder einem anderen, welche Technik bei der Wildschweinjagd ideal sein könnte (ein Ayahuasca-Trinker würde sagen: »ist«). Doch bei aller individuellen Spannbreite gibt es Konstanten. Zum einen bestimmte Phasen des Trips, die einen Rahmen der optischen und physischen Eindrücke bilden und aufeinander folgen, zum anderen aber auch Visionen, Bilder, Eindrücke, die sich wiederholen und ähneln – weitgehend unabhängig von der Person, der sie erscheinen.

Auf der Basis seiner eigenen Erfahrungen und der Erkenntnisse der Tukano-Indianer schlug der Anthropologe Gerardo Reichel-Dolmatoff eine Einteilung in drei Stufen vor: In der ersten, die nicht lange nach der Einnahme des Tranks beginnt, wird einem nicht selten übel, man möchte sich übergeben, man schwitzt. Vor dem inneren Auge drehen sich Kaleidoskope. »Raster, Zickzack und wellenförmige Linien wechseln sich mit Motiven in Augenform, mit vielfältigen, farbigen, konzentrischen Kreisen und endlosen Schleifen strahlender Punkte ab«, so Reichel-Dolmatoff. Er entdeckte diese Muster und grafischen Elemente in den Verzierungen der Tukano-Häuser wieder. In der zweiten Stufe verschwinden die Kaleidoskope langsam, konkretere Halluzinationen von mystischen Figuren, Tieren, Landschaften, dem Urwald betreten die Bühne. Man hat das Gefühl, in und durch eine andere dreidimensionale Welt auf die dritte Stufe zu schweben. Dort nehmen die Effekte dann langsam ab, es ist leichter, zu reflektieren oder sich seinen Assoziationen hinzugeben. Das Gefühl zu fliegen ist ein verbindendes Element vieler Ayahuasca-Erfahrungen, ebenso wie die Auflösung der Körpergrenzen, der Verlust jeglichen Zeitgefühls sowie der Kontrolle über die Situation, was leicht Panik und Angstzustände auslösen kann.

Viele Leute, die Ayahuasca zu sich genommen haben, berichten von einer kosmischen Intelligenz, die sie durch die Sitzung geleitet habe. Eben das, was Ginsberg »the thing« nannte und was im obigen Bericht als »Aya« auftrat. Der israelische Professor für Kognitionspsychologie Benny Shanon hat selbst über hundertfünfzig Mal Ayahuasca getrunken, bei den synkretistischen Kirchen Brasiliens, bei Schamanen, privat. In seinem Buch »Antipodes of the Mind: Charting the Phenomenology of the Ayahuasca Experience« analysiert er über zweitausendfünfhundert Ayahuasca-Berichte und versucht, die Visionen zu kategorisieren. Den Eindruck eines kosmischen Bewusstseins, der Quelle allen Lebens, einer körperlosen Intelligenz, die alles und jeden verbindet, hatten viele seiner Informanten. Er selbst auch. Shanon nennt diese Form der Metaphysik »einen idealistischen Monismus mit pantheistischen Zwischentönen«. Eine Kraft ist der Ursprung alles Seienden, sie hält die Dinge zusammen, verwebt Mensch, Natur und Gott zur unio mystica, sie belehrt und zeigt Dinge auf. Shanon war klar, dass sich dies für wissenschaftliche Ohren ziemlich nebulös anhören musste. Andererseits hatte er diese Muster, diese Verbindung, diese Kraft selber erfahren und beobachtet. Es erschien ihm unmöglich, reduktionistisch an die Sache heranzugehen, also seine spirituellen Erlebnisse mit neurophysiologischen Prozessen im Gehirn zu erklären. Atheisten sagten ihm, dass sie während ihrer Ayahuasca-Erfahrung eine Matrix wahrgenommen hätten, die alles am Leben hält und aneinander koppelt – und die sie gegen ihre sonstige Überzeugung nur als »göttlich« kategorisieren konnten. Shanon deutet diese Erfahrungen, benennt sie als animistische Weltsicht. Wodurch sie aber hervorgerufen werden, kann er nicht erklärem. Wie auch? Das Auftreten dieses »Dings«, das viele Namen hat, sich für die Indigenen in Geisterwesen und Göttern ausdrückt, für andere im alles durchdringenden Licht und der Liebe, entzieht sich rationalen Begründungen und jeglichem Materialismus.

Neben der Wahrnehmung des Übernatürlichen kommen in Ayahuasca-Berichten noch andere häufig wiederkehrende Erlebnisse vor. Ralph Metzner berichtet von einem Mann, der unter dem Einfluss von Ayahuasca ins alte Ägypten reiste. Er traf dort auf die löwenköpfige Göttin Sechmet, die ihn durch seine Halluzinationen dirigierte. Das Erstaunliche war, dass dieser Mann noch nie vorher von Sechmet gehört hatte, weder ihren Namen noch ihre Erscheinung kannte, jedenfalls nicht bewusst. Während seines Trips sah er sich sterben, er wurde zu einem Löwen – auch das Verschmelzen mit einem Tier, einer Pflanze, einer Sache kann ein Charakteristikum der Erfahrung sein. Sechmet drang in ihn ein und er wurde zu ihr. Das alte Ägypten taucht regelmäßig in Ayahuasca-Visionen auf. Benny Shanon stellt in seinem Buch die Hypothese auf, dass die Ägypter sich besonders gut darauf verstanden, Kunstwerke zu erschaffen, die transzendente Erfahrungen spiegelten. Wenn man so will, schufen sie psychedelisch-spirituelle Archetypen. Betritt nun ein Ayahuasca-Trinker den transzendenten Raum, so kehren diese Formen zurück, d. h. sie haben Ähnlichkeit mit den ägyptischen, werden als diese wahrgenommen, sind es aber nicht.

Doch auch hier weiß Shanon, dass seine Analyse dem außerordentlichen Phänomen letztlich nicht gerecht wird. Wie schon viele Forscher vor ihm steht er immer wieder vor Rätseln, wenn es darum geht, seine und die Erlebnisse seiner Informanten wissenschaftlich zu erfassen. Warum sehen Menschen aus allen Kulturkreisen, Milieus, in den verschiedensten Umgebungen, auf Ayahuasca so oft Schlangen? Jeremy Narby versucht in seinem Buch »The Cosmic Serpent« darauf eine Antwort zu geben. Aber warum Jaguare? Für die Indianer verkörpern diese Tiere Geistwesen, sie heilen, helfen, beschützen, können aber auch bedrohlich sein. Für die synkretistischen Kirchen Brasiliens, für die Ayahuasca ein Sakrament, das Göttliche und Quelle der letzten Wahrheiten ist, sind sie Teil ihrer Mysterien und Mythen.

Wort und Tat – Ayahuasca im religiösen Kontext

In Brasilien gibt es drei Kirchen und noch ein paar kleinere Organisationen, in denen Ayahuasca zeremoniell getrunken wird. Sie kombinieren Elemente aus dem christlichen Glauben mit indigenen und afro-brasilianischen Überlieferungen. Die älteste dieser Kirchen heißt Santo Daime und wurde in den frühen 1930er Jahren von dem Gummizapfer Raimundu Irineu Serra gegründet. Er hatte seine ersten Ayahuasca-Erfahrungen mit Indianern gemacht. Einmal nahm Serra acht Tage hintereinander den Trank zu sich, am Ende erschien ihm die Königin des Waldes und sagte ihm, er solle Ayahuasca von nun an Daime nennen. So weiß es zunimdest die Legende. Daime ist aber nicht nur der Name des Gebräus, sondern auch des Gottes. Santo Daimes Messen, sogenannte trabalhos (Arbeiten), sind recht verschiedenartig. Die übliche Form der sogenannten concentrações findet alle zwei Wochen statt und läuft ungefähr so ab: In der Mitte des Sitzungsraums steht ein sternförmiger Tisch. An diesem sitzen verdiente Mitglieder der Gemeinde und an der Spitze des Sterns der Leiter der Gemeinde, der padrinho. Zu seiner Rechten schließen an den Tisch die Reihen der Frauen an, zu seiner Linken die der Männer. Zu Beginn trinken alle Anwesenden Daime. Den Kern der sechs Stunden dauernden Messe bilden dann Gesänge und Gebete, das Zentrum eine zweistündige Phase, in der die Teilnehmer schweigen. Andere Sitzungen, etwa zu Feiertagen, sind länger, dauern bis zu elf Stunden, und bestehen vor allem aus Tänzen zu Live-Musik. Das Zentrum der Santo Daime Kirche befindet sich bis heute im Amazonasgebiet. Sie hat sich aber in alle großen brasilianischen Städte verzweigt, auch in die USA und nach Europa.

Eine weitere Kirche, sie ist die kleinste und wurde 1945 in der Amazonasstadt Rio Branco gegründet, ist die Barquinha. In ihr verschmelzen Daime und Umbanda, eine synkretistische Religion aus katholischem, spiritistischem und indigenem Glauben. Der Trank der Barquinha ist stärker als bei den anderen Kirchen, die Sitzungen finden häufiger statt, und oft geht es darum, durch Tanz, Trank und Gesang in Trance zu fallen, einen Geist zu verkörpern, wie es auch in den Riten des Umbanda geschieht.

Die dritte Kirche ist die União do Vegetal (UDV, Vereinigung der Pflanze). Sie dürfte unter den dreien die größte sein und wurde 1961 vom Gummizapfer José Gabriel da

Costa in Porto Velho gegründet. Ayahuasca heißt bei der UDV Hoasca bzw. Vegetal (Pflanze) oder Chá (Tee). Der Trank wird nicht als Halluzinogen bezeichnet, sondern als Mittel zur Konzentration.

»Du bist, aber was bist du?« – Bericht eines 31-jährigen Wirtschaftsingenieurs, der schon mehrere Male an Sitzungen der União do Vegetal teilgenommen hat

Es war mein erster Besuch bei der União do Vegetal, kurz UDV, einer brasilianischen Kirche, von der ich gehört hatte, dass sie Ayahuasca als Sakrament begreift. João, ein entfernter Bekannter, hatte mich in einen Nucleo, so heißen die Versammlungsorte, in der Nähe von Rio de Janeiro eingeladen. Als wir nach langer Fahrt durch die Pampa ankamen, war es schon dunkel. Es herrschte ein unglaubliches Gewusel. João stellt mich jedem mit einem Augenzwinkern als »Gringo« vor. Ich wurde sehr freundlich und offen aufgenommen und – für mich Alemão ungewohnt – gleich etwas überschwänglich, aber herzlich umarmt. Was mir auffiel, war die Zusammensetzung der Gruppe. 20- bis 70-Jährige waren da, Leute aus allen Schichten der Gesellschaft. Klar gibt es hier und dort die paar Esos, wie man es auch erwartet, aber die meisten Leute schienen ziemlich bodenständig. Ich habe dort Polizisten, Gärtner, Anwälte, Ärzte, Sicherheitstechniker, Krankenschwestern getroffen, auch Intellektuelle, und natürlich viele Psychologen. Ein etwa 60-jähriger Mann mit freundlichem Gesicht, im zivilen Leben Ingenieur in einem Wasserkraftwerk, wurde mir als Mestre Luiz vorgestellt, der die heutige Sessão leiten würde.

Nach einer gemeinsam eingenommenen Suppe zogen sich die Mitglieder der UDV grüne Hemden und die Männer weiße, die Frauen dagegen orangene Hosen an. Zunächst irritierte mich diese Art Uniform, doch dann sagte ich mir, auf einem Arzthelferkongress sieht es auch nicht anders aus. João erklärte mir, dass die Uniform auch dazu beitragen würde,

Stabilität in das Ayahuasca-Ritual zu bringen, das manchmal etwas stürmisch sein könne. Stürmisch? Langsam bekam ich Bammel. Gleich würde ich einen brutal starken psychedelischen Tee trinken und hatte nicht die geringste Ahnung, wo ich mich im unwegsamen Hinterland von Rio gerade befand.

Um kurz vor acht gingen wir in das Gebäude, in dem die Sessão stattfand. In dem einfachen, ungeschmückten Raum mit weit geöffneten Fenstern standen ordentlich aufgereiht einige Reihen weißer Plastiksessel. Als einziges Utensil hängt ein gerahmtes Schwarzweißfoto an der Wand, das den Gründer der UDV zeigt, José Gabriel da Costa, genannt Mestre Gabriel. Man darf dieses Bild aber nicht als Ikone verstehen, es ist, wie João mir erklärt, eine Vergegenwärtigung jenes Mannes, der als Gummipflanzer Anfang der 1960er Jahre das Vegetal – der UDV-Begriff für Ayahuasca – tief im Amazonasgebiet mit Indios trank und danach die União do Vegetal gründete, um nach eigener Aussage Frieden auf der Erde zu schaffen. Vorne in der Mitte des Raums stand ein Tisch, an dessen Kopf Mestre Luiz als Leiter der Sessão Platz nahm.

Ein Mestre ist, wie ich erfuhr, ein Amt in der UDV, das ein Mitglied durch eine ausgiebige Ausbildung und einen hohen Grad der spirituellen Entwicklung erlangt hat. Er genießt jedoch keine Privilegien, im Gegenteil, mit dem Amt kommt eine Fülle von Pflichten. Von einem Mestre wird erwartet, dass er sich vorbildlich verhält und seiner Verantwortung gegenüber den Socios, den Mitgliedern der UDV, mit absoluter Integrität gerecht wird. Kann er diese Anforderungen nicht erfüllen, weil er zum Beispiel gerade Eheprobleme hat, dann wird er von seiner Pflicht und dem Mestre-Amt entlastet, zumindest so lange, bis er die Balance in seinem Leben wieder hergestellt hat. Denn nach Auffassung der UDV muss ein Mensch erst Ordnung in seinem Familien- und Berufsleben schaffen, um eine Basis für spirituelle Entwicklung zu erlangen. In den vier Stunden der Sessão repräsentiert der Mestre die Autorität des Vegetals. Es tat in diesem Augenblick, in dem mir doch alles so fremd und unbekannt vorkam, gut zu wissen, dass ich mich in die Hände von jemandem begab, der nachweislich Ahnung hatte, was er da tat.

Um den Tisch saßen die Teilnehmer der Sessão auf den Plastiksesseln, die bequemer waren, als ich dachte. Sogar die Lehnen ließen sich nach hinten verstellen – ein Feature, das ich im Verlauf der Sessão noch schätzen lernen würde. Anders als bei ähnlichen schamanischen Ritualen bleibt das Licht an. Nicht die Reduktion auf das eigene Innere, sondern das gemeinschaftliche spirituelle Erlebnis steht bei der UDV im Zentrum. Deshalb ist es ein wichtiger Aspekt der Sessão, dass man versucht, aufmerksam zu sein und die anderen nicht zu stören. Die UDV versteht sich nicht als Therapie. Dass diese Art der Religion therapeutische Auswirkung haben kann und es übrigens mitunter auch sehr humorvoll zugeht, ist etwas anderes. Aber gerade die Struktur und die Einhaltung des Rituals geben einem Sicherheit und das Gefühl, im Sessão-Raum gut aufgehoben zu sein, während der Geist kosmische Reisen unternimmt. Die UDV erscheint mir so gesehen im besten Sinne als die Bürokraten-Vereinigung unter den Spiritisten. Bestimmt nicht jedermanns »cup of tea«, mir als Alemão aber allemal vertrauter als die echten Urwald-Schamanen.

Nachdem jeder, auch der Mestre, sein Glas Ayahuasca erhalten und alle gemeinsam den bitteren Inhalt rotbräunlicher Flüssigkeit getrunken haben, bereitet man sich innerlich auf das Bevorstehende vor, während circa zwanzig Minuten lang die Statuten verlesen werden, in denen jegliche Eventualitäten angesprochen werden. Danach singt der Mestre fünf Eröffnungs-Chamadas. Das sind einfache, wunderschöne Lieder, mit denen die Kraft des Vegetals, auch Burracheira genannt, gerufen wird. Der Gesang folgt einer Art Wellenbewegung, und das Erstaunliche und Unerklärbare ist, dass die Bilder, Eindrücke, Mandalas, die sich hinter den geschlossenen Augen während der ersten Phase der Sessão abspielen, von ihnen gelenkt werden. Handelt die Chamada beispielsweise vom göttlichen Licht, dann manifestiert sich dies in den Visionen der Sessão-Teilnehmer als eine Aufhellung. Einige Chamadas werden auch speziell angewandt, wenn es jemandem schlechtgeht. Ich selbst habe die Erfahrung gemacht, dass so eine Heil-Chamada sich direkt physisch bei mir bemerkbar machte und dann eine Linderung meiner Übelkeit eintrat. Denn Übelkeit und oft auch Erbrechen sind häufige Begleiterscheinungen beim Ayahuasca-Trinken. Mit der Zeit scheint sich das zu legen, doch für eine ganze Weile muss man diese Art der Körperreinigung in Kauf nehmen. Dafür geht es einem nach der Erleichterung wirklich unglaublich gut. João erklärte mir dazu, dass das Vegetal das göttliche Licht in Geist und Körper bringt, doch es beleuchtet eben auch jene Ecken, in denen man schon lange nicht mehr sauber gemacht hat. Macht irgendwie Sinn.

Nachdem der Mestre die letzte der fünf Eröffnungschamadas gesungen hat, beginnt die Phase der Alta Burracheira, die Phase, wenn Ayahuasca seine größte Wirkung entfaltet. Meine optische Wahrnehmung verzerrte sich deutlich. Ich schloss die Augen, doch da ging der Trip erst richtig los. Züngelnde Neonlichter entführen mich in mit Worten unbeschreibliche Welten. Obwohl ich die Kontrolle über meinen Körper behalte, erlebe ich eine vollkommene Auflösung, kann mit dem Ausdruck »ich« nichts mehr anfangen, kann das Wort nicht einmal mehr buchstabieren. Wie auch, wenn kein »ich« mehr da ist, das buchstabieren könnte. Dennoch bin ich. Aber was? Bei der UDV nennen sie es spiritu. Spiritu ist der Geist, der unabhängig vom Körper existiert. Der Körper ist das Vehikel, der Spiritu der Fahrer. In diesem Zustand lernt man, Dinge auf einem anderen Level zu begreifen. So wunderschön und atemberaubend diese Erfahrung ist, so sehr ist es eine undankbare, wenn nicht unmögliche Aufgabe, diese Eindrücke sinnvoll zu protokollieren.

Nach ungefähr einer Stunde, wenn die Phase der Alta-Burracheira allmählich nachlässt und der Geist wieder in Körper und Bewusstsein zurückkehrt, ergreift der Mestre das Wort, hält eine Ansprache und eröffnet die Sessão für Fragen der Teilnehmer. Bei den Fragen kann es sich um alles drehen – buchstäblich um Gott und die Welt. Seien es Fragen philosophisch-religiöser Natur oder Fragen, die einen in seinem persönlichen Leben beschäftigen. Es erfordert nur ein gewisses Taktgefühl, seine Fragen nicht in negativer Weise auszudrücken, damit der positive Vibe der Sessão erhalten bleibt. Man muss dazu sagen, dass der Vegetal zu diesem Zeitpunkt immer noch wirkt. Man fragt nicht den Mestre, sondern die Kraft der Burracheira. So sind die Antworten, die man erhält, auch nicht auf das persönliche Wissen des Mestre zurückzuführen, sondern entspringen, wie João mir erklärt, einer Art kosmischer Wissensquelle, zu der der Mestre durch den Vegetal während der Burracheira Zugang hat. Das der UDV zugrunde liegende Weltbild kann man dabei ungefähr als Christentum gepaart mit Reinkarnationslehre charakterisieren.

Jede Sessão ist von einer seltsamen Harmonie geprägt. Natürlich kann man sich auch mit den dunklen Seiten konfrontieren, aber man kann selbst entscheiden, ob man sich damit auseinandersetzen will, weil man das aufkommende Thema gerade für wichtig erachtet, oder ob man sich lieber abwendet und sich auf Positives konzentriert. Damit das möglich ist, ist die Sessão immer positiv ausgerichtet. Und dazu trägt auch die Musik bei, die gespielt wird. Sie hat immer ein bestimmtes Harmonielevel. »Imagine« von John Lennon gehört zum Beispiel genauso zu den UDV-Evergreens wie Beethovens »Freude schöner Götterfunken«. Rammstein hingegen hätte beim UDV-Discjockey eher schlechte Karten.

Die Burracheira muss man sich derweil als eine Synergie der positiven Energien aller Beteiligten vorstellen. Sie zirkuliert (seltsamerweise angeblich gegen den Uhrzeigersinn) im Raum und verbindet die Spiritus in ihren Plastiksesseln miteinander. Ich hatte an jenem Abend im Hinterland von Rio, als es still war und sich die Sitzung am Höhepunkt befand, das Gefühl, dass alle zusammen im Raum einen Organismus bildeten, gemeinsam atmeten.

Eine halbe Stunde vor Mitternacht wird die Sessão für eine halbe Stunde unterbrochen. Alle können aufstehen und sich austauschen, wie mir schien, sichtlich erleichtert, wieder ge-

landet zu sein. João klopfte mir lachend auf die Schulter –
jetzt sei ich ein wahrer Hoasquero. Ab heute sei ich jederzeit
willkommen, an Sessãos der UDV überall auf der Welt teil-
zunehmen. Um Punkt Mitternacht nehmen alle noch einmal
Platz und lauschen konzentriert der letzten Chamada, mit
der das Gefäß, in dem sich das Ayahuasca befindet, wieder
verschlossen wird. Die herbeigerufene Kraft ist wieder im
Topf. Spätestens ab diesem Zeitpunkt sind alle wieder bei sich.
   Nun fiel auch mir das Umarmen nicht mehr schwer. So
ein gemeinsamer Ritt durch Galaxien und Dimensionen
schweißt schon zusammen. Bis spät in die Nacht wird nun
noch gemeinsam gegessen, geratscht und bei Bedarf bei einem
der Mestres Rat bei der Deutung der eigenen Visionen einge-
holt. Dann geht es mit einem wohligen Gefühl der Reinheit
ins Bett. Auf den morgigen Tag im Besonderen und auch die
kommende Woche, so João kurz vorm Einschlafen, dürfe ich
mich schon freuen. Ich werde sehen, mit welcher Klarheit und
Energie ich die Herausforderungen des Alltags meistern
werde. – Und was geschieht nach einer Woche? – João lachte:
»Back to business! Aber keine Sorge, die sessãos in der União
do Vegetal finden regelmäßig alle zwei Wochen statt.«

Die UDV hat sich in Brasilien als religiöse Vereinigung etabliert. Und zwar so fest, dass 2011 ihr fünfzigster Geburtstag im und mit dem brasilianischen Parlament in Brasilia gefeiert wurde. Nucleos (Zentren) der Kirche gibt es in allen
großen und auch kleineren Städten des Landes und wie bei
Santo Daime in den USA und Europa. Für Aufsehen sorgte
die UDV 2006, als sie die entscheidende Rolle bei der Legalisierung Ayahuascas im religiösen Kontext in den USA
spielte.
   Was Brasilien betrifft, so wurde Banisteriopsis caapi 1985
vom Amt für Medikamentensicherheit auf die Liste für verbotene Substanzen gesetzt. Die UDV reichte daraufhin eine
Petition bei der nationalen Drogenbehörde (CONFEN)
ein, um die Richtigkeit des Verbots zu überprüfen. CON-
FEN stellte eine Gruppe aus Psychologen, Ärzten, Anthro-

pologen, Philosophen, Historikern und Soziologen zusammen, die Sitzungen von UDV und Santo Daime besuchte, mit deren Mitgliedern sprach und sie untersuchte. Nach zwei Jahren erstellte die Gruppe einen Report, der empfahl, das Verbot aufzuheben. So geschah es. Seit 1987 ist der rituelle Gebrauch Ayahuascas in Brasilien uneingeschränkt erlaubt, der »recreational use« aber bleibt verboten.

Den USA-Zweig der UDV gibt es seit 1994. Dessen Präsident ist bis heute Jeffrey Bronfman, Umweltaktivist und Nachkomme der Familie, die Seagram besaß, lange Zeit der größte Spirituosenhersteller der Welt. Bronfman hatte den Tee in Brasilien bei der UDV kennengelernt, war schwer beeindruckt, lernte Portugiesisch, durchlief die einzelnen Hierarchien der UDV und wurde schließlich zum Mestre. In Santa Fe hielt er nun über mehrere Jahre mit einer wachsenden Gemeinde im üblichen UDV-Zwei-Wochen-Rhythmus Sessãos. Bis Bundesbeamte 1999 eine Razzia in Santa Fe durchführten und 115 Liter des Tees beschlagnahmten. Es wurde niemand verhaftet, aber weitere Sitzungen wurden untersagt. Bronfman und die UDV verklagten daraufhin die Regierung der USA, weil sie sich in ihrer Glaubensfreiheit eingeschränkt fühlten. Der Prozess zog sich über sechs Jahre, wurde zuerst am Landgericht New Mexicos verhandelt und letztlich am Obersten Gerichtshof entschieden.

Die Regierung musste nachweisen, dass die rituelle Verwendung von Ayahuasca gefährlich für die amerikanischen Mitglieder der UDV sei. Die Staatsanwaltschaft argumentierte dabei sinngemäß so: Die in Ayahuasca enthaltene Substanz DMT fällt in Anlage 1 (Schedule I) des Controlled Substances Act (CSA) der USA und der UN-Konvention für Psychotrope Substanzen, weil Missbrauchsgefahr und Gefährdung der öffentlichen Gesundheit besonders hoch sind. Warum sollte das im religiösen Umfeld anders sein? Außerdem: Wer sagt, dass die Substanz über die UDV nicht auf den freien Markt gelangt? Und was wäre es für ein Zeichen an die Gesamtgesellschaft, wenn einer kleinen Gruppe der Gebrauch einer so gefährlichen Substanz erlaubt wäre? Die UDV konterte mit Studien, die den sakramentalen Gebrauch Ayahuascas als sicher und ungefährlich für die Gesundheit einstuften. Zudem sei der Markt für Ayahuasca sehr klein und die importierte Menge viel zu gering, um sie weiterzuverkaufen.

Vor allem aber konnte die Staatsanwaltschaft nicht überzeugend darstellen, warum den Amerikanischen Ureinwohnern der religiöse Gebrauch von Peyote, ebenfalls Schedule I, erlaubt war, hier aber ein Verbot gelten sollte. Letztlich entschied der Oberste Gerichtshof zugunsten der UDV, die vorher schon jede Instanz des Verfahrens gewonnen hatte. Bronfman und seine Gemeinde konnten den Tee wieder importieren und in ihre Sitzungen aufnehmen. In den Jahren, als dies untersagt war, hatten sie stattdessen ein Glas Wasser getrunken.

Das UDV-Verfahren in den USA warf auch grundsätzliche Fragen auf: Ist DMT in Verbindung mit den Harman-Alkaloiden nicht eine andere Substanz als reines, gerauchtes oder gespritztes DMT? Ist seine Wirkung nicht eine andere? Bia Labate, eine der wichtigsten Ayahuasca-Expertinnen der Welt, schrieb in ihrem Aufsatz »Legal, Ethical, and Political Dimensions of Ayahuasca Consumption in Brazil«: »Die Menge an DMT in einer üblichen Dosis Ayahuasca liegt bei 20 bis 30 mg, also weit unter der Schwelle, die ohne das Vorhandensein der MAO-Hemmer aus den ß-Carbolinen der Banisteriopsis Liane bei oraler Einnahme pharmakologisch aktiv ist. ß-Carboline sind aber nicht verboten. Man könnte aus diesem Grund gegen die Illegalität von Ayahuasca argumentieren: Denn nur die MAO-hemmenden Effekte dieses hinzugefügten und legalen Bestandteils ermöglichen, dass DMT bei der oralen Einnahme aktiv wird. Ohne die ß-Carboline wäre die Menge an DMT zu gering, um psychoaktiv zu wirken. Außerdem ist Ayahuasca eine Flüssigkeit, sie kann weder geraucht noch inhaliert werden, um auf diese Weise die durch die orale Einnahme verursachten Begrenzungen zu umgehen.«

Der Internationale Suchtstoffkontrollrat (International Narcotic Control Board, INCB), der die Einhaltung der internationalen UNO-Drogenkontrollverträge über den Anbau, die Produktion und Verwendung von Drogen überwacht und darüber informiert, welche Substanzen nach internationalem Recht legal sind und welche nicht, listete Ayahuasca zwar in seinen letzten Jahresberichten, allerdings als einen jener Fälle, neben zum Beispiel Khat, wo die Herstellung nicht verboten ist. Trotzdem empfiehlt der INBC auf Grund des erhöhten »Missbrauchs« von Ayahuasca außerhalb der traditionellen Verwendungen, Pflanzen wie Gebräu unter Kontrolle der einzelnen Länder zu stellen. Wegen dieser Unsicherheiten ist die rechtliche Situation komplex. In Europa ist die Verwendung jedenfalls in einigen Ländern gestattet, wenn auch aus unterschiedlichen Gründen. Die Niederlande etwa entschieden sich gegen ein Verbot aufgrund Artikels 9 der Europäischen Menschenrechtskonvention, der Gedanken-, Gewissens- und Religionsfreiheit sichert. In Spanien wurden in den letzten Jahren immer wieder Leute verhaftet, die aus Südamerika Ayahuasca einführten. Doch da Ayahuasca weder in der UN-Konvention zu psychotropen Substanzen von 1971 noch in den letzten INBC-Reporten auftaucht, wurden die Anklagen wieder fallengelassen. Auch weil das Gericht die DMT-Menge in den konfiszierten Flaschen für zu gering befand, um zu wirken (das geschieht eben nur in Verbindung mit Harmin u. a.) Die religiöse Verwendung in Spanien ist gestattet, was vor allem durch das Engagement der UDV erreicht wurde. In Großbritannien kam Ayahuasca auf das Radar der Behörden, nachdem Peter Aziz, ein selbsternannter Schamane, vom Bristol Crown Court wegen der Herstellung und Weitergabe einer Class A Drug, DMT, zu 15 Monaten Gefängnis verurteilt wurde. In Deutschland sind der Konsum und die Produktion von Ayahuasca, wie in England, wegen des Inhaltsstoffs DMT verboten – oder zumindest gibt es bis jetzt keine klare rechtliche Regelung. Ein Mestre der UDV sagte in Bezug auf die eiserne Drogengesetzgebung in Deutschland: »Wenn wir es schaffen würden, in Deutschland vor Gericht eine Erlaubnis zu erstreiten, würden alle anderen Länder sofort diesem Vorbild folgen.« Studien, um deutsche Richter vom Nutzen Ayahuascas für die Mitglieder zu überzeugen, hätte die UDV genug.

Rausch gegen Sucht?

In den 90er Jahren startete Terrence McKenna eine ausgiebige Untersuchung (Hoasca Project) der physischen und psychischen Verfasstheit langjähriger Ayahuasca-Trinker in einem der ältesten und größten Zentren der UDV, dem Caupari Nucleo in Manaus. Dafür versammelte er Forscher aus Finnland, den USA und Brasilien, einer von ihnen war Charles Grob: »Unter den UDV-Mitgliedern waren viele Ärzte, Psychologen, Psychiater, die wie viele andere Mitglieder des Nucleos sehr an einer solchen Untersuchung interessiert waren. Fünfzig Personen meldeten sich freiwillig, wir konnten aber nur fünfzehn aufnehmen. Wir wählten sie nach dem Zufallsprinzip aus und verglichen sie mit fünfzehn Personen, die nicht in der UDV waren.« Es war die erste Studie, die die Pharmakokinetik Ayahuascas maß, also die Prozesse, die der Tee im Körper auslöst. Die Konzentration von DMT (maximal durchschnittlich 15,8 ng/ml mit einer gesamten Halbwertszeit von 259 Minuten) und den anderen Harmau-Alkaloiden (etwa Harmin 114,8 ng/ml, Halbwertszeit 115 Minuten) im Blutplasma bei einem Glas Tee von ungefähr 148 ml (35,5 mg DMT, 158,8 mg THH, 29,7 mg Harmalin und 252,3 mg Harmin) wurden überprüft. Ebenso die Auswirkungen auf die Größe der Pupillen (Vergrößerung um einen Millimeter nach 40 Minuten) oder die Erhöhung des Herzschlags (die durchschnittliche Basis lag bei 71,9 Schlägen pro Minute, nach 20 Minuten erreichte die Frequenz ihr Maximum mit 79,3 Schlägen, nach 120 Minuten war sie bei 64,5 und nach 240 Minuten wieder bei der Basis).

Die Analyse der psychischen Unterschiede zwischen Menschen, die mindestens zehn Jahre Ayahuasca getrunken hatten und solchen, die es noch nie getan hatten, erfolgte durch Standard-Fragebögen (Tridimensional Personality Questionnaire) und Interviews zur Lebensgeschichte der Teilnehmer. Die Ergebnisse waren eindeutig. Die UDV-Mitglieder waren Neuem gegenüber offener, weniger reizbar, ordentlicher, reflektierter, emotional stabiler, selbstbewusster und loyaler als die Personen der Kontrollgruppe. Sie litten sehr viel weniger unter depressiven Verstimmungen. Die meisten von ihnen hatten vor dem Eintritt in die UDV Probleme mit Alkohol, 33 Prozent waren aufgrund ihres Alkoholkonsums gewalttätig, 53 Prozent abhängig von Nikotin. Zum Zeitpunkt der Studie nahmen sie keine Drogen, tranken und rauchten schon lange nicht mehr. Auch sonst hatte sich ihr Leben geändert: »Einer der Teilnehmer trug eine lange Narbe über seine gesamte rechte Wange von einem Messerkampf. Er hatte eine wilde Jugend, viel Gewalt, sehr dysfunktional, sein Leben ging den Bach runter. Der Eintritt in die UDV wälzte es um, er war zum Zeitpunkt der Studie ein sehr respektierter Mann in seiner Gemeinde, er hatte ein sehr gut laufendes Gewerbe. Solche Geschichten gibt es viele bei der UDV«, erzählt Charles Grob in seinem Büro am Polyklinikum der University of California, Los Angeles. Auch Benny Shanon erwähnt in seinem Buch Fälle von gewalttätigen Männern, arbeitslosen Trinkern und Substanzabhängigen, deren Leben durch den Eintritt in eine der Ayahuasca-Kirchen in friedlichere, ruhigere und erfolgreichere Bahnen geleitet wurden.

Im Jahr 2005 reiste Grob noch einmal nach Brasilien und führte eine Studie mit jugendlichen UDV-Mitgliedern durch. Auch sie griffen weitaus seltener zu Drogen als die Jugendlichen der Vergleichsgruppe, waren zufriedener mit ihrem Leben, selbstbewusster, ruhiger. Warum? Einerseits scheint Ayahuasca die Gehirnstruktur zu verändern, wenn man es regelmäßig über einen langen Zeitraum trinkt. Jordi Riba und sein Team veröffentlichten Anfang 2015 eine Studie,

die auf mögliche, leichte Veränderungen in den Hirnregionen, die für Achtsamkeit, selbstreferentielles Denken und Selbstwahrnehmung zuständig sind, hinweisen. Andererseits ist aber auch klar, dass Ayahuasca kein Wundermittel ist, das man ein paar Mal trinkt, um so quasi automatisch zu einem neuen, besseren, gesünderen Menschen zu werden. Charles Grob und andere Forscher betonen, dass das Umfeld, in dem der Trank genommen wird, eine entscheidende Rolle spielt. Die Kirchen vermitteln, wie so viele Religionen, ein klares Wertesystem, eine fest umrissene Struktur, bieten eine Gemeinschaft, auf die man sich verlassen kann, fangen auf. Wie auch bei den Ayahuasceros in Peru ist der Ritus wichtig. Der erwiesene therapeutische Nutzen aus der Kombination von Tee und rituellem Rahmen hat dazu geführt, dass schamanistische Praktiken vermehrt in die Bekämpfung von Suchterkrankungen Einlass gefunden haben. Über die mögliche Effektivität dieser Behandlungsmethode schrieb die deutsch-mexikanische Psychologin Anja Loizaga-Velder in ihrer Studie »A Psychotherapeutic View on the Therapeutic Effects of Ritual Ayahuasca Use in the Treatment of Addiction«. Der kanadische Arzt, Buchautor, Kolumnist und Experte für Suchterkrankungen Gabor Maté veranstaltet seit ein paar Jahren Ayahuasca-Retreats für Suchtkranke in Mexiko. Im folgenden Interview erklärt er, welche Ursachen Sucht aus seiner Sicht hat, wie man ihnen begegnet und welche Rolle Ayahuasca dabei spielen kann.

Interview mit dem Suchtmediziner Gabor Maté

Herr Maté, Sie behandeln seit 15 Jahren Heroinabhängige in Vancouver. Was ist Sucht?

Nun, zunächst einmal besteht Sucht ganz einfach darin, dass eine Person von etwas abhängig ist, was ihm oder ihr vorübergehend Erleichterung oder Vergnügen verschafft, in letzter Konsequenz aber schweren Schaden zufügt. Die Person steckt fest, kann es nicht sein lassen, trotz allem Negativen, das der Konsum mit sich bringt. In concreto kann das alles sein: Alkohol, Essen, Shopping, Spielen, Religion, Fitnesstraining, alles. Wir denken bei Sucht immer an Drogen oder Substanzen, aber es ist viel mehr. Das ist der erste Punkt. Der zweite ist – darf ich Ihnen eine Frage stellen?

Ja, gerne.

Haben Sie irgendwann in Ihrem Leben ein Suchtverhalten entwickelt?

Als Teenager war ich sicher mal süchtig nach Fernsehen und ich kenne Leute, die alkohol- oder internetsüchtig sind.

Okay, warum sahen Sie früher so gerne fern? Was hat Sie immer wieder davor gezogen, obwohl Sie wussten, dass es Ihr Hirn grillt?

Ob mir das damals bewusst war, weiß ich nicht, aber klar, es war in dem Moment eine Erleichterung von all den Tragödien und der Einsamkeit der Teenagerjahre.

Gut, es mag Ihnen nicht als das schlimmste Suchtverhalten erscheinen, stundenlang vor der Glotze herumzuhängen. Und es ist natürlich auch nicht so schädlich wie andere. Doch vom Prinzip her sind sie sich alle ähnlich, es geht um die Besänftigung eines Schmerzes. Deswegen darf die erste Frage auch nicht sein, warum es die Sucht gibt, sondern woher der Schmerz kommt. Die Sucht ist der Versuch einer Person, ein Problem zu lösen, sie ist nicht das Problem selbst. Und das gilt auch für die Substanzen. Sie sind nicht die Ursache einer Sucht, denn andere Leute verwenden sie, ohne von ihnen abhängig zu werden. Wir bewerten Sucht immer als schlecht getroffene Wahl, als aus dem Ruder gelaufenen Hedonismus oder als Krankheit. Süchtige sagen, die Substanz, der Sport, das Shopping gab mir für kurze Zeit Frieden, ich hatte für diese Momente alles im Griff, fühlte mich mit mir selbst im Reinen, weniger allein. Die Frage muss dann sein, warum fühlen sie sich sonst allein, warum haben sie Schmerzen, warum finden sie keinen Frieden. Bei Schwerstabhängigen ist der Grund fast in jedem Fall ein traumatisches Ereignis oder ein Verlust in der Kindheit. Meistens sind es sexueller Missbrauch oder Misshandlungen.

Bei fast allen?

Ja, jeder der Hardcore-Drogenabhängigen, mit denen ich in Vancouver arbeite, wurde als Kind traumatisiert. Jede Frau wurde sexuell missbraucht. Wirklich jede. Das ist das offensichtliche Trauma. Aber es gibt noch eine andere Form des Traumas, die verborgener ist. Die Eltern misshandeln das Kind nicht körperlich, aber sie sind emotional abwesend, weil sie zu gestresst sind, zu beschäftigt, zu depressiv, um mit ihren eigenen Problemen fertig zu werden. Wenn ein Kind keine Verbindung zu seinen Eltern spürt, dann entwickelt es Schmerzen, eine Leere. Und diese Leere füllt später die Sucht. Man muss hier neben dem Trauma noch eine weitere Sache einbeziehen, die viel zu selten von Medizinern beachtet wird: Das menschliche Gehirn geht eine Verbindung mit seiner Umwelt ein. Das hat Einfluss darauf, welche Verknüpfungen sich in ihm bilden. Ein Beispiel: Wenn man ein Kind für mehrere Jahre in einen dunklen Raum sperrt, wird es blind sein, egal wie gut die Augen davor waren. Die Verknüpfungen, die den Blick ermöglichen, werden durch Lichtquellen gebildet. Wenn es sie nicht gibt, wird man blind, obwohl die Augen gesund sind. Ähnliches gilt auch für die emotional-physiologischen Verknüpfungen im Gehirn. Die Neurotransmitter Dopamin, Endorphine, Serotonin beeinflussen die Stimmung, Selbstkontrolle, Freude, Motivation. Diese Verknüpfungen brauchen den richtigen Reiz aus der Umwelt. Und der kommt zum Beispiel von Eltern, die auf ihre Kinder eingehen, die für sie da sind. Wenn es das nicht gibt, bilden sich diese Verknüpfungen nur ungenügend. Ich will damit sagen, dass das Gehirn früh von seiner Umwelt geformt wird. Das ist kein Blödsinn und auch nicht kontrovers, das sagen alle Neurologen. Aber die meisten Mediziner lernen das nicht an der Uni. Sie schauen auf das Gehirn als ein unabhängiges Organ.

Erklären Sie doch bitte, wie sich der Neurotransmitter-Austausch durch Isolation und zu wenig Zuwendung verändert.

Ein Beispiel: Man misst die Dopamin-Levels im Vorderbreich des Gehirns von jungen Affen und trennt sie dann von ihren Müttern, innerhalb einer Woche hat sich das Dopamin-Level sichtbar verringert. Das kann man auch direkt sehen. Wenn man erwachsene Affen über eine längere Zeit von ihrer Gruppe isoliert, vermindert sich die Zahl ihrer Dopamin-Rezeptoren. Und wenn man sie wieder in ihre Gruppe integriert, vermehren sich sich wieder. Mit anderen Worten: Das Gehirn ist ein biosoziales Organ, die Biologie des Gehirns ist mit der psychologischen und sozialen Umwelt verbunden. Wenn man diese isolierten Affen nun zurück in die Gesellschaft steckt, sie dann aber schikaniert werden, bleiben die Dopamin-Rezeptoren niedrig. Die Chemikalien in unserem Gehirn reflektieren unsere Beziehungen.

Was verändert sich, wenn nun zum Beispiel Heroin ins Spiel kommt?

Heroin verändert das Dopamin-Level und das Endorphin-System im Gehirn. Endorphin ist eine vom Körper produzierte morphin-ähnliche Substanz. Endorphine werden von allen Tieren, sogar von Pflanzen produziert. Zu den wichtigsten Aufgaben der Endorphine bei Säugetieren zählt die Schmerzreduktion; sie werden aber auch ausgeschüttet, wenn wir uns freuen und glücklich sind und wenn wir Liebe empfinden. Wann immer sich zwei Menschen zueinander hingezogen fühlen, sind Endorphine aktiv. Auch wenn sich Kinder und Eltern in die Augen schauen, fließen Endorphine. Wenn das frühe Umfeld von Kindern emotional verarmt ist, dann entwickelt sich ihr Endorphin-System nicht richtig. Es mangelt ihnen an Freude, es fällt ihnen schwer, Beziehungen einzugehen, sie können nur schwer mit schmerzhaften Erfahrungen umgehen. Deswegen geben sich manche dem Heroin hin, es hilft ihnen bei all diesen Dingen. Heroin ersetzt das natürliche Endorphin-System. Das Dumme bei Heroin und bei anderen Opioiden, die man dem Körper von außen zugibt, ist nur, dass das Gehirn auf sie mit einem Abbau der Endorphin-Rezeptoren reagiert. Das nennt man dann Toleranz. Deswegen muss man mit der Zeit mehr Heroin nehmen, um den gleichen Effekt zu bekommen. Und wenn man Heroin nicht mehr nimmt, dann hat man zu wenig Opioid-Austausch im Gehirn, man wird depressiv, ängstlich, wütend, man bekommt Durchfall und hat überall Schmerzen. Es ist also doppelt katastrophal. Frühe Traumata behindern das Endorphin-System, man nimmt Heroin, um es zu regulieren, was sich auf lange Sicht dann noch negativer auf das Endorphin-System auswirkt. Zusätzlich kommt es, wie bei jeglichem Suchtverhalten, sei es Heroin, Sex- oder Spielsucht, zu Störungen des Dopamin-Systems, das unter anderem für Motivation und Anreize zuständig ist. Wenn ein Spieler aufhört zu spielen, bewirkt das eine Verringerung des Dopamins. Also geht er wieder spielen.

Sie haben vor einiger Zeit begonnen, Ayahuasca einzusetzen, um die Traumata zu behandeln, die der Grund für die Sucht Ihrer Patienten sind. Wie kamen Sie darauf?

Ich wusste nichts von Ayahuasca. Ich hatte zwar davon gehört, aber es hat mich nicht sonderlich interessiert und ich war skeptisch. Vor sechs Jahren habe ich es aber dann doch einmal versucht. Und während ich Ayahuasca erlebte, realisierte ich, dass es eine gute Behandlung für jede Art von emotionalem Verlust sein könnte. Es muss gar nicht immer Sucht sein. Ayahuasca ermöglicht einem Menschen, die Erfahrung von Verlust noch einmal zu machen, man erlebt noch einmal die Angst, das Unglück, die Wut, das große emotionale Durcheinander, das er bewirkt hat. Aber Sie kommen in Kontakt mit den Erfahrungen, die Sie in der Kindheit gemacht haben, die Sie immer unterdrückt haben, weil es zu schmerzhaft war, sich ihnen zu stellen. Ayahuasca erlaubt Dir, zurückzugehen und zu sehen, was passiert ist. Das kann furchtbar sein, man bekommt die Perspektive eines Kindes mit dem Blick eines Erwachsenen vorgeführt. Aber mit der richtigen Betreuung und dem richtigen Kontext kann das sehr heilsam sein. Denn man versteht plötzlich, vor was man das ganze Leben davongelaufen ist. Und Sucht ist eine Form, vor etwas wegzurennen. Die Essenz eines Traumas ist die Entfremdung von sich selbst. Ayahuasca gibt einem die Möglichkeit, wieder eine Verbindung zu sich aufzunehmen. So einfach, wie ich das hier erzähle, ist es natürlich nicht. Man trinkt nicht Ayahuasca und dann ist alles Ordnung. Aber es ist ein Prozess, und deswegen machen wir regelmäßig siebentägige Retreats mit ca. 25 Leuten in Mexiko. Mit drei Zeremonien, tagsüber Vor- und Nachbereitung. Denn es geht hier nicht nur um die Substanz, sondern auch um die Zeremonie und die Schamanen. Sie leiten die Leute mit ihren Riten und Gesängen in tiefere Regionen des Selbst. Ich bin kein Schamane. Mein Job ist es, den Leuten zu helfen, sich selbst zu verstehen, vor und nach der Zeremonie. Es kann manchmal sehr schwierig und sehr anstrengend für sie werden, dann bin ich da.

Und funktioniert das immer, kehren die Leute wirklich immer mit einer neuen Erkenntnis aus dieser Woche zurück?

Nein, im Durchschnitt erreichen zwei der 25 die Quelle ihrer Probleme nicht. Was schon erstaunlich ist bei einem so starken Mittel wie Ayahuasca. Sie sind so in die Angst vor ihren Problemen verstrickt, dass sie Abwehrmechanismen entwickelt haben, die nichts mehr überwinden kann. Ich nicht, Ayahuasca nicht. Dazu würde ich gern eine kleine Geschichte erzählen, wenn es okay ist.

Bitte.

Wissen Sie, mir selbst ist Sucht nicht fremd. Ich war zum Beispiel einmal, und das mag jetzt ein wenig befremdlich klingen, süchtig danach, mir klassische Musik zu kaufen. Ich gab Unmengen an Geld dafür aus, nur um diese oder jene CD zu besitzen. Ich war auch süchtig nach Arbeit, ich vernachlässigte darüber meine Familie, meine Kinder, beide Süchte schufen schwere Probleme. Ich hatte mein eigenes Trauma, ich unterschied mich nicht grundsätzlich von meinen Patienten. Sie hatten nur das Pech, teils weit schlimmere Dinge erlebt und weniger Ressourcen als ich zu haben. Ich entwickelte aus dieser Erkenntnis das Konzept des »Verletzten Heilers«, das Ärzten ihre eigenen Probleme und Krankheiten bewusst machen soll, was ihnen wiederum ermöglicht, besser auf die Bedürfnisse ihrer Patienten einzugehen. Wir luden 25 Ärzte in das Retreat nach Mexiko ein. Eine der Ärztinnen sagte gleich nach dem ersten Gespräch, dass sie nicht richtig reinpasse, da sie zwar Ärztin sei, aber auf keinen Fall verwundet. Diese Person litt unter einer chronischen Nebennierenschwäche, was ein klares Zeichen für zu viel Stress ist, denn in der Nebenniere werden Stresshormone gebildet. Bei andauernder Überlastung wird die Nebenniere hyperaktiv und dann erschöpft sie. Warum war die Frau gestresst? Weil sie nie nein sagte, zu viel Arbeit annahm. Warum macht sie das? Weil sie von klein auf das Gefühl hatte, nicht genug zu sein. So war die einzige Art, ihr Dasein zu legitimieren, sehr viel zu arbeiten – und dann macht ihre Nebenniere schlapp, sie wird müde, depressiv, kann nicht schlafen, ist oft krank, aber sie denkt, sie sei nicht verwundet. Ich könnte noch viele weitere solche Beispiele erzählen. Der Mensch hat eine erstaunliche Fähigkeit, sich selbst zu verleugnen, er baut eine solche Gegenwehr auf, dass es sehr gut möglich ist, nicht zu seinen Gefühlen vorzudringen, weil man zu viel Angst hat, zu blockiert ist, zu defensiv. Es ist also nicht ausgeschlossen, dass man meditiert, sich spirituell betätigt, Ayahuasca trinkt und trotzdem nie sein Innerstes erreicht. Deswegen ist die Begleitung so wichtig.

Wie sieht die bei Ihnen aus?

Bei uns findet vieles in der Gruppe statt. Wir sitzen in einem Kreis, 25 Leute, und ich frage sie, warum seid ihr hier. Und es ist dann ein bisschen wie bei den Anonymen Alkoholikern, einer nach dem anderen steht auf und sagt: Ich bin hier, weil ich süchtig nach Pornographie bin oder Heroin oder Sex. Dann frage ich auf dieselbe Weise, wie ich Sie vorhin fragte: Was bringt dir die Sucht? Sie antworten und so beginnt der Prozess, einfach, langsam, aber sie sehen erste Verbindungen, die sie vorher nicht gezogen haben, sie beginnen sich selbst zu verstehen. Die Aufgabe für die erste Zeremonie ist, die Quelle des Schmerzes zu finden und den Grund, warum man davor wegläuft. Heftig, hart. Es wird während der Sitzung nicht gesprochen, nur gesungen. Danach schlafen sie. Dann kommen wir wieder zusammen und sprechen über die Erfahrung: Wie waren die Visionen, die Gefühle? Nach und nach erkennen die Leute, warum sie diese bestimmten Visionen hatten, warum sich ihre Körper so anfühlten, woher die Gefühle kamen. Das Gespräch im Kreis ist gut für alle. Über die Erfahrungen der anderen kann jeder Rückschlüsse auf die eigenen ziehen. Es ist ein Gruppenprozess. Bei vielen werden eiserne, verschlossene Tore weit geöffnet. Es ist für sie eine kraftvolle Erfahrung.

Wie lange hält diese neue Stärke?

Es kommt sehr darauf an, inwiefern sie das Erlebte in die Praxis ihres Lebens umsetzen. Wie sehr auch hier die Umwelt weiter das Gehirn und den Austausch der Botenstoffe beeinflusst. Wir sagen ihnen, dass diese neue Ruhe nicht für immer bleiben wird, dass sie irgendwann nur noch eine Erinnerung sein wird, außer man erhält sie am Leben. Das ist schwierig in unserer Welt, die Mitmenschen haben Erwartungen, sie haben Vorurteile. Wir leben in einer sehr unauthentischen, kommerzialisierten Kultur, es ist sehr schwierig, zu sich selbst zu stehen, das muss man üben, vielleicht mit Meditation, Kontemplation, dem Schreiben eines Tagebuchs, man sollte ein Verhältnis zu seinem Körper aufbauen, sich gesund ernähren, trainieren. Egal, es muss nur die Verbindung zu einem selbst aufrechterhalten werden. Wenn es diese reguläre Praxis gibt, dann wächst es weiter; wenn es sie nicht gibt, dann wird es zu einer Erinnerung.

Kann Ayahuasca helfen, die Sucht selbst zu heilen?

Nein. Genau wie LSD kann Ayahuasca nicht die Entzugserscheinungen unterbinden. Sie helfen dabei, die Funktion und den Grund der Sucht zu verstehen. Aber man kann sie nicht nutzen, um die Sucht zu beenden, wenn man mittendrin ist. Bei Ayahuasca muss der Patient vier Wochen von der Substanz weg sein. Das ist ein bisschen willkürlich, es könnten auch zwei Wochen sein, aber besonders bei Heroin will ich kein Risiko eingehen, die Wechselwirkungen können heftig sein. Beim Entzug kann eine andere psychedelische, pflanzliche Substanz nützlich sein, Ibogain. Bei einem Heroinabhängigen bewirkt Ibogain das Ende des Entzugs, darüber wurden sehr vielversprechende Studien durchgeführt. Aber dann ist es natürlich nicht vorbei, denn auch wenn die Leute ihre Sucht nicht weiter verfolgen, erleben sie natürlich all den Schmerz, den die Substanzen oder andere Dinge verdeckt haben. Dann brauchen sie Hilfe, dann beginnt erst die Arbeit. Das Ende des Konsums ist erst der Anfang.

Iboga – Das Gedächtnis-Theater

Das von Maté erwähnte Ibogain ist eine Substanz, die in der Rinde des westafrikanischen Strauches Tabernanthe iboga zu finden ist. Ähnlich wie die Indianer Südamerikas Ayahuasca, benutzen einige Stämme in Gabun den aus ihr gewonnenen Trank Iboga in Initiationsriten, in religiösen Zeremonien und als Heilmittel. Die Rinde wird gerieben oder zerhackt und mit Wasser vermischt. In höheren Dosen ist das in Iboga enthaltene Ibogain ein starkes Halluzinogen, das bis zu 12 Stunden wirken kann. Der amerikanische Autor Daniel Pinchbeck berichtet in seinem Buch »Breaking Open The Head« von einer brutalen Übelkeit, die ihn zu Beginn seiner Iboga-Erfahrung in Gabun plagte. In seinen Visionen reiste er sein gesamtes Leben ab, ein »Gedächtnis-Theater«, das die Entwicklung zu seinem gegenwärtigen Selbst aufführte, »ein Zyklon aus sich windenden Bildern und Szenen in rasender Geschwindigkeit [...] Indem mich Iboga die Form meines früheren Selbst erleben ließ, schien es mich auch von all der Last der Vergangenheit zu befreien.« Die Wirkung Ibogas ist der Ayahuascas also nicht unähnlich, auch wenn der Trip heftiger, länger und anstrengender ist. Wie einige Ayahuasca-Trinker lässt sich auch Pinchbeck zu dem Fazit hinreißen, Iboga sei eine zehnjährige Psychoanalyse reduziert auf eine Nacht.

Schon in den 1960er Jahren wurde in Tierversuchen entdeckt, dass Ibogain ein suchtunterbrechendes Potenzial besitzt. Es verminderte das Verlangen nach Opioiden, Kokain, Nikotin und Alkohol bei Mäusen. Den gleichen Effekt hat es auch beim Menschen. Nach einer einzigen Behandlung lassen spätestens 18 Stunden darauf die Entzugserscheinungen nach, für mehrere Wochen verschwindet die Lust nach den Suchtmitteln. Nach einer Unterbrechung in den 1990er Jahren aufgrund von Todesfällen während einiger Therapien – seitdem wird Ibogain auch als Schedule I Droge geführt – sprang dessen Verwendung in der Suchtbekämpfung in den letzten Jahren wieder an. Erfolgsgeschichten von cleanen Heroinabhängigen gibt es viele, trotzdem ist Iboga gefährlicher als Ayahuasca. Eine Überdosis kann zu Atemproblemen, im Extremfall zum Atemstillstand führen, vor allem aber zu Herzrhythmusstörungen, die wiederum einen Infarkt verursachen können. Das bestätigen mehrere Studien der letzten Jahre, zuletzt die Anfang 2015 veröffentlichte Untersuchung »The Anti-Addiction Drug Ibogaine and the Heart: A Delicate Relation« der Neuropharmakologen Xaver Koenig und Karlheinz Hilber von der Medizinischen Universität Wien. Koenig und Hilber sprechen sich nicht explizit gegen Ibogain als Medikament in der Therapie aus, sie raten aber zu eingehender ärztlicher Begleitung, Vorbereitung und einer Risiko-Analyse für jeden Patienten. Außerdem müsse genauer erforscht werden, ob nicht bestimmte Indikationen (Vorerkrankungen, Zustand des Herzens) eine Therapie unmöglich machen.

Trotzdem ist wie bei Ayahuasca auch bei Iboga ein großes Interesse für dessen medizinischen Nutzen erwacht. Dass beide nun auch den Weg von LSD und MDMA gehen und als Partydroge den Laboren, Krankenzimmern, Sitzungs- und Zeremonienräumen entwischen, ist unwahrscheinlich. Sie eignen sich nicht zur hedonistischen Flucht, es gibt keine Museums- oder Theatererlebnisse wie bei LSD. Die Reise geht nach innen, bis in die kleinsten Verzweigungen des Unbewussten. Das hat weniger mit Spaß zu tun als mit Erkenntnis.

Mit Studien zur Ayahuasca- und Ibogain-begleiteten Suchtbekämpfung kehrt die psychedelische Forschung zu einer ihrer ältesten Disziplinen zurück. Schon in den 1950er Jahren behandelten Ärzte Alkoholiker mit LSD – mit beträchtlichem Erfolg. Zu dem aktuellen Trend passt auch eine Studie der Johns-Hopkins-Universität in Baltimore, die 2014 veröffentlicht wurde. Untersucht wurde, inwieweit Psilocybin Rauchern bei der Nikotin-Entwöhnung helfen könnte. Das Ergebnis: Mit der Pilzdroge schafften es 80 Prozent der Probanden, dem Drang zu widerstehen – die Quote war somit doppelt so hoch wie in Vergleichsstudien.

Auf der Suche –
Psychedelika im Freizeitkonsum

»Alle kennen sich aus«

Geht es nach dem World Drug Report der Vereinten Nationen 2014, ist die Sache klar: Der Konsum der wichtigsten psychedelischen Substanz, LSD, geht seit Jahren zurück. Als Indikator führt die Studie den Anteil der High-School-Besucher in der 12. Klasse an, die es in den letzten zwölf Monaten nahmen. Waren es in den späten 1990er Jahren noch etwa 10 Prozent, sind es 2014 nur noch 3 Prozent. Nicht ohne Stolz verkündet der Bericht, dass eine konsequente Strafverfolgung sowie die strenge Kontrolle der Ausgangsprodukte für die Synthese von LSD zu einer deutlichen Knappheit und damit zu weniger Konsum geführt habe. Ähnliches gelte auch für MDMA, dessen Vorprodukte ebenfalls strenger kontrolliert würden, was zwischen 2007 und 2012 zu einer 70-prozentigen Reduzierung der zirkulierenden Menge geführt habe. Doch was ist von diesem von der Studie so genannten »Erfolg« zu halten? Im Fall von MDMA führte die geringere Verfügbarkeit in den letzten Jahren immer öfter zur Einmischung neuer, noch erlaubter Stimulanzien in Ecstasy-Tabletten. Im Gegensatz zum relativ sicheren MDMA sind Ersatzstoffe wie PMMA aber hochgefährlich – vor allem in Großbritannien kommt es deswegen regelmäßig zu Todesfällen. Auch für LSD gibt es legale Ersatzsubstanzen – neben den schon erwähnten Stoffen der NBome-Gruppe etwa LSZ oder AL-LAD. Und auch damit kam es schon zu Todesfällen, da diese Substanzen im Submilligrammbereich dosiert werden müssen. Eines scheint also klar zu sein: Der Effekt dieser Prohibitionspolitik ist mit Sicherheit kein Schutz der User.

Auch stehen die vom UN-Bericht veröffentlichten Zahlen zum zurückgehenden Psychedelika-Konsum mit anderen Fakten in Spannung. Zum Beispiel mit der Tatsache, dass der Konsum von LSD heute in den USA als wesentlich ungefährlicher eingeschätzt wird als noch vor zehn Jahren. Vor allem aber damit, dass in einzelnen Staaten Südamerikas, etwa in Kolumbien, der LSD-Konsum unter Studenten seit Jahren stetig steigt. Überhaupt scheint die tatsächliche Reichweite der Beobachtungen des UN-Drogenberichts begrenzt zu sein. Der Gebrauch der schon erwähnten legal highs – laut dem Bericht wurden allein im Jahr 2013 knapp hundert neue Drogen von den Behörden identifiziert – wird nicht erfasst. Da es sich um legale Substanzen handelt, gibt es weder Zahlen über Beschlagnahmungen noch über Rechtsverstöße. Das Gleiche gilt für Ketamin, das in den letzten Jahren zu einer der beliebtesten psychedelischen Substanzen in Clubs avancierte. Bisher wird Ketamin nur in Großbritannien, Kanada und einigen asiatischen Staaten als Betäubungsmittel rubriziert. Bemerkenswert ist auch, dass einer der prominentesten psychedelischen Trends der letzten Jahre, die vor allem in Nordamerika und Europa immer größer werdende Ayahuasca-Bewegung, mit keinem Wort erwähnt wird.

Viel spricht also dafür, dass seit etwa zehn Jahren psychedelische Substanzen nicht nur im akademischen Bereich eine Renaissance erfahren, sondern auch der Freizeitkonsum neue Blüten treibt. Entgegen aller Verknappungsstrategien der Strafverfolgungsbehörden war es für User noch nie so leicht wie heute, über entsprechende Seiten im Darknet illegale Substanzen zu bestellen. Und legal highs kann man sowieso ganz offen kaufen. Außerdem ist Drogenwissen heute frei zugänglich. Auf Seiten wie Erowid finden sich noch zu den obskursten Substanzen genaue Dosierungshinweise, Kochanleitungen für Ayahuasca sind ebenso vorhanden wie riesige Foren, in denen User ihre Tripberichte austauschen.

Der deutlichste Indikator für eine neue Konjunktur der Psychedelik ist jedoch der Boom einschlägiger Festivals. Das bekannteste ist das jährlich im August in der Wüste von Nevada stattfindende »Burning Man«, zu dem etwa 60 000 Besucher kommen. Das Festival versteht sich als mehrtägiger Ausnahmezustand, bei dem die Besucher zwischen aufwendig gefertigten bunten Artefakten tanzen und feiern. Ein Tempel aus Holz dient der spirituellen Erbauung und wird, ebenso wie die namensgebende 30 Meter hohe Holzstatue, am Ende verbrannt. In den 1980er Jahren begann das Festival – das Feuer erinnert noch daran – als Sommersonnwendfeier. Dieser pagane Ursprung, Motti wie »Rites de Passages«, die mehrtägige Massenekstase und die Selbstinszenierung der Besucher als bunter, lustvoller Wüstenstamm – all das macht den »Burning Man« offenkundig zu einem psychedelischen Festival. Dass es dabei nicht nur um Show, sondern auch um den massenhaften Konsum psychedelischer Substanzen geht, zeigt sich etwa am »Zendo Project« – einer Initiative der »Multidisciplinary Association for Psychedelic Studies (MAPS)« aus Santa Cruz, die sich der »psychedelic harm reduction« verschrieben hat: Freiwillige helfen hier Psychedelika-Usern, die sich überdosiert haben oder aus anderen Gründen mit dem Rausch nicht klarkommen.

Das Zendo-Project ist auch bei zahlreichen anderen Festivals vertreten, denn längst ist aus der psychedelischen Neohippie-Szene um den »Burning Man« eine weltweite Bewegung geworden. Festivals wie »AfrikaBurn« in Südafrika, »Boom« in Portugal, »Envision« in Costa Rica und »Lightening in a Bottle« und »Lucidity« in Kalifornien machen deutlich, dass es sich hier um einen seit Jahren stetig wachsenden Trend handelt. Das »Bicycle Day Weekend« in San Francisco bezieht sich sogar ganz explizit auf Psychedelika. Jährlich am 19. April wird der Bicycle Day begangen – ein Gedenktag anlässlich der LSD-Entdeckung durch Albert Hofmann. Längst ist auch ein Etikett gefunden worden für diese Art von Zusammenkunft: »Transformational Festival«. Bei all diesen Veranstaltungen geht es nicht nur um Musik, sondern um die umfassende Demonstration eines alternativen Lifestyles: gemeinsamer Sonnengruß, vegane Küche, Vermählungen nach neopaganem Ritus, Kreistanz und Bildhauer-Workshops gehören genauso dazu wie eine klimaneutrale Bewirtschaftung sowie fundraising für Regenwald-Aufforstungs-Projekte. Der Film auf der Seite des »Lightening in a Bottle«-Festivals ist so professionell produziert wie ein Werbespot – und genau das ist er auch. Im Tonfall religiöser Erwecktheit schildern junge, strahlende Festivalbesucher ihre Erfahrung: »Du verlierst dich und findest dich selbst zugleich…«, »Du schwimmst in einem Meer der Kreativität…«, »Lasse es zu, dich zu verwandeln…« Bei alldem wird klar, dass es dieser Bewegung bei allem Beharren auf »Counterculture« auch um Wachstum, Markenbildung und Monetarisierung geht – und so etwas erreicht man eben nur mit einer populistischen Marketingkampagne.

Natürlich ist dieser Trend nicht brandneu, sondern speist sich aus zum Teil sehr alten Quellen. So hörte in Kalifornien die Gegenkultur der 1960er Jahre eigentlich nie auf, vielmehr verzweigte sie sich in so unterschiedliche Strömungen wie die Do-it-yourself-, die Computer- und die Ökologiebewegung der 1970er und 1980er Jahre. Legendäre Publikationen wie »The Whole Earth Catalog« propagierten ein Weltbild, das auch das der Burning-Man-Neohippies ist. Es geht darum, eine eigene Welt zu erschaffen, bürgerlichen Konventionen zu misstrauen und die Gemeinschaft zu zelebrieren. Der gleichen Gedankenwelt entstammen die »Rainbow-Gatherings«, die seit 1972 jährlich stattfinden und bei denen sich die Besucher als moderner, globaler Indianerstamm inszenieren. Ein weiterer, noch offensichtlicherer Vorläufer der »transformative Culture« sind die zahlreichen Trance-Festivals, die ab Mitte der 1980er Jahre im indischen Goa gefeiert wurden und bald eine sehr spezielle Subkultur formten. Psychedelische Substanzen waren und sind fester Bestandteil dieser Szene, und es bildete sich eine regelrechte Folklore aus, in der sich Pilzskulpturen, Elfenkostüme, Räucherstäbchen und Lasertunnels zu einem in jedem Sinne esoterischen Gesamtbild vermengen.

Was diese Szenen von der gegenwärtigen Bewegung unterscheidet, ist ihre durchaus bewusste »Niedrigschwelligkeit«. Sowohl die kalifornische Öko-Bewegung der 1970er Jahre als auch der Rainbow-Tribalismus verstanden sich nicht nur als Lifestyle-Option, sondern als umfassende, lebensreformerische Projekte, Goa-Trance ist eine in sich geschlossene Subkultur. Festivals wie »Lightening in a Bottle« hingegen richten sich an ganz normale Bürger, die sich eine kurze Auszeit vom Alltag gönnen wollen, buntes Kunsthandwerk schätzen und ein bewegendes Gemeinschaftserlebnis suchen. Sara Gael, die mit dem Zendo-Project auf diesen Festivals Gäste betreut, die eine »schwierige psychedelische Erfahrung« durchleben, erklärt, dass es gerade in der Gruppe der gut ausgebildeten, mobilen und jungen Großstadtbewohner seit einigen Jahren ein verstärktes Interesse an psychedelischer Erfahrung gibt. »Noch vor zehn Jahren kam man mit bewusstseinsverändernden Substanzen nur in Kontakt, wenn man sich in entsprechenden Kreisen bewegte oder durch Zufall auf die entsprechenden Bücher stieß. Das ist heute anders. Heute fahren ganz normale Computerprogrammierer zu Ayahuasca-Ritualen nach Peru oder besuchen transformative Festivals. In diesem Trend spielen viele Faktoren eine Rolle. Das typische Muster: Man ernährt sich vegan, reist viel, ist der offiziellen Politik gegenüber kritisch eingestellt, hat aber doch keine Lust auf einen völligen drop-out, sondern sucht irgendwie. Vor ein paar Jahren wurde dafür das Motto ›Occupy your Mind‹ geprägt, in Anlehnung an ›Occupy Wallstreet‹. Ich finde, das trifft die Haltung dieser Szene ganz gut.«

Auch in Deutschland gibt es Vergleichbares. Veranstaltungen wie »Fusion« oder »Nation« sind eine Art psychedelisches Klassentreffen. Auch wurde und wird in einschlägigen Berliner Clubs wie der legendären »Bar 25« oder dem Nachfolger »Kater Holzig« eine psychedelische Kultur gepflegt, die optisch etwas subtiler, musikalisch anspruchsvoller und weniger marktschreierisch daherkommt als die amerikanischen »transformative festivals« – dennoch ist es eine vergleichbare Szene. Wie viel sich dort gerade tut, zeigt sich auch an dem Berliner Buchladen »Zabriskie«. Dieser wurde Ende 2013 von Lorena Carràs und Jean-Marie Dhur eröffnet. Der Name des Ladens signalisiert Insidern schnell, was hier zu finden ist. »Zabriskie Point« (1970) von Michelangelo Antonioni ist ein Markstein in der Darstellung der amerikanischen Gegenkultur der 1960er Jahre: ein Film über Zivilisationsmüdigkeit und die Sehnsucht nach Alternativen zum Status quo, auch nicht zuletzt ein sehr psychedelisches Werk (der Soundtrack versammelt einschlägige Bands wie Pink Floyd und Grateful Dead). Das Motto von Zabriskie ist: »Buchladen für Kultur und Natur«. Hier gibt es Texte über Natur, von Tierporträts über Kulturgeschichte von Pflanzen bis hin zum sogenannten Nature Writing. Daneben Bücher über utopische Gesellschaften, Selbstversorgung, Gegenkultur, philosophische Gesellschaftsentwürfe von Lukrez über Spinoza und Thoreau bis Arno Gruen, über Langsamkeit und Müßiggang. Und nicht zuletzt über das weite Feld der Rauschkunde. Vor allem die Klassiker sind hier vertreten: Walter Benjamins »Über Haschisch«, Louis Lewins »Phantastica«, selbstredend alles von Albert Hofmann, Ernst Jüngers »Annäherungen«, ausgewählte Schriften von Timothy Leary und vieles mehr.

Das Interesse an diesen Themen wurde bei Carràs und Dhur unter anderem über Musik und Subkultur geweckt. Dhur erzählt: »Auf den illegalen Open-Airs in Deutschland oder Spanien, ob es nun Technopartys oder Goafeste waren, traf man Menschen, die ebenso ein Interesse an einer Veränderung ihres Bewusstseins hatten, die der konformen gesellschaftlichen Enge entkommen wollten. Als ich Ende der 1990er Jahre nach Berlin zog und mit den Partys von Kollektiven wie etwa den Pyonen oder dem Kulturkosmos Müritz in Kontakt kam, fühlte ich mich sofort zu Hause. Die Szene war durch eine schöne Mischung aus Punk, Hippie und vor allem Offenheit gekennzeichnet. Dieser Spirit hält sich auch nach der kommerziellen Vereinnahmung der

Raveszene noch in kleinen Kollektiven und Kommunen in und um Berlin, die bis heute ihre mehr oder weniger versteckten Feste feiern, meist im Sommer…«

Der psychedelische Rausch spielt in dieser Community eine wichtige Rolle und bildet quasi den Brennpunkt, in dem sich viele ihrer Elemente bündeln: die Gegenkultur, das Interesse für Natur, Ethnologie und nichtkirchliche Formen der Spiritualität, vor allem aber eine Art Abenteuerlust. »Wobei natürlich das besondere an diesen Rauscherfahrungen ist, dass man sie nicht ständig machen muss. Ein psychedelischer Rausch wirkt Wochen, wenn nicht Monate – auch wenn die eigentliche Wirkung schon lange vorbei ist. Die psychedelische Erfahrung öffnet eine Pforte, die sich nie wieder ganz verschließt.«, sagt Dhur.

»Etwas tritt ein« – Erfahrungen eines 41-jährigen Dozenten mit LSD

»Recreational use« – so heißt im Englischen das, was ich mache. Ich nehme gelegentlich, etwa alle zwei Monate, psychedelische Drogen. LSD, Meskalin, Pilze, gewissermaßen zähle ich auch Cannabis, zumindest in höheren Dosen, zu den Psychedelika. Ich begann mit meinem Konsum in meinen frühen 20ern. Heute bin ich Ende 41, habe Familie, einen guten und unterhaltsamen Job und nicht das Gefühl, dass mein Konsum mich auf irgendeinen Holzweg führen könnte. Wahrscheinlich werde ich es auch noch mit sechzig tun. Ich halte die Drogen, die ich konsumiere, für zwar ungefährlich, aber doch alles andere als harmlos.

»Recreational drug use« wird bei uns etwas holperig mit »Freizeit- oder Genussmittelkonsum« übersetzt, im Englischen ist es dem »therapeutical use« oder dem »spiritual use« entgegengesetzt. Auf der einen Seite trifft diese Eingrenzung ganz gut das, was ich mit Drogen mache. Ich therapiere damit weder Ängste oder Schmerzen, noch nutze ich die Substanzen im Rahmen eines religiösen Ritus. An dem deut-

schen Ausdruck Genussmittel aber stört mich das Bild, das damit evoziert wird, nämlich das des Druffis, der selig grinsend in der Ecke liegt und sich aus der Realität ausgeklinkt hat. Meiner Erfahrung nach ergreift man im psychedelischen Rausch keine Flucht vor der Realtität, sondern konfrontiert sich mit der Welt und mit sich. Oft ist das sogar erschreckend, so dass der Rausch alles andere als genussvoll ist. Auf der anderen Seite trifft es der englische Ausdruck »recreation« eigentlich ganz gut. Für mich ist der Rausch tatsächlich eine Art Erneuerungskur.

Das mag alles widersprüchlich klingen, deshalb möchte ich zunächst erklären, was ich unter psychedelischem Rausch verstehe. Die befriedigendste intellektuelle Auseinandersetzung mit Drogen ist meiner Meinung nach das Buch »Annäherungen« von Ernst Jünger. In der 28. Passage versucht sich der Wald- und Grenzgänger an einer Kategorisierung der Räusche. Er unterscheidet zwei grundsätzlich verschiedene Arten: Der »potenzierende« Rausch steigert Gefühle, die auch der Nüchterne kennt. Wer Speed nimmt, ist wacher als normal, wer Kokain nimmt, selbstbewusster, wer trinkt, lockerer, Aphrodisiaka potenzieren die Lust und Opiate das Wohlgefühl. All das kann sehr intensiv empfunden werden, ist jedoch nur eine künstliche Steigerung normaler Eigenschaften: »Die Multiplikation und selbst die Potenzierung verändern die Grundzahl nicht«, wie Jünger schreibt. Diesen, wie er findet (und ich folge ihm darin), uninteressanten Räuschen setzt er die »additiven« entgegen. Hier geht es nicht um Steigerung, sondern um das Neue, Unbekannte. Jünger vergleicht diese Situation mit der Studierzimmerszene im Faust. Gesucht und beschworen werde »das Eintretende«, die Konfrontation mit einem denkbar fremden Element. Und genau so ist es bei LSD. Wartet man auf die Wirkung, ist man in einem Zustand banger Vorfreude. Auf der einen Seite ist man gespannt auf das, was passiert, andererseits hofft man, dass das, was eintritt, einem wohlgesonnen ist.

Wer noch nie LSD genommen hat, macht sich leicht falsche Vorstellungen davon, was genau passiert, und denkt etwa, *dass man in eine vollkommen irreale Welt abdrifte, in der einem Menschen mit Tierköpfen begegnen. Das ist möglich, jedoch müsste man dafür sehr viel nehmen, über 250 Mikrogramm – was zur Folge hätte, dass der Rausch etwa zwölf Stunden dauert. Das ist mir zu viel. Ich nehme die von Albert Hofmann empfohlene Idealdosis zwischen 100 und 150 Mikrogramm. Deren Effekt ist, dass sich das Gesichtsfeld zwar verzerrt, man sich zum Peak auch in einem wirbelnden Kaleidoskop wähnt oder Baukräne tanzen sieht. Grundsätzlich aber ist man noch mit der Realität verbunden, verliert zwar vielleicht kurzfristig die Orientierung, weiß jedoch seinen Namen und Aufenthaltsort. Was also tritt ein? Denn dass etwas eingetreten ist, dass die Welt, in der man sich befindet, mit einem Schlag fremd geworden ist, darüber besteht kein Zweifel, und es ist das Hauptritual der Tripper, sich dieser Fremdheit gegenseitig zu versichern: »Oh mein Gott, bin ich drauf!« – »Na ich erst!« und so weiter...*

Die zugehörige Erklärung fand ich in Aldous Huxleys klassischem Drogentext »Die Pforten der Wahrnehmung«. Huxley geht davon aus, dass psychedelische Drogen eine Art Wahrnehmungsfilter blockieren, der unsere Weltsicht auf das biologisch Notwendige, das Nützliche reduziert, vor allem aber dafür sorgt, dass unsere Wahrnehmung mit den klaren Kategorien unseres begrifflichen Denkens in Einklang steht und willentlich gelenkt werden kann. Huxley beschreibt, dass sich im Meskalinrausch auf einmal Dinge in sein Bewusstsein drängten, die ihm nüchtern nie aufgefallen wären: eine Stuhllehne, ein Schattenwurf, Stofffalten. Das leuchtet mir ein. Was im psychedelischen Rausch »eintritt«, lebendig wird, ist das Detail.

Das Normalbewusstsein ist durch das Prinzip der Übersicht beherrscht. Die Dinge, die uns umgeben, stehen in einem klaren Verhältnis zueinander – vor allem aber zu uns. Wenn wir über die Straße gehen, interessiert uns die Geschwindigkeit des Autos, das auf uns zukommt, nicht die zerquetschte Fliege an dessen Windschutzscheibe. Auf Psychedelika ist das anders. Hier kann ein beliebiges Detail unsere ganze Aufmerksamkeit ansaugen. Das kann so weit gehen, dass das gesamte Bewusstsein sich vorübergehend mit diesem Detail ausfüllt. Huxley schreibt: »Ich verbrachte mehrere Minuten – oder waren es Jahrhunderte? – damit, die Bambusbeine (eines Sessels) nicht nur anzusehen, sondern sie tatsächlich zu sein oder vielmehr ich selbst in ihnen zu sein.«

Das ist auch meine Beobachtung: Die Dinge rücken einem »auf die Pelle«, zum Teil ganz wörtlich, wenn man etwa wahrnimmt, dass einige Details (Augen in Gesichtern) übermäßig groß sind oder auf einen zuschnellen, zum Teil metaphorisch, wenn einen ein Gegenstand oder ein Gedanke (auch das kann ein Detail sein) emotional ganz und gar in seinen Bann schlägt. Das kann herrlich sein, etwa wenn man durch einen Wald geht, die Rinde eines toten Baumes entdeckt, diese anhebt und mit einem Schlag in das vitale Gewimmel der Käfer, Würmer und Tausendfüßler gezogen wird. Es kann aber auch schrecklich sein: das traurige Gesicht eines Straßenbahnschaffners lässt einen dann das gesamte Elend der Welt spüren. Das Besondere an dieser lupenhaften Detailwahrnehmung ist, dass man sie nur zu einem sehr geringen Grad steuern kann. Auf LSD ist man eine Nussschale auf dem Meer, wird hin und her geworfen, und braucht nicht zu glauben, den Kurs selber bestimmen zu können. Die Droge ist stärker als man selbst. Charles Baudelaire fand dafür ein sehr schönes, passendes Bild. In seinen Aufzeichnungen über Haschisch – man weiß, dass die Pariser Haschinisten des 19. Jahrhunderts enorme, also in jeder Hinsicht psychedelisch wirkende Mengen zu sich nahmen – sagt er, nicht er rauche die Pfeife, vielmehr rauche sie ihn. Der psychedelische Rausch ist ein Verzicht auf Kontrolle. Deshalb kann es leicht passieren, dass es einem zu viel wird. Huxley beschreibt das sehr deutlich anhand eines Liegestuhls. Soeben noch war er gebannt von der Schönheit seiner blauen Schatten. Doch dann der Gedanke: »Das, so fühlte ich, ging dann doch zu weit.« Was genau, kann er nicht angeben. Er hat nur das Gefühl, dass die Präsenz dieses Dings bedrohlich ist – weil vor ihr sein Ich zu schmelzen beginnt. Das ist übrigens auch eine einleuchtende Definition von Psychose: Der Psychotiker verliert nicht etwa, wie es scheinen mag, den Kontakt zur Realität, vielmehr kann er die Realität nicht mehr auf Distanz halten – und dadurch wird sie übergriffig.

Das klingt tendenziell unangenehm, ein Freund sagte mir einmal: »Ein Trip ist wie Wasser. Ein Nichtschwimmer geht darin in Panik unter. Kann man jedoch schwimmen, ist es herrlich.« Psychedelisch schwimmen können heißt, mit dem fast unausweichlichen Gedanken »das geht dann doch zu weit!« zurechtzukommen. Und zwar, indem man nicht strampelt. Man darf nicht versuchen, die verlorene Kontrolle wieder zu erlangen. Denn das scheitert zwangsläufig und dann wird es böse. Die Droge duldet keinen Widerspruch. Erschrickt man, muss man sich daran erinnern, dass der Rausch ein künstlicher, vorübergehender Zustand ist. Alle Halluzinogene werden im Körper wieder abgebaut. Das kann dauern, aber es passiert. Besser, als sich zu sorgen, ist es, sich auf die Andersartigkeit dieser Situation einzulassen. Man muss nur auf die Attraktion warten, und die kommt bestimmt. Dann ist der psychedelische Rausch ein aufregendes, ein essenzielles Erlebnis.

Zum einen in »technischer« Hinsicht, wie ich es nenne. Das Bewusstsein kann sich im Normalzustand nur sehr schwer selbst beobachten – es verschwindet gewissermaßen hinter der Wahrnehmung und Verarbeitung der Umwelteindrücke. Auf psychedelischen Drogen jedoch kann man sich selbst beim Wahrnehmen und beim Denken zusehen. Zugegebenermaßen ein etwas narzisstischer Aspekt, noch dazu einer, der leicht unheimlich werden kann, denn je berauschter man ist, desto unnatürlicher ist die Perzeption, desto schneller und sprunghafter laufen die Assoziationen, desto fremder wird einem das, was da im eigenen Kopf stattfindet. Man kann diesem wilden Treiben jedoch auch mit Interesse folgen. Ich finde es immer sehr unterhaltsam, im Nachrausch im Bett zu liegen (auf LSD kann man nicht allzu gut einschlafen) und zu beobachten, welche Kaskaden vor meinen geschlossenen Augen ineinanderstürzen, durch welch geometrische

Labyrinthe ich flitze, welche lang vergessenen Erinnerungen hervorgekramt und welche Bilder von Worten evoziert werden.

Dann gibt es den »ästhetischen« Aspekt. Ich erinnere mich an eine Situation in der Abenddämmerung, die Sonne ging gerade unter, ich ging in einem See baden. In dem Augenblick läuteten in der Ferne Kirchenglocken. Mir kam der Trakl-Vers: »Am Abend, wenn die Glocken Frieden läuten« in den Sinn, der Klang verschmolz mit dem roten Sonnenlicht, und ich versank in dieser Situation, löste mich darin vollkommen auf. Es war ein erhabenes Erlebnis. Danach kam mir, wie gut der Ausdruck »interessant« für diese Art Erfahrungen passt. Inter-esse heißt »dazwischen sein« – und genau das ist man auf psychedelischen Drogen. Irgendwo zwischen sich und den Dingen. Und zwar viel mehr bei den Dingen als bei sich.

Huxley spricht davon, dass im Rausch die Welt in ihrer »Istigkeit« strahlt, mit einem metaphysischen Glanz versehen ist. Für Außenstehende mag das esoterisch klingen (was es auch ist). Aber was heißt metaphysisch? Ganz allgemein: über die eigene Physis, die eigene Begrenztheit hinausgehend. Und tatsächlich hat man auf Psychedelika immer wieder das Gefühl, Teil von etwas zu sein. Die Ordnung der Dinge, die die Welt strukturiert und das Subjekt von den Objekten und die Objekte untereinander klar trennt, wird löchrig und erlaubt Übergänge. Dann kann es etwa passieren, dass die Hand die Maserung und Farbe des Holztisches annimmt, auf dem sie gerade liegt. Befindet man sich in der Natur, ist es fast unumgänglich, dass man sich nicht nur mit den einzelnen Pflanzen und Lebewesen verbunden fühlt, sondern mit dem gesamten Ökosystem. Ein älterer Bekannter erklärte damit einmal die Tatsache, dass sich unter Psychedelikern so viele Vegetarier befinden.

Der für mich wichtigste Aspekt aber ist der soziale. Ich nehme Psychedelika nie allein, sondern immer zusammen mit engen Freunden. Schon Tage zuvor freuen wir uns auf unseren Trip wie Kinder aufs Schullandheim. Wenn wir uns die kleinen Pappen auf die Zungen legen, blicken wir uns freudig an und wünschen uns »bon voyage«. Tritt dann die Wirkung ein, ist es ein Leichtes, die Mitreisenden auf die soeben entdeckten Details aufmerksam zu machen, oder sich auf deren Details einzulassen. So bewegt man sich (nachher frage ich mich immer, wie das wohl von außen wirken mag) von einer Sensation zur nächsten, starrt gemeinsam auf bunte Glasfenster, gräbt mit den Händen in der Erde oder kann es nicht fassen, wie köstlich die Orange schmeckt, die man sich gerade teilt. Psychedelische Reisen haben ein starkes regressives Element. Die Aufregung, der Respekt vor dem Fremden, die Gelöstheit, die körperliche Aktivität (auf LSD tobt man ziemlich herum), das Kuscheln und vor allem das Lachen – das alles scheint mir eine Reaktivierung kindlicher Verhaltensweisen zu sein, die für nüchterne Erwachsene nicht opportun erscheinen.

Solche Touren sind nur sehr schlecht planbar. Die französischen Situationisten erfanden in den 1950er Jahren die Technik des »Dérive«, der Abdrift. Dabei ging es ihnen darum, Städte psychogeographisch zu erkunden, herauszufinden, welche unbewusste Interaktion es zwischen Architektur, Topographie und Psyche gibt. Um sich ganz auf diese Interaktion konzentrieren zu können, müsse man, so die Meinung der Situationisten, desorientiert sein – ansonsten folge man nur täglichen Routinen. Dérive im situationistischen Sinne bedeutet zum einen, sich zu verirren, zum anderen, sich ganz und gar auf die Intuition zu verlassen, zu treiben. Meines Wissens verwendeten die Situationisten in dieser Phase keine psychedelischen Drogen. Wahrscheinlich war das ein Fehler, denn die oben beschriebenen Effekte, die Detail-Wahrnehmung, die gesteigerte Suggestibilität, die kindliche Abenteuerlust, führen automatisch zu einem Dérive, zu einem unplanbaren Zickzackkurs durch Städte oder Landschaften. Nachher fragt man sich immer, woran es liegt, dass gerade in diesen acht Stunden so eine Fülle an seltsamen Erlebnissen auf einen einprasselte, ob man diese Dinge im nüchternen Zustand meidet oder berauscht sucht – wahrscheinlich beides. *Auf jeden Fall schweißt so eine Tour zusammen, man liegt sich währenddessen unweigerlich oft in den Armen und bezeichnet sich nachher vollkommen zu Recht als »Trip-brüder und -schwestern«.*

Ich weiß schon, was besorgte Zeitgenossen nun einwenden werden: dass der Rausch eben doch eine Art Flucht sei. Dass das Leben auf diese Weise in zwei Teile zerfalle, den aufregenden, lustigen, intensiven Rausch und den Alltag, in dem es – gerade im Hinblick auf Familie und Beruf – heißt, konstant und verlässlich zu sein. Und das, so die Besorgten weiter, könnte doch gefährlich sein. Zum Beispiel könnte die Seite des Rausches wuchern, man könnte zum Freak werden, der sich in der grauen Realität zu Tode langweile und ständig nur nach dem nächsten Trip giere. Und ja, ich gebe zu: Der psychedelische Rausch ist für mich »Erleben« schlechthin, ein Gegenwarts-Verstärker, eine Intensivierung der Wahrnehmung, eine Konfrontation mit dem Fremden in der Welt und mit der eigenen Fremdheit. Kurz: so ziemlich genau das Gegenteil des »business as usual«. Aber vielleicht ist es ja ganz anders. Vielleicht stehen sich diese beiden Welten nicht feindselig gegenüber, sondern stützen und befruchten sich sogar manchmal. Ich bin in der nüchternen Welt nicht unzufrieden. Es bereitet mir Vergnügen, mich in verschiedenen gesellschaftlichen Kreisen bewegen zu können und die jeweiligen Verhaltensregeln zu kennen. Ich bin nicht interessiert an einem Drop-Out.

Gerade das aber erlaubt mir, mit Interesse und Neugierde die Rauschwelt zu betreten. Natürlich hört jeder, der mit psychedelischen Drogen zu tun hat, die schrecklichen Geschichten von den »Hängengebliebenen«, deren Trip in die Psychiatrie führte und die seither kein Land mehr sehen. Ich kenne auch einige solche Fälle. Aber ehrlich gesagt handelt es sich dabei um Personen, die meines Wissens schon vor ihrem Trip labil waren: manisch-depressiv, suchtgefährdet, extrem schüchtern oder aggressiv. Ich weiß, dass all das auf mich nicht zutrifft und habe deshalb kein Problem damit, vorübergehend die Kontrolle abzugeben. Und wie gut fühlt sich am nächsten Tag die wiedererlangte Vernunft an: wie ein Sprung in einen klaren Bergsee. Nur wer den Rausch kennt, kann auch die Nüchternheit schätzen.

Auch scheint es mir, dass ich eine Menge von der berauschten auf die nüchterne Seite schmuggeln kann. So glaube ich, dass man zu einem großen Teil der Kultur nur dann einen Zugang hat, wenn man verschiedene Bewusstseinszustände kennt. Ich behaupte nicht, zu wissen, was Künstler wie El Greco, William Blake, Louis Aragon, Alejandro Jodorowski oder Brian Wilson antrieb. Aber doch entdecke ich in ihrer Kunst Aspekte, die wie in einer eigenen Sprache zu mir sprechen, die ich intuitiv verstehe. Oft geht es mir sogar in den denkbar nüchternsten Momenten so, etwa wenn ich mit meinen Kindern Maurice Sendaks Tripbuch »Wo die Wilden Kerle wohnen« oder die Anderswelt-Beschreibung bei Frau Holle lese. Ich sehne mich dann nicht danach, mich schnellstmöglich vom Acker zu machen. Vielmehr weht mich eine warme Erinnerung an, ähnlich wie die an den letzten Urlaub. Und wie beim Urlaub weiß ich: Irgendwann ist es wieder so weit.

Die psychedelischen Gefahren

Es wäre fahrlässig, zu behaupten, psychedelische Substanzen seien per se ungefährlich. Die Frage ist jedoch, welche Gefahren wirklich drohen. Dass dies unter den Bedingungen der noch herrschenden Prohibition nur sehr schwer zu erörtern ist, zeigt der Fall des britischen Neuropsychopharmakologen David Nutt. In den 1980er Jahren veröffentlichte er vielbeachtete Studien zum Hirnstoffwechsel. Dabei erforschte er von Anfang an auch die psychologischen und physiologischen Aspekte von Sucht und beschäftigte sich vor allem mit dem Schaden, den verschiedene Rauschmittel anrichten können – körperlich, psychisch, aber auch gesamtgesellschaftlich. Mit dieser Expertise trat er im Jahr 2000 in den »Advisory Council of the Misuse of

Drugs (ACMD)« ein – ein staatliches Beratungsgremium, das 1971 mit der Verschärfung des britischen Drogengesetzes ins Leben gerufen wurde, aber für sich in Anspruch nimmt, unabhängige Drogenforschung zu betreiben. Im Jahr 2008 wurde Nutt Vorsitzender des ACMD. Das blieb er jedoch nicht lange. 2007 veröffentlichte er im altehrwürdigen Wissenschaftsmagazin »The Lancet« einen Artikel, in dem er eine »vernünftige Skala« zur Einschätzung der Gefahr verschiedener Drogen entwarf. Nutt und seine Ko-Autoren setzen hierzu verschiedene Faktoren in Relation: Wie suchterzeugend ist die Substanz? Ist sie in einer hohen Dosis direkt tödlich? Welche langfristigen körperlichen und geistigen Schäden kann sie verursachen? Macht sie aggressiv? Wie groß sind die gesellschaftlichen Schäden, die etwa durch Drogenkartelle entstehen? Das Ergebnis: am gefährlichsten – für den User, für seine direkten Mitmenschen sowie einen weiteren Umkreis – sind Alkohol (mit 72 von möglichen hundert Gefahren-Punkten), gefolgt von Heroin (55), Crack (54), Methamphetamin (33) und Kokain (27). Noch vor der illegalen Massendroge Cannabis (20) rangiert laut Nutt Tabak (26). Am Ende der Skala befinden sich MDMA (9), LSD (7) sowie psilocybinhaltige Pilze (6) (diese Zahlen stammen aus der Folgestudie, die 2010 ebenfalls in »The Lancet« veröffentlicht wurde).

Diese »evidenzbasierte Einschätzung«, so die Autoren, würde ein Umdenken in der Drogenpolitik erfordern, zumindest aber sei es an der Zeit, in vernünftige Drogenaufklärung zu investieren. Erwartungsgemäß provozierte die Veröffentlichung Widerspruch, was Nutt, offensichtlich ein streitbarer Charakter, nicht diplomatisch beantwortete. In einem sehr pointierten Artikel verglich er die Gefahren, die vom Pferdesport ausgehen mit dem Risiko von MDMA-Konsum – und kam zu dem wenig überraschenden Ergebnis, dass es um Vielfaches gefährlicher sei, einen Pferderücken zu besteigen als Ecstasy zu nehmen. All das führte dazu, dass Nutt im November 2009 von Innenminister Alan Johnson (einem Labour-Politiker) seines Amtes enthoben wurde. Dieser argumentierte, Nutt könne nicht zugleich Regierungsberater und Kritiker des Regierungskurses sein. In der Folge kam es zu einem Exodus namhafter Forscher aus dem ACMD und zur Neugründung des »Independent Scientific Comitee on Drugs«. Nutt wird seither nicht müde, restriktive Regierungspositionen zu kritisieren. Seine eigene Position ist dabei auch unter Wissenschaftlern nicht immer unumstritten.

Worüber es jedoch keinen Disput gibt, ist die Einschätzung des Suchtpotenzials der verschiedenen Drogen. Dass Opiate und alle Arten von Aufputschmitteln hochgradig suchterzeugend sind, ist bekannt. Auch Cannabis kann bei starkem Konsum süchtig machen (allerdings wird kontrovers diskutiert, ob diese Sucht nur psychisch oder auch körperlich ist). Auch Ketamin und MDMA können theoretisch eine Sucht erzeugen. Die über den Serotonin-Signalpfad wirkenden Stoffe wie LSD, Psilocybin oder Meskalin hingegen können zwar Toleranzen bewirken (was ein typisches »Hochdosieren« zur Folge hat), jedoch keine Sucht. Der Streitpunkt ist ein anderer: Haben User psychedelischer Substanzen ein höheres Risiko, eine psychische Krankheit zu entwickeln? Angesichts der aktuellen Legalisierungswelle steht dabei vor allem Cannabis im Zentrum der Aufmerksamkeit.

Unbestritten besteht ein eindeutiger Zusammenhang zwischen Cannabis-Konsum und psychotischen Erkrankungen. Verschiedene Studien, etwa aus Schweden oder Neuseeland, konstatieren, dass das Risiko, an einer Psychose zu erkranken, für Cannabiskonsumenten zwischen drei und sechs Mal so hoch ist wie für Abstinente. Dissens gibt es jedoch über die Kausalität. Kann die Droge eine Psychose bei einem ansonsten Gesunden auslösen? Oder nutzen Psychotiker Cannabis, um ihre Symptome zu lindern? Die erwähnte neuseeländische Langzeitstudie meinte hier für Klarheit zu sorgen, indem gezeigt wurde, dass der Cannabiskonsum der Erkrankung vorausgehe. Die neuste Position in dieser schwierigen Diskussion stammt von dem britischen Entwicklungspsychologen Robert Power. Dieser argumentiert, dass beide Arten der Erklärung – Cannabis führe zu Psychosen oder Psychotiker rauchten vermehrt Cannabis – zu kurz griffen. Beiden Phänomenen liege vielmehr ein und dieselbe genetische Disposition zugrunde. Je höher das Risiko, an einer Psychose zu erkranken, umso eher konsumiere man auch Cannabis – vor wie nach dem Ausbruch der Krankheit. Auf welche Weise die genetische Ausstattung jedoch zu einem erhöhten Konsum führen soll, bleibt dabei freilich völlig unklar. Wie so oft heißt es: Das werden künftige Studien zeigen.

Eine ganz andere Frage ist dagegen, ob auch die klassischen psychedelischen Substanzen wie LSD, Psilocybin oder Meskalin ein erhöhtes Psychoserisiko zeitigen, also ob man – in der Sprache der User – »hängenbleiben« kann. Davon wird allgemein ausgegangen und entsprechend in zahlreichen Aufklärungsbroschüren darauf hingewiesen, dass Halluzinogene eine so genannte »Drogenpsychose« auslösen können. Auch nennt die »Internationale statistische Klassifikation der Krankheiten«, kurz ICD-10, »psychische Verhaltensstörungen durch Halluzinogene« als Unterpunkt der »substanzinduzierten Psychose« – was nahelegt, dass diese Krankheit von den besagten Substanzen kausal ausgelöst, eben induziert, wird.

Es ist Teil der Neubewertung des psychedelischen Rausches, dass diese Gefahr nun erstmals statistisch gradualisiert wurde. In ihrer 2013 erschienenen Studie »Psychedelics and Mental Health« (die unter anderem im etablierten Magazin »Nature« veröffentlicht wurde) verarbeiteten die norwegische Psychologin Teri Krebs und der Psychiater Pål-Ørjan Johansen das Datenmaterial des amerikanischen »National Survey on Drug Use and Health«. Letzterer wird seit 1971 vom staatlichen »National Institute of Drug Abuse« erhoben, ist also nicht im Verdacht, die Dinge zu verharmlosen. Vor allem aber ist die Umfrage die größte und repräsentativste Erhebung zum Drogenkonsum. Über 70 000 Personen über 18 Jahren werden dafür jährlich per

Zufall ausgewählt und zuhause von professionellen Interviewern anonym befragt. Krebs und Johansen verwendeten die Datensätze der Jahre 2001 und 2004, da diese nicht nur detailliert zum Konsum von Halluzinogenen Aufschluss geben, sondern auch auf Persönlichkeitsmerkmale, den sozioökonomischen Status sowie die psychische Gesundheit schließen lassen.

Die Ergebnisse sind schon deshalb interessant, da hier mit der Akribie einer Volkszählung die gut 13 Prozent der amerikanischen Bevölkerung vermessen werden, die schon einmal Kontakt mit psychedelischen Drogen hatten. Diese Gruppe ist eher männlich (61 %) als weiblich (39 %), eher überdurchschnittlich gebildet (57 % der Psychedelika-User besuchten eine Universität, bei den Nicht-Usern sind es 49 %), leicht wohlhabender als der Durchschnitt sowie deutlich seltener verheiratet. Psychedelika-User haben wahrscheinlicher »eine belastende Erfahrung« gemacht als Nicht-User (52 % vs. 34 %). Ein weiterer signifikanter Unterschied zwischen beiden Gruppen ist, dass Konsumenten die Frage, ob sie sich selbst »mit riskantem Verhalten testen«, wesentlich häufiger bejahen.

Sollte es nun, so Krebs' und Johansens Hypothese, drogeninduzierte psychische Probleme bei Personen geben, die ohne Psychedelika-Konsum gesund geblieben wären, müssten sich in der Gruppe der User mehr Kranke befinden. Psychische Krankheiten wurden in der Erhebung mit den üblichen Instrumenten erfasst, etwa dem »Composite International Diagnostic Interview«, das nach Störungen wie Panik, Depression, PTBS oder Psychosen fragt. Auch wurden stationäre und ambulante Aufenthalte in psychiatrischen Kliniken sowie Psychotherapien erfragt. Das multifaktorielle Design der Umfrage erlaubte es Krebs und Johansen, verschiedene Korrelationen zu berechnen. Wenig überraschend zeigte sich, dass hohe Risikofreude sowie eine belastende Erfahrung klar mit einer größeren Anfälligkeit für psychische Erkrankungen einhergehen. Rechnet man diese Faktoren jedoch heraus, gibt es in der Gruppe der Psychedelika-User nicht mehr psychisch Kranke als unter Nicht-Usern. Im Gegenteil, der Gebrauch der Substanzen Psilocybin wie Meskalin korreliert sogar mit einem unterdurchschnittlichen Grad an psychiatrischer Behandlung sowie Medikation mit Psychopharmaka. Die Autoren vergleichen ihre Ergebnisse mit denen anderer Studien, die etwa zeigen, dass US-amerikanische Indianer, die Peyote konsumieren, deutlich seltener psychisch erkranken als Indianer ohne Meskalin-Erfahrung.

Bei der Bewertung ihrer Ergebnisse geben sich Krebs und Johansen trotzdem sehr vorsichtig. Sie weisen auf die Limitierung des »National Survey on Drug Use and Health« hin. Da dessen Angaben auf Selbstauskunft basieren, sind Verzerrungen denkbar – etwa dass negative Erlebnisse verdrängt werden oder gemäß der erwünschten Sozialnorm geantwortet wird. Auch können die Autoren aufgrund der Daten nicht ausschließen, dass es in der Gruppe der Psychedelika-User unerfasste Untergruppen gibt, die auf die Substanzen verschieden reagieren – so könnten sich negative Effekte bei der einen Subpopulation mit positiven bei einer anderen ausbalancieren. Auch könnte man fehlgehen, wenn man die geringeren psychiatrischen Behandlungszahlen von Psilocybin- und Meskalin-Usern ursächlich ihrem Konsum zurechnen würde. Ist es doch durchaus vorstellbar, dass Personen, die die Naturdroge Psilocybin schätzen, dem offiziellen Gesundheitssystem skeptisch gegenüberstehen und sich deswegen seltener behandeln lassen. Und die größere psychische Gesundheit der Indianer, die Peyote essen, ließe sich mit der Drittvariable »Einbettung in Kultur und Tradition« erklären, da der Kaktus doch vor allem im Ritus der »Native American Church« eingenommen wird.

Im persönlichen Gespräch gibt sich Teri Krebs allerdings viel offensiver. Zwar konzediert sie: »Ja, es gibt Psychedelika-User mit psychischen Problemen. Und es gibt auch solche, bei denen Krankheitsausbruch und Konsum zusammentreffen. Aber wenn es in der Gesamtbevölkerung einen gewissen Prozentsatz an psychisch Kranken gibt, gibt es den natürlich auch bei Usern. Und die Zahlen legen eindeutig den Schluss nahe, dass es zwischen beiden Ereignissen keine Korrelation und schon gar keine Kausalität gibt.« Unterstützt wird Krebs dabei durch eine ältere Studie, in der die Krankengeschichten von 29 Personen untersucht wurden, die nach dem Konsum von LSD an einer Psychose litten. Wie sich herausstellte, glichen deren Vorgeschichten (etwa psychiatrische Behandlungen oder Häufungen von psychischen Störungen in der Familie) signifikant jenen solcher Erkrankter, die keine Drogen konsumiert haben.

Es ist bekannt, dass sich der Erstausbruch von Psychosen oft in besonders angespannten Situationen ereignet – und das kann ein Rausch natürlich sein, gerade wenn er aus dem Ruder läuft. »Aber statistisch gesehen ist es genau so wahrscheinlich, dass eine Psychose durch das Betrachten eines erschütternden Kunstwerks oder den Besuch einer beeindruckenden Landschaft ausgelöst wird«, sagt Krebs. Sie vergleicht die ursächliche Verknüpfung von Krankheit und Rausch mit Kuriositäten aus dem medizinhistorischen Kabinett: »Bis in die 1970er Jahre stand in Lehrbüchern, dass Masturbation zu schweren psychischen Degenerationen führen könne. Heute erscheint uns das lächerlich und ein Zeugnis eines verklemmten Umgangs mit Sexualität. Vor 50 Jahren aber war das common sense. Und vor 200 Jahren glaubte man, dass Lesen solch schädliche Auswirkungen haben könne.« Trotzdem will sich Krebs nicht über den weithin verbreiteten Glauben an einen Zusammenhang von Psychose und Rausch lustig machen. Sie hat sogar Verständnis dafür: »Es ist nicht abwegig, dass beide Zustände in Zusammenhang gebracht werden. Denn ein psychedelischer Rausch kann einer Psychose sehr nahekommen, ja sogar für den Betroffenen wie für Außenstehende identisch erscheinen. In beiden Fällen kann es zu einem massiven Realitätsverlust, zu Panik und Wahnvorstellungen kommen. Wurde viel konsumiert, kann das sogar einige Tage dauern, mit mehreren Tagen darauffolgender Verwirrtheit. Wo aber keine Veranlagung für eine Psychose besteht, ist dieser Zustand stets reversibel.«

»Es hört nicht mehr auf« – Erfahrungen eines 35-jährigen Journalisten mit einem Bad Trip

LSD war unausweichlich für mich. Wir waren eine Gruppe von vier Freunden, wir alle kamen aus bürgerlichen Familien, hatten in der Schule keine Probleme. Das änderte sich auch nicht, als wir uns jeden Morgen vor Schulbeginn im Park trafen und so viel kifften, dass wir kaum mehr aus den Augen schauen konnten – ich schrieb trotzdem fast nur Einsen. Ich war kein typischer Jugendlicher, Mädchen interessierten mich kaum. Stattdessen las ich ständig. Zuerst Kafka und die Klassiker der Moderne, dann Carlos Castaneda, Hunter S. Thompson und die Beatniks. Von denen erfuhr ich von LSD, und schnell war mir klar, dass das der Rausch ist, den ich erleben möchte. Kiffen war lustig, es erlaubte mir, meine Musik intensiver zu hören, mich in Bücher zu versenken, zu lachen – aber mehr gab es da nicht zu holen. LSD stellte ich mir als einen komplett anderen Zustand vor, als Aufgehen in einer höheren Realität. Ich hatte keinen Begriff davon, was mich erwartete, aber ich wusste, dass es mein Leben verändern würde. Am ehesten stellte ich es mir als real erlebtes Rollenspiel vor (zu jener Zeit spielte ich gern »Das schwarze Auge«.) Kurz: Ich fieberte dem Rausch entgegen, wollte es endlich meinen Vorbildern gleichtun.

Nach einigen Schwierigkeiten kamen wir an die Droge. Zunächst aber immer nur kleine Stücke von so genannten »Gelatinetrips«. Die nahmen wir, wurden davon etwas high, doch das war kein »anderer Zustand«. Dann besorgte uns ein Schulkamerad frisch auf Löschpapier getropfte »Jubiläums-Hofmänner«. Wie unerfahren ich war, sieht man schon daran, dass ich mir über die Dosierung keine Gedanken machte. Im Nachhinein habe ich erfahren, dass sich auf einem »Jubiläums-Hofmann« etwa 250 Mikrogramm LSD befinden – die berühmte Dosis, die Albert Hofmann bei seinem ersten Trip nahm. Dieser war alles andere als angenehm, Hofmann sah seine Nachbarin als böse Hexe, hatte Todesangst und glaubte, den Verstand zu verlieren. Später empfahl er als ideale Dosis um die 120 Mikrogramm. Davon wussten wir nichts.

Wir waren in bester Stimmung. Es war ein Sommertag, um zehn Uhr morgens machten sich meine drei Freunde und ich auf den Weg. Wir wollten »zu den Toten«, wie wir es leicht übermütig nannten, zu einem Kriegerdenkmal im Park unserer kleinen Stadt, das auch an schönen Tagen kaum besucht wird. Dort legten wir die Papiere auf unsere Zungen, sie schmeckten nach nichts. Ich freute mich, dass ich es nun endlich getan hatte, dass ich jetzt auf Reise ginge. Ich glaubte, die Ketten der Gesellschaft abzustoßen. Ich wusste, dass die meisten Menschen mich dafür verurteilen würden, aber das war mir nur recht, denn sie verstanden mich nicht. Ich würde mein Bewusstsein erweitern, sie blieben zurück. »Sie haben keine Kontrolle mehr über mich«, dachte ich.

Die Wirkung von LSD beginnt subtil. Das aufgeregte Warten weicht langsam einer gelösten Stimmung. Man wird irgendwie gelenkiger, lockerer. Man spürt den Körper, er wird warm. Zugleich wird man lustig, man kichert, albert herum und freut sich. Ich fühlte mich wie ein Kind. »Alles läuft gut«, wusste ich. Wir blickten uns an, signalisierten uns: »Jetzt geht es los!« Da sagte einer meiner Kumpane: »Es schleicht sich von hinten an!«. Ich nickte, wusste, was er meinte, aber mein Grinsen gefror. Vielleicht war es dieser Ausdruck, der mich auf die falsche Bahn führte. Ich hatte auf einmal die Vorstellung von etwas böse Lauerndem, etwas, das hinter mir her ist. Ich schob den Gedanken beiseite und konzentrierte mich auf mein Sichtfeld. Die Bäume waren viel höher als normal, die Wipfel drehten sich und kreisten über mir, der Himmel war blau, erschreckend blau. Ich schaute genauer und entdeckte unzählige feine Linien, die ihn durchzogen. Ich sah jedes Blatt der Bäume, alle fügten sich zu geometrischen Figuren, die sich unterschiedlich schnell bewegten. Ich dachte: »Das ist *sie jetzt, die Bewusstseinserweiterung. Das ist so viel mehr, als ich erwartet habe. Jetzt ist es gut.« Und dann der Gedanke: »Es wäre gut, wenn es so bliebe. Es wäre nicht gut, wenn es noch stärker würde.« In diesem Augenblick bemerkte ich, dass ich Angst hatte. Ich wusste nicht, wann und wie sie kam. Aber nun war sie da. Ich begann zu schwitzen. Die Optik erdrückte mich. Alles um mich war in Bewegung, auf unheimliche Weise lebendig, zugleich aber auch künstlich, von exakten Strukturen – Linien, Schuppen, Gittern – durchzogen. Ich blickte zu Boden, versuchte, mich abzuschotten. Als ich meinen Freund anschaute, fragte ich mich, wie ein Mensch nur so aussehen konnte. Eigentlich hatten seine Augen, seine Iris, seine Lider die normale Größe, doch nahm das alles so viel Platz ein, dass er mich aus riesigen Augenhöhlen, wie ein Zombie, anstarrte. Ich murmelte: »Oh mein Gott, nein« und blickte weg. Da fragte er mich, wie es sei. »Stärker, als ich es mir vorgestellt habe«, antwortete ich mit erstickter Stimme. »Aber es geht gerade erst los«, grinste er. Das war kein gutes Grinsen, sondern ein böses, ein schadenfrohes.*

Ich war auf diese Erfahrung nicht vorbereitet. Erst im Nachhinein habe ich die Klassiker der einschlägigen Literatur gelesen, etwa »Die psychedelische Erfahrung« von Timothy Leary, Ralph Metzner und Richard Alpert. Darin hätte ich Entscheidendes über die Bedeutung von Set und Setting erfahren. Beides sei dafür verantwortlich, wie ein Trip erlebt werde, ob er entgleise oder genossen werden könne. Als »Set« definiert Leary die persönlichen Voraussetzungen der Person, ihre Stimmung, ihre Vorbereitung, ihre psychische Grundstruktur. Zur Zeit des Trips war ich achtzehn Jahre alt, nur drei Jahre zuvor durchlebte ich eine schwere Krise. An meiner alten Schule wurde ich gemobbt, das führte zu einer ausgewachsenen Depression, die zeitweise so weit ging, dass ich mir wünschte, zu sterben. Auch wenn das alles lang vorbei war, es blieb doch eine soziale Unsicherheit. In dem Augenblick, in dem der Trip zu fahren begann, suchte ich Halt bei meinen Freunden, reproduzierte jedoch die alte, ungute Situation, in der ich mich einer feindseligen, mich ta-

xierenden Gruppe gegenübersah. Ich wähnte mich umgeben von Hass, Neid und Intrigen. Schnell wurde mein Zustand unerträglich. Die anderen hatten keine menschlichen Gesichter mehr, sondern bösartige Fratzen, die mich hämisch anstarrten. Das Unheimlichste aber war, dass ich sie nicht mehr verstand. Sie sprachen unaufhörlich, aber ich vernahm nur einzelne Worte, meist nur Laute, die keinerlei Sinn ergaben. Ich saß in der Falle.

Die zweite Kategorie, die laut Leary verantwortlich ist für das Gelingen eines Trips, ist das Setting. Damit meint er die äußeren Umstände, den kulturellen Rahmen, in dem man »auf Reise« geht, das soziale Gefüge, vor allem aber der Raum, in dem man sich befindet. Leary empfiehlt für Anfänger zum Beispiel einen ruhigen, reizarmen Ort ohne grelles Licht. Die visuellen Reize lassen sich bei Dunkelheit wesentlich besser kontrollieren als im Hellen. Bei uns brannte die Sonne. Auch bot der Park, in dem wir uns befanden, keinerlei Fluchtmöglichkeiten. Läuft der Trip schlecht, kann man durch einen Setting-Wechsel, durch Musik, haptische Eindrücke oder einen interessanten Bildband das Ruder wenden. Als letzte Reißleine empfiehlt Leary körperlichen Kontakt, »die Bruderschaft des Atmens«, wie er es nennt. Von alldem wusste ich nichts, außerdem war ich ja von Feinden umgeben.

Der Gipfel der Panik war aber noch nicht erreicht. Ich verstand meine »Freunde« nicht mehr, konnte mich ihnen nicht mehr verständlich machen. Und ich reflektierte das, merkte, dass ich nicht mehr denken, nicht mehr reden konnte. Blieb nur noch das Beobachten. Ich sah, wie einer auf mich zukam, mich ansprach, ein Zigarettenpapier aus seinem Geldbeutel holte, es mir zeigte und dann wieder einpackte. Wieso er das tat, verstand ich nicht. Ich stutzte. Er holte das Zigarettenpapier noch einmal heraus, zeigte es wieder, packte es wieder weg. Nein, er tat das nicht noch einmal, es war die gleiche Situation. Und sie begann noch einmal und noch einmal. Nun nahm ich wahr, dass die Szene zwischen den Wiederholungen zurückgespult wurde, wie in einem Videorekorder. Und sie begann immer wieder von vorne. Während ein Teil von mir sich wunderte, wie so etwas möglich sein könne, geriet der andere, geriet ich in eine bodenlose Verzweiflung.

Leary empfiehlt in »Die psychedelische Erfahrung«, einer Übertragung des tibetanischen Totenbuchs auf die Tripsituation, schrecklichen Visionen mit größtmöglicher Passivität zu begegnen. Man müsse sich immer wieder daran erinnern, dass alles, was man in diesem Zustand sehe und erlebe, nur ein »Bewusstseinsspiel« sei, von dem keine reale Gefahr ausgehe. Vielmehr solle man den Horror willkommen heißen »wie einen alten Freund« – dann verschwinde er schnell wieder. Aber selbst dieses Wissen wäre für mich keine Hilfe gewesen. Der Schrecken bestand ja nicht in beängstigenden Dämonen, die hinter mir her waren, sondern darin, dass sich mein Sehen, mein Denken auflöste: dass ich in einer Zeitschleife gefangen war. Was ich die ganze Zeit schon fürchtete, war nun Sicherheit: dieser schreckliche Zustand würde nie aufhören. Oder, wie wir auch sagten: Ich war auf dem Trip hängengeblieben.

Irgendwann hörte es doch auf, ich weiß nicht mehr wie. Mindestens ein Jahr lang jedoch spürte ich die Nachwirkungen. Zum einen sah ich immer wieder diese fein ziselierten, schuppenhaften Strukturen in Wolken, in Blättern, auf Häuserwänden. Überhaupt stimmte etwas mit meinem Sichtfeld nicht. Die Gegenstände, die ich sah, hatten zwar die normale Größe, schienen zugleich aber auch unheimlich weit entfernt zu sein, so dass es wirkte, als befände ich mich zwischen lauter riesenhaften und unerreichbaren Dingen. Am meisten ängstigten mich jedoch diese kurzen Aussetzer: Für die Dauer von etwa drei Sekunden kannte ich mich nicht aus, wusste ich nicht, wo ich mich befand. Irgendwann merkte ich, dass ich diese kurzen Blackouts wohl schon vor dem Trip hatte, dass sie mir damals nur nicht aufgefallen waren. Mit der Zeit arrangierte ich mich damit, außerdem wurden sie weniger. Heute, über zehn Jahre nach dem Trip, leide ich nicht mehr darunter, ich finde sie sogar eher lustig, wenn sie auftauchen.

LSD habe ich seither nicht mehr genommen. Nach einigen

Jahren traute ich mich wieder, zu kiffen. Es war schmerzhaft, mich von meiner Vorstellung des idealen Rausches zu verabschieden. Aber es bestand kein Zweifel, dass ich es tun musste.

»Unterwirf dich dem Prozess!« – fachkundige Hilfe, wenn die Spirale abwärtsgeht

Albert Hofmann schätzte einmal, dass unter vier LSD-Trips einer entgleise. Mag das auch eine ziemlich pessimistische Schätzung sein, die noch dazu die abenteuerlichen Konsumgewohnheiten der 1960er Jahre widerspiegelt (so waren etwa in Kalifornien Dosen von bis zu 500 Mikrogramm nicht ungewöhnlich), so ist doch klar, dass bei massenhaftem Psychedelika-Konsum einige User ins Straucheln geraten. Zum Glück gibt es Sara Gael. Sie arbeitet beim Zendo-Project und hat sich der »psychedelic harm reduction« verschrieben. »Wir helfen Usern, die gerade eine schwierige psychedelische Erfahrung machen. Den Ausdruck Bad Trip verwenden wir nicht gerne«, sagt Gael. »Unser wichtigstes Motto ist: schwierig bedeutet nicht schlecht. Wenn wir es schaffen, unseren Besuchern das klar zu machen, ist eigentlich schon alles gut.«

Ins Leben gerufen wurde Zendo 2001 anlässlich des »Boom«-Festivals in Portugal – dem wohl psychedelischsten Event in Europa. Mehrere MAPS-Assoziierte waren dort schon in den Vorjahren, und ihnen fiel auf, dass ein paar »Psychonauten« dort keine gute Zeit hatten. »Ein Festival an sich ist schon eine psychedelische Erfahrung. Man ist in einer fremden Umgebung, umgeben von fremden Geräuschen, Gerüchen und Eindrücken, man verliert höchstwahrscheinlich seine Gruppe. Auch komplett nüchtern ist man wie auf Trip. Wenn man nun noch psychedelische Substanzen nimmt, wirkt das wie ein Verstärker, und es kann zu einem wirklich entgrenzenden Erlebnis führen. Für Personen, die nicht wissen, was sie erwartet, kann das schnell zu viel werden. Und dann gibt es natürlich noch die, bei denen Psychedelika ein verdrängtes Trauma bewusstwerden lassen. Oder einfach jene, die zu viel erwischt haben. Für all die kann so ein Festival zum Albtraum werden. Aber das muss nicht sein.«

Zendo ist auf den »transformative festivals« wie dem »Burning Man«, »Envision«, »Lightening in a Bottle« oder dem »Bicycle Day Weekend« mit einem großen Zelt vertreten, das eine sichere Insel im Sturm des Rausches sein soll. »Jeder, der uns besucht, wird persönlich in Empfang genommen. Dafür arbeiten geschulte Freiwillige bei uns, je nach Größe des Events bis zu 60 Personen. Das Wichtigste ist dann zunächst zu prüfen, ob körperliche Gefahr droht. Dazu arbeiten wir mit medizinisch geschultem Personal zusammen. Bei extrem hohem oder niedrigem Blutdruck, Hyperthermie oder Bewusstseinsverlust müssen wir den Notarzt rufen – aber das kommt selten vor.« In der Regel haben es die Zendo-Freiwilligen mit psychischen Problemen zu tun. »Das reicht von Verwirrung über völlige Desorientierung, psychotische Schübe bis hin zu Panik und akuter Todesangst. Oft kommen auch Personen, die einfach Angst haben, wahnsinnig geworden zu sein oder sich in einer Art depressiven Starre befinden«, sagt Gael.

Aber was macht man in so einem Fall? In Psychedelika-Kreisen kennt man die Methode des »Talking down«, die freilich nicht sonderlich elaboriert ist: Der verschreckte User soll durch einen Redeschwall seines Gegenübers abgelenkt werden und so vergessen, sich auf den eigenen, beängstigenden Zustand zu konzentrieren. Zendo verfolgt das Gegenkonzept und das heißt: »Surrender to the process« – »unterwirf dich dem Prozess«.

Eine der wichtigsten Quellen für die Arbeit von Zendo ist das Werk des tschechisch-amerikanischen Psychiaters Stanislav Grof. In seinem Therapieansatz verbindet Grof unter anderem ein psychoanalytisches Design – etwa die Überzeugung, dass psychische Probleme auf unbewussten, verdrängten Erlebnissen beruhen – mit dem Wirkpotenzial psychedelischer Substanzen. In seinem Text »Kriseninter-vention in Situationen, die beim unüberwachten Konsum von Psychedelika entstehen können« von 1980 beschäftigt Grof sich mit der Frage, wie man Personen helfen kann, de-ren LSD-Trip aus dem Ruder läuft. Grof lässt sich dabei von seinen eigenen Erfahrungen leiten. Schon in den frühen 1960er Jahren hatte er in der Tschechoslowakei mit Labor-mitarbeiterinnen und -mitarbeitern zu tun, die versehent-lich LSD einnahmen, zum Teil in hohen Dosen. Und natür-lich begegneten ihm auch in seiner Praxis Patienten, die auf die Gabe von LSD nicht mit einem spirituellen Erlebnis, sondern mit Panik reagierten. Grof schreibt: »Das Beson-dere an LSD ist, dass es keinen typischen Rausch erzeugt. Es fungiert vielmehr als Verstärker mentaler Prozesse, der auf diese Weise Zugang zu sonst verschlossenen Bereichen der Psyche schafft.« Eine schwierige LSD-Erfahrung be-schreibt Grof als Sichtbarmachung einer pathogenen Struk-tur im Unbewussten – im psychotherapeutischen Kontext also eine fruchtbare und insofern erwünschte Reaktion.

Passiert einem Freizeituser so etwas, wird oft der Arzt ge-rufen oder der Betroffene in die Notaufnahme gebracht. Laut Grof ist das, was dann geschieht, aber genau das Fal-sche. Der sowieso schon verängstigte User befindet sich plötzlich in einem unangenehmen Ambiente, das ihm noch zusätzlich suggeriert, dass etwas nicht in Ordnung sei. Wer-de ihm dann wie üblich ein Beruhigungsmittel verabreicht, lindert das zwar die Panik, dafür werde die psychedelische Erfahrung aber in einem denkbar negativen Moment »ein-gefroren« – was langfristig den Effekt habe, dass die patho-gene Struktur, die kurz offengelegt wurde, gewissermaßen vernarbe und so noch mehr Schaden anrichte.

Stattdessen müsse, so Grof, der Betroffene in eine thera-peutische Situation gebracht werden. Am besten in ein klei-nes, abgedunkeltes Zimmer, idealerweise in liegende Posi-tion. »Dann sollte der Therapeut dem Subjekt wiederholt mitteilen, dass der schnellste Ausweg aus diesem unange-nehmen Zustand darin besteht, den emotionalen Schmerz anzunehmen, ihn ganz und gar zu erleben und einen geeigneten Weg zu suchen, das auszudrücken«. Der Effekt von LSD und anderen Psychedelika ist laut Grof selbstlimitiert. Auch wenn es dem User anders erscheint und er sich auf einem »Highway to Hell« wähnt, seien die dramatischsten Momente nie von Dauer. Analog könnte man auch mit Timothy Learys Trip-Anleitung aus »Die Psychedelische Erfahrung« argumentieren: In dem Augenblick, in dem man nicht mehr vor den schrecklichen Visionen flieht, sondern sich mit ihnen konfrontiert, verlieren sie schnell ihren Schrecken und lösen sich auf. Wichtig ist für Grof, dass der User nicht alleingelassen werde und spätestens nach 24 Stunden zusammen mit dem Therapeuten seine Erlebnisse bespreche.

Die von Grof beschriebene Prozedur ist natürlich nicht direkt auf ein Festival zu übertragen. Schon allein deshalb nicht, weil keineswegs alle Klienten von Zendo einen reinen, klaren Psychedelika-Rausch erleben, wie ihn Grof beschreibt. Verschiedene Substanzen zeitigen verschiedene Effekte: Während LSD beängstigend wirken kann, weil man in einen Strudel von Assoziationen, Eindrücken und Erinnerungen gerissen wird, also an einem Zuviel an Kognition leidet, kann bei Ketamin gerade die Sprachlosigkeit und Leere des Zustandes, in dem man sich befindet, schrecken. Und die psychedelischen Effekte einer hohen Dosis MDMA, die mit starken körperlichen Symptomen einhergehen, sind etwas anderes als die zum Teil sehr unausgewogenen und diffusen Wirkungen der Neo-Drogen. Sara Gael von Zendo berichtet, dass sie oft mit Usern zu tun hat, die nicht einmal mehr wissen, was sie genommen haben und die sich nicht auf der von Grof beschriebenen Reise nach innen befinden, sondern einfach nur hochgradig verwirrt und nervös sind. »Aber auch deren Zustand bessert sich meist schnell, wenn sie in einem abgetrennten Bereich des Zeltes auf einer Matte liegen und eine Betreuungsperson ihre Hand hält.«

Die meisten Fälle sind dann aber doch »schwierige« LSD-

Erfahrungen – und hier sind Grofs Hinweise sehr wertvoll. Sara Gael erzählt: »Nachdem wir die Gäste an einen ruhigen, für sie sicheren Ort gebracht haben, ermuntern wir sie dazu, zu sprechen. Was macht ihnen Angst? Was sehen sie? Worauf stoßen sie? Oft müssen wir sie auch daran erinnern, dass sie gerade auf Reise sind, es kommt vor, dass sie das vergessen. Wir sagen dann: ›Was du gerade erlebst, ist ein außergewöhnlicher Zustand, ausgelöst von einer Medizin. Wehre dich nicht dagegen!‹ So kontraintuitiv es klingt: Man darf sich dem Rausch nicht in den Weg stellen. Deswegen versuchen wir auch nicht, die Gäste zu beruhigen oder die Dinge kleinzureden. Vielmehr ermuntern wir sie, voranzuschreiten. Wenn ein Gast zu mir sagt, er habe Angst, verrückt zu werden, sage ich: ›Ok, dann werde verrückt!‹ Wenn einer meint, gerade zu sterben, frage ich: ›Wie fühlt es sich an, zu sterben?‹ – natürlich nur, wenn ich sicher bin, dass keine körperliche Gefahr droht. Der Schrecken entsteht durch eine Verkrampfung. In dem Augenblick, wo lockergelassen wird, kann sich die ›schwierige‹ Situation in eine sehr interessante, ja lustvolle wandeln. Dabei helfen wir und fast immer gelingt es.« Die Dankesnachrichten, die auf den Zendo-Seiten eingehen, sind dementsprechend herzlich, etwa: »Ihr macht fantastische Arbeit – bitte macht weiter damit…«

Auf die Frage, wieso die Zendo-Freiwilligen die Mühe auf sich nehmen, nicht nur über mehrere Tage verängstigte User zu betreuen, sondern auch noch im Vorfeld über Crowdfunding und Spendensammeln gut 15 000 Dollar für die Infrastruktur zu organisieren, antwortet Gael: »Die meisten Freiwilligen sehen das als Übung. Wir glauben, dass es bald wieder die Möglichkeit geben wird, mit psychedelischen Substanzen therapeutisch zu arbeiten, und darauf bereiten wir uns vor. Außerdem ist das Teil unserer Mission. Wem wir helfen, durch die schwierige Erfahrung zu gehen, hat nachher oft ein anderes, ein tieferes Verständnis davon, was psychedelische Substanzen sind. Außerdem macht es Spaß.«

Light Drogen, Horrordrogen, komische Drogen – neue psychedelische Substanzen

Ein blaues Wunder

Die Substanz trägt den kryptischen Namen CPH4, ist ein tiefblaues, kristallines Pulver und hat unglaubliche Eigenschaften. In geringen Dosen macht sie nicht nur hellwach und glücklich, sie kann auch Halbtote wieder zum Leben erwecken. In höheren Dosen aktiviert CPH4 ungenutztes Hirnpotenzial, was dazu führt, dass die User die Gedanken Fremder lesen und sogar deren Handlungen lenken können.

Das alles gibt es natürlich nur im Film, in dem Actionthriller »Lucy« (2014). Und so übertrieben der Plot auch ist, Autor und Regisseur Luc Besson bemüht sich doch, an aktuelle Themen anzuschließen. Da ist etwa der Hype um sogenannte »Brainbooster«. Das sind Arzneimittel wie Ritalin oder Adderall, die Hyperaktiven angeblich helfen, ihre Aufmerksamkeit zu fokussieren, oder Modafinil, mit dem Schlafkrankheit behandelt wird. Die meisten dieser Substanzen sind Weiterentwicklungen des Aufputschmittels Amphetamin, sie haben keinen psychedelischen Effekt, steigern jedoch die Konzentration und machen schlicht wach. Deshalb werden sie auch von Gesunden geschätzt, etwa von College-Studenten, die damit nächtelang in der Bibliothek über trockenen Lehrbüchern ausharren können. Auch unter Anwälten, Chirurgen und Managern werden Brain-Booster immer beliebter, da sich damit die Arbeitsleistung dramatisch steigern lässt. Jedoch zu welchem Preis? Die körperlich schädlichen Effekte der Amphetamin-Familie sind wohlbekannt, einige der Substanzen erhöhen die Aggressivität, und wie sich überlange Arbeitsphasen auf die Psyche auswirken, weiß man. Da diese Drogen aber mit der herrschenden Ideologie der Selbstoptimierung in

Einklang stehen, ist es kein Wagnis, für sie das Wort zu erheben. So forderte etwa die Neurowissenschaftlerin Martha Farah im Magazin *Nature* die Freigabe von Neuroenhancern: »Wir sollten mit den neuen Methoden, unsere Hirnfunktionen zu verbessern, offen umgehen. Fast jeder will diese Möglichkeiten nutzen.«

Noch viel mehr Möglichkeiten ergeben sich jedoch nebenbei. Quasi im Windschatten der allgemeinen Pharmakophilie werden ständig neue psychotrope Substanzen entdeckt und auf den Markt gebracht. Es gibt starke, zum Teil mit den Neuroenhancern verwandte Stimulanzien, Tranquilizer, Mittel, die wie Opiate wirken, und vor allem ein unüberschaubares Repertoire an bewusstseinsverändernden Drogen. Und in einem Punkt ist die Realität sogar überraschender als die Fiktion: Wird CPH4 in »Lucy« von der skrupellosen koreanischen Mafia gehandelt und muss äußerst umständlich – nämlich in menschlichen Körpern – nach Europa geschmuggelt werden, so sind die meisten der neuen Designerdrogen völlig legal. Oder besser gesagt: noch nicht illegal.

Der blinde Fleck des Rechts

Die Gesetze, die in den westlichen Staaten Besitz und Handel von Drogen eindämmen sollen, etwa der »Controlled Substances Act« der USA, der »Misuse of Drugs Act« in Großbritannien oder das deutsche Betäubungsmittelgesetz, sind einander sehr ähnlich. Das liegt daran, dass sie auf die »Single Convention of Narcotic Drugs« zurückgehen, die von den Vereinten Nationen 1961 verabschiedet wurde. Unter Führung der USA einigten sich zahlreiche Staaten, darunter alle Industrienationen, gegen Drogen vorzugehen – zum angeblichen Schutz der suchtgefährdeten Bürger, ihrer Familien sowie der gesamten Gesellschaft. Das 1971 in Kraft getretene deutsche Betäubungsmittelgesetz löste das Opiumgesetz aus dem Jahr 1929 ab, das für den Besitz verbotener Substanzen wie Opium nur geringe Strafen vorsah und in erster Linie den Handel, die Einfuhr und die Produktion wichtiger pharmazeutischer Produkte wie Morphium regeln sollte. Nun also sollte Hersteller, Händler und User unliebsamer Drogen die volle Härte des Gesetzes treffen. Dazu wurden die Substanzen in drei Gruppen unterteilt. Anlage I enthält die »nicht verkehrsfähigen Betäubungsmittel« – komplett verbotene Stoffe wie Heroin, LSD und Cannabis. Anlage III sind »verkehrsfähige und verschreibungsfähige Betäubungsmittel«, etwa Morphium oder Methylphenidat, der Wirkstoff von Ritalin. Diese können von Ärzten verschrieben werden. Anlage II listet Substanzen, die selbst nicht verschreibungsfähig sind und für die Herstellung sowohl von Arzneimitteln wie von Anlage-I-Substanzen verwendet werden können.

Bei Inkrafttreten des Gesetzes glaubte man, damit »der Rauschgiftwelle in der Bundesrepublik Deutschland Einhalt zu gebieten und große Gefahren von den Einzelnen und der Allgemeinheit abzuwenden«, wie es in der Begründung der Bundesregierung zum Gesetzentwurf hieß. Alle Drogen, die man für schädlich hielt, wären nun gebannt, so die Hoffnung. Nun gilt jedoch als zentraler Grundsatz des modernen Strafrechts auch: »Nullum crimen sine lege« – »kein Verbrechen ohne Gesetz«. Das heißt: Jedes Verbrechen muss klar benannt sein. Übertragen auf das Betäubungsmittelgesetz bedeutet das: Nicht etwa der Rausch selbst ist strafbar, sondern nur der Besitz der in Anlage I bis III gelisteten Substanzen. Alles, was nicht im Gesetz steht, ist folglich legal. Schon bei Inkrafttreten des Gesetzes waren einige Rauschmittel nicht erfasst. Zum Teil, etwa bei Lachgas, weil der medizinische Gebrauch viel verbreiteter war als der »recreational use«. Zum anderen, weil man den Konsum für zu unbedeutend hielt, etwa im Fall der Nachtschattengewächse (die auch schwer zu verbieten wären, weil sie wild wachsen). Womit man damals noch nicht rechnete, war die Aussicht, dass es ständig neue Drogen geben könnte, die, solange sie nicht explizit genannt werden, legal sind. Spätestens Anfang der 1980er Jahre zeigte sich jedoch, dass immer neue Rauschmittel – damals entstand der Ausdruck Designerdrogen – auf den Markt kamen. 1984 reagierte die deutsche Legislative, wieder nach dem Vorbild der USA, und verbot in der »ersten Betäubungsmittelgesetz-Änderungsverordnung« 17 bis dahin legale Substanzen, etwa das Entaktogen MMDA. Zwei Jahre später war die nächste »BtMGÄndV« nötig, diesmal erwischte es MDMA. Im Dezember 2014 trat die 28. Änderungsverordnung in Kraft, mit der 32 neue Drogen verboten wurden. Das Problem ist nur: Neue psychotrope Substanzen kommen mittlerweile sehr viel schneller auf den Markt, als sie verboten werden können.

Der Sachverständigenausschuss für Betäubungsmittel überwacht die Szene und äußert sich etwa jährlich in einem Empfehlungsschreiben darüber, welche neuen Substanzen man verbieten sollte. Dazu muss der Nachweis über die Gefährlichkeit der Droge erbracht werden, ebenso über deren tatsächliche Verbreitung. Beides erfordert Recherche, etwa bei Drogenberatungsstellen – und das dauert. Das nächste Problem besteht darin, dass die Empfehlungen des Sachverständigenausschusses öffentlich sind. Da sie relativ wahrscheinlich zu einer Listung der neuen Rauschsubstanzen führen, haben Hersteller und Händler nun einen Anhaltspunkt, dass sie mit dieser Substanz nicht mehr lange ein Geschäft machen können. Sie werden sich also nach Ersatz umsehen – etwa einer chemisch leicht veränderten Variante, die, da es sich ja um eine andere Chemikalie handelt, wieder legal ist. Beeilen müssen sie sich dabei aber nicht, denn bis der Bundestag alle Stellungnahmen eingeholt hat und die Änderungsverordnung verabschiedet, vergeht mindestens ein Jahr, oft mehrere.

Natürlich gäbe es Alternativen. In Österreich etwa ist seit 2012 das »Neue psychoaktive Substanzen Gesetz« in Kraft, das hohe Haftstrafen für Händler vorsieht, die Stoffe vertreiben, die einen Rausch erzeugen können. Auch wird immer wieder über ein »Substanzgruppenverbot« diskutiert, bei dem eben nicht nur einzelne Stoffe, sondern ganze Familien gelistet werden. Wie schwierig das jedoch ist, zeigt der »Federal Analog Act«, der schon 1986 in den USA eingeführt wurde und alle Substanzen verbietet, die zum einen hohe Verwandtschaft mit einer bekannten illegalen Droge aufweisen und zum anderen ähnlich berauschend wirken. In der Praxis zeigte sich jedoch, dass die Definition von »chemisch analog« so strittig ist, dass dieses Gesetz im Umgang mit legal highs so gut wie keine Rolle spielt. Zudem sind nur einige der neuen Drogen Derivate eingeführter Substanzen, viele dagegen tatsächliche Neuentwicklungen.

Hieß es bislang, dass die neuen psychotropen Substanzen legal sind, so war das nicht ganz korrekt. Denn sie wurden vom Arzneimittelgesetz erfasst. Dieses regelt den Umgang mit allen Substanzen, die eine körperliche oder psychische Wirkung haben. Doch werden die Käufer nicht verfolgt, und auch die Verkäufer unerlaubter Arzneimittel werden traditionell ungleich milder behandelt als klassische Drogendealer. Die Höchststrafe für das schwerste Verbrechen in diesem Bereich, die Gefährdung einer »großen Zahl von Menschen«, beträgt zehn Jahre. Seit Juli 2014 indes droht Händlern infolge eines geschickten juristischen Winkelzugs gar keine Strafe mehr: Markus D. wurde wegen des groß angelegten Verkaufs von Räuchermischungen, die noch nicht verbotene psychotrope Substanzen enthielten, angeklagt. Sein Rechtsanwalt argumentierte jedoch, dass die von D. verkauften Substanzen keine Arzneimittel seien, denn das seien nur Stoffe, »die als Mittel mit Eigenschaften zur Heilung oder zur Verhütung menschlicher Krankheiten bestimmt sind« – was bei den berauschenden Räuchermischungen offensichtlich nicht der Fall sei. Der Europäische Gerichtshof folgte dieser Rechtsauslegung und sprach den Angeklagten frei, zum Entsetzen deutscher Staatsanwälte. Seither sind legal highs wirklich legal.

Da User von legal highs polizeilich nicht erfasst werden, sind Aussagen über die Verbreitung dieser neuen Substanzen sehr schwierig. Eine grobe Schätzung kann man jedoch abgeben, und zwar auf Grundlage des »Global Drug Survey«. Das ist eine jährlich stattfindende, britische Online-Umfrage, die sich den Konsumgewohnheiten von Drogen-Usern weltweit widmet. Problematisch daran ist, dass die Teilnehmer selbst entscheiden, ob sie mitmachen. Jemand, der keinen Bezug zu Drogen hat, wird nicht auf die Umfrage stoßen. Man kann also davon ausgehen, dass die Prozentzahlen zum Konsum höher sind als in Wirklichkeit. Aussagekräftig ist der »Global Drug Survey« jedoch, wenn es darum geht, einzelne Substanzen miteinander zu vergleichen. Bei der Umfrage 2014 etwa gaben 87 Prozent der US-amerikanischen Teilnehmer an, im letzten Jahr Alkohol getrunken zu haben. Cannabis rauchten 70 Prozent, MDMA nahmen 20 Prozent, LSD 18 Prozent, Kokain 15 Prozent der User. Mit legal highs hatten 21 Prozent im letzten Jahr Erfahrung. Der Großteil der User ist zwischen 20 und 25. Wie groß das Phänomen ist, erkennt man auch daran, dass legal highs im letzten »World Drug Report« der Vereinten Nationen als eine der größten Bedrohungen genannt werden. Die amerikanische Drug Enforcement Administration berichtete kürzlich, dass international agierende Drogenkartelle massiv in den Markt der legal highs drängen, weil die Gewinnmargen hier weit höher sind als bei allen klassischen illegalen Drogen. Nicht zuletzt, weil man sich die mühsamen Geheimtransporte sparen kann.

Es ist zu erwarten, dass die Zahl der User in den nächsten Jahren steigen wird. Wer Wert darauf legt, nicht mit dem Gesetz in Konflikt zu geraten, weil er als Beamter arbeitet, seinen Führerschein entzogen bekam oder vorbestraft ist, wird zu legal highs greifen. Da es sich bei den Drogen um neue und noch unbekannte Substanzen handelt, gibt es keine Tests, die diese im Urin, im Blut oder in den Haaren nachweisen könnten. Auch gäbe es dafür keine rechtliche Grundlage. Vor allem aber gab es bisher eine sehr hohe Hürde, über die junge Menschen, die Lust auf Drogen hatten, springen mussten: Sie mussten zum Dealer. Doch die

Männer mit Sonnenbrille, die vor der Schule stehen und ihre Käufer mit leisen Zischlauten anlocken, gibt es nur in Vorabendkrimis. In einer Kleinstadt an Stoff zu kommen, ist alles andere als einfach. Noch dazu scheuen viele Jugendliche, vor allem solche mit bürgerlichem Hintergrund, den unangenehmen Umgang. Legal highs im Internet zu kaufen, ist dagegen so einfach wie Amazon-Shopping. Und wie bei Viagra werben die Shops mit einer »unauffälligen Verpackung«. Mit legal highs macht man sich die Finger nicht schmutzig. Das gilt für User, für Händler und auch für die Hersteller.

Dr. W.s Labor

Luc Besson wusste, wieso er seinen Film »Lucy« in Asien beginnen lässt: Was Kolumbien für Kokain, Afghanistan für Heroin und Nordafrika für Haschisch, ist China für die legal highs: das Zentrum der Produktion.

Das Gebäude der Chemiefakultät der »East China University of Science and Technology« in Shanghai hat schon bessere Tage gesehen. Das Erdgeschoss steht leer, die Fenster sind verwittert. Die Fakultät ist auf ein neues Gelände außerhalb der Uni gezogen, die alten Unterrichtsräume werden inzwischen an private Chemieunternehmen vermietet. Im zweiten Stock residiert eine Firma mit dem verblüffend ehrlichen Namen »ChemFun«. An den Wänden im Flur hängen Portraits und Kurzbiographien von Marie Curie, Albert Einstein und dem deutschen Chemiker Ernst Otto Beckmann. Die Bilder sind kein Überbleibsel der Uni, der Geschäftsführer von ChemFun, Dr. W., hat sie aufgehängt. »Zur Inspiration«, sagt er. Der hagere Mittdreißiger ist mit ganzem Herzen Wissenschaftler und möchte, dass auch seine Angestellten sich für ihre Arbeit begeistern. Seine Firma gibt es seit 2005, sie synthetisiert Chemikalien. Etwa 2007 häuften sich bei Dr. W. die Anfragen aus dem Ausland. Dr. W. ist ein findiger Geschäftsmann. Er verpasste seiner Firma einen englischsprachigen Web-Auftritt. Ganz einfach kann man hier hunderte Chemikalien shoppen. Neue Moleküle lassen sich mit einem Konfigurator in wenigen Mausklicks zusammenbauen. ChemFun sei in der Lage, so Dr. W., jede synthetisierbare Chemikalie innerhalb von sechs Wochen in großen Mengen herzustellen. Lieferungen unter hundert Kilo erfolgen in der Regel innerhalb von vier Wochen per UPS, DHL, TNT oder FedEx, je nach Kundenwunsch. Bestellungen über hundert Kilo werden verschifft, wegen der hohen Transportkosten. Die Pakete seien sehr unauffällig, Probleme mit dem Zoll habe es noch nie gegeben, so Dr. W. Mit diesem Geschäftsmodell wuchs Chem-Fun rasant. Etwa zwanzig Chemiker arbeiten in der Zentrale. Daneben gibt es noch Fabriken mit mehreren hundert Mitarbeitern, unter anderem in Changzhou in der Provinz Jiangsu und in Shijiazhuang in der Provinz Hebei.

Die Labors in der Zentrale wirken nicht mehr ganz neu. Zwei Männer in weißen Kitteln schütten gerade ein gelbliches Pulver aus alten Plastikeimern in eine Zentrifuge. Die Tiefkühltruhen, in denen Substanzen aufbewahrt werden, stammen offenbar aus dem Nachlass eines Supermarktes, sie tragen Namenszüge chinesischer Speiseeis-Marken. Das alles schaut ein bisschen so aus, wie man sich eine Drogenküche vorstellt. Die Chemikalien, die man verkaufe, entsprächen aber höchsten Standards und seien rein, betont Dr. W. Man könne das gerne in eigenen Labors im Ausland testen lassen.

Dr. W.s Geschäftsmodell basiert auf legal highs. Als die synthetischen Cannabinoide der JWH-Gruppe in den Ländern der EU noch legal waren, zählten sie zu seinen Bestsellern. Inzwischen sind es andere Substanzen. Regelmäßig würden seine Mitarbeiter die Gesetzeslage zur Ausfuhr der jeweiligen Chemikalien überprüfen. Generell exportiere man nichts, was illegal sei, so Dr. W. Über seine Kunden schweigt er. Und mit Drogen habe er überhaupt nichts zu tun: »Wir verkaufen keine psychoaktiven Wirkstoffe wie THC, Methamphetamine oder Morphin. Wir verkaufen nur

Inhaltsstoffe, die Kunden bei uns nachfragen. Wir sind nicht dafür verantwortlich, was die Kunden daraus machen. Wenn die Kunden aus den Chemikalien Drogen herstellen, machen sie die Drogen, nicht wir.«

Räuchermischungen, Badesalze, »Forschungschemikalien«

Dass es an Rauschmitteln nicht nur Alkohol legal zu kaufen gibt, ist nichts Neues. Schon seit den 1970er Jahren vertreiben »Headshops« unverhohlen Drogen, die vom Betäubungsmittelgesetz nicht erfasst sind. In Deutschland sind das etwa Holzrosen-Samen, die das natürliche Halluzinogen LSA, einen engen Verwandten des LSD, enthalten. Oder Amylnitrit, das als Poppers in der schwulen Subkultur eine wichtige Rolle spielt. Bevor im Jahr 1994 das Halluzinogen und Aphrodisiakum 2C-B verboten wurde, konnte man es ebenfalls ganz legal erwerben. Jahrelang blieb der Markt für legal highs jedoch marginal, die Substanzen waren zu exotisch, um Bestseller zu werden.

Ab Anfang der 2000er Jahre wurden in Headshops, zuerst in Großbritannien, dann in Kontinentaleuropa und den USA, Räuchermischungen namens Spice verkauft. Der Hersteller, die britische Firma Psyche Deli, die zuvor mit Psilocybin-Pilzen handelte, gab an, dass in den silbrig glänzenden Tüten lediglich Kräuter – »sibirisches Mutterkraut« und »blauer Lotus« – enthalten seien. Der Effekt jedoch war umwerfend. Im wahrsten Sinn des Wortes.

»Elektronisches Cannabis« – Erfahrungen eines 25-jährigen Studenten mit Spice

Man kann mich wohl als Kiffer bezeichnen. Ich schätze, dass ich mindestens einmal pro Woche Cannabisprodukte rauche, und das seit etwa 10 Jahren. Als ich zum ersten Mal in den

Medien von der geheimnisvollen neuen Droge namens Spice hörte, die junge Leute in Scharen umkippen lässt, war ich sehr skeptisch. »So etwas rauchen Gymnasiasten in der kleinen Pause«, dachte ich, »lächerlich!« Ein Freund von mir brachte eines Abends ein Tütchen mit, in dem sich »Spice« befand. Es waren kleine, braune Krümel, die penetrant nach Esoterik-Laden rochen. Wir musterten das Zeug geringschätzig, drehten einen Joint damit (»mach viel rein, das ist sicher schwach«, meinte mein Freund) und zündeten ihn an. Der Räucherstäbchen-Geruch war unerträglich. »Gott sei Dank haben wir noch echtes Gras«, dachte ich. Nach fünf Zügen änderte sich alles. Zuerst bemerkte ich, dass mein Herz wie verrückt zu rasen begann. Ich kenne den Effekt auch von Cannabis – nur war das Herzrasen nun erschreckend stark. Ich begann zu schwitzen. Mit einem Schlag setzte der Rausch ein. Es war, als drücke mir jemand ein Kissen aufs Gesicht. Mein Bewusstsein befand sich wie unter einer Käseglocke. Alles um mich herum war unheimlich weit entfernt. Ich signalisierte meinen Freunden, dass ich genug hatte und sah, dass auch sie blass um die Nase waren. Die alte Angst keimte auf: ist es gefährlich? Hört dieser Zustand wieder auf? Nach einigen Schreckminuten fing ich mich. Ich realisierte, dass es schon eine Art Cannabis-Rausch ist, nur eben ein sehr starker. Das Gefühl, eingesperrt zu sein, ließ bald nach, wir blickten uns kopfschüttelnd an und murmelten: »Was zum Teufel ist das für ein Zeug?« Wir bekamen gute Laune, scherzten, und an diesem Abend fiel ich zum ersten Mal in meinem Leben vor Lachen von einem Stuhl. Spice fühlte sich künstlich an, wie eine elektronische, verstärkte Version von natürlichem Cannabis. Irgendwie krank aber halt auch, oder wie wir damals sagten: »Leider geil.« Am nächsten Tag orderten wir übers Internet zehn Tütchen.

Ab 2007 boomte der Handel mit den legalen Kräutermischungen. Ein Headshop-Händler aus einer deutschen Kleinstadt sagte damals der Presse, er verdiene allein mit Spice täglich über 1000 Euro. In den Medien häuften sich Berichte über User mit Kreislaufschwierigkeiten und paranoiden Anfällen. Es war klar: Spice ist eine enorm potente Droge, bloß kannte man die wirksame Substanz nicht. Ein Jahr später wurde sie entdeckt: Es sind die künstlichen Cannabinoide JWH-018 und CP 47, 497, die auf eine wirklose Kräutermischung aufgetragen wurden. Schnell wurden sie verboten. Mit dem Effekt, dass kurz darauf Spice mit JWH-019 und JWH-122 auf den Markt kam. Danach AM-2201 und AM-2232, UR-144 und viele mehr. Seither ist es ein ständiges Katz-und-Maus-Spiel.

Spice machte legal highs bekannt. Schnell boten findige Händler auch andere Substanzen in ihren Webshops an. Für jeden Geschmack ist etwas dabei. Mephedron sollte MDMA gleichkommen, 4-Flourtropococain eine ähnliche Wirkung haben wie Kokain. Die öffentliche Aufmerksamkeit richtete sich besonders auf die Droge MDPV, die als vermeintliches »Badesalz« verkauft wurde und ein sehr potentes Aufputschmittel ist. Immer wieder kam es zu Berichten über gewalttätige Freakouts von Usern, was diesen Substanzen auch den unschönen Namen Kannibalen-Drogen einbrachte. Bis heute boomt der Markt mit immer neuen, noch nicht verbotenen Stimulanzien, die unter Namen wie »Charge«, »No Limit« oder »Sky High« verkauft weden.

Oft machen sich die Händler nicht einmal mehr die Mühe, ein Fake-Produkt wie eine »Räuchermischung« oder ein »Badesalze« zu kreieren. Die Substanzen werden als das gehandelt, was sie sind: Chemikalien. Und damit niemand auf die Idee kommt, diese Stoffe seien zum Verzehr geeignet, werden sie »research chemicals« genannt. Sie werden in eigenen Webshops gehandelt und kommen in kleinen, durchsichtigen Tütchen, auf denen sich der Name und – »research« eben – die Strukturformel befindet. Auch etliche im klassischen Sinne psychedelische Substanzen gibt es. Eine der bekanntesten ist das inzwischen verbotene Methoxetamin, ein leicht verändertes Derivat des Narkotikums Ketamin, das ab 2010 von Großbritannien aus eine ungeheuere Konjunktur erlebte. Die englische Presse raunte werbewirksam: »It's legal, it's cheap and it's trippy as hell!« – und innerhalb weniger Monate wurde Methoxetamin oder »Roflcoptr«, wie die Briten es auch nannten, zu einer beliebten Party-Droge. Nun ist Methoxetamin allerdings wesentlich potenter als Ketamin, muss im unteren Milligramm-Bereich dosiert werden und verursacht schon in kleinen Mengen schwere Halluzinationen. User berichten regelmäßig von außerkörperlichen Erfahrungen. Methoxetamin scheint die Eigenschaft zu haben, dass das Bewusstsein nur allzu leicht in die Gegenstände schlüpft, die der Konsument gerade betrachtet. Wer schon immer einmal wissen wollte, wie es ist, ein Fernseher oder Kühlschrank zu sein, ist bei dieser Droge richtig.

LSD light?

Zwischen 2010 und 2014 kamen laut dem *European Monitoring Centre for Drugs and Drug Addiction's early warning system* etwa 250 neue psychotrope Substanzen auf den Markt, mit steigender Tendenz. Allein im Jahr 2013 wurden 97 neue Rauschmittel von den Behörden entdeckt – und man kann davon ausgehen, dass das nur ein Teil der tatsächlich im Umlauf befindlichen Stoffe ist. Den meisten dieser Designerdrogen war jedoch nur sehr bescheidener Erfolg beschieden. Denn im Gegensatz zu eingeführten Drogen haben sie unangenehme Nebenwirkungen. So machen die meisten legal high-Amphetamin-Derivate zwar wach, jedoch oft auch nervös, sie verursachen Kopfschmerzen, einen trockenen Mund und Herzrasen. Aber es gibt eben auch Ausnahmen, etwa die Substanzgruppe NBOMe. Die macht seit etwa vier Jahren LSD ernsthafte Konkurrenz, ja es gibt Stimmen, die behaupten, NBOMe (in der Szene n-bomb genannt) sei nicht nur ein legitimer Erbe von LSD, sondern dessen zeitgemäßer Ersatz.

Im Jahr 2000 hob die DEA das Labor von William Leonard Pickard in Topeka, Kansas, aus. Pickard, einer der wichtigsten Underground-Chemiker und seit den 1960er Jahren aktiv, hätte darin Millionen, die DEA verlautbart: Milliarden wirksame Dosen LSD produzieren können. Pickard belieferte, so wird vermutet, den globalen Markt. Jedenfalls brach mit einem Mal die Produktion ein. Die Synthese von LSD ist sehr schwierig, zumal auch das wichtige Ausgangsprodukt Ergotamin streng kontrolliert wird. LSD ist heute eine sehr knappe Droge und laut UN-Drogenreport ist das der Grund dafür, dass der Konsum seit Jahren sinkt. Ganz anders ist es mit den Substanzen der NBOMe-Gruppe. Die können sich Händler legal bei chinesischen Labors bestellen. Wie LSD wirkt es im Sub-Milligramm-Bereich und wird auf Löschpapier aufgetragen, kostet jedoch pro Trip statt fünfzehn nur fünf Euro. Es wird vermutet, dass bereits heute ein bedeutender Anteil dessen, was als LSD verkauft wird, in Wirklichkeit n-bomb ist. Wie LSD und Psilocybin sind die Stoffe der NBOMe-Gruppe partielle $5HT_{2a}$-Agonisten. Der Rausch ist dem auf LSD sehr ähnlich. Jedoch mit entscheidenden Unterschieden: n-bomb ist »schlichter«. Es wirkt optisch und selbstentgrenzend wie LSD, hat jedoch nicht die Eigenschaft, die User in ein philosophisches, manchmal negatives Grübeln zu stürzen. Der körperliche und erotische Aspekt ist hingegen ausgeprägter, auch wirkt n-bomb euphorisierend. Vor allem aber dauert der Rausch nur etwa vier Stunden.

»Wie chemischer Kurzurlaub« – Erfahrungen eines 31-jährigen Grafikers mit N-Bomb

Eigentlich habe ich die ideale Droge für mich gefunden: LSD. Der Rausch ist ein Wagnis, man erlebt verrückte Dinge, zieht seltsame Personen an, lässt sich treiben. Auf einer Skala der Lebensfreude wäre ganz unten der Bereich der nervtötenden Arbeit und der langweiligen Uni-Seminare. Ganz oben wären Sex und LSD. Ich nahm die Droge gerne auf psychedelischen Ausflügen, auf der Berghütte, im Urlaub oder – das vor allem – auf Festivals. Wichtig war, dass man viel Zeit hatte. Denn der Trip selbst nimmt mindestens acht Stunden in Anspruch. Danach kann man lange nicht schlafen, weshalb man am nächsten Tag auch nur bedingt einsatzfähig ist. Es ist kein Wunder, dass ich LSD vor allem in meinen mittleren Zwanzigern nahm, als ich studierte. Nun bin ich Anfang dreißig, arbeite, checke auch am Sonntag stündlich am Smartphone, ob meine Kollegen mir Nachrichten geschickt haben. Ich habe eine feste Beziehung und verbringe die Wochenenden mit meiner Freundin, die mit Drogen nichts anfangen kann. Den alten Tripkumpanen geht es ähnlich. Auf einem Festival waren wir schon seit Jahren nicht mehr. Oft jedoch dachte ich wehmütig an die alten wilden Räusche zurück.

Das war die Situation, als mir ein Kollege von n-bomb erzählte. Er hatte die Droge in einem Nasenspray konsumiert, erwischte wohl etwas viel und befand sich für vier Stunden in einem kristallinen Wunderland. Sofort war mein Interesse geweckt. Ich fand heraus, dass man sich das Zeug problemlos schicken lassen kann. In dem dezenten Brief, der nach wenigen Tagen kam, befanden sich fünf Löschpapier-Blotter. Vom Konsum her also wie LSD, keine andere populäre Droge wirkt im Sub-Milligramm-Bereich. An einem Abend probierte ich es aus, ich wollte wissen, aus welcher Ecke der Rausch kommt. Ich bin vorsichtig mit neuen Drogen, nahm also nur ein Viertel, angeblich 250 Mikrogramm. Als ich es auf die Zunge legte, erschrak ich. LSD ist absolut geschmacklos, n-bomb hingegen schmeckte sehr bitter, brannte regelrecht und hinterließ auf der Zunge ein taubes Gefühl. Mir wurde blümerant. Wieso kann man ein Viertel eines Tausendstel Gramms schmecken? Der Rausch setzte schnell ein. Ich wurde dizzy, die Gedanken wurden schneller, mein Körper fühlte sich warm, gelenkig und kribbelig an, Euphorie brandete an. Ich räumte manisch die Wohnung auf, legte mich nachher auf den Teppich und hörte Jazz, was ich im *nüchternen Zustand nicht ertrage. Es war eindeutig ein psychedelischer Rausch, jedoch kontrollierbar, positiv und leicht.*

Die Woche darauf trommelte ich die alte Gruppe zusammen. Nicht zuhause, stattdessen gaben wir ein bisschen albern vor, wir träfen uns zum Fußballspielen. Wir trafen uns im Park, sofort herrschte die aufgeregte Vorrausch-Stimmung, die ich immer so liebte. Wenn schon, denn schon: Wir legten uns 1000 Mikrogramm auf die Zunge, alle klagten über den widerlichen Geschmack. Innerhalb einer halben Stunde ging es los. Wir krochen durchs Unterholz, vor unseren Augen tanzten Muster, wir kicherten wie junge Mädchen und entschlossen uns, in ein Museum zu gehen, wo wir mit weit aufgerissenen Augen vor niederländischer Barockmalerei standen. Man hätte den Rausch mit LSD verwechseln können – mit einem großen Unterschied: auf Acid ist man sensibel, auf n-bomb sitzt man auf einem weichen Polster der guten Laune. Man ist sensorisch geöffnet und meint, eine tiefe Verbindung zu den umgebenden Dingen und Menschen zu spüren. In spiritueller Hinsicht ist n-bomb aber viel banaler als LSD, ich verspürte nicht, wie auf Acid, den Drang, über die letzten Dinge zu grübeln. Aber ehrlich gesagt vermisse ich das auch nicht.

Die dunkle Seite der Forschung

Die Geschichte der NBOMe-Gruppe ist typisch. Entdeckt wurde das Molekül 25I-NBOMe von dem deutschen Chemiker Ralf Heim, der es 2004 in einer an der Freien Universität Berlin abgegebenen Dissertation mit dem Titel »Synthese und Pharmakologie potenter 5-HT$_{2a}$-Rezeptoragonisten mit N-2-Methoxybenzyl-Partialstruktur« vorstellte. Dem Forscher ging es darum, einen neuen Serotonin-Agonisten zu finden, mit dessen Hilfe der bisher immer noch zu weiten Teilen unverstandene Hirnstoffwechsel erkundet werden könnte. Von 25I-NBOMe hätte die nichtakademische Öffentlichkeit wahrscheinlich nicht weiter Notiz genommen, hätte nicht das Team um den Pharmakologen David Nichols von der Purdue-Universität in Indiana die Substanz weiter untersucht. Nichols ist einer der wenigen Forscher, deren Reputation in beiden Feldern unbestritten ist. Sowohl in der Mainstream-Wissenschaft, in der Studien mit bewusstseinsverändernden Substanzen bis vor etwa zehn Jahren mit größter Skepsis betrachtet wurden, als auch in der *psychedelic community* gilt er als Autorität. Seit Jahrzehnten erforscht er – hauptsächlich in Tierversuchen – Botenstoffe wie Serotonin und Dopamin und deren Rolle in Krankheiten wie Schizophrenie oder Parkinson. Als einer der wenigen Pharmakologen arbeitete er mit LSD und MDMA und entwickelte darüber hinaus neue Substanzen mit ähnlicher Wirkung. Sein Ruhm in der an veränderten Bewusstseinszuständen interessierten Gemeinschaft basiert vor allem auf der Tatsache, dass er einen neuen, einfacheren Syntheseweg für Psilocybin entwickelte. Schon in den 1990er Jahren wurde sein Name mit Designerdrogen in Verbindung gebracht. Zu dieser Zeit war das von ihm entwickelte legal high 4-MTA in Umlauf, das ähnlich wirkt wie MDMA. Schon damals vermutete Nichols, dass Underground-Chemiker seine Forschungs-Papers auf der Suche nach neuen Drogen auswerteten. So scheint es auch mit 25I-NBOMe gewesen zu sein. Wer wann die ersten Tütchen mit der »research chemical« vertrieben hat, lässt sich nicht mehr rekonstruieren. Dann ging es den üblichen Weg: Über Foren wie Erowid, Bluelight oder Eve&Rave wurden positive Berichte über die Substanz verbreitet, Händler fanden eine »kundenfreundliche« Darreichungsform auf Löschpapier. Und schnell kamen auch die verwandten Substanzen wie 25C- und 25B-NBOMe in den Handel. 2013 wurde 25I-NBOMe in den USA verboten, 2014 in den meisten EU-Staaten, unter anderem in Deutschland. Längst aber hat sich die Droge auch auf dem Schwarzmarkt etabliert.

Ganz ähnlich verlief die Verbreitung der künstlichen Cannabinoide wie JWH-018. Die bekanntesten Stoffe dieser

Gruppe wurden von dem Chemiker John W. Huffman an der Clemson University in South Carolina entwickelt (die Namen der Substanzen wie JWH-018 oder -022 leiten sich von seinen Initialen ab). Im Gegensatz zu David Nichols ist Huffman – obwohl er aus seinen liberalen Ansichten zur Legalisierung von Cannabis keinen Hehl macht – nie Teil der psychedelischen Bewegung gewesen. Er und sein Team erforschten über 450 Substanzen, die mit Cannabinoid-Rezeptoren interagieren. Natürliche Cannabinoide wie THC werden zum Beispiel gegen Spastiken bei Multipler Sklerose eingesetzt; die Hoffnung der Forscher war, mit den künstlichen Äquivalenten neue Medikamente für die Behandlung von Übelkeit während einer Chemotherapie, Aids oder Schmerzen zu entwickeln. Viele der künstlichen Cannabinoide sind jedoch psychoaktiv, und zwar viel stärker als die natürlichen Cannabis-Bestandteile, da sie den Rezeptor – im Gegensatz zu THC, das nur ein »partieller Agonist« ist – zum Teil voll aktivieren.

Die Vermutung liegt nahe, dass ein Insider, ein Pharmazeut oder Chemiker, als Erster auf die Idee gekommen ist, die von Huffman beschriebenen Substanzen zu testen und auf den Markt zu bringen. Dessen Forschungen waren in Patenten, wissenschaftlichen Publikationen und Laborjournalen öffentlich zugänglich – so sieht es das Prinzip Wissenschaft vor. Als Huffman entdeckte, was aus seinen Forschungen gemacht worden war, reagierte er entsetzt (in einem Interview ließ er sich dazu mit dem im Deutschen schwer wiederzugebenden Satz »it gave me a royal pain in the rear end« vernehmen). Ähnlich äußerte sich David Nichols, dessen Forschungen von legal-high-Entwicklern als »sehr reiche Quelle« bezeichnet wurden. In einem Kommentar für das Magazin *Nature* berichtet Nichols von seiner schwierigen Situation: Nachdem ruchbar wurde, dass seine Erfindungen für legal highs missbraucht wurden, erhielt er Droh-Mails. Er betont, dass die Substanzen, die er entwickele, nicht auf Toxizität getestet würden und sehr gefährlich sein könnten – dennoch liege ihm nichts ferner, als seine Forschung einzustellen, die könne schließlich helfen, die Mechanismen von Krankheiten wie Parkinson zu verstehen.

Nichols benennt klar das Problem: »legal highs sind die dunkle Seite der neurologischen und pharmakologischen Forschung.« Am 17. Juli 1990 rief der amerikanische Präsident George H. W. Bush die »Dekade des Gehirns« aus, die nach zehn Jahren alles andere als beendet war. Seither werden Hirnforschung, Neurologie und Biochemie massiv gefördert. Die Enttabuisierung der psychedelischen Forschung hängt eng mit dieser Entwicklung zusammen. So konnten prominente Wissenschaftler wie Franz Xaver Vollenweider vom Zentrum für Neurowissenschaften in Zürich zeigen, dass mit Substanzen wie Psilocybin Hirnvorgänge effektiv erforscht werden können. Alldem liegt ein bedeutender Wandel zugrunde, dessen Voraussetzung nicht zuletzt darin besteht, dass die religiösen und viele der traditionellen philosophischen Denksysteme (ungeachtet mancher »religiösen Renaissance« in Politik und Alltag) rapide im Verblassen begriffen sind. Der menschliche Geist wird heute zunehmend als biochemische Maschine gesehen, die es zu verstehen gilt, um sie, in einem zweiten Schritt, beeinflussen zu können. Krankheiten wie Alzheimer oder Schizophrenie oder psychische Störungen wie Hyperaktivität werden als Unregelmäßigkeiten des Hirnstoffwechsels begriffen, die eines Tages auf molekularer Ebene zu behandeln sein sollten. Viele der Substanzen, die hierfür erforscht werden, greifen aber in Signalpfade ein, an denen auch Stimulanzien oder Psychedelika ansetzen. Das Beispiel der oben erwähnten Neuroenhancer wie Ritalin, Adderall oder Modafinil zeigt, dass es sich oft auch um ein und dieselbe Substanz handelt, die im einen Kontext legitimes Medikament, im anderen jedoch ein halblegales Aufputschmittel ist. Da auf jedes entwickelte Medikament unzählige Vorstudien kommen, die ebenfalls der Forschung zur Verfügung gestellt und also publiziert werden müssen und von denen einige psychotrop wirken, gibt es – als unerwünschtes, aber unvermeidbares Nebenprodukt – eine unentwegt sprudelnde Quelle an neuen, legalen Drogen. Natürlich könnte die Legislative prinzipiell sehr viel schneller arbeiten und alle Substanzen, die in Verdacht stehen, berauschend zu wirken, gleich nach der Entdeckung und Publikation im Betäubungsmittelgesetz oder im Controlled Substances Act auflisten und damit verbieten. Das aber würde die Forschung an neuen Medikamenten – die von Gesellschaft, Politik und nicht zuletzt den Pharmakonzernen gewünscht ist – massiv erschweren und verzögern.

Das ist freilich nur der eine Teil der Entwicklung. Ist eine psychotrope Substanz nämlich einmal identifiziert, kommen die Derivate ins Spiel. Metoxethamin etwa ist eine bewusst als Droge geschaffene Weiterentwicklung des Narkosemittels Ketamin. Oft werden an bekannte Substanzen nur einfach ein paar Molekülgruppen angehängt – und so neue Rauschmittel geschaffen, die nicht vom Betäubungsmittelindex erfasst werden. Profundes chemisches Wissen ist für diese Weiterentwicklung nicht nötig, die Synthese übernehmen die Profis in chinesischen Labors. Theoretisch können komplette Laien am Molekül-Konfigurator von Firmen wie ChemFun mit kleinen Modifikationen neue Drogen entwerfen, diese bestellen und anschließend testen, welche Eigenschaften sie haben.

Und nicht zuletzt gibt es die Stars der Szene: Untergrund-Chemiker mit profundem Sachverstand. Etwa der in Israel lebende Dr. Z. Normalerweise scheuen diese Forscher das Licht der Öffentlichkeit. Auch wenn sie legale Substanzen entwickeln, ist es doch nicht ausgeschlossen, dass sie für ihre Arbeit haftbar gemacht werden können – etwa wenn es zu Todesfällen kommt. Für ein Interview mit dem Wissenschaftsmagazin *New Scientist* machte Dr. Z, der seinen bürgerlichen Namen lieber nicht verrät, aber eine Ausnahme. Mit unverhohlenem Stolz berichtet er von seinen Entdeckungen – etwa dem MDMA-Äquivalent Mephedron, auch bekannt als »Meow Meow«. Dr. Z stellt sich als verantwortungsvoller Drogenkoch dar. Bevor er ein neues Molekül dem Graumarkt übergibt, testet er es ausgiebig selbst, in steigenden Dosen, die von einem detaillierten Protokoll vorgegeben werden. Hält er die Droge für gefährlich, etwa weil sie leicht zum Verlust des Bewusstseins führt, gibt er sie nicht heraus. Was er mit seiner Methode naturgemäß nicht testen kann, ist die langfristige Toxizität.

Dr. Z macht keinen Hehl daraus, dass er mit seinen Entwicklungen ein »angemessenes Gehalt« erwirtschaftet. Als seine eigentliche Motivation nennt er jedoch folgende: »Ich wollte der Öffentlichkeit Zugang zu dieser Substanz (er spricht von Mephedron) verschaffen. Es war legal. Es war rein. Es war günstig. Und ich wollte nicht nur alleine damit Spaß haben.« Dr. Z ist keineswegs ein Einzelfall. Die Betreiber der Seite Erowid, der größten Drogen-Datenbank, in der über alle bekannten und neuen Substanzen detaillierte Dossiers zu finden sind, berichten darüber, dass sie alle paar Monate von jungen Wissenschaftlern hören, die gerade ihren Doktor in Pharmakologie oder Chemie gemacht haben und willens sind, der Welt neue Drogen zu schenken.

Eine chemische Liebesgeschichte: Alexander Shulgin

All diese Forscher haben ein Idol. Fotografien und bunt leuchtende Gemälde von ihm hängen nicht nur im MAPS-Headquarter in Santa Cruz, sondern auch in den Büros zahlreicher Psychologen, Mediziner, Pharmakologen und Therapeuten in den USA. Jeder an der Westküste, der schon einmal das Wort »psychedelic« in den Mund nahm, spricht seinen Namen mit Ehrfurcht aus: Alexander Shulgin. Niemand entwickelte mehr neue Drogen als er, weit über zweihundert, und niemand erforschte diese selbst so kompromisslos.

Shulgin, der 1925 in Berkeley geboren wurde, erwähnt in seiner Autobiographie zwei Ereignisse, die seinen Lebensweg bestimmt haben. Das eine war seine ungewöhnliche Neigung, sich als Kind in dem dichten Heckenrosengebüsch des elterlichen Gartens zu verkriechen. In dieser für niemanden einsehbaren Höhle legte er sich auf den Boden, schloss die Augen, ließ die Käfer über sich krabbeln und empfand ein Gefühl der Zeitlosigkeit: »Das Einzige, was sich bewegte, waren meine Fantasien. Der Duft der Heckenkirschen war die magische Verbindung zu einer Welt, in der jedes Blatt und jedes Insekt ein Freund ist und ich ein Teil von allem« – eine Parallele zu Albert Hofmans autobiographischen Texten, in denen er öfter betont, im psychedelischen Rausch eine Form der Ich-Auflösung erfahren zu haben, die ihm aus den glückseligsten Momenten seiner Kindheit schon bekannt war.

Das zweite, entscheidende Erlebnis, mit dem Shulgin seinen speziellen Forscherdrang erklärt, spielt einige Jahre später. Im Zweiten Weltkrieg war er Soldat auf einem Zerstörer der Navy. An größeren Kämpfen musste er nicht teilnehmen, dafür befiel den 19-Jährigen eine bösartige Entzündung des Daumens. Er wurde in ein Lazarett in Liverpool überstellt. Bevor ihm die Narkose verabreicht wurde, gab ihm die Schwester ein Glas Orangensaft zu trinken. Er trank es und entdeckte, dass der Boden des Glases mit unaufgelösten Kristallen bedeckt war. Offensichtlich ein Beruhigungsmittel. Seine Aufregung gebot es ihm, wach zu bleiben, um die Kontrolle zu behalten. Es war zwecklos, er fiel schnell in einen bewusstlosen Zustand. Umso erstaunter war er, als ihm der behandelnde Arzt nachher mitteilte, in dem Orangensaft habe sich nur Zucker befunden. »Einige hundertstel Gramm Zucker haben mich ausgeschaltet – und das nur, weil ich davon überzeugt war, es mit einer psychoaktiven Substanz zu tun zu haben. So wurde ich in die bemerkenswerte Welt der Psychopharmaka eingeweiht und der Macht bewusst, die der Geist über den Körper hat«, schreibt er.

Während sein erstes Drogenerlebnis also ein Placeboeffekt war, sollte es sich bei den Substanzen, mit denen Shulgin ab den späten 1950er Jahren experimentierte, um alles andere als Placebos handeln. Dass er das überhaupt konnte, lag an seinem Arbeitgeber: Dow Chemical, einem der größten Chemiekonzerne der Welt. Shulgin entwickelte für Dow Mexacarbat, das erste biologisch abbaubare Insektizid, es ist bis heute im Einsatz. Im Gegenzug erhielt er eine carte blanche – er konnte in den Dow-Laboren erforschen und synthetisieren, was er wollte. »Eine größere Ehre gibt es nicht für einen Chemiker«, schreibt er.

Shulgin fand »seinen Pfad«, wie er es nennt, im April 1960, als er mit Freunden 400 Milligramm Meskalinsulfat einnahm. Zu jener Zeit war nur eine Handvoll Psychedelika bekannt: Neben Meskalin waren das DMT, das immer populärer werdende LSD, seit 1959 auch Psilocybin. Über die Substanzfamilien – Phenylethylamine und Tryptamine – wusste man so gut wie nichts. Das sollte Shulgin ändern. Kurz nach seinem ersten psychedelischen Erlebnis erfährt er über eine wissenschaftliche Publikation zu TMA, einer dem Meskalin verwandten Substanz. Er beobachtet und protokolliert die Wirkung einer schwachen Dosis an Freunden, nimmt daraufhin selbst eine deutlich größere Portion und hat einen sehr unangenehmen, aggressiven Trip. Er geht diesen Pfad jedoch weiter und entwickelt – über Kombination der Phenylethylamin- und Tryptamin-Grundstruktur mit anderen Molekülgruppen – neue Drogen. Sehr viele neue Drogen. Diese haben Namen wie 2C-B, 2C-T, DOM, DOI, DIPT, α-MT. Er testete sie alle.

Shulgin war der vorerst letzte große Forscher, der die Disziplin des Selbstversuches kultivierte. In unserem heutigen, auf Validität erpichten Wissensregime gerät leicht in Vergessenheit, dass es bis vor wenigen Jahrzehnten unter Chemikern, Pharmazeuten und Medizinern üblich war, ihre Erfindungen zunächst an sich selbst zu testen. Die ersten Impfungen, Medikamente gegen Tuberkulose und der erste Herzkatheder wurden von Forschern zunächst im Selbstversuch getestet. Als Albert Hofman 1943 eine, wie er meinte, harmlose Menge LSD-25 schluckte, handelte er nicht abenteuerlich, sondern genau in dieser Tradition, die es dem Forscher auferlegte, lieber sich selbst als andere zu gefährden. Ab den 1950er Jahren änderte sich das, Tierversuche wurden in der pharmazeutischen Forschung immer wichtiger, bald auch placebokontrollierte Studien, die nach einem strengen Design ablaufen und Wirksamkeiten genau erfassen sollen. Bei seinen Versuchen mit Drogen blieb Alexander Shulgin jedoch altmodisch – und testete lieber selbst. Er schreibt: »Ich bin der tiefen Überzeugung, dass Versuche, die etwa den Nestbautrieb von Mäusen erfassen, keinerlei Aussagen über das psychedelische Potenzial einer Droge zulassen«.

Bei seinen Versuchen verließ er sich auf eine Mischung aus »Intuition und Wahrscheinlichkeit«. Auf eine mögliche Toxizität versuchte Shulgin über theoretische Anschauung zu schließen. Die eigentliche Versuchsreihe begann dann damit, dass er die neue Substanz in mindestens zehnfacher Verdünnung – verglichen mit der minimal wirksamen Dosis der am nächsten verwandten, bekannten Substanz – einnahm. Auf diese Weise ermittelte er den Schwellenwert und dosierte sich dann, in genau festgelegten Schritten, bis zur Maximaldosierung. Seine Versuche stellte er erst ein, wenn er sehr unangenehme Reaktionen beobachtete, wie etwa mit 25 mg 2C-E: »Innerhalb weniger Minuten bekomme ich Angst und Schweißausbrüche. Jeder hat seine ganz eigene Drogenpsychose. Meine beginnt damit, dass ich Stimmen höre, die mir von meinen schlimmsten Ängsten erzählen.« Das mag wie russisches Roulette wirken – Shulgin betonte jedoch immer wieder, durch seine Experimente nie einen Schaden erlitten zu haben. Nachdem er die Selbstversuche abgeschlossen hatte und von der Ungefährlichkeit und der Attraktivität einer neuen Droge überzeugt war, testete er sie mit anderen – zunächst mit seiner Frau Ann, dann mit einer Gruppe von bis zu zehn befreundeten Bewusstseinsforschern. Über all seine Versuche führte er ausführlich Protokoll und entwickelte dafür sogar eine eigene Nomenklatur: »+++« etwa steht für: »das volle Potenzial der Droge ist erreicht. Der Rausch ist angenehm und es ist möglich, seine Phasen deutlich zu unterscheiden. Ich

könnte nicht telefonieren, weil es mir zu schwer fallen würde, meine Stimme und Antworten normal erscheinen zu
lassen.«

Dass Shulgin heute auch über die wissenschaftlich und
psychonautisch interessierten Kreise hinaus bekannt ist,
liegt daran, dass sein Name eng mit MDMA verknüpft ist,
einer der populärsten Drogen der 1990er Jahre. Shulgin entdeckte MDMA nicht, die Substanz wurde schon 1912 beim
Pharmakonzern Merck als Nebenprodukt synthetisiert und
1914 mit einem Reichspatent versehen, jedoch nicht weiter
erforscht. In den 1950er Jahren erforschte die US-Armee
das Potenzial von MDMA als Verhördroge – mit geringem
Erfolg. Shulgin hörte 1967 zum ersten Mal von der Substanz. Schon damals gab es eine kleine, aktive Szene, in
der MDMA geschätzt und konsumiert wurde (die eigentliche Wiederentdeckerin der Droge, eine junge Forscherin,
wird wohl immer unbekannt bleiben. Shulgin erwähnt sie
in seinen Memoiren nur pseudonym). Er veranstaltete seine
Versuche, und schnell wurde ihm das unglaubliche Potenzial dieser Droge klar. Er notierte: »(120 mg) Ich bekomme
Angst, mein Gesicht fühlt sich aschgrau und kalt an. Ich habe das Bedürfnis, umzukehren, weiß aber, dass dies nicht
möglich ist. Dann löst sich die Angst und ich tappe in Babyschritten voran, so als wäre ich neu geboren. Ich sehe einen
Holzhaufen und er ist so wunderschön, dass ich es gerade
noch ertragen kann. Ich zögere, mich den Bergen zuzudrehen, weil ich Angst habe, es würde mich überwältigen.
Doch ich wage es und bin verzückt. Eine derart tiefe Erfahrung sollte allen Menschen zugänglich sein. Ich fühle mich,
als käme ich an, ich bin am Ziel. Alle meine Mühen münden
in dieses Erlebnis.« 1978 veröffentlichte Shulgin zusammen
mit David Nichols einen Aufsatz, in dem er die Substanz
der wissenschaftlichen Gemeinde vorstellte. Es kann sein,
dass Shulgins Rolle bei der Wiederentdeckung von MDMA
heute überbewertet wird, denn eigentlich publizierte er
bloß in der Szene schon bekannte Fakten. Auf der anderen
Seite stellte er die Substanz dadurch erst der akademischen

Öffentlichkeit vor. Nun erst wurde sie zum Mittel der Wahl zahlreicher Therapeuten, entfloh den Praxen und sollte als Partydroge Ecstasy zu einem der populärsten Rauschmittel der 1990er Jahre werden.

Shulgin begann seine Drogenforschung in einer Zeit, als dies noch opportun war, als sich selbst ein Großkonzern wie Dow Chemicals mit einem genialen Bewusstseinsmechaniker, wie Shulgin es war, schmücken konnte. Mit dem Beginn des War on Drugs änderte sich das Klima, Shulgin stieg bei Dow aus. Was aber blieb, war seine gesellschaftliche Stellung. Er pflegte seinen Ruf als überragender Chemiker und wurde immer öfter von der Antidrogenbehörde DEA als Experte herangezogen. Mit seinen innovativen Analysemethoden avancierte Shulgin nicht nur zum Idol der DEA-Chemiker, die ihn gerne in seinem privaten Labor besuchten. Mit dem Chef des kalifornischen DEA-Labors verband Shulgin sogar eine so enge Freundschaft, dass jener seine Hochzeit auf der Farm der Shulgins feierte. Vor allem aber gestattete die DEA Shulgin den Umgang mit allen verbotenen Substanzen. Über zwei Jahrzehnte war Shulgin der einzige Mensch in den USA, der Drogen wie Kokain, LSD und MDMA besitzen und erforschen durfte.

Im Jahr 1991 veröffentliche Shulgin mit seiner Frau Ann das »PiHKAL« – Phenylethylamins I have known and loved. »Ein vergleichbares Werk gab es vor Shulgin nicht und wird es auch wahrscheinlich nie mehr geben«, schreibt David Nichols in seinem Vorwort. PiHKAL ist Shulgins Summa: Autobiographie, Anekdotensammlung, philosophische Abhandlung über Rausch, Liebesgeschichte und politisches Pamphlet. Vor allem aber werden in PiHKAL 179 psychoaktive Phenylethylamine vorgestellt. Für Laien kryptisch, für jeden Chemiker aber klar verständlich beschreibt Shulgin ihre Synthese und setzt sich mit Dosierungen und Wirkung auseinander. Er warnt die Leser davor, die von ihm beschriebenen Substanzen zu probieren, gibt jedoch auch zu verstehen, dass das Potenzial dieser Drogen für ihn schwerer wiegt als mögliche Gefahren: »Meine Überzeugung kann auf wenige Worte eingedampft werden: Informiere dich gründlich und entscheide dann.«

Die Veröffentlichung von PiHKAL löste bei der DEA Entsetzen aus. Schon bald kursierten Gerüchte, dass das Buch in zahlreichen Drogenküchen gefunden wurde. Drei Jahre nach der Publikation durchsuchten DEA-Mitarbeiter die Farm der Shulgins. Vom ehemals freundlichen Verhältnis war nichts mehr zu spüren. Die Beamten stellten zahlreiche Streetdrug-Proben sicher, die Shulgin mit Bitte um Analyse zugeschickt wurden. Wegen seiner Lizenz wähnte er sich auf der sicheren Seite – zu Unrecht: Er durfte die Proben zwar besitzen, hätte sie jedoch in einem Safe aufbewahren müssen. Über sein Labor schreibt Ann Shulgin: »Er ist ein großer Chemiker, aber miserabel in Sachen Ordnung.« Die DEA entzog ihm die Erlaubnis, Drogen zu erforschen, er wurde zu einer Geldstrafe von 25 000 Dollar verurteilt und zum Outlaw erklärt. Er nahm den Fehdehandschuh auf und veröffentlichte drei Jahre später »TiHKAL«, Tryptamines I have known and loved – mit 55 Kochanleitungen. Hatte er in PiHKAL noch sehr zurückhaltend argumentiert, so verglich er die staatlichen Behörden nun unverhohlen mit der Inquisition (und sich selbst mit Galileo). Vor allem aber betonte er, wie wichtig seine Forschungen für das Verständnis des menschlichen Geistes seien.

Im Juni 2014 starb Shulgin auf seiner Farm in Lafayette, im Kreise von Freunden und buddhistischen Mönchen. Viele seiner Entdeckungen nahm er mit ins Grab – in PiHKAL und TiHKAL machte er nur einen Teil der von ihm erforschten Substanzen öffentlich, die übrigen Aufzeichnungen verbrannte er. Der Chemiker, Publizist und Psychonaut Hamilton Morris, der die Szene der neuen Drogen so gut kennt wie kaum ein anderer, klagt deshalb: »Es ist so, als hätte ein Künstler seine Gemälde verbrannt.«

Neue Drogen machen Angst. An MDMA hat sich die Öffentlichkeit inzwischen gewöhnt, es ist bekannt, dass die Substanz nur in wüster Überdosierung gefährlich ist. Die mittlere letale Dosis liegt bei 15 mg pro Körpergewicht, ein durchschnittlicher Erwachsener müsste also etwa ein Gramm zu sich nehmen, um sich in Lebensgefahr zu bringen (was gleichwohl schon passiert ist). Dafür sind es nun die legal highs, über die so gut wie kein Presseartikel ohne das Wort »Horror« auskommt, ohne Verweis auf die ungeheuren Gefahren dieser Substanzen. Und auch wenn man das Medienurteil in Sachen Drogen mit Vorsicht genießen sollte, gehen von den neuen psychoaktiven Substanzen tatsächlich erhebliche Gefahren aus.

»Die beiden Tütchen« – Erfahrungen eines 35-jährigen Computerspielentwicklers mit legal highs

Ohne zu übertreiben, kann ich behaupten, dass für mich an jenem Abend das eintrat, was man ein Worst-Case-Szenario nennt. Ich war auf einer Konferenz in einer fremden Stadt. Der ganze Tag war Stress, ich war erschöpft. Eigentlich hätte ich ins Hotel gemusst. Aber ich hatte eine Karte für ein elektronisches Musik- und Kunst-Festival. Und ich hatte das Tütchen Methylon, das ich mir im Netz bestellt hatte. Methylon ist ein Verwandter des MDMA – und ich finde es noch besser. Es wirkt softer. MDMA kann einen zu Beginn ganz schön ins Wanken bringen, Methylon macht einfach nur wach, glücklich, warm und erotisch interessiert. Ich wollte nicht lange bleiben, ein paar Stunden tanzen, danach ins Hotel. Das Festival sah gut aus, ich ging durch alle Hallen, kam in Stimmung und steckte an der Bar ganz unauffällig den angefeuchteten Finger in das Tütchen. Es schmeckte widerlich bitter – aber gut, das kennt man ja. Ich bestellte ein Bier und wartete auf die warme Welle des Rausches. »Perfekt«, dachte ich.

Erstaunlich lang passierte nichts. Ich überlegte, ob ich noch mal nachlegen sollte. Zum Glück tat ich es nicht. Gerade als ich ernsthaft ins Zweifeln geriet, was denn nun los sei, brach mir der Schweiß aus. Das kannte ich nicht von der Droge. Mir wurde kalt und kälter, ich schwitzte, mein Herz begann zu rasen. Kurz dachte ich noch, das wären die Nachwirkungen des anstrengenden Tages, doch dann brach über mir die Welt zusammen. Innerhalb weniger Minuten verwandelte sich meine gesamte Umwelt in ein absurdes Comic-Szenario. So albern es klingt: Die Menschen hatten keine konturierten Gesichter mehr, sondern flache, bunte Masken. Nun wusste ich, was passiert war: In meiner Tasche war nicht nur das Tütchen mit Methylon, sondern auch noch das mit dem Halluzinogen 2C-I. Beides hatte ich beim selben Internethändler gekauft, das 2C-I jedoch eher in der vagen Absicht, es vielleicht einmal irgendwann zu probieren, wenn ich viel Muße hätte. Die Berichte, die ich darüber las, ließen auf ein sehr anspruchsvolles Psychedelicum schließen. Noch dazu wirkt Methylon erst ab 100 mg, während bei 2C-I schon 50 mg eine sehr starke Dosis ist. Ich wollte lieber gar nicht hochrechnen, wie viel ich erwischt hatte.

Unterdes wurde der Rausch ständig stärker. In Panik lief ich umher. Der Raum um mich herum hatte sich in grelle, einfarbige Formen zerlegt, durch die, wie bei Pacman, komplett abstrahierte Wesen schwebten – das mussten wohl die anderen Festivalbesucher sein. Ich verkroch mich in dem, was ich für eine Ecke hielt, versenkte den Kopf in meinen Armen, zitterte und wartete. Es müssen Stunden gewesen sein. Irgendwann wurde es besser, die Angst ließ nach, ich erkannte die Gänge und Hallen wieder. Ich torkelte zum Taxi, lag noch bis zum Morgengrauen wach im Bett und bewegte mich durch verrückte Rausch-Landschaften. Nun fand ich es wenigstens interessant. Trotzdem landete das Tütchen 2C-I am nächsten Tag im Klo…

Legal highs werfen einige Grundsätze über den Haufen, an die sich User von recreational drugs bisher halten konnten.

Das liegt am weiten Potenzspektrum dieser Drogen. Wurde noch vor zehn Jahren einem Partygast eine Line, etwa 50 Milligramm weißes Pulver angeboten, konnte ihm eigentlich – wenn man von nicht-regelmäßigem Konsum ausgeht – nicht viel passieren. Schlimmstenfalls erwischte er gestrecktes Kokain oder Amphetamin, was den Effekt hatte, dass die Nase blutete. Eine starke Dosis Methamphetamin hatte zur Folge, dass er mehrere Tage nicht schlafen konnte. Heute kann eine Line unbekanntes Pulver tödlich sein. Wie etwa bei einer Party in Minnesota: Teenager bestellten sich im Netz verschiedene legal highs, verwechselten die Substanzen und legten das starke Halluzinogen 25I-NBOMe in Lines auf einem Glastisch aus. Zwei Jugendliche zogen das Pulver – etwa die hundertfache Dosis der wirksamen Menge – durch die Nase, fielen ins Koma und starben am nächsten Tag. Geschichten wie diese gibt es viele. Methoxetamin wird gern mit Ketamin verwechselt. Erwischt man zuviel Ketamin, wird man quasi unter Narkose gesetzt, was unangenehm, in der Regel jedoch ungefährlich ist. Auch auf Methoxetamin – das viel potenter ist als Ketamin – verliert man das Bewusstsein. Unter hohen Dosen dieser Droge kann es jedoch zu Atemdepression und Kreislaufversagen kommen. Auch hier sind mehre Todesfälle dokumentiert.

Darüber hinaus ist die Toxizität der meisten legal highs schlicht nicht getestet. 4-Chloroamphetamin (pCA) etwa ist nicht nur ein Aufputschmittel, sondern ein potentes Neurotoxin. Schon nach nur wenigen Lines kann es die User mit Symptomen zurücklassen, die einer fortgeschrittenen Parkinson-Krankheit ähneln. Es ist unklar, ob pCA tatsächlich gehandelt wurde. Eine Substanz, die jedoch nachweislich auf dem Markt ist, ist Bromo-Dragonfly. Und in diesem Fall ist der Boulevardzeitungs-Ausdruck »Horrordroge« ausnahmsweise mal gerechtfertigt. Auch Bromo-Dragonfly ist ein sehr potentes Halluzinogen – im Gegensatz zu LSD, das bis zu zwölf Stunden wirkt, dauert hier ein Trip jedoch bis zu drei Tagen. User berichten darüber, dass sie nach 72 Stunden unangenehmer Halluzinationen schlicht wahnsinnig wurden. Erschwerend kommt hinzu, dass Bromo-Dragonfly eine stark gefäßverengende Wirkung hat, die dazu führen kann, dass Gliedmaßen nicht mehr ausreichend durchblutet werden. In einem Fall mussten einem User Teile seiner Beine amputiert werden, auch soll es zu mehreren Todesfällen gekommen sein. Jahrzehntelang galt: Wer LSD kaufte, bekam entweder, was er wollte – oder aber leeres Löschpapier. Das Risiko war überschaubar. Heute ist die Sache nicht mehr so klar. Vielleicht ist es LSD, vielleicht 25I-NBOMe, vielleicht verwechselte ein Hersteller aber auch die Substanzen und trug Bromo-Dragonfly auf den Träger auf. Diesen beunruhigenden Gedanken sollten sich User lieber nicht ausmalen, wenn sie die Pappe auf ihre Zunge legen.

Die Seite von Erowid versucht, dieses Problem überschaubar zu halten. Erowid ist ein loses Netzwerk mit Basis in Kalifornien, das sich der Drogenaufklärung verschrieben hat. Das Hauptprojekt von Erowid besteht im Betreiben der weltweit größten Online-Datenbank zum Thema Drogen. Über jede nur denkbare psychotrope Substanz sind hier detaillierte Dossiers angelegt, in denen Dosierungen und Effekte genau beschrieben sind. Die Autoren nehmen ihre Arbeit sehr ernst, keine Substanz wird verherrlicht, vor gefährlichen Stoffen wie Bromo-Dragonfly wird ausdrücklich gewarnt. Sicherlich hat Erowid viel Schaden von sehr vielen Nutzern abgewendet (dass die Seite von fanatischen Drogengegnern angegriffen wird, versteht sich von selbst, auch wird sie von etlichen Netzfiltern blockiert und ist in Russland ganz gesperrt). Und doch ist zu befürchten, dass nur solche User auf die Erowid-Daten zugreifen, die sowieso schon vorsichtig sind.

Das Dosierungsproblem der neuen Drogen ist jedoch nur das augenfälligste eines größeren Komplexes. Der Konsum von legal highs findet in einem kulturellen Vakuum statt. Alle bekannten Rauschmittel – und für Psychedelika gilt dies besonders – sind eingebettet in einen zum Teil jahrtausendealten Diskurs, bestehend aus Ritualen, Mythen, literarischen Rauschbeschreibungen, Anweisungen, Anekdoten, künstlerischen Ausdeutungen, wissenschaftlichen Untersuchungen. Wer eine halluzinogene Droge nimmt, betritt immer ein unbekanntes, tendenziell bedrohliches Terrain – aber dieser kulturelle Rahmen wirkt, ob man es sich bewusst macht oder nicht, als Karte. Er ist Teil dessen, was Timothy Leary als Setting beschrieben hat. Dieses Setting aber – die reale wie intellektuelle Situation, in der die Droge konsumiert wird – ist entscheidend für den Rausch. Wer Psilocybin auf weichen Polstern, in gedämpftem Licht und unter ärztlicher Aufsicht konsumiert, wird wahrscheinlich keinen Bad Trip haben. Ebenso sind negative Erlebnisse unter Ayahuasca-Trinkern der União do Vegetal unüblich, die UDV-Anhänger sagen: unmöglich. In beiden Fällen befinden sich die unter dem Einfluss der Substanz Stehenden in einer sicheren Situation, wissen, dass keine körperliche Gefahr besteht – und können sich so erst der Fremdheit des Rausches öffnen. Dieses sichere Setting kann natürlich auch im Freizeitkonsum hergestellt werden, durch einen erfahrenen Guide, eine Gruppe, in der man sich wohlfühlt, oder nicht zuletzt durch Lektüre. Fehlt all das, wird es riskant.

Auch ist es mit psychedelischen Räuschen nicht anders als mit anderen komplizierten Genüssen, etwa moderner Kunst, Gourmetküche oder anspruchsvoller Literatur: Je größer das Vorwissen, je genauer das Koordinatensystem, in dem das neue Ereignis verzeichnet wird, als umso erfreulicher wird es wahrgenommen. Es ist kein Wunder, dass viele User neuer psychedelischer Substanzen in ihren Erfahrungsberichten von starken, wenngleich auch sehr diffusen Effekten berichten. Selbst Alexander Shulgin ist sich bei den meisten von ihm entwickelten Substanzen nicht sicher, ob der Rausch angenehm ist, wie etwa im Fall von 3C-E: »Es entwickelte sich zu einem seltsamen und undefinierbaren Etwas. Ich kann es nicht beschreiben. Ich habe mich unter Kontrolle, aber alles wirkt irreal, was ein bisschen an hohe Dosen LSD erinnert.« Es fehlt nicht nur die Sprache, die Erlebnisse in Worte zu fassen (das ist ein genereller Effekt der psychedelischen Erfahrung). Es fehlt die Vorlage, die aus dem Rauschen des Rausches Formen treten lässt.

Gegen legal highs sprechen sehr viele Argumente. Und doch werden sie verpuffen. Weil legal highs immer die zweite Wahl der User sind. John W. Huffman, der Entwickler der künstlichen Cannabinoide, die als Spice missbraucht wurden, benannte das Problem in einem Interview sehr deutlich: Leute rauchen Spice, weil sie nicht an Cannabis-Produkte kommen. Die Probe darauf kann man in den Staaten Colorado und Washington machen, in denen Cannabis-Produkte legal verkauft werden. Künstliche Cannabinoide werden hier signifikant weniger konsumiert. Der Boom der legal highs macht unmissverständlich klar: Der Drang mancher Menschen, sich zu berauschen, ist so stark, dass sie erhebliche Gefahren dafür eingehen und auch nicht davor zurückscheuen, als Laborkaninchen zu fungieren.

Umgekehrt muss man frelich bedenken, dass auch psychedelische Substanzen wie LSD und MDMA, für die es inzwischen durchaus einen kulturellen Bezugsrahmen und sichere Settings gäbe, einmal völlig neu waren. Auch gibt es Pioniere, die das Risiko, unkartiertes Terrain zu betreten, gerne eingehen – und die Vorsicht und die geistige Robustheit haben, es unbeschadet zu überstehen. Auch Aldous Huxley – gewiss kein Freund des schnellen Wegknallens – sprach sich für psychedelische Neuentwicklungen aus. Auf den letzten Seiten der »Pforten der Wahrnehmung«, eines Textes, der wie kein zweiter den kulturellen Rahmen des modernen halluzinogenen Rauschs bestimmen sollte, spekuliert er darüber, wie die ideale Droge beschaffen sein müsste. Sie sollte so ungefährlich sein wie Meskalin, jedoch bitte nicht so unbequem lang wirken. Huxley gibt sich zuversichtlich: »Man kann sich drauf verlassen, dass, sobald die Psychologen und Soziologen die idealen Eigenschaften eines solchen Präparates genau definieren, die Neurologen und Pharmakologen herausfinden werden, wie dieses Ideal verwirklicht werden kann.« Von dieser zukünftigen Substanz verspricht sich Huxley viel. Sie würde das Bedürfnis der Menschen nach »Selbstüberschreitung« und »chemischen Ferien« erfüllen und schädliche Alltagsdrogen wie Alkohol und Tabak ersetzen. Eine solche neue Massendroge könnte als das wirken, was Theologen eine »unverdiente Gnade« nennen. Die sei »für das Seelenheil nicht erforderlich, aber potenziell hilfreich.«

Dem Pharmakologen David Nichols sind solche quasi-theologischen Spekulationen vermutlich fern. Er machte nie einen Hehl daraus, dass er es schwer erträglich findet, für den gefährlichen legal-high-Boom mitverantwortlich zu sein; dass Substanzen, die für die medizinische Forschung bestimmt waren, letztlich also der Gesundheit dienlich sein sollen, womöglich in den Händen unerfahrener und unvorsichtiger User gewaltigen Schaden anrichten. Und doch wäre es falsch, in Nichols den Pharmakologen zu sehen, der nur an neuen Medikamenten interessiert ist. Auf die Frage, was seine Arbeit eigentlich antreibe, antwortete er einmal: »Ich habe so etwas wie einen geheimen Traum: Eines Tages wird es eine Droge geben, die einen fundamentalen Effekt auf die Menschen haben wird. Alle, die diese Droge nehmen, werden keine Kriege mehr führen wollen und keine Genozide mehr begehen, auch werden sie ihre Mitmenschen nicht mehr ausnützen. Nähme man die Droge, würde man merken, dass alle Menschen Teil ein und desselben Organismus sind. Tötete man, tötete man sich damit auch selbst. Stellen Sie sich vor, so eine Droge wäre so populär wie Ecstasy, hätte keine Nebenwirkungen und würde nicht abhängig machen. Natürlich gibt es das nicht. Aber sollte es möglich sein, so eine Substanz zu entwerfen, dann soll es in meinem Labor geschehen.«

How to put the High into High Potentials –
Psychedelika im Silicon Valley

»Hoffentlich macht er unsere besten Leute
nicht verrückt« –
Problemlösung in den 60er Jahren

Eine der ersten Technologiefirmen in der Gegend, die heute Silicon Valley genannt wird, war Ampex. Ihr Gründer Alexander M. Poniatoff (Ampex steht für »Alexander M. Poniatoff Excellence«), ein gebürtiger Russe, der in Karlsruhe und Moskau Elektrotechnik studiert hatte, war ein Pionier auf dem Feld der magnetischen Schall- und Bildaufnahme. Oder besser gesagt: Er wusste die nach dem Zweiten Weltkrieg von den USA als Reparation übernommenen Patente für Audiorekorder der deutschen AEG-Telefunken AG für Ampex zu nutzen und entwickelte sie weiter. 1947 brachte Ampex – damals arbeiteten dort gerade mal acht Leute – den ersten Audiorekorder der USA auf den Markt und 1956 den ersten Videorekorder der Welt. Bald darauf zählte das Unternehmen aus Kalifornien zu den innovativsten dieser Zeit. Als Poniatoff 1980 starb, machte Ampex eine halbe Milliarde Dollar Umsatz im Jahr und hatte 12 000 Mitarbeiter. Danach begann der schleichende Abstieg, wie er so oft Technologiefirmen ereilt, an deren Ende nur noch Nostalgiker den Unternehmensnamen kennen (»Ach ja, Ampex«). Man denke nur an Commodore oder Atari. Vielleicht kennt in fünfzehn Jahren niemand mehr Twitter.

Neben der Fertigung neuer Aufnahmetechniken entsprang aus der Mitte der Ampex-Belegschaft eine weitere Neuerung, auch diese heute weitgehend vergessen: Ab den späten 1950er Jahren experimentieren dort Ingenieure das erste Mal mit psychedelischen Substanzen, um technische Probleme zu lösen. Der Türöffner für LSD bei Ampex war Myron Stolaroff. Als technischer Designer und späterer

Vertriebschef arbeitete er eng mit Poniatoff zusammen. In seiner Freizeit beschäftigte sich Stolaroff mit existenziellen Fragen: Was ist der Sinn des Lebens? Was ist Glaube? Ist Gott gütig? Von Hause aus Jude, besuchte er dennoch Veranstaltungen des Sequoia Seminars, einer christlichen Vereinigung, die regelmäßig Klausuren veranstaltete, auf denen über Ethik, Moral, technischen Fortschritt und Wissenschaft diskutiert wurde. Auf einer dieser Sitzungen hielt der Schriftsteller Gerald Heard einen Vortrag. Heard hatte in Cambridge Geschichte und Theologie studiert, hatte Aldous Huxley in die spirituelle Welt der asiatischen Religionen eingeführt und versuchte nun, Stolaroff und den anderen Seminar-Gästen die unglaublichen Effekte bewusstseinserweiternder Substanzen zu erklären. Stolaroff verstand zwar Heards Begeisterung nicht, doch die beiden freundeten sich an. Nicht viel später reiste er trotz seiner Skepsis nach Vancouver zu Al Hubbard, dem schillernden LSD-Forscher, der schon Heard und Huxley in den psychedelischen Trip eingeführt hatte. Stolaroffs erste Erfahrung muss furchtbar gewesen sein, später sprach er von »quälenden Stunden«; er erlebte den Schmerz der Geburt nach, aber auch das tiefe Eintauchen ins Unbewusste, was ihn faszinierte. Er kehrte nach Kalifornien mit der Überzeugung zurück, dass man mit der Substanz neurotische Erkrankungen heilen, Gott näher sein, aber auch – und das war ebenso wichtig – viele Probleme seiner Firma lösen könnte, von der Personalplanung über Produktdesign bis zur Unternehmensstrategie.

Stolaroff versammelte zuerst eine kleine Schar Interessierter um sich, unter ihnen mehrere Ingenieure von Hewlett-Packard sowie Willis Harman, Professor für Elektrotechnik an der Stanford University. Zusammen wollten sie von LSD hervorgerufene Zustände und die daraus gewonnenen Erkenntnisse erforschen. Als Stolaroff in das Management von Ampex aufstieg, schlug er seinen Vorstandskollegen vor, ein LSD-Programm zur Umgestaltung der Produktdesign-Abteilung ins Leben zu rufen. Es wurde abgelehnt. Trotzdem tauchte Hubbard nicht viel später in Nordkalifornien auf. Stolaroff organisierte mit ihm für acht Ampex-Ingenieure ein LSD-Wochenende in der Sierra Nevada. Doch Hubbard übertrieb es wohl mit der Dosierung, einer der Ingenieure hatte einen Bad Trip, was ihn genauso erschreckte wie die Führungsebene von Ampex, die über den Ausflug erst im Nachhinein informiert wurde. »Was ist, wenn Stolaroff unsere besten Leute verrückt macht?«, hieß es. Doch trotz dieses Rückschlags war Stolaroff von seiner Vision, psychedelische Substanzen als kreativen Impuls zu nutzen, nicht mehr abzubringen. 1961 verließ er Ampex und gründete die unabhängige International Foundation For Advanced Studies (IFAS) in Menlo Park (Facebook hat dort heute seinen Firmensitz) nahe Palo Alto. Was an der IFAS *international* war, wusste wohl nur Stolaroff, ihre Wirkung auf die lokale Technik-Gemeinde aber war beträchtlich. Bis zum Verbot von LSD nahmen 350 Personen in den Räumen der IFAS bewusstseinsverändernde Substanzen wie LSD oder Meskalin. Viele von ihnen waren Angestellte der umliegenden Tech-Firmen.

Bald nach Gründung der Stiftung plante Stolaroff eine Studie mit Ingenieuren und Künstlern zu der Frage, wie und ob LSD bei der Überwindung von Hürden im kreativen Prozess helfen könnte. Beim Design der Studie unterstützten ihn unter anderem Willis Harman und der junge Psychologe James Fadiman, der in Paris, Harvard und Stanford studiert hatte und bei Richard Alpert, der in Harvard sein Lehrer gewesen war, seine ersten Erfahrungen mit Psychedelika gemacht hatte. Um Form und Rahmen der Studie zu bestimmen, nahmen sie selbst 100 Mikrogramm LSD. Eine Frage war dann etwa, ob es besser war, ein Problem in der Gruppe zu lösen oder allein. Fadiman, der immer noch als Autor und Wissenschaftler in Menlo Park lebt, sagt heute: »Wir probierten alle möglichen Gruppenkonstellationen durch und setzten uns Aufgaben, die es zu lösen galt. Wir dachten zum Beispiel über das Abspielen von Musik nach. Das Konzept des Plattenspielers erschien uns nicht ausgereift, da die Nadel das Vinyl jedes Mal ein wenig angreift. Wir diskutierten über Licht als Tonabnehmer, sprachen damals also schon über etwas, was später als CD-Player umgesetzt wurde, verfolgten es aber nicht weiter, weil wir alle aus anderen Industriezweigen kamen. Trotz solcher Ideen erkannten wir bald, dass die Gruppenarbeit unter LSD schwierig war. Denn sobald jemand emotional in Schieflage geriet, beeinflusste das den Rest der Gruppe. Außerdem fuhr jeder seinen eigenen Film, wie sollte man sich da auf etwas einigen können. Wir kamen also zu dem Schluss, dass jeder der Studienteilnehmer mit einer spezifischen Frage aus seinem Bereich zu uns kommen sollte. Am besten ein absoluter Experte, der emotional und intellektuell total in seine Arbeit involviert war, gerade in eine Sache verstrickt war und viele Rückschläge erlebt hatte.«

Sie suchten 27 Probanden aus, die meisten davon Ingenieure, aber auch Architekten und Künstler. Je vier von ihnen kamen zu Fadiman und Stolaroff, erhielten entweder 100 Mikrogramm LSD oder 200 Milligramm Meskalin. »Es hing davon ab, welche Substanz bei den Behörden gerade weniger Aufmerksamkeit erregte. Für unsere Zwecke waren beide geeignet«, sagt Fadiman. Die vier Gäste legten sich hin, schlossen die Augen und hörten Musik. Nach einer gewissen Zeit wurden sie gebeten, ihre Augenbinden abzunehmen und mit ihrer Arbeit zu beginnen, in den meisten Fällen mit Notizblock und Stift ihre Erkenntnisse aufzuzeichnen. Fadiman erzählt von einem Architekten, der ein Einkaufszentrum planen sollte, dessen Entwürfe aber von seinem Kunden wiederholt abgelehnt worden waren. »Nach der Sitzung sagte er, dass er zuerst durch endlos erscheinende Gebäudekomplexe gewandert war. Sie waren nicht aus unserer Kultur und Epoche, sondern aztekisch, indianisch, aus dem Mittelalter, es war ein kleiner Ritt durch die Architekturgeschichte. Dann stand er auf und setzte sich an einen Schreibtisch, schloss die Augen und sah das fertiggestellte Einkaufszentrum. Es war bis zum kleinsten Detail komplett, und er konnte darin herumlaufen, er konnte sich anschauen, aus welchem Holz es gemacht war, wie groß die Schrauben waren, die bestimmte Komponenten zusammenhielten, er konnte die Anzahl der Parkmöglichkeiten vor dem Zentrum zählen. Er zeichnete es. Es war sehr leicht, weil er ein Gebäude malte, das er genau betrachtet hatte. Ein paar Wochen später skizzierte er den Entwurf für den Kunden. Er hatte zwar das Notizbuch aus der Sitzung dabei, griff aber nicht darauf zurück, weil er das Gebäude einfach kannte. Der Kunde mochte es – und das ist das Ende der Geschichte.«

Ein weiterer Teilnehmer war ein Mathematiker, der am Design eines Schaltkreises für Halbleiter arbeitete, wie man sie heute auf den Siliciumwafern der Computerchips findet. Er verwendete sechs Halbleiter und wollte an ihnen eine Theorie über den Fluss eines elektrischen Signals testen. Während der LSD-Sitzung sah er den Schaltkreis vor sich und konnte so beobachten, wie die elektrische Spannung durch die Halbleiter lief, wann sie schwächer und wann sie stärker wurde, und dementsprechend die Anordnung der Halbleiter justieren. »Wir fanden also heraus, dass einem das zu lösende Problem buchstäblich vor Augen geführt wird«, sagt James Fadiman, »dass unsere Versuchsteilnehmer in diesem Zustand besser Muster wahrnehmen konnten. Sie sahen, in welches Netzwerk die Dinge, die sie bearbeiten wollten, eingebettet waren, wie das eine mit dem anderen zusammenhing, so wie ein Fenster letztlich erst zum Fenster wird, wenn man die Wand mit einbezieht, die es hält. Sie erkannten Verbindungen, die sie vorher übersehen hatten. Sie lernten ihrer Intuition zu vertrauen, also einer Sache, die ihnen als datengläubigen Wissenschaftlern zuvor suspekt war.«

»… keine bahnbrechenden Offenbarungen« –
Warum LSD nicht zwingend zum Nobelpreis führt,
manchmal aber doch

Ein Ergebnis der IFAS-Studie ist für Fadiman, dass nicht nur in der Kunst, sondern auch in den Naturwissenschaften Assoziationen wichtig sind, der wissenschaftliche Blick nicht nur von Vernunft und Datensätzen geleitet werden sollte, sondern ebenso von – man muss es so schwelgerisch sagen – Träumereien. So wie bei Kary Mullis, der 1983 entdeckte, wie man durch Polymerase-Kettenreaktion (PCR) Teile der DNS vervielfältigen kann. PCR ist bis heute eine der grundlegenden Methoden der Molekularbiologie, für die Mullis später den Nobelpreis bekam. Mit ihr kann man etwa Erbkrankheiten erkennen oder Gene klonen. Mullis erzählte schon des Öfteren, wie er ihr auf die Spur kam: »Ich war bei den Molekülen, konnte sehen, wie sich die DNS vor mir entfaltete. Ich war zu diesem Zeitpunkt nicht auf LSD. Aber ich hatte durch psychedelische Drogen gelernt, wie ich mich in alle möglichen Zustände begeben kann. PCR war und ist eine bizarre Sache. Aber sie hat den Umgang mit der DNS für immer verändert. Hätte ich sie ohne LSD entdeckt? Keine Ahnung, ich bezweifle es.« Mullis wurde so etwas wie der Posterboy der psychedelischen Problemlöser. Genau wie Francis Crick, auch Nobelpreisträger, der 1953 zusammen mit James Watson als Erster die Struktur der DNS als Doppelhelix aufzeichnete. Sie war ihm während eines LSD-Trips erschienen. Die beiden bestätigen die Annahmen, die Stolaroff, Harman und Fadiman durch ihre Studie am IFAS beweisen wollten. Natürlich kann man in den Zustand der inneren Visualisierung naturwissenschaftlicher Zusammenhänge auch durch (Tag-) Träume gelangen – Albert Einstein soll darin ein Virtuose gewesen sein, und Kekulé erschien der Benzolring im Wachtraum. Psychedelische Substanzen scheinen aber ein besonderes Maß an Abstraktion und intuitiver Darstellung zu ermöglichen.

Das zeigt auch ein Versuch des Schweizer Anthropologen Jeremy Narby, der 1999 drei Biologen, eine Amerikanerin, eine Schweizerin und einen Franzosen, zu einer Ayahuasca-Sitzung mit einem Shamanen in das Amazonas-Gebiet einlud. Alle drei hatten Fragen aus ihrer wissenschaftlichen Arbeit nach Südamerika mitgebracht, die sie bis dato nicht vollständig beantworten konnten. Während der Ayahuasca-Sitzungen erlebten sie, ähnlich wie die Probanden James Fadimans, eine mit einer Filmvorführung vergleichbare Darstellung ihres Problemfelds. Die amerikanische Biologin zum Beispiel, die sich sich mit der Entschlüsselung des menschlichen Erbguts beschäftigte, sah ein Chromosom aus der Perspektive eines vorbeifliegenden Proteins. Auf ihrem Flug begegneten ihr sogenannte CpG-Inseln, Sequenzen der DNS, zu denen sie in letzter Zeit geforscht hatte. Sie erkannte, dass sie eine andere Struktur als die sie umgebende DNS haben, so dass Transkriptionsfaktoren, also Proteine, die die Vervielfältigung der DNS einleiten, über sie leichter an der DNS andocken können. Sie fungieren als Landeplattformen. So hatte sie das vorher noch nicht gesehen. Und trotzdem: »Die wissenschaftliche Informationsvermittlung und Darstellungsweise, die von den drei Biologen während der Ayahuasca-Visionen erfahren wurden, waren sicherlich mit den Informationen und Bildern verwandt, die sie schon kannten. Sie hatten keine bahnbrechenden Offenbarungen«, schreibt Jeremy Narby in seinem im Jahr 2000 veröffentlichten Aufsatz »Shamans and Scientists«. Aber, und das ist entscheidend, die Substanz half ihnen, ihre früheren Erkenntnisse in einer neuen Perspektive zu betrachten, sie zu bündeln und daraus neue Anregungen für ihre Forschung zu gewinnen. So mündet die substanzinduzierte Reise letztlich, wie bei Mullis oder Crick, nur zufällig in einem Nobelpreis oder einer revolutionären Idee, doch kann sie den Sprung über eine Hürde erleichtern oder in eine interessante, völlig gebietsfremde Region führen. Folgenlos bleibt sie nie.

Das wussten auch Myron Stolaroff und James Fadiman.

Zu ihnen kamen allseits bewunderte Computer-Pioniere, die dann während der Kreativ-Sitzungen manchmal recht banale Entdeckungen machten. Einer von ihnen war Doug Engelbart, der wenig später die Computermaus erfinden sollte, auf LSD dagegen eingehendst über einen Ball in einem Pissoir nachdachte, auf den man pinkeln konnte. Wäre das nicht ein hervorragendes Tool, um kleinen Jungs den sauberen Klogang beizubringen?

Ob genial oder genial daneben, jedenfalls ist der Einfluss der Gegenkultur und ihrer Drogen auf die entstehende Computerindustrie – und hier im Speziellen auf die Konzeption des Personal Computers – kaum zu überschätzen. In seinem Buch »What The Dormouse said: How The Sixties Counter Culture Shaped The Personal Computer Industry«, schreibt der Journalist John Markoff: »Es war kein Zufall, dass während der 1960er und frühen 1970er Jahre, auf dem Höhepunkt der Proteste gegen den Vietnamkrieg, der Bürgerrechtsbewegung und des weit verbreiteten Herumprobierens mit psychedelischen Drogen, das ›personal computing‹ zum einen aus einer Handvoll regierungs- oder militärgestützter Laboratorien und zum anderen aus der Arbeit kleiner Gruppen von Amateuren erwuchs, die unbedingt Computer besitzen wollten, über deren Gebrauch sie selbst bestimmen wollten.«

Bis dahin konnten Computer mathematische Berechnungen ausführen und diese in Graphen und Kurven darstellen, nun sollten sie zur Erweiterung des menschlichen Gehirns werden. Man sollte darin seine Gedanken speichern und über sie die gesammelten Informationen der Welt erhalten können. Nicht zuletzt ging es um die transpersonale Verbindung, die Ken Kesey während seiner Acid Tests zu spüren glaubte: die Vernetzung aller Gehirne zu einem übergreifenden »mind«. Nur eben in digitaler Form. Engelbart war später eine der entscheidenden Figuren für die Konstruktion des ARPAnet, das Anfang der 1960er Jahre die Computer von vier Universitäten – alle forschten für das US-Militär – über Telefonleitungen verband. Es war das erste Netzwerk dieser Art und Keimzelle des Internets.

Schon 1950, zu der Zeit studierte er Elektrotechnik in Berkeley, hatte Doug Engelbart die Vision eines Computers mit einem Display, auf dem Symbole und Zeichen angeordnet waren. Eine Workstation, die es dem User ermöglichen sollte, alle möglichen Projekte auszuführen. Erstaunlich, wenn man bedenkt, dass zu dieser Zeit der ENIAC Computer der US-Armee den höchsten Stand der Technik darstellte. Er war so ausladend, dass er ein Schlafzimmer füllte. »Und zwar ein amerikanisches!«, sagt James Fadiman. Engelbart ging 1957 an das Stanford Research Institute (SRI) in Menlo Park, wo sich auch heute noch Ingenieure in die Weiterentwicklung von Soft- und Hardware vertiefen. 1962 veröffentlichte er ein Paper mit dem Titel: »Augmenting The Human Intellect«. Engelbart beschreibt darin die Schritte zu einem Computer, der die menschliche Intelligenz nicht ersetzen, ihr aber mehr Struktur verleihen und so ihr Potential auf ein anderes Level bringen soll. Es war die technische Umsetzung dessen, was Gerald Heard oder Aldous Huxley sich von LSD und Verwandten erhofften: Die umfassendere Nutzung des menschlichen Gehirns.

Etwa zur gleichen Zeit gründete der Computerwissenschaftler und Mathematiker John McCarthy das Stanford Artificial Intelligence Lab (SAIL). McCarthy ging es nicht nur um eine Vertiefung und Unterstützung von Gehirntätigkeiten, sondern er wollte die dem Menschen eigene Reflexion und Vernunft nachbilden. Ein Pionier der Erforschung Künstlicher Intelligenz. »Er war der Erste, der die Essenz der Computernutzung in eine simple Programmiersprache packte. Das hatte eine riesige Wirkung auf viele Leute«, so Peter Norvig, Director Of Research bei Google in einem Interview mit dem Magazin *Wired* zu McCarthys Tod 2011. Besagte Programmiersprache hieß LISP, sie wird bis heute verwendet. Am SAIL half sie den Ingenieuren und Programmierern, die Grundlagen der Tech-Industrie zu legen: Robotik, erste Ideen zum Cyberspace, die technische

Basis moderner Synthesizer. SAIL war eine Talentschmiede, einige der besten Programmierer und Computerwissenschaftler starteten ihre Karrieren dort. Anfang der 70er Jahre lud McCarthy Stephen Wozniak und Steve Jobs, die Teil der Hobby-Hacker-Community *Homebrew Computer Club* waren, zu SAIL ein. Der Besuch war für beide sehr inspirierend. Wozniak sagte später, dass die Begegnung mit McCarthy seine Lust auf einen eigenen Computer weiter gesteigert hatte. Er und Jobs gründeten später Apple. Jobs betonte wiederholt, dass seine LSD-Trips während dieser Zeit zu den wichtigsten Erfahrungen seines Lebens zählten. »Ich glaube, LSD hat Jobs' Denken über Ästhetik verändert. Denn das Tolle an Apple-Produkten ist ja, dass sie nicht nur außen, sondern auch innen, wo man sie nicht betrachten kann, schön sind. Jobs sah nicht nur eine Seite der Medaille, er sah beide«, sagt James Fadiman.

Er arbeitete nach seiner Zeit bei Stolaroff für Engelbarts Augmentation-Projekt. »Ich war so etwas wie der Seelenklempner dort. Ich sollte den anderen Engelbarts komplizierte Gedankenwelt erklären. Das war nicht immer einfach«, sagt Fadiman. »Außerdem wurde viel LSD genommen und Marihuana geraucht, mit meinem Wissen konnte ich den Leuten manchmal helfen, den Trip besser zu nutzen.« Es gab einen regen Austausch mit SAIL, wo die Mitarbeiter nicht minder an psychedelischen Substanzen interessiert waren. Was sich auch daran zeigt, dass der erste Artikel, der jemals über ein digitales Netzwerk bestellt wurde, ein Beutel Marihuana war. Stanford Studenten verkauften ihn über SAILs ARPAnet Accounts an Studenten des Massachusetts Institute Of Technology (MIT). »Am Anfang war es wild, aber im Laufe der 1960er Jahre wurde die Arbeit bei Engelbart seriöser. Und sie führte letztlich zu einer Revolution, die 1968 der Öffentlichkeit präsentiert wurde.« Fadiman spricht von einer Veranstaltung, die heute »The Mother Of All Demos« genannt wird. Am 9. Dezember 1968 zeigte Engelbart auf einer Konferenz in San Francisco mit Hilfe eines Videoprojektors die Ergebnisse seiner Augmentation-Forschung, das oN-Line-System (NLS). Er präsentierte Dinge, die für viele im Publikum völlig neu waren: etwa die Tastatur-Eingabe von Text, der zeitgleich auf einem Screen erscheint; die Manipulation von und das Highlighten von Text mit Hilfe einer Computermaus; grafische Elemente wie zum Beispiel das die Benutzeroberfläche eines Programms rahmende Window; die Kommunikation mit seinem Team in Menlo Park über eine Videoschalte. Die Kamera führte dort übrigens Stewart Brand, der auch die Multimedia-Shows auf Ken Keseys Acid Tests dirigierte. Brand war auch der Urheber des Whole Earth Catalogues, ein in unregelmäßigen Abständen erscheinendes Kompendium unterschiedlicher »Tools« zur zukünftigen Lebensführung. »Tools« konnten Bücher sein, aber auch Werkzeuge zur Selbstversorgung, Anleitungen zur Wissensvermittlung und elektronische Devices wie Personal Computer – auch diese Bezeichnung geht auf Brand zurück. Steve Jobs nannte den »Catalogue« später einmal den analogen Vorläufer von Google. In der Demo, dieser 1960er-Jahre-Version einer Apple-Show, versammelte Engelbart die meisten Elemente, die wir heute ganz selbstverständlich mit unseren Computern nutzen. Die Zuschauer und alle, die von der Show hörten, waren außer sich.

Engelbarts Projekt erhielt viel Zuspruch und Zulauf von jungen Ingenieuren. »Einen Tag nach der Demo besuchte uns ein junger Mann und wollte einen Job. Wir hatten aber keinen. Er kehrte jeden Tag zurück, so lange, bis wir ihm doch etwas zu tun gaben. Es war Charles Irby«, sagt James Fadiman. Irby baute in den Jahren darauf das NLS weiter aus. Danach wechselte er zum Xerox Palo Alto Research Center (Xerox PARC), wo er mitverantwortlich für die Konzeption des Xerox Alto war, des ersten Personal Computers der Geschichte. Mit Tastatur und Bildschirm erinnert er deutlich an die Workstations unserer Zeit. Der Alto konnte über Ethernet an ein Netzwerk angeschlossen werden, er hatte eine Drei-Tasten-Maus und war letztlich die materielle Umsetzung von Doug Engelbarts Vision. Der fühlte sich allerdings betrogen. Denn nachdem ihm jahrelang Skepsis entgegengebracht worden war, bedienten sich nun andere seiner Ideen und verdienten damit eine Menge Geld. Und so ging es weiter: Aus dem Alto pflückte sich Apple ein paar Jahre später die technischen Neuerungen heraus, um den ersten McIntosh zu bauen. Innerhalb eines Jahrzehnts hatten sich das Aussehen eines Computers und seine Verwendungsmöglichkeiten grundlegend verändert. Auf John Markoffs Frage in »What The Dourmouse Said...«, ob die Kultur der Zeit Einfluss auf all die Entdeckungen hatte, antwortet der Informatiker Dan Ingalls, einer der Designer der noch heute für viele Anwendungen essentiellen Programmiersprache *Smalltalk*: »Nun, wo sollten die Ideen denn sonst hergekommen sein?« Ingalls hatte lange Zeit Psychedelika und Marihuana benutzt, um sich in kreative Stimmung zu versetzen.

»Wie ein Knall, Momente absoluter Klarheit« – Psychedelika und die transhumane Zukunft

Und wie ist das heute? Was ist vom damaligen Geist der Gegenkultur geblieben, von der Erweiterung des menschlichen Bewusstseins durch psychedelische Substanzen, der Friedensbewegung und dem Nachdenken über alternative Lebensweisen und den Schutz der Umwelt? Haben sie noch Einfluss auf die Techies im Silicon Valley? »Nun, man muss nur einmal auf dem Burning Man gewesen sein, um zu wissen, dass das so ist. Das halbe Valley fährt dort hin. Es ist eine Feier der Substanzen, aber auch der Technik, beide verschmelzen dort. Viele der Showelemente und Installationen sind auf höchstem technischem Niveau und dazu gemacht, trippy zu wirken. Technik und Substanzen reagieren aufeinander«, sagt James Fadiman. Tatsächlich waren die meisten Tech-Mogule schon auf dem »Man«: Jeff Bezos, der Gründer von Amazon; Mark Zuckerberg, der Gründer von Facebook; Elon Musk, der Gründer von PayPal und

Tesla (er hatte auf dem Festival die Idee, das Solarenergie-Unternehmen SolarCity ins Leben zu rufen); auch Larry Page und Sergey Brin von Google waren schon da.

Bloß dass deren Vision einer von Unternehmen regierten Welt, die Musks PayPal-Kollege und libertärer Guru Peter Thiel am lautesten propagiert, nicht so recht zu den hippiesken Ursprüngen des Burning Man passen will. Schon die alte Open-Source-Idee, also die freie Verfügbarkeit von Software-Quellcodes, oder das Konzept der Diversifizierung von Macht, wie sie in den 60er Jahren entwickelt wurden, widersprechen ihr. Der Burning Man ist ein einwöchiger Ausnahmezustand mit Lightshows, Rave und buntglimmenden Fahrzeugen, währenddessen die üblichen Gräben und ideologischen Kämpfe der digitalen Gemeinschaft durch den Rush der Psychedelic Experiences verdeckt zu sein scheinen. Zurück aus der Anderswelt bewerten Thiel und seine Jünger dann aber die Demokratie wieder als restriktiv, verhindere der Universalismus der Meinungen doch die Durchsetzung wegweisender Ideen, ebenso wie Steuern nachhaltiges wirtschaftliches Wachstum. Für Thiel können nur Unternehmen und visionäre Gründer die Welt retten. Regierungen seien zu träge, zu sehr in politische Ränkespiele verstrickt. Die Zukunft wird nur glänzend, wenn sich das Silicon Valley autonomisiert. Thiel unterstützt mit 1.25 Millionen Dollar das Projekt *Seasteading*, das an der Schaffung schwimmender Inseln arbeitet. Dort sollen neue Gesellschaftsformen ausprobiert werden, Regierungen sind nicht nötig, die Bedürfnisse der Bewohner werden durch Algorithmen gemanaged, und natürlich gibt es keine Steuern. Thiel und Kollegen wie Sergey Brin, der konzernloyal von einer Google-Insel träumt, glauben an die Macht der Rationalität; sie sind überzeugt, dass eine perfekt getaktete Technik jeden Lebensbereich verbessern und den fehlerhaften menschlichen Geist mit seinem oft widersinnigen Verhalten substituieren kann. Es wäre ein neuer Gesellschaftsvertrag, aber eben nicht mehr zwischen Staat und Bürgern, sondern zwischen auf der einen Seite Innovatoren und Unternehmen, die vom Marktplatz über Kommunikationsmittel bis zur Infrastruktur alles liefern, sowie auf der anderen Seite Konsumenten, die die angebotene Technik nutzen dürfen (im Gegenzug müssen sie freilich alle ihre Daten herausrücken). Sollten deswegen die Unternehmen nicht eine Sonderbehandlung verdienen? Steuerfreiheit, keine Regulierung, keine Marktgrenzen, keine Reibungen mehr, absolute Freiheit?

Die Mensch-Maschine

Nun könnte man sagen, dass die Idee alternativer Lebensweisen und die Entwicklung einer Künstlichen Intelligenz, die dem Menschen (vielleicht sogar jegliche) Arbeit abnehmen könne, in der Ideologie der Gegenkultur und der Arbeit von John McCarthy und Doug Engelbart bereits angelegt gewesen sei. Alles kontrollierende Firmenmonopole hatten sie aber sicher nicht im Sinn. Und der radikale Glaube an die Macht der Vernunft, die Unfehlbarkeit von Technik, Algorithmen und Software ist eben auch nur ein Glaube. Einer, der keine Irrationalität mehr duldet und folglich auch weder Spiritualität noch Traum kennt. Er leugnet den Wankelmut menschlichen Verhaltens und kann mit dem intuitiven Gedankenstrom des psychedelischen Trips, der ja gerade zeigt, dass sich in unkontrollierbaren Momenten tiefe Erkenntnisse offenbaren können, nichts anfangen. Und trotzdem finden Psychedelika und radikaler Rationalismus heute eine gemeinsame Ebene. Sie treffen sich im Zusammenschluss von Mensch und Maschine.

Die Verschmelzung von Psychedelika und Computertechnik fand schon in den 1980er Jahren ihre Fortsetzung. Timothy Leary erschien, zumal nach seinem zweiten Gefängnisaufenthalt, die Möglichkeit einer virtuellen Realität, in der man sich in einer anderen (Bewusstseins-)Form als Avatar bewegen kann, äußerst verlockend. Diese wirkte für ihn auf eine neue Art psychedelisch, eine auf Knopfdruck ablaufende Wesensveränderung. Leary entwickelte mit Spieledesignern mehrere Computerspiele. Eines davon vertrieb Electronic Arts. Es erschien 1985, wurde 65 000-mal verkauft und hieß »Mind Mirror«. In dem Spiel konnte man verschiedene Persönlichkeiten annehmen, etwa als Mann eine Frau sein, man konnte einen bösen, gelangweilten oder experimentierfreudigen Charakter spielen, und es wurde einem vorgeführt, wie man sich in bestimmten Situationen verhalten würde. Letztlich sollte man so Rückschlüsse auf sich selbst ziehen. »Mind your own mind, make up your own mind, you can be anything« – dies war so etwas wie der Slogan für »Mind Mirror«.

Auf eine grafisch noch recht primitive Weise nahm Learys Spiel heutige Online-Rollenspiele vorweg. Sein Enthusiasmus für den Cyberspace (und auch für die Kolonisierung des Weltraums) fand Widerhall in der sich neu entwickelnden Szene der Cyberdelics. Sie standen psychoaktiven Substanzen offen gegenüber, und Learys Spruch »Der PC ist das LSD der 1990er Jahre« bildete für sie geradezu ein Dogma. Ort der Bewusstseinserweiterung war nun die Virtual Reality, wo der menschliche Geist entscheidende Fortschritte machen und das analoge Ego sich im virtuellen Raum auflösen sollte. Die Cyberdelics träumten von einer Welt, in der neue Technologien (Bio-Engeneering, Robotik, Künstliche Intelligenz) das politische System, die soziale Schichtung, die Persönlichkeitsstrukturen neu formen würden. Wie Thiel waren sie Tech-Jünger und staatskritisch, aber im Gegensatz zu diesem, der sich wie die Real-Inkarnation einer Figur von Ayn Rand ausnimmt, weder elitär noch hyperkapitalistisch. Sie wollten Software und Hardware, nach alter Hacker-Tradition, für alle zugänglich halten und nicht von Unternehmen kontrolliert sehen. Der Computer sollte ein offenes System bleiben, in dem jeder die Programme, die er braucht, zur Not auch selbst schreiben kann, und nicht geschlossen wie ein iPhone oder iPad, die reine App-Konsummaschinen sind. Die Hausgazette der Cyberdelics war das Magazin *Mondo 2000*, das bis in die 1990er Jahre erschien und eine Art anarchischer, ausdrücklich pro-psychedelischer Vorläufer des heutigen Tech-Blatts *Wired* war. Durch *Mondo 2000* wurde Tech-Nerdism in Verbindung mit der entstehenden Ravekultur, Computer-Art und der Weiterentwicklung des Hackertums das erste Mal wirklich cool. Einer der Gründer des Magazins war Ken Goffman, der sich R.U. Sirius nennt, Mitautor von Learys letztem Buch »Timothy Learys Totenbuch« und Teil des Trash-Pop-Trios *Mondo Vanilli*. Vor *Mondo 2000* gab er die Cyberpunk-Blättchen *High Frontiers* und *Reality Hackers* heraus (die digitale Version dieser Hefte wurde später die Website *boingboing.net*).

In allen drei Magazinen ging es um die Erweiterung des intellektuellen, aber auch körperlichen Potenzials des Menschen – durch psychedelische Substanzen ebenso wie durch technischen Fortschritt. Überall wehte dort der Geist des Transhumanismus, einer Denkweise, die Technik nicht als Bedrohung des Menschen, wie noch zur Hippie-Zeit abseits der Cluster um Palo Alto, sondern als nächsten Schritt der Evolution durch Bio- und Nanotechnologie und den Entwurf einer Superintelligenz beurteilt. R.U. Sirius ist bis heute kritischer Kenner dieser Szene. Dabei fürchtet er weniger, dass sich eine dem Menschen überlegene Künstliche Superintelligenz gegen seine Erschaffer richtet und sie vernichtet (was auch manche Transhumanisten umtreibt), sondern eher »die Möglichkeit, dass wir gehirngewaschen oder in ein begrenztes und begrenzendes Quasi-Utopia eingepfercht werden, in dem nichts, was nicht von der, sagen wir mal, Regierung von China anerkannt wurde oder einen Deal – mit vielleicht Apple – hat, unserem Implantat oder unserem Neocortex hinzugefügt werden darf ... Das erscheint mir auf jeden Fall möglich. Man wird einfach in einen wunderbaren Schlaf fallen oder einen toll verbesserten Körper bekommen. Dafür werden einem aber dann Werbespots direkt ins Hirn geschossen, die einen sofort veranlassen, irgendein köstliches Schmackofatz zu kaufen«, sagte Sirius in einem Interview zu seinem Anfang 2015 erschienenen Buch »Transcendence: The Disinformation Encyclopedia of Transhumanism and the Singularity«. Hier verläuft die Grenze zwischen den beiden ursprünglich dem Geist der Psychedelik entsprungenen kalifornischen Leitutopien der Gegenwart: auf der einen Seite Tech-Psychonauten wie R. U. Sirius, die technische Errungenschaften für alle zu jeder Zeit und geringem Preis verfügbar halten wollen, und auf der anderen Seite libertäre Hyperkapitalisten wie Peter Thiel, die Unternehmensmonopole als Freiheitslieferanten propagieren.

Doch auf beiden Seiten haben Psychedelika ihren Einfluss auf das Entstehen neuer Technologien nicht verloren. Breit angelegte Studien zur Problemlösung wie die von James Fadiman in den 1960er Jahren werden zwar nicht mehr durchgeführt. Das heißt aber nicht, dass die Substanzen nicht mehr als Werkzeug genutzt würden. Auf einer Konferenz des MAPS Instituts bestätigte Marc Pesce, der in den 1990er Jahren entscheidend zum Design virtueller Räume beitrug, indem er die Virtual Reality Modeling Language (VRML), eine Programmiersprache für 3D Grafiken, weiterentwickelte, dass LSD seine Arbeit maßgeblich befördert und präzisiert habe. »Psychedelika waren sicher Vermittler und Beschleuniger für mich. Ein bemerkenswertes Beispiel ist, wie die Cyber-Protokolle zu mir kamen. Es war wie ein Schlag und dann erschienen sie vor mir. Ich sah das große Ganze, und dieses große Ganze sagte zu mir: ›Okay, jetzt weißt du grob, wie es funktioniert, jetzt musst du aber noch ins Detail gehen, oder?‹ Ich brauchte drei Jahre, um die Feinheiten auszuarbeiten, aus ihnen entstand dann VRML … Später habe ich dann noch Nachforschungen zu moralischen Fragen und den Wirkungen virtueller Welten angestellt. Auch hier fungierten Psychedelika wieder als Vermittler. Es war wirklich wie ein Knall, Momente absoluter Klarheit … Man sieht die Dinge vor sich, das heißt aber nicht, dass man sie sofort verbalisieren und darstellen kann.« Wie schon die Ingenieure bei Fadiman und die Biologen bei Narby nutzte Pesce den Trip als Zündung.

Es folgten einige Monate Tüftelei, um die Erkenntnisse in Quellcodes und Software umzuwandeln.

Die virtuellen Räume, deren Erschaffung auch durch Pesces Arbeit möglich wurden, waren in den 1990er Jahren noch ziemlich pixelige Welten, in die man zwar schon ohne weiteres versinken konnte, die aber doch recht skurril von der Realität abstanden. Das wird bald anders. 2016 kommen das erste Mal Cyberbrillen wie Oculos Rift auf den Markt, die ein tiefes Eintauchen in Cyberwelten ermöglichen. Schon jetzt wird darüber diskutiert, ob Spieler von Ego-Shootern nicht in Gefahr stehen, wie Soldaten an einer Posttraumatischen Belastungsstörung zu erkranken – so real sind die künstlichen Umgebungen und Erfahrungen. Aber nicht nur zum Entertainment sollen die Brillen genutzt werden, sondern auch in der Medizin. Patienten, die Prothesen brauchen, könnten deren Gebrauch virtuell einstudieren. Es gibt auch Überlegungen, Sinneseindrücke psychotischer Zustände künstlich nachzubilden. Ärzte und Krankenschwestern könnten sie nacherleben, und so die Auswirkungen von Psychosen auf die Wahrnehmung besser verstehen und nachfühlen. So wie für LSD in den 1950er Jahren vorgesehen, fungiert der virtuelle Raum in diesem Fall als Psychomimetikum.

In der Erkundung unterschiedlicher Bewusstseinszustände treffen sich Technik und Substanz. Auf vielen Veranstaltungen im Silicon Valley, zum Beispiel denen der *Stanford Transhumanist Association*, einer Studentenvereinigung, die sich mit den ethischen und technischen Fragen der künstlichen Erweiterung menschlicher Fähigkeiten befasst, halten Technikphilosophen wie Gray Scott oder David Pearce (ein großer Verehrer Alexander Shulgins) neben Vertretern der neuen psychedelischen Bewegung wie Brad Burge von MAPS Vorträge. Unter anderem wird bei solchen Talks die Frage diskutiert, inwieweit die Viel-Dimensionalität psychedelischer Erfahrungen auf die Bewusstseinszustände im virtuellen Raum vorbereiten kann – bis zum womöglich letzten Schritt, dem feuchten Traum vieler Transhumanisten, nämlich dem vollständigen Upload des eigenen Bewusstseins, aller Gedanken, Erinnerungen und Gefühle ins Netz. Da hätte man sie: die digitale Unsterblichkeit. Andrés Gómez Emilsson, 24 Jahre alt und Präsident der Stanford Transhumanist Association, ist, wie er in einem Interview mit dem Harper's Magazine sagte, ein Erforscher psychedelischer Stadien. Er hat die Vision eines Gehirn-Instrumentenpults, das per Knopfdruck jeden Bewusstseinszustand auslösen kann, den man sich gerade wünscht oder einmal kennenlernen will. »Conscious Engeneering« ist das Stichwort, die gezielte Nutzung der »altered states of consciousness« zum Erkenntnisgewinn und zum Hineinversetzen in alle möglichen Zustände. Emilsson träumt von einer besseren Welt: Wird man töten, wird man vergewaltigen oder ein Tier umbringen, wenn man erlebt hat, wie es sich für das Opfer anfühlt? Wird man die Umwelt weiter verschmutzen, wenn man eine innige Verbindung zu ihr gespürt hat? Emilsson ist Veganer, genau wie David Pearce und viele andere Transhumanisten. Sie teilen viele der Werte, die sich in den 60er Jahren gebildet haben. Die Frage also, welche Blüten die Wurzeln der Verflechtung zwischen Gegenkultur und Computerwissenschaft von damals heute treiben, sie wird auf vielfältige Weise beantwortet. Tech-Inseln, von Maschinen gesteuerte Bewusstseinsströme, der Mensch mit dem Roboterkörper. Wieder werden die Utopien und Dystopien der Gegenwart in der Bay Area erdacht.

»Wenn es draußen nichts mehr zu entdecken gibt, geht die Forschungsreise nach innen.« – Erfahrung eines 33-jährigen psychedelisch interessierten Silicon Valley-Bewohners

Eines der einflussreichsten Bücher der letzten Jahre ist »The Black Swan« von Nassim Taleb. Darin geht es um eine Kategorie von Ereignissen, die enorm unwahrscheinlich und deshalb komplett unerwartet sind. Wenn sie jedoch eintreten, haben sie den größtmöglichen Effekt auf unser Weltbild und unser Wissen. Als Metapher hierfür dient der schwarze Schwan. Ein einziges Exemplar reicht aus, um das vermeintlich sichere Wissen über Schwäne als weiße Vögel zu falsifizieren. Taleb erklärt, dass viele Innovationen – etwa die Erfindung des Internets oder des PC – auf Black-Swan-Ereignisse zurückgehen. Jeder hier in Palo Alto kennt dieses Buch, schließlich träumt jedes Unternehmen davon, mit einer kleinen Erfindung die Organisation des Wissens zu revolutionieren. Nun ist aber heute die Welt bis in ihre Atome erforscht, und es scheint immer schwieriger zu werden, auf etwas komplett Unerwartetes zu stoßen (der berühmte schwarze Schwan wurde auf einer der ersten Forschungsreisen nach Australien entdeckt). Vielleicht ist das der Grund dafür, dass man im Silicon Valley so aufgeschlossen gegenüber bewusstseinsverändernden Substanzen ist. Wenn es draußen nichts mehr zu entdecken gibt, geht die Forschungsreise nach innen.

Ich zumindest erklärte mir damit die enorme Popularität psychedelischer Drogen hier im Silicon Valley. Als ich vor einigen Jahren nach Palo Alto kam, um hier bei einer Beratungsfirma für Startups zu arbeiten, hatte ich von Drogen keine Ahnung. Ich war sehr überrascht, als bei einer Konferenz plötzlich Personen, die von jeder Subkultur so weit entfernt sind, wie man es sich nur vorstellen kann – ein Berater, ein Anwalt und ein Technikjournalist –, plötzlich von ihren jüngsten Erfahrungen mit LSD und Psilocybin berichteten. Schnell entdeckte ich, dass dieses Thema hier nicht, wie sonst überall, hinter vorgehaltener Hand besprochen wird, sondern ganz offen und unverkrampft, als Kantinen-Talk. Es gibt hier tatsächlich eine große Szene von Psychedelika-Usern. Vor allem LSD, Psilocybin, MDMA und Peyote werden gern und oft genutzt. Marihuana ist sowieso in ganz Kalifornien eine Art Grundnahrungsmittel. Natürlich mögen da auch Steve Jobs LSD-Experimente eine wichtige Rolle spielen, die in den Hagiographien ja in aller Breite erzählt werden. Aber meiner Einschätzung nach geht es hier nicht nur darum, einer Lichtfigur nachzueifern. Viele haben hier den tiefen Wunsch, Neuland zu betreten. Das Silicon Valley scheint genau diese Sorte Menschen anzuziehen und mit guten Jobs zu locken.

Eines Tages erzählte mir ein Kollege von Ayahuasca. Er pries die unvorstellbare Erfahrung und meinte, eine Sitzung könne so effektiv sein wie Dutzende Stunden Psychotherapie. Beides interessierte mich, und also flog ich nach Peru, um es zu probieren. Am Tag nach der Session war meine Wahrnehmung der Welt, der Pflanzen, des Lebens von einer Intensität, die ich vorher nicht geahnt hatte. Spricht man über eine derartige Erfahrung, verfällt man sofort in Floskeln, die Sprache scheint sich schwer damit zu tun, sich dieser Sphäre anzunähern. Mir war auf jeden Fall sofort klar, dass ich Neuland betreten hatte. Und ebenso klar war, dass ich das bald wieder tun musste.

Nach meiner zweiten Session fragte ich den Schamanen, ob man das Gebräu eigentlich auch mitnehmen könne. Ich rechnete damit, dass er Ayahuasca nur unter seiner Aufsicht verabreicht wissen wollte, aber er meinte, ich könne es auch alleine trinken. So machte ich es. Ich mietete eine kleine, wunderschöne Hütte, mitten in den Redwood-Wäldern bei Palo Alto. Die ersten Male versuchte ich noch, das peruanische Setting nachzuahmen, ich hörte etwa CDs mit schamanischen Gesängen. Doch dann kam mir, dass das nur eine unter vielen Arten von spiritueller Musik ist – aber auch etwa die von Bach, die mir persönlich viel näher ist, eignet sich, um diese Erfahrung zu begleiten. Für mich sind diese Wochenenden – ich hatte inzwischen etwa schon 70 davon – tatsächlich eine spirituelle Erfahrung, wenngleich auch eine, die nur noch wenig mit dem ursprünglichen Ritus zu tun hat, dafür aber sehr viel mit mir. So höre ich mir gerne Lyrik-Lesungen auf Ayahuasca an, etwa Rilke. Sinn und Klang ergeben dann völlig neue Muster, es ist, als hörte und verstünde ich eine neue Sprache. Manchmal kann es aber auch schrecklich sein: wenn die Spirale nach unten geht, und das ist bei Ayahuasca immer möglich, hat man so gut wie keine Mög-

lichkeit, sie anzuhalten – ein Schamane könnte das. Aber es passiert mir selten, und im Nachhinein ist es doch immer interessant und wertvoll.

Uneingeweihte Personen, denen ich von meinen Experimenten erzähle, fragen mich oft, welche konkreten Inspirationen ich im Rausch empfange. Ich glaube, sie denken dann, dass Steve Jobs die Idee zum iPhone auf LSD hatte. Das ist natürlich Quatsch. Eine psychedelische Reise, und für mich ist das bisher Ayahuasca, kann in ein komplett unbekanntes, vorher unvorstellbares Gebiet führen. Und dadurch die gesamte Wahrnehmung, das Denken, das Fühlen und das Weltbild des Individuums ändern. Das ist der Black Swan.

What a long strange trip it's been:
Psychedelische Musik

Haschischschwaden in der Oper

Die Verbindung Rausch und Musik ist seit jeher eng und keineswegs zufällig. In fast allen indigenen Kulturen ist das Zusammenspiel von Rhythmus, Gesang und (zum Teil substanzunterstützter) Trance ein fester Bestandteil sakraler Handlungen. Und nicht von ungefähr rechnet Friedrich Nietzsche in »Die Geburt der Tragödie aus dem Geiste der Musik« die Musik der Sphäre des erdhaften Rauschgottes Dionysos zu. Auch in der abendländischen Kunstmusik spielen Rausch und Entrückung spätestens seit der Romantik eine wichtige Rolle. In den 1970er Jahren, so erzählt das alte Personal noch heute, habe es in der Münchner Oper bei Aufführungen von Wagners Rausch-Oper *Tristan und Isolde* in den Toiletten stark nach Cannabis gerochen. Dazu passt, dass der Liebesrausch im *Tristan* nicht nur substanzinduziert (Liebeselixier!) ist, sondern auch tatsächlich als psychedelisch entgrenzter Zustand dargestellt wird. Zum Schluss der Oper *sieht* Isolde Dinge, die in der nüchternen Welt offensichtlich nicht existieren. Und die Musik arbeitet dazu mit Mitteln, die später im Pop wieder auftauchen, um veränderte Bewusstseinszustände zu interpretieren: etwa mit verfließenden Sphärenklängen und chromatischen Endlosbewegungen jenseits der traditionellen Funktionsharmonik.

Auch im Jazz spielten und spielen veränderte Bewusstseinszustände eine Rolle. Ab den 1920er Jahren war Cannabis eine beliebte Droge unter Swing-Musikern. Die Verbindung von Rausch, populärer Musik und schwarzer Subkultur war (und blieb) dem weißen Establishment Amerikas ein Dorn im Auge. Die zum Teil rassistischen Anti-Cannabis-Kampagnen der 1930er und -40er Jahre arbeiteten gerne mit dem Bild des berauschten, enthemmten Jazz-Fans. Schon früh kamen Jazz-Musiker wie Charles Mingus auch mit LSD in Kontakt (Mingus war ein enger Freund Learys und spielte sogar auf dessen Hochzeit). Und das kollektive, immer ausgedehntere und freie Improvisieren im Jazz sollte auf den psychedelischen Pop einen großen Einfluss haben, zumal in den entgrenzten, harmonisch und rhythmisch zunehmend befreiten Formen des Free Jazz und Spiritual Jazz im Gefolge von John Coltrane. Allerdings verhinderte die Dominanz der transzendenten und black-power-revolutionären Bezüge im progressiven Jazz ab ca. 1960, dass das psychedelische Moment hier stilbestimmend wurde. Im Pop war das anders.

Ekstase tanzen, Teil 1

»Psychedelic Music« als eigenständiges Genre – oder besser: als Strömung innerhalb verschiedener Genres – gibt es seit Mitte der 1960er Jahre. Dass sich die psychedelische Gegenkultur schnell zu einer Massenbewegung entwickelte, lag vor allem daran, dass sie mit einem werbewirksamen Soundtrack unterlegt war. Wie kaum anders zu erwarten, begann alles an der amerikanischen Westküste. Schon seit Anfang der 1960er Jahre gab es in der Bay Area eine rege alternative Musikszene, in der Surfrock, vor allem aber politisch bewusster Folk – der Sound der studentischen Bohemiens – eine zentrale Rolle spielten. Sicherlich versuchten Musiker auch schon vorher, ihre psychedelische Erfahrung in Sound zu übersetzen. Größere Aufmerksamkeit fanden diese Experimente aber erst im November 1965. Die Merry Pranksters feierten damals in Soquel in der Nähe von Santa Cruz ihre erste Acid Test Party, und auf der Bühne stand eine Band, die sich »The Warlocks« nannte. Kurz darauf sollten sie »The Grateful Dead« heißen und wurden zum Referenzmodell in Sachen Psychedelic Music, oder wie man damals sagte: Acid Rock.

Die Acid-Test-Partys sind in ihrer Bedeutung für das, was wir heute unter Pop verstehen, kaum zu überschätzen. Bis dahin fanden Konzerte meist in bestuhlten Theatersälen statt (die allerdings schon in den 1950ern von Rock'n'Roll-Fans gern einmal zerlegt wurden) und waren vergleichsweise leise. Bei den Acid-Tests ging es erstmals um ein synästhetisches Gesamterlebnis. Die Merry Pranksters malten Plakate in fluoreszierenden Farben, deren vom Jugendstil beeinflusste Wellen- und Rankenformen bis heute das Bild der psychedelischen Kultur prägen. Auf den Acid Tests kam zum ersten Mal bei einer Party ein Stroboskop zum Einsatz, die Räume waren mit Schwarzlicht und blubberndem Liquid Light beleuchtet – Urknall und Ursuppe aller künftigen Lightshows. Und gegen einen Dollar Eintritt konnte man so viel mit LSD versetzten Orangensaft trinken, wie man wollte. Hinzu kam die Revolution des Soundsystems, unzählige Boxen türmten sich auf und vor der Bühne. Die Gäste schwammen in einem rauschenden Meer von Licht und Musik. Dementsprechend orgiastisch war der Tanzstil, oder wie Tom Wolfe in seinem Buch »The Kool Aid Acid Test« schreibt: »Die elektrische Orgel vibrierte durch alle Bäuche, die Kids tanzten nicht Rock, sie tanzten Ekstase.«

Die Show von The Grateful Dead wurde damals als etwas völlig Neues, noch nie Gehörtes beschrieben, vor allem nachdem Owsley Stanley sich der Band angenommen hatte. Dieser »Acid-Wizard«, der damals so gut wie den gesamten (außergeheimdienstlichen) USA-Bedarf an LSD anlieferte und eng mit den Pranksters verkehrte, stattete The Grateful Dead nicht nur generös mit einem Riesenarsenal an Instrumenten, Verstärkern, Band- und Effektgeräten, Orgeln und Percussion aus. Sein Ziel war es, mit Lichteffekten, Nebel, Dekoration und Sound den LSD-Rausch nachzubilden – auf dass es zum psychedelischen Pfingsten komme. Das passierte dann in der Regel auch, so dass The Grateful Dead sehr schnell eine entzückte Fangemeinde um sich scharte. Die »Deadheads« (darunter etwa auch der junge Bill Clinton) reisten ihrer Band von Konzert zu Konzert nach, wobei sich zugleich ein sehr effektives Handelsnetz für hochkarätiges Stanley-LSD etablierte. Jerry García, der Sänger und Gitarrist der Band und zugleich Archetyp des Hippie-Stammvaters, wurde als eine Art kalifornischer Heiliger verehrt. Noch 20 Jahre nach seinem Tod nannte die amerikanische Eis-Marke »Ben&Jerry« ihr Kirscheis zu seinen Ehren »Cherry García«.

In den Texten des frühen »Psychedelic Rock« wird der Rausch meist nur chiffriert thematisiert, um die Songs nicht von vornherein aus dem Radio zu verbannen. Viel wichtiger und für die jeweiligen Subkulturen genauso klar lesbar ist jedoch das Soundkonzept. Natürlich kann Musik außermusikalische Realitäten wie den Rausch nicht direkt abbilden. Sie muss ihn mit ihren Mitteln evozieren – mit Rhythmen, Melodien und Geräuschen, oder, wenn man in größeren Einheiten denkt: mit musikalischen Zitaten oder Verweisen auf Traditionen. Jedes psychedelische Musikstück ist eine eigene, um es mit Ernst Jünger zu sagen: *Annäherung* an den Rausch – mal mehr, mal weniger gelungen. Trotzdem kann man bestimmte Tendenzen unterscheiden. Die von The Greatful Dead bestand etwa im unendlichen Improvisieren. Darin zeigt sich nicht nur das Selbstverständnis der Band als Live-Act (García betonte immer wieder, dass die Improvisation eine Art Kommunikation mit dem Publikum sei), vor allem zollten die »Dead« so der Unvorhersehbarkeit des psychedelischen Rausches Tribut. Das entsprach auch der radikalen Zukunftsorientierung der Merry Pranksters, auf deren Bus ein Schild mit der Destination »furthur« – ein Mischwort aus »weiter« (»further«) und »Zukunft« (»future«) – prangte. Dass dem heutigen Hörer die Musik von The Grateful Dead nicht mehr so orgiastisch und jenseitig erscheinen mag wie den Besuchern der Acid Test Partys, mag einerseits daran liegen, dass man nur die vergleichsweise zahmen Studioaufnahmen oder die noch zahmeren Mittel- und Spätwerke der Band wahrnimmt, die im Grunde immer im Folk- und Bluesrock-

Schema bleiben, andererseits aber auch daran, das ihre pionierhaften Freakout-Sessions – Zentralstück hier das in hunderterlei Live-Versionen überlieferte »Dark Star« – so stilbildend waren, dass sie unter den Werken ihrer zahlreichen Nachahmer und Überbieter tendenziell verschwinden.

Andere Acid-Rock-Strategien der 1960er Jahre scheinen auch heute noch unmittelbarer zu wirken. Etwa die Feedback- und Effekt-Orgien von Jimi Hendrix, die sonisch die Drastik und die Wahrnehmungsverschiebungen des Rausches erahnen lassen. Oder der symphonische Detailreichtum der Beach Boys der »Smile«-Phase, bei denen die relativ komplexen, manchmal regelrecht verirrt wirkenden Songstrukturen in Kontrast zu dem süßen, mehrstimmigen Gesang stehen. Vor allem aber wurden die ausgedehnten, zum Teil treibenden, zum Teil sphärischen Pink-Floyd-Stücke der ersten Schaffensphase als musikalischer Trip gefeiert. Und auch der orgiastische, lärmende Space-Rock der britischen Band Hawkind klingt bis heute extrem und aufregend, ganz zu schweigen von weniger bekannten, aber visionären Bands wie den frühen Red Crayola, White Noise, Hapshash & The Coloured Coat featuring the Human Host and the Heavy Metal Kids, dem kanadischen Multimedia-Kollektiv Intersystems, Psyche-Drone-Pionieren wie Tony Conrad und Angus MacLise oder konsequenten »Head«-Elektronikern wie Nik Raicevic oder dem frühen Ralph Lundsten. Eine sehr leicht zu verstehende Rausch-Interpretation bestand im Raga-Rock, bei dem Instrumente wie die Sitar zum Einsatz kamen (etwa von den Beatles, den Kinks oder den Byrds) und so auf das spirituelle Traumland Indien verwiesen wurde. Ende der 1960er, Anfang der 1970er Jahre kam kaum eine große Rockband mehr ohne psychedelische Anleihen aus. Die Musikindustrie unterstützte und bewarb diesen Trend trotz der warnenden Presse – auch weil Psychedelic Rock auf Alben verkauft wurde, wo die Margen höher waren als im alten Single-Pop.

In den 1970ern wurde dieses Konzept zunehmend gewöhnlich, epigonal und damit langweilig. Zwar nahmen die Bands immer noch so eifrig Drogen wie in den 1960ern (de facto sogar wesentlich mehr), doch waren nun vermehrt auch Heroin und Kokain im Spiel. Auf jeden Fall war es bald nicht mehr schick, die Höhen und Tiefen eines psychedelischen Rausches auf der Gitarre nachzududeln – zumindest nicht im Homeland von Rock und Pop, den USA. Ganz anders sah das in Europa aus: In Großbritannien, Italien, Frankreich, den Niederlanden, aber auch in Deutschland entwickelte sich ab den frühen 1970er Jahren im Zuge des allgemeinen Progressivrock-Booms eine speziell psychedelische Spielart des Rock, die unter anderem auf Improvisation basierte und auf sonische Neuentdeckungen aus war.

Den deutschen Bands dieser damals durchaus internationalen Bewegung wurde in England alsbald das Label »Krautrock« verpasst, das sich gegen das Sträuben der meisten so rubrizierten Musiker rückwirkend auch in Deutschland festsetzte und mit der Zeit zur »Kult-Kategorie« mutierte und verengte. Vielleicht rührt der Erfolg des Ausdrucks daher, dass es das angstlustbesetzte Teutonen-, Barbaren- und Ingenieurs-Image der »Deutschen« zugleich aufruft und doch ins Kauzige ironisiert. In der Tat konnten sich die oft eher an E-Musik oder (Free) Jazz denn an traditionellem Pop orientierten Klangwelten der heute als Krautrock kanonisierten Bands so nur in einem popkulturellen Vakuum entwickeln, einem Raum, wo es keine ausreichend mächtige Blues- und Folk-Tradition gab, um visionäre Wucherungen – sei es ins Kosmische, sei es ins Äonische (der Tracklängen), teils aber auch ins Esoterisch-Verquaste – auf Normalmaß zurechtzustutzen. Dabei waren einschlägige Bands wie Amon Düül bzw. Amon Düül 2, Can, Kluster/Cluster, Tangerine Dream, Ash Ra Tempel, Guru Guru, Popol Vuh, Limbus 3, Xhol, Neu!, Faust, Brainticket (Letztere aus der

Schweiz) oder Solokünstler wie Klaus Schulze, Peter Michael Hamel oder Günter Schickert in ihrer heute mythologisierten Phase von ca. 1968 bis 1975 weder besonders hitparadentauglich (dort regierten James Last, Heintje, die Beatles oder allenfalls Udo Lindenberg) noch traten sie etwa als »deutscher Block« hervor. Eher als jeweils hochindividuelle und teils extrem eigenweltliche Entwürfe einer neuen psychedelischen Musik. Dementsprechend dauerte es nur kurze Zeit, bis diese Szene die Bekanntschaft mit psychedelischen Substanzen machte, in einigen Fällen wurde daraus ein amour fou im allzu genauen Wortsinn.

Eine Zentralfigur des psychedelischen Krautrock war der Autor, Journalist und Produzent Rolf-Ulrich Kaiser. Ende der 1960er Jahre avancierte er zum wichtigsten Sprecher der »Gegenkultur« (wie er »Counterculture« übersetzte) und organisierte 1968 das erste deutsche Großfestival, die Essener Songtage. 1969 gründete er das Label »Ohr«, auf dem Bands wie Amon Düül und Guru Guru oder die programmatisch dauerbekifften Liedermacher Witthüser & Westrupp veröffentlichten, aber auch materialistisch geerdete Politrocker wie Floh de Cologne. 1972 entdeckte Kaiser LSD und verstand sich schnell als Götterbote der Substanz. Eine Reihe denkwürdiger Projekte sollte folgen. 1973 reiste Manuel Göttschings Band Ash Ra Tempel in die Schweiz, um den dorthin geflohenen Timothy Leary zu treffen. Die jungen Musiker waren begeistert von Learys Charme und Witz, und gemeinsam nahm man die Platte »Seven Up« auf – benannt nach der mit LSD versetzten Limonade, die während der Sessions großzügig gereicht wurde. Das Ergebnis war nicht unbedingt die erhoffte Offenbarung – über matschigen Improvisationen doziert Leary seine Theorie der acht Stufen des Bewusstseins, ohne dabei je die hypnotische Suggestivität seiner früheren Sprechplatten, vor allem »The Psychedelic Experience« von 1966, zu erreichen. Nichtsdestotrotz verfiel der ebenfalls anwesende Kaiser spätestens hier endgültig der Idee, dass einzig der Konsum von Psychedelika zu kreativen Höchstleistungen anspornen könne. Er gründete das Label »Kosmische Kuriere« bzw. »Kosmische Musik«, veranstaltete mehrere LSD-befeuerte Studio-Sessions und veröffentliche das Material unter dem Titel »Cosmic Jokers« – synthesizer-getriebener Space-Rock einer Krautrock-Allstar-Combo, meist instrumental, bisweilen aber auch mit kosmischen Weisheiten aus dem Mund von Kaisers Partnerin Gille Lettmann (»Sternenmädchen«) versetzt.

Ab da wird Rolf-Ulrich Kaisers Geschichte zunehmend mysteriös und tragisch, denn mit seiner Hinwendung zu Leary, der medienübergreifend als »Drogenguru« verunglimpft wurde, fiel auch Kaiser in Ungnade. Der Spiegel, der sich schon auf Kaiser als Vertreter einer – von den altlinken Redakteuren als US-imperialistische Konsummasche beargwöhnten – Subkultur eingeschossen hatte, beschimpfte Kaiser nun als drogensüchtigen Spinner und machte sich über seinen Kleidungsstil lustig: »In schönen neuen Kleidern, in Samt und Latex mit Silberpailletten und allerlei funkelndem Flitterkram kündet er unablässig von den ›Schwingungen der Freude‹«. Aber auch die Musiker hatten keine Lust mehr auf seinen zum Teil übergriffigen LSD-Missionarismus und wandten sich von ihm ab. Und wie zuvor schon Leary reagierte auch Kaiser auf dieses feindselige Klima nicht etwa mit Mäßigung, sondern mit einer furiosen Flucht nach vorn und – schließlich – ins Nichts. Er veranstaltete megalomane PR-Events und beglückte die Welt mit grenzdebilen (vermutlich ironischen) Werbetexten: »Steig ein in mein Raumschiff. Lande auf dem Planeten der Kosmischen Musiker. Das Zeitschiff Sternenmädchen schwebt durch die Galaxie der Freude. In den Klängen der Elektronik. In den Blitzen des Lichts. Das ist der neue Sound. Weltraum. Telepathie. Melodien. Freude.« 1975 meldete Kaiser mit seinen Labels Konkurs an, kurz darauf verschwand er zusammen mit seinem Sternenmädchen von der Erdoberfläche. Gerüchte schossen ins Kraut, Kaiser sei in der Psychiatrie, obdachlos oder gar tot. Nichts davon scheint zu stimmen. Kaiser hat der öffentlichen Welt vollkommen entsagt und scheint bis vor wenigen Jahren als »Meson Cristallis« zurückgezogen im Sauerland gelebt zu haben. Ob er das noch heute tut, wissen nicht einmal engste ehemalige Weggefährten.

Ekstase tanzen, Teil 2

Aber so grenzwertig sein Auftreten und so dogmatisch seine Psychedelika-Religion auch waren, Kaiser war doch ein Visionär. Lang vor den Poperfolgen von Kraftwerk propagierte er mit Künstlern wie Tangerine Dream und Klaus Schulze synthetische Klänge und repetitive Patternstrukturen als Überwindung der immer gleichen Rock-Schablonen. Manuel Göttsching, der für die neuere elektronische Musik wohl einflussreichste Krautrock-Musiker, machte nie mit beim allgemeinen Kaiser-Bashing. Noch sein 1981 eingespielter Klassiker »E2-E4« zeigt in seiner schwebenden Getriebenheit deutlich die Spuren von Kaisers LSD-Sessions Mitte der 1970er. Interessant ist auch, dass die Bezeichnung »kosmische Musik« einige Jahre nach Kaisers Verschwinden an ganz anderer Stelle mit neuem Leben gefüllt wurde. In Norditalien begründeten DJs wie Daniele Baldelli oder Beppe Loda eine eigenständige Tanzmusik-Tradition namens Cosmic, bei der Afrobeat, Synthesizer-Klänge und Spacerock ineinandergemischt wurden. Zu Platten von Manuel Göttsching und Klaus Schulze tanzten damals Tausende. Eine bittere Ironie liegt im Fall Kaiser auch darin, dass seine kosmischen LPs, die in den 1970ern von der Kritik verrissen und schließlich zur Konkursmasse wurden, im Zuge des Krautrock-Retrobooms der letzten beiden Jahrzehnte zu astronomischen Preisen gehandelt werden.

Die musikalische Annäherung des »kosmischen« Krautrock an den Rausch ist vor allem in einer Hinsicht interessant: Interpretierte man im Acid-Rock, aber auch im Prog-Rock der frühen 1970er Jahre, den Rausch mit maximalistischen Strategien (endlose Improvisationen, Feedback-Orgien, Rocksymphonien, kulturelle Mash-Ups), gab es im Krautrock erstmals die Gegenstrategie: Künstler wie Conrad Schnitzler, Cluster, Neu!, Tangerine Dream und Klaus Schulze setzten auf Minimalismus – zunächst als meditative bis futuristische Klangflächen, später dann auch mit Beat. In Reinform etwa Manuel Göttschings »E2-E4«, das nur aus zwei Akkorden und endlosen, minimalen Modulationen besteht. Von diesen Experimenten ist es nur ein kleiner Schritt zu einer der größten Revolutionen im Pop, die Anfang bis Mitte der 1980er Jahre in Detroit, Chicago und New York stattfand: der Erfindung von House und Techno. Früher Techno klingt oft wie eine purifizierte, harte Version von Krautrock, bei der jedoch die harmonisch-kosmische Atmosphäre durch industrielle Härte ersetzt wurde (auch hierzu gibt es, wie immer im Pop, mehrere Vorgeschichten, nicht zuletzt die britische Industrial Music von Bands wie Throbbing Gristle, für die bewusstseinsverändernde Drogen ebenfalls wichtig waren).

Ein Spielart der neuen elektronischen Tanzmusik bezog sich sogar explizit auf psychedelische Drogen: Acid House, das Mitte der 1980er Jahre in Chicago erfunden wurde. Während die klassische House-Music ihre Wurzeln im organisch-souligen Disco-Sound hatte, war Acid House hart und monoton. Der Name wurde gewählt, um die Drastik der Musik zu illustrieren – und auch in Anlehnung an den Acid Rock etwa von Jimi Hendrix, an dessen grelle Feedbacks das Gezwitscher des Acid-Synthesizers Roland TB-303 erinnerte. In der Folge kam es zu einem Boom der Substanz in der schwarzen, schwulen Subkultur Detroits und Chicagos, in der zuvor eher unpsychedelische Stimulanzien dominierten. Und auch wenn das Setting nun ein ganz anderes war – bodennebelverhangene Industrie-Lofts statt mit buntem liquid light beleuchtete Privathäuser –, so kehrten die Acid House-Partys doch zurück zur psychedelischen Urszene der Merry-Pranksters-Happenings, bei denen es ja auch um Tanz, die Auflösung in der Masse und (sexuellen) Exzess ging.

Die Verbindung von elektronischer Tanzmusik und psychedelischen Drogen blieb seither eng, sehr eng. In Großbritannien befruchteten House und Techno schnell die
sowieso schon sehr feierwütige Subkultur, was zu einer
fröhlich-aufgeregten Variante von Acid House führte und
zum »Second Summer of Love« im Jahr 1988. Damals, so
stellten es zumindest die Medien dar, war so gut wie die gesamte britische Jugend auf LSD und Ecstasy. Bis heute ist
die britische Tanzmusikszene nicht nur die differenzierteste
te und produktivste der Welt (es gibt unzählige Subgenres
und jedes Jahr kommt mindestens ein neues hinzu), sondern auch die substanzaffinste.

Die expliziteste Annäherung, leider muss man meist sagen: Anbiederung an den psychedelischen Rausch, fand ab
Ende der 1980er Jahre im Goa- oder auch Psy-Trance statt.
Acts mit sprechenden Namen wie »Hallucinogen« verbanden schnelle, gerade Beats mit zwitschernden Synthesizern
und gern auch indischen oder fernöstlichen Samples. Dazu entwickelte sich schnell eine neohippieske Folklore mit
Räucherstäbchen, Shiva-Plakaten und Tuchtanz. Bis heute
ist diese Szene sehr aktiv. Aber natürlich gibt es auch unzählige andere Techno- und House-Spielarten, in denen
»trippiness« eine entscheidende Kategorie ist, z.B. beim
Minimaltechno (etwa eines Ricardo Villalobos). Hier re-
sultiert der psychedelische Effekt gerade aus der äußersten
Reduktion und Monotonie – Ausdauertänzer berichten
gern davon, dass das Gehirn die fehlenden Melodien selbst
erzeuge. Oder in den abstrakten Soundkunstwerken von
Aphex Twin, die sich eher der dunklen Seite des Rausches
annähern. Ein aktuelles Beispiel für psychedelische Tanzmusik ist auch das Berliner Label Innervisions, das an so
etwas wie einer kitschfreien und erhabenen Version von
Trance arbeitet. Ebenfalls eine Entwicklung der letzten Jahre ist das heterogene Feld, das man – in Anknüpfung an die
Chill-Out-Tradition von KFL, The Orb u. a. – als »After-
hour Music« bezeichnen könnte und bei dem die Tracks –
etwa von John Talabot – langsam, dunkel und organisch

sind und eindeutige Krautrock-Anleihen aufweisen. Sehr interessant ist auch die ästhetische Strategie des Kölners Barnt, der die Schärfe des klassischen Roland-303-Acid-sounds mit neuen Mitteln interpretiert. Dabei bleiben die Hinweise auf einzelne Beispiele jedoch zwangsläufig etwas beliebig. Denn angesichts der Tatsache, dass nach wie vor in jedem ernstzunehmenden Club in beträchtlichem Maße psychedelische Drogen konsumiert werden (vor allem MDMA und Ketamin) und die Musiker und DJs auch auf diese Situation reagieren und das berauschte Publikum erfreuen möchten, muss jede halbwegs avancierte Clubmusik heute bis zu gewissem Grade psychedelisch sein.

Altes Brummen, neues Kreischen

In anderen Pop-Sparten lassen sich die aktuellen Trends klarer ausmachen: Da gibt es zum Beispiel den Neohippie-Rock der Australier von Tame Impala, deren musikalisches Konzept ebenso simpel wie erfolgreich darin besteht, den bluesigen Acid-Rock der späten 1960er wiederzubeleben. Das Ergebnis klingt wie eine Mischung aus den frühen Pink Floyd, Black Sabbath und den Beatles – das Ganze jedoch quasi auf Steroiden, also mit den technischen Möglichkeiten von heute produziert. Wesentlich komplexer ist der Sound der Amerikaner von MGMT, der ebenfalls eindeutig psychedelisch ist, sich einerseits an den komplexen Prog-Rock-Symphonien von Yes oder den frühen Genesis orientiert, aber auch immer wieder in euphorischem Mitsing-Pop gipfelt. Auch der Psychedelic Riff-Rock der Wooden Shijps aus San Francisco zitiert Vorbilder aus den 1960er und 1970er Jahren, etwa Surfrock, die Proto-Punkrocker The Stooges oder den elektronischen Noise-Rock von Suicide. Und doch ist diese Band keine Retroveranstaltung. Vielmehr wird der Sound so zugespitzt (vor allem durch Monotonisierung), dass der Gegenwartsbezug die Nostalgie verdrängt. Das Gleiche gilt für die britische Band

Grumbling Fur, zu deren Album »Glynnestra« der Rezensent des Magazins »The Quietus« in seiner euphorischen Besprechung schrieb: »Wenn ich Grumbling Fur höre, will ich Drogen nehmen. Und ich rede nicht von ein paar Zügen an einem Spliff oder einer Pille auf dem Rave. Nein, ich meine: 18 Stunden zuvor fasten, dafür sorgen, dass gute Leute um einen sind, sich psychisch auf den Trip vorbereiten, der am besten an einem warmen, aber bewölkten Tag irgendwo auf einer Wiese stattfindet…« Zwar finden sich auch hier noch etliche Zitate, vom Krautrock bis zum Manchester-Rave der 1980er Jahre. Aus alldem entsteht jedoch etwas Neues: ein unheimlicher, sakraler Entrückungs-Pop. Sehr viel heller und klarer klingen dagegen die Peaking Lights aus Kalifornien, die sich auf ihrem letzten Album »Cosmic Logic« zum einen auf die »kosmische Musik« Rolf-Ulrich Kaisers beziehen, zum anderen den Synthie-Pop der 1980er Jahre »psychedelisieren« (und sich auch textlich eindeutig äußern, etwa in Songs wie »Infinite Trips«).

Die interessanteste psychedelische Band der letzten Jahre ist jedoch wohl das Animal Collective samt seinen zahlreichen Nebenprojekten. Das Erstaunliche am Animal Collective ist die Popularität. Vor allem in Amerika wird die Band nahezu kultisch verehrt und tritt vor tausenden Zuschauern auf. Dabei ist die Musik von Animal Collective nach Popmaßstäben ziemlich sperrig und anstrengend. Auch wenn einige Einflüsse deutlich erkennbar sind, etwa die Vocal-Harmonien der Beach Boys, klingt die Band wie nichts zuvor. Der Sound wird zum größten Teil elektronisch erzeugt, artet regelmäßig in wilde Geräuschorgien aus und ist doch von kindlicher, für viele irritierender Fröhlichkeit geprägt. Zum entgrenzten und kunstvoll-primitiven Sound von Animal Collective passt auch das Auftreten in Tiermasken und Kostümen – was sich gut in die psychedelische Buntfarben-Welt neohippiesker Events wie dem Burning Man Festival fügt. Kreatives Mastermind des Animal Collective ist der in Lissabon lebende Musiker Panda Bear, der auch solo tätig ist, wobei der psychedelische Aspekt dort noch deutlicher hervortritt. Zum einen durch sehr diffuse Sounds, Loops, Überlagerungen und Rückwärts-Effekte, zum anderen durch eine eigenwillige Gesangstechnik, die an beherzt geschrienen Kindergesang erinnert (dass der psychedelische Rausch auch regressive Momente kennt, wurde hier schon öfter bemerkt). Am deutlichsten wird Panda Bears Neopsychedelik vielleicht an seinem Song »Boys Latin« vom Album »Panda Bear meets the Grim Reaper« (2015). Der Gesang über einem brodelnden Musikbett besteht aus kunstvoll verwobenen Echo-Schleifen, die wie eine Art psychedelisches Jodeln klingen. Vor allem aber das von dem Kollektiv »Encyclopedia Pictura« aus San Francisco produzierte Musikvideo ist unvermutet explizit: Zu sehen sind zwei animierte junge Männer, die sich durch ein phantastisches Naturszenario bewegen. In Teichen befinden sich bunte Anemonen. Als die Figuren diese berühren, wachsen aus ihren Körpern bunte, florale Lichtgebilde, was jene offensichtlich zunächst erschrecken und torkeln lässt, nach wiederholtem Male aber entzückt. Als ob das nicht schon offensichtlich genug wäre, gibt es zum Schluss noch eine Art psychedelische Geburtsszene – bekanntlich eine der Standardsituationen avancierten Trippens. Bestechend an dem Film ist nicht bloß, dass hier ein sehr stimmiges Bild gefunden wurde, sondern noch mehr, dass diese optische Annäherung an den Rausch tatsächlich völlig gegenwärtig aussieht und nicht – wie üblich – die bunten Jugendstil-Schlieren der 1960er Jahre zitiert.

Acid Rap

In der Black Music spielten psychedelische Substanzen lange Zeit – außer bei Ausnahmeerscheinungen wie George Clintons Parliament/Funkadelic/P-Funk-Kosmos – eine untergeordnete Rolle. Auch im späteren Hip Hop wurden traditionell die längste Zeit andere Drogen berappt: Kokain und Amphetamin, in den Südstaaten vor allem Codein, um dessen Konsum sich ein ganzes Genre herausgebildet hat. Natürlich spielen hier soziale Aspekte eine wichtige Rolle: Psychedelika waren die Drogen einer bohemistischen, weißen Mittelschicht. In der Black Community setzten sich dagegen Stimulanzien und Sedativa durch. Die Gründe dafür sind vielfältig, klar ist jedoch, dass schwierige soziale Verhältnisse oft nicht gut mit dem schwierigen psychedelischen Rausch zusammengehen (dass der westlich-moderne Konsum von Psychedelika inhärent elitär ist, wird von dessen Fans nicht gern gehört, ist aber kaum zu leugnen). Seit einiger Zeit scheint aber auch dieses Dogma zu zerbröckeln. So ist die Technifizierung des amerikanischen Hip-Hop, die seit etwa 2000 vonstattengeht – die Beats wurden abstrakter, wuchtiger und härter, zitierten Minimal-Techno und britische Bass-Musik – auch ein direkter Effekt davon, dass Ecstasy in der Szene eine immer wichtigere Rolle spielte. Beim MDMA-Sound kommt es weniger auf Virtuosität an, wie noch beim Scratching oder Sampling, sondern primär auf Überwältigung – was Produzentinnen und Produzenten wie Missy Elliot (die das E von Ecstasy auch in einem Album-Titel trug), Timabaland oder die Neptunes wirkungsmächtig umsetzten. Einer der durchgedrehtesten Rapper der letzten Jahre, Danny Brown aus Detroit, versteht sich als eine Art MDMA-Missionar. Auf unzähligen Songs besingt er »Molly«, so der Szenename der Droge. Das Cover seines Albums »XXX« ist eine bildliche Darstellung des oralen Konsums. Das Konzept von Danny Brown könnte man als »kontrollierte Entgrenzung« beschreiben. In seinen sexuellen, autobiographischen und eben Rausch-Texten geht es darum, frei und tabulos zu assoziieren. Das führt zu überraschend klischeefreien, aufregenden Raps. Die zugehörigen Beats sind so hart und technoid, wie Hip-Hop im Augenblick sein kann. Immer wieder betont Danny Brown, dass die Tradition des Detroit Techno für ihn wichtiger war als klassische Black-Music-Einflüsse. Schließlich erschien 2013 ein Hip-Hop-Album, das sich auch noch explizit mit der psychedelischen Referenz-Droge auseinandersetzt: »Acid Rap« von Chance the Rapper aus Chicago, einem der gefeierten Jungstars der Szene. In einem MTV-Interview erklärt er, dass in die Produktion von »Acid Rap« jede Menge LSD eingeflossen sei. Dabei gehe es ihm aber weniger um Beschreibungen konkreter Trips (obwohl auch die keineswegs fehlen) als um LSD als Allegorie für offene Fragen, Überraschungen und alles, was das Leben eben sonst noch interessant macht. Vor allem aber nutzte Chance the Rapper LSD während der Aufnahmen – es rappe sich fantastisch auf Trip, versichert er der ungläubig kichernden Moderatorin. Und das Modell scheint Schule zu machen: Auch ILoveMakonnen, der junge Rapper aus Atlanta, auf den im Augenblick alle Augen gerichtet sind, verarbeitet in seiner Musik psychedelische Erfahrungen (Pilze haben es ihm angetan).

Das im Augenblick wohl elaborierteste Statement neuer psychedelischer Musik entstammt nominell ebenfalls dem Genre Black Music – doch zeigt sich gerade an Flying Lotus aus Los Angeles zugleich, dass das Denken in Genres im Pop der Gegenwart immer müßiger wird. Flying Lotus arbeitet seit Jahren an seinem ganz eigenen Sound, der sich ursprünglich gleichermaßen aus abstrakter elektronischer Musik wie aus klassischem Hip-Hop speiste. Immer wieder bezog er sich in seinen Stücken explizit auf psychedelische Erfahrungen, vor allem DMT scheint es ihm angetan zu haben. Die Substanz befeuert auch sein letztes Album, »You're Dead« (2014), wohl eines der komplexesten Werke, die es in der psychedelischen Musik je gab. »You're Dead« ist ein Konzeptalbum, das, in guter psychedelischer Tradition, vom Tod handelt, der aber nicht als trauriges Ende, sondern als ultimativer Trip erscheint. Ganz offensichtlich beziehen sich so gut wie alle Stücke auf den Ayahuasca-Rausch, der Jenseitsreise par excellence. Auch das Cover, das eine Lichtgestalt zeigt, die von vielen kleinen, zum Teil grausam entstellten Figuren umringt ist, zitiert diesen Rausch, in dem Entzücken und Schrecken, Auflösung und Wiedergeburt gleichermaßen kulminieren. Die Musik auf »You're

Dead« passt dazu perfekt, zu hören ist eine elektronische, tatsächlich zeitgenössische Version von Jazz, die aber nicht – wie bei solchen Vermengungen sonst üblich – als lässiger Soundtrack zur Afterworkparty im Lounge-Nirwana gedacht ist. Vielmehr handelt es sich um einen sonischen Overkill. Flying Lotus orientiert sich an den Improvisationsorgien des Fusion Jazz, spielt diese aber nicht nach, sondern erfindet sie am Rechner und im Studio neu. Heraus kommt ein frappierend kleinteiliges, zwischen Nervosität und Erhabenheit, Licht und Dunkel, Zerrüttung und Rekonfiguration changierendes Album, das den Rausch auf eine Weise in Szene setzt, wie es im Popkontext bisher noch nicht geschehen ist.

Zweifellos entstammen all diese Beispiele der Sphäre des Avantgarde-Pop, in der es natürlich viele extreme Positionen gibt. Trotzdem scheint das Spiel mit dem Repertoire psychedelischer Formen, Klänge und Inhalte gerade eines der Themen zu sein, die konsensfähig sind. Das zeigt sich zum Beispiel an einer Figur wie Miley Cyrus. Nach ihrer Metamorphose vom kindlichen Disney-Star zur femme fatale des Mainstream-Pop singt sie nicht nur gern über ihre Erfahrungen mit »Molly« – das ließe sich noch als kalkulierter Tabubruch abtun (»Da MDMA nun mal die populärste Partydroge ist, singt sie halt darüber«). Dass Cyrus es mit dem psychedelischen Projekt aber doch ernster ist, wird etwa in ihren zahlreichen Kollaborationen mit dem psychedelischen Hohepriester Wayne Coyne von den Flaming Lips deutlich. Dabei covern sie mit Vorliebe einschlägige Beatles-Songs (»Lucy in the Sky with Diamonds« oder »A Day in the Life«). Bei einem Auftritt in der Late-Night-Show von Conan O'Brian legten beide eine Show hin, die so auch auf dem Burning Man hätte stattfinden können. Der exzentrisch geschminkte Coyne verhüllte sich in einem riesigen, glänzenden Umhang, der plötzlich Cyrus gebar. Die Musik dazu war dementsprechend kosmisch. Und was machte das Publikum angesichts dieser denkwürdigen Show? Es schrie sich vor Begeisterung die Lunge aus der Brust.

2015 feiern The Grateful Dead ihr fünfzigjähriges Band-Jubliäum. Jerry García ist lange tot, aber etliche alte Acid-heads werden das gebührend und sicher nicht nüchtern begehen. Was damals losgetreten wurde, sollte in unterschied-lichen Szenen weitergetragen werden, kontinuierlich, bis heute. Bei den Acid Test Partys ab 1965 (und bei allen hip-piesken Nachfolgeveranstaltungen bis Ende der 1970er Jah-re) ging es um das alte avantgardistische Konzept, Kunst und Leben zu etwas Neuem, Besserem zu amalgamieren. Für dieses Experiment bedurfte es eines Katalysators, und das war LSD. Auch bei der zweiten großen psychedelischen Pop-Welle – Acid House, the Second Summer of Love, Techno und allem, was folgen sollte – ging es darum, das Verhältnis von Subkultur und Gesellschaft neu zu bestim-men, aber nicht mehr in revolutionärer, sondern eher in ab-grenzender Absicht. Schon hier bestand das Ziel nicht mehr darin, die Gesamtgesellschaft umzuwälzen, sondern da-rin, in ihr einen Freiraum, eine Nische zu bauen und da-hinter die Clubtür zuzumachen. Wofür die gegenwärtige, teils sehr explizite psychedelische Bewegung im Pop steht, worauf sie verweist, lässt sich noch nicht sagen. Zum Teil reflektiert sie aktuelle Trends, zumal den hedonistischen und irgendwie auch politischen Neotribalismus rund um Festivals wie den Burning Man, zum Teil ist sie ein persön-liches, ja individualistisches Statement wie bei Flying Lo-tus. Inwieweit hat man es hier jeweils mit Eskapismus zu tun oder mit Aktionismus, mit Meditation oder Anarchie? Vielleicht zeichnet es die neue Bewegung aus, dass man sol-che Fragen nicht klar beantworten kann, dass es nicht um Manifeste, sondern um Optionen geht. Eines hingegen ist klar: So oder so verweist der Trend auf ein gehöriges Volu-men an künstlich verändertem Bewusstsein – auf Seiten der Künstlerinnen und Künstler wie der Fans.

Jenseits der Wellen und Schlieren:
Psychedelik und Kunst

Schlüssel zum Unbewussten?

Im Jahr 1968 startete der Münchner Arzt und Galerist
Richard P. Hartmann eine Versuchsreihe. Er rekrutierte
30 Maler – darunter etliche heute noch bekannte Künstler wie Alfred Hrdlicka, Karl-Otto Götz oder Arnulf
Rainer – und verabreichte ihnen unter ärztlicher Aufsicht
am Max-Planck-Institut LSD. 1974, LSD war seit drei Jahren verboten, veröffentlichte er die Ergebnisse in seinem
Buch »Malerei aus dem Bereich des Unbewussten«. Sein
Programm war nicht naiv euphorisch: »Was war bei den
Versuchen intendiert? Keineswegs Spekulationen in Richtung dessen, dass ›etwas besser werden‹ könne unter LSD,
dass ›schöpferische Kräfte‹ geweckt würden oder dass man
an so etwas Dunkles wie das ›verschüttete Echte‹ heran-
käme.« Dem psychoanalytisch interessierten Hartmann
ging es vielmehr darum, den kreativen Prozess mittels der
Bewusstseinsveränderung zu dekomponieren und zu verstehen. Hartmann legte die relevanten Effekte der »LSD-
Halluzinose« dar: Wahrnehmungsveränderungen, Synäs-
thesien, eine Regression des Denkens bei gleichzeitiger
Steigerung der Affekte. Für die künstlerische Produktion
besonders wichtig sei eine verminderte rationale Kontrolle,
so dass es zu einem großen Einfluss unbewusster, in höheren Dosen auch psychotischer Inhalte komme. Das alles
könne zu einem »autosymbolischen« Schaffen führen, bei
dem automatisch, ohne rationale Vermittlung, Symbole kreiert würden: etwa archetypische Figuren, wie man sie auch
aus der Ausdruckswelt archaischer Kulturen kenne. Man
merkt, dass Hartmann nicht nur eine profunde Kenntnis
psychischer Vorgänge und des LSD-Rausches besaß, sondern sich auch viel von den Versuchen versprach.

Die Erfahrungsberichte der Künstler stehen dazu in einem etwas kuriosen Spannungsverhältnis. Zwar gab es einige, die im Rausch Interessantes schufen. Etwa der Spätsurrealist Mac Zimmermann, dessen Federzeichnungen kleinteilig, rhythmisiert und organisch-abstrakt wurden. Oder der phantastische Realist Thomas Häfner, dem tatsächlich eine Art archetypisches Schaffen gelang. Manche Künstler verstanden es auch, die starken erotischen Impulse des Rausches kreativ zu übersetzen. Was aber überwog, waren Fehlschläge. Viele Künstler hatten das Gefühl, sich kreativ beweisen zu müssen und verkrampften sich dadurch. Oft kam es zu einem Gestaltungszerfall und zu hilflos-amorphen Resultaten. Auch schien die autosymbolische Produktion in vielen Fällen unbefriedigend, da sie eben doch rational vermittelt und somit nicht »authentisch« schien. So gut wie alle Künstler schienen Probleme damit zu haben, die Fülle der Rauscheindrücke kreativ zu nutzen. Hartmann berichtet etwas geringschätzig von Werken (jedoch nicht aus dieser Versuchsreihe), die dem berauschten Künstler höchst bedeutungsvoll erschienen, in Wirklichkeit jedoch komplett banal gewesen seien. Das Buch endet denkbar düster: Der letzte Versuch, von dem berichtet wird, ist der des Malers und ehemaligen Mitglieds der Münchner Situationisten-Gruppe SPUR, Heimrad Prem. Dieser war der Einzige in der Versuchsreihe, der LSD auch schon zuvor nutzte, und zwar, wie er im Interview sagt, sehr erfolgreich. In einem kurzen Nachtrag berichtet Hartmann, dass Prem 1971 versuchte, Selbstmord zu begehen – als hinge dies direkt mit seinem Drogenkonsum zusammen. Tragischerweise nahm sich Prem 1978 tatsächlich das Leben.

Rausch vs. Genie

Die, gelinde gesagt, skeptische Haltung, die die meisten Versuchsbeschreibungen dominiert, spiegelt zunächst das gewandelte gesellschaftliche Klima wider. Waren in den 1960er

Jahren Psychedelika noch eine Verheißung, wurden sie in den 1970ern zur Bedrohung stilisiert. Der eigentliche Grund der Skepsis aber scheint ein anderer zu sein. Wird – wie in weiten Teilen des Kunst-Diskurses der 1960er Jahre – das Kunstschaffen als genialisch-unbewusster Prozess gedacht, kann die Bewusstseinsveränderung dem eigentlich nichts Bedeutendes hinzufügen. Vielmehr steht der Rausch in einer Art Konkurrenzverhältnis zum kreativen Prozess. Eigenschaften, die dem Berauschten nachgesagt werden – Transgression, ungewohntes Assoziieren, und Spontaneität – sind klassische Eigenschaften des inspirierten Künstlers. Womöglich eben deshalb führte der Rausch bei zahlreichen Künstlern in Hartmanns Versuchsreihe nur zu einer leichten Modifikation ihres gewohnten Schaffens – wie etwa bei Alfred Hrdlicka, dessen archaische Kraftmalerei unter LSD sogar eher unsicher wurde. Ähnliches gilt für den phantastischen Realisten Thomas Häfner, dessen »nüchterne« Bilder auch schon von triebhaft-archetypischen Figuren wimmeln. Diese Tendenzen treten unter LSD allenfalls etwas stärker, aber nicht grundsätzlich anders hervor. Oder der Österreicher Arnulf Rainer, der unter anderem mit Fotoübermalungen und sehr expressiver Körperkunst arbeitete und sich mit Psychiatrie, Außenseitertum und Ausbruch aus der Norm beschäftigte. LSD führte ihm nur Bekanntes vor Augen.

Ein anderer Grund dafür, warum der psychedelische Rausch in der bildenden Kunst lange keine wichtige Rolle spielte, mag das Distinktionsgebaren sein, das auf diesem Feld so stark ausgeprägt ist. Denn seit Mitte der 1960er Jahre gibt es – abseits der sogenannten Hochkunst – natürlich eine gewaltige Bildproduktion, in der die Eindrücke des LSD-Rausches teils realistisch und detailreich, teils symbolisch dargestellt werden. In der Subkultur und im Pop (auf Plakaten, Postern und Plattenhüllen) entstand sehr schnell ein eigenes Genre meist farbenfroher, wellig-organischer Psychedelic Art. Oft sind diese Werke recht schematisch. Bisweilen aber, exemplarisch bei den Arbeiten des

Londoner Kollektivs Hipgnosis, finden sich hier durchaus überraschende Lösungen von großer, teils geradezu ikonischer Prägnanz. Im Kunstbetrieb, der lange Zeit vom akademischen Elitarismus beherrscht war, galten solche Arbeiten wenig und wurden als Kunsthandwerk verunglimpft. Dabei dürften die Höhepunkte solchen »Kunsthandwerks«, etwa die klassischen Hipgnosis-Plattencover für Pink Floyd von »A Saucerful of Secrets« (1968) bis »Animals« (1977), die inneren Topographien des westlichen Bewusstseins in der zweiten Hälfte des 20. Jahrhunderts gültiger auf den Punkt gebracht und ihrerseits wieder geprägt haben als so gut wie sämtliche zeitgleiche Galerien- und Museumskunst.

Das Konzept Bewusstseinsveränderung

Und doch gab es schon früh auch in der Kunst Versuche, sich mit dem Thema Psychedelik konzeptionell und jenseits der vitalistischen Genie-Ästhetik auseinanderzusetzen. Ein heute noch beeindruckendes Beispiel ist der Film »Images du Monde Visionaires« des belgischen Künstlers und Dichters Henri Michaux aus dem Jahr 1964, in dem er sich mit dem Meskalinrausch auseinandersetzt. Nicht zuletzt durch die E-Gitarren-Musik des Stockhausen-Schülers Gilbert Amy (die einiges von dem vorwegnimmt, was Acid Rock fünf Jahre später machte) gelingt es dem Film, eine andersweltliche und etwas unheimliche Stimmung zu erzeugen, ohne den Rausch nur simpel zu bebildern. Zu nennen wäre ferner der Schwede Sture Johannesson, der zunächst Mitglied der kleinen schwedischen Sektion der Situationistischen Internationale war (bevor diese von der französischen Kerngruppe um den sektierwütigen Guy Debord ausgeschlossen wurde) und schon in den 1960er Jahren an der Schnittstelle von Subkultur und bildender Kunst arbeitete. Er veranstaltete nicht nur LSD-Versuche, sondern entwickelte schon bald eine dezidiert psychedelische Ästhetik, die sich jedoch nicht wie die Psychedelic Art der Merry Pranksters an den floralen Formen des Art Nouveau orientierte, sondern an der Collage-Technik der Dadaisten, deren Methode des harten Schnitts und der ungewöhnlichen Kombination dem Erleben unter LSD mindestens ebenso entspricht wie das kaleidoskopische Verfließen.

Ebenfalls explizit mit dem Thema Bewusstseinsveränderung setzte sich ab den späten 1960er Jahren der brasilianische Künstler Hélio Oiticica auseinander, der in den letzten Jahren wiederentdeckt wurde. Mit seinem multimedialen »Supra-Sensorial«-Ansatz reagierte er sogar dezidiert auf Timothy Learys Psychedelik-Ansatz. Diesem warf er Kryptoprotestantismus und typisch nordamerikanischen Individualismus vor, in Brasilien funktioniere dagegen nur eine kollektive Bewusstseinsveränderung, so Oiticica. Dafür entwarf er ein umfassendes Programm, das aus so unterschiedlichen Dingen wie theoretischen Texten, Textilien, Inneneinrichtungen und Licht- und Klanginstallationen bestand.

Einer, der diese Szene genau kennt, ist der dänische Kurator und Kunstwissenschaftler Lars Bang Larsen. Ende 2013 kuratierte er in der Londoner Galerie Raven Row die Veranstaltung »Reflections from Damaged Life – an Exhibition about Psychedelia«. Dort wurden etliche Werke aus den 1960ern bis in die Gegenwart gezeigt, die sich konzeptionell mit Psychedelik auseinandersetzten, etwa von Sture Johannesson. Im Frühjahr 2015 stellte Larsen eine ähnliche Ausstellung im litauischen Vilnius unter dem Titel »T:h:e R:e:a:l: – an Exhibition on Post-psychedelic Art« zusammen, die sich dem Thema jedoch eher theoretisch nähert und sich mehr auf die Gegenwart konzentriert. Wie viele neuere Kuratoren sieht er seine Aufgabe nicht nur im Zusammentragen von Kunstwerken, vielmehr sind seine Ausstellungen selbst eine Art Metakunstwerk aus verschiedenen künstlerischen Positionen, wissenschaftlichen Texten, Performances und Diskussionen. Dazu passt, dass Larsen einen denkbar weiten Begriff von »Psychedelia« hat: »Für mich ist künstlich verändertes Bewusstsein auf verschiedene Weise mit der Erfahrung der Moderne verknüpft. Eine Standardkritik an der Moderne ist, dass diese Entfremdung erzeuge: Der Mensch ist von seiner Arbeit, seinen Mitmenschen, seiner Umwelt entfremdet. Die psychedelische Erfahrung reagiert hierauf, auch sie ist eine Entfremdung, wenngleich eine freiwillige. In der Psychedelik zeigt sich ein Wandel im Konzept der Subjektivität. Die wird nun post-humanistisch, als Maschine, gedacht, die beeinflusst werden kann.«

Innerhalb des psychedelischen Feldes unterscheidet Larsen zwei Strategien, eine holistische und eine differenzielle. Während es den Holisten darum gehe, den Rausch zu nutzen, um sich zu verbinden – mit einer spirituellen Welt, mit der Natur oder einer Gemeinschaft, gehe es im Differenz-Ansatz darum, sich mit der Kategorie des Fremden zu konfrontieren. Die Kunst-Positionen, mit denen sich Larsen beschäftigt, rechnet er dem zweiten Paradigma zu. Was ihn daran interessiert, ist weniger eine wie auch immer geartete künstlerische Abbildung abnormer Zustände, sondern vielmehr die intellektuelle Auseinandersetzung mit dem Phänomen: das »neurohacking« als transhumaner Prozess, der Rausch als kybernetisches Modell oder als Verweis auf den typisch modernen Bruch in der Erfahrungsgeschichte der Menschheit. Die ausgestellten Werke haben nicht notwendig einen direkten Bezug zu psychedelischen Substanzen. Da ist zum Beispiel die Videoarbeit »Anathema« der »Otholit Group« aus London. Gezeigt werden mikroskopische Aufnahmen der Kristallisierungsprozesse auf einem LCD-Bildschirm. Auf der einen Seite hat man es hier mit einer fast schon konventionell wirkenden psychedelischen Optik zu tun – bunte Kristallgebilde, die zu neuen Formen zusammenwachsen. Andererseits können die technischen Geräte auch als bewusstseinsverändernde Maschinen gedacht werden, etwa als Agenten des Turbokapitalismus mit allen damit verbundenen Entfremdungstendenzen.

Kakteen und Schlangen

Geht man davon aus, dass zeitgenössische Kunst immer auch aktuelle gesellschaftliche Trends aufgreift und mit ihren Mitteln bearbeitet, verwundert es nicht, dass der psychedelische Rausch derzeit Thema vieler konzeptionell arbeitender Künstler ist. Neben den von Lars Bang Larsen versammelten Arbeiten gab es zum Beispiel im Jahr 2014 die Ausstellung mit dem etwas kryptischen Titel »Vamoose, All Cacti Jut Torrid Nites« in der Kunsthalle Basel. Die Herangehensweise der beiden Künstler Julia Rometti und Victor Costales wirkt zunächst eher abstrakt. So zeigt ihr Werk »Succulent Strategies« nur einige Grenzpfosten aus Metall nebst etlichen unscheinbaren Kakteen. Erst durch die diskursive Einordnung wird das poetische Konzept der Zusammenstellung deutlich. Rometti und Costales beschäftigen sich mit verschiedenen semiotischen Zugängen zur Welt und den daraus folgenden unterschiedlichen Wahrnehmungen von Wirklichkeit. Bei den Kakteen handelt es sich um Exemplare der Unterart San Pedro, die Meskalin enthalten und in Südamerika seit tausenden Jahren rituell genutzt werden. Wie bei vieler Konzeptkunst geht es auch hier primär um die Verbindungen, die aus der Materialkonstellation heraus assoziiert werden können – etwa von den Grenzmarkierungen zur südamerikanischen Mestizen-Kultur, die ihren heiligen Kaktus erst unter dem Druck der katholischen Kirche mit dem pseudochristlichen Tarnnamen »San Pedro« versah. Oder von den ebenfalls in der Ausstellung gezeigten zahlreichen Objekten mit Zickzack-Muster zum Meskalin-Rausch, dessen erste Anzeichen oft entsprechende Halluzinationen sind. Vom Fremdwerden der Welt im Rausch zu einem multiperspektivischen Zugang zur Realität, der laut dem brasilianischen Anthropologen Eduardo Viveiros de Castro das Denken vieler südamerikanischer Völker prägt. Dass dieser Themenkomplex plötzlich in einer angesehenen Galerie mit einer Ausstellung bedacht wird, liegt zum einem an aktuellen Trends, in denen nichtwestliche Denksysteme eine wichtige Rolle spielen und in denen es, etwa in den Schriften des gefeierten indisch-britischen Essayisten Pankaj Mishra, vermehrt um die Bedeutung des Lokalen geht. Zum anderen aber natürlich an der Aufmerksamkeit, die der Rausch gerade auf sich zieht.

Diese weiß auch der Kanadier Jeremy Shaw für seine Arbeit zu nutzen. Wie kein zweiter beschäftigt sich der Konzeptkünstler, der unter dem Namen Circlesquare auch düstere und wuchtige elektronische Musik produziert, derzeit mit veränderten Bewusstseinszuständen. Sein Interesse führt er auf seine frühen, laut eigenem Bekenntnis »unglaublich intensiven« Erfahrungen mit LSD zurück. Eine seiner ersten Arbeiten zum Thema heißt schlicht »DMT« (2004). Darin verabreicht er mehreren Versuchspersonen reines DMT und filmt sie frontal und bildfüllend. Man sieht sie, in weißer Kleidung auf einer Art Krankenhausbett liegen, die Augen verdrehen, die Münder öffnen, sabbern, schlucken und ächzen. Dazu hört man aus dem Off ihre Stimmen. Direkt nach dem Rausch (währenddessen ist man nicht ansprechbar) berichten sie von ihren Erfahrungen. Sie sprechen davon, wie es ist, sich von innen nach außen zu stülpen, ein Fetus im Mutterleib zu werden oder die Präsenz dieser unnennbaren, unvorstellbaren Macht zu spüren. Der Witz dieser Arbeit besteht in der ausgestellten Diskrepanz beider Welten, in der guten alten Text-Bild-Schere. Die kosmischen Erzählungen passen so überhaupt nicht zu dem nüchternen Krankenhaus-Ambiente. Zu Recht merkt Lars Bang Larsen in einem Text über Shaw an, dieser arbeite mit einer Art Brechtschem Verfremdungseffekt und entfremde den Rausch so von sich selbst. Worum es Shaw, dessen Werke unter anderem im New Yorker Museum of Modern Art ausgestellt wurden, geht, wird noch deutlicher an der Installation »Representative Measurements of Altered States« (2008). Hier werden die bunten Bilder von Hirnscans während verschiedener Rauschzustände oder des Geschlechtsverkehrs dem klassisch psychedelischen Bildmaterial gegenübergestellt: Poster von Schlangen, indischen

Gottheiten und Pilzen. Dabei werden jedoch beide optischen Welten gleich, nämlich als Schwarzlichtposter inszeniert. »Mir geht es nicht darum, die klassisch psychedelische Kunst als Kitsch zu diskreditieren. Viel mehr interessiert mich, dass man es in beiden Fällen mit einer kontingenten Repräsentation von Bewusstseinszuständen zu tun hat«, sagt Shaw. In der Gegenüberstellung und optischen Konvergenz mit den naiven Motiven der psychedelischen Poster erscheinen die Hirnscans als ähnlich phantasievolle, wenngleich auch hilflose Annäherung an das, was in unserem Kopf vorgeht. Das lässt sich nur medial vermitteln.

Durch Drogen veränderte Bewusstseinszustände sind nicht die einzigen Themen, die Shaw bearbeitet. In seinem jüngsten Film »Quickeners« (2014) verarbeitet er Filmmaterial der Dokumentation »Holy Ghost People« aus dem Jahr 1967. Darin werden die archaisch-ekstatischen Gottesdienste einer Pfingstgemeinde im ländlichen Virginia gezeigt. Shaw verlegt das Szenario mehrere hundert Jahre in die Zukunft: Während sich der Rest der Menschheit zum Hyperrationalismus entwickelt hat, hält sich in einer abgelegenen Gegend das vom aufgeklärten Standpunkt her betrachtet völlig unverständliche Ritual des »Quickenings«, in dem sich Spiritualität, Gemeinschaftssinn und sexuelle Energie zu einem ekstatischen Schlangenritual verbinden. Das Videokunstwerk beginnt als Mockumentary, als fiktionale Dokumentation, wandelt sich jedoch alsbald in ein hypnotisch-unheimliches Musikvideo, das nicht nur vom Exzess berichtet, sondern selbst exzessive Züge zeigt.

Wie bei allen genannten Künstlern wird auch bei Shaw schnell klar, dass er sich zwar intensiv für Rauschzustände interessiert, aber keinesfalls aufs schiere Stonedsein verkürzt werden sollte. Rometti und Costales, Shaw und Larsen benützen künstlich verändertes Bewusstsein vielmehr als Modell des menschlichen Geistes, als intellektuelle Versuchsanordnung und als Pfad in jene gesellschaftlichen, kulturellen und psychischen Bereiche, die vom »gesunden

Menschenverstand« sonst kaum je durchdrungen werden. Und das ist doch eigentlich eine ganz brauchbare Definition für gute Kunst.

Das zersplitterte Selbst –
Psychedelische Filme

Kaleidoskope und seltsame Zooms

Jeremy Shaws Auseinandersetzung mit Rausch- und Bewusstseinszuständen hatte vor ein paar Jahren direkten Einfluss auf das Kino. Verhalf er doch dem argentinisch-französischen Regisseur Gaspar Noé (dessen Schaffen leider oft auf die Vergewaltigungsszene zu Beginn seines Films »Irréversible« reduziert wird) zu seinem ersten DMT-Trip. Der drehte dann kurz darauf »Enter The Void« (2009), einen der avanciertesten Versuche, den veränderten Bewusstseinszustand filmisch darzustellen. Noés Erfahrungen mit Psychedelika formten die Bilder. Er hatte in Peru Ayahuasca getrunken, mit Shaw DMT geraucht und auf Pilzen den Klassiker der radikal subjektiven Kameraperspektive studiert: Robert Montgomerys Noir-Krimi »Die Dame im See« (1947). Auch in »Enter The Void« ist der Kamerablick zunächst mit dem des Protagonisten identisch. Langsam gleitet der Kleindealer Oscar, nachdem er DMT geraucht hat, durch die fluoreszierenden, pulsierenden Muster aus Molekülen, die Umwelt ist nur noch ein fernes Rauschen. Für einen Augenblick sieht er sich selbst von oben. »Sie sagen, du fliegst, wenn du stirbst«, sagt Oscar am Anfang des Films. Kurz danach darf (muss) er es selbst erleben. Er wird auf der Toilette eines Clubs erschossen, tritt aus seinem Körper und durchschreitet die drei Bardos, die Phasen zwischen Tod und Wiedergeburt, von denen das Tibetanische Totenbuch berichtet. Anschließend an Leary/Metzner/Alperts Konzept der »Psychedelic Experience« verbindet auch Noé die psychedelische Erfahrung mit der des Todes. Heraus kommt eine bildgewaltige und brutale Ich-Auflösung, die eigentlich nur von Eingeweihten nachvollzogen werden kann. Damit gelang Noé die radikalste Box-Office-Innenschau einer psychedelischen Erfahrung seit Roger Cormans »The Trip« (1967), zu dem Jack Nicholson das Drehbuch schrieb.

In diesem »Psycheploitation«-B-Movie, nach Bildästhetik und Besetzung ein Vorläufer zum späteren Biker-Hippie-Kultfilm »Easy Rider«, versucht der junge Peter Fonda als Werbeclip-Regisseur Paul Groves die seelischen Wunden seiner Ehescheidung mit LSD zu heilen. In den ersten Minuten von »The Trip« wird viel gekifft und »groovy« gemurmelt. Dann schluckt Groves die Kapsel, bedeckt seine Augen, wie in der LSD-Therapie üblich, mit einer Maske – und das Kaleidoskop der chemisch induzierten Jenseitsreise beginnt sich zu drehen. Groves driftet durch eine Welt, über die er keine Kontrolle hat. Er beobachtet sich beim Liebesspiel mit zwei Frauen, wohnt seinem schamanisch anmutenden Begräbnis bei und landet zuletzt in den Armen einer Frau, Glenn, mit der er in einem Strandhaus ins Bett geht. Als er am Morgen erwacht, wankt er im Licht der Morgensonne auf die Terrasse des Hauses. Aus dem Off fragt Glenn:

– »Hast du gefunden, was du gesucht hast ... die Einsichten?«

– »Ja, ich denke, ich ... ich liebe dich ...«, antwortet Groves.

– »...und alle anderen ...«

– »...und alle anderen.«

– »Alles ist jetzt leicht. Du wirst es morgen sehen.«

– »Ja, ich denke darüber morgen nach.« Die Kamera zoomt das Gesicht heran. Man sieht Groves im Profil, das Bild gefriert und zersplittert. Sein altes Selbstbild ist zerschmettert, nach Psychonauten-Logik ist er nun neu geboren.

Um die psychedelische Erfahrung nachzubilden, arbeitet Corman mit schnellen Zooms und Schnitten, Überblendungen und Jump Cuts, er projiziert auf seine Schauspieler Szenen aus anderen Teilen des Films, um die Reizüberflutung und die Überlappung der Eindrücke fassbar zu machen. Ähnlich, wenngleich etwas dezenter, verfährt auch Dennis Hopper in »Easy Rider« (1969). Die berühmte Acid-Szene auf dem Friedhof ist in erster Linie eine rasante Schnittfolge verschiedener, teils ekstatischer Szenen, wobei Bild und Ton sich nicht immer decken. Eine der Haupteigenschaft der psychedelischen Erfahrung – der Kontrollverlust, der Strudel der Ereignisse – konnte so sinn- und augenfällig evoziert werden.

Vierzig Jahre später gestaltet Noé die psychedelische Erfahrung weitaus düsterer und zugleich gemächlicher. Er bevorzugt den langsamen Flow des Schwebens, den bedächtigen Zoom auf Details – ein Stilmittel, das jüngst auch Paul Thomas Anderson in seiner Verfilmung von Thomas Pynchons Roman »Inherent Vice« (2014) häufig einsetzt. Von einer Totalen verkleinert sich die Perspektive im Schneckentempo zu einem Close Up. Im Hintergrund läuft ein Dialog. Das Bild hat damit nichts zu tun. Die Aufmerksamkeit hat sich etwas anderem zugewendet, doch das Detail nimmt das Bewusstsein völlig ein. Dazu fügen sich in »Enter the Void« scheinbar ganz natürlich computeranimierte ornamentale Tripgebilde.

Was »The Trip« und »Enter the Void« wie durch einen Zeittunnel verbindet, ist die explizite und positive Thematisierung der psychedelischen Erfahrung. Natürlich finden sich – auch in der Zwischenzeit – zahlreiche andere Beispiele, etwa die LSD- und Gefängniskomödie »Skidoo« (1968), »Fear and Loathing in Las Vegas« (1998) oder »Männer, die auf Ziegen starren« (2009). In all diesen Filmen dient jedoch Humor als Schutzschild, d. h. sie führen den psychedelischen Rausch bei aller Bildgewalt als »crazy«, albern und damit letztlich von außen vor, als bizarres Plot-Element, wo zwar Formen interessant zerfließen, aber nicht wirklich eine andere Welt aufscheint. Demgegenüber führt eine genuine, sprich: aus dem Inneren der Rauscherfahrung inspirierte Auseinandersetzung offenbar stets zu jener existentialistischen, latent realitätskritischen Perspektive, wie sie bei allen Unterschieden sowohl in »The Trip« wie auch in »Enter the Void« vorherrscht, ferner zu medial-ästhetischen Experimenten und einer verwirrenden Story, kurz: zu einer Position außerhalb der Mainstream-Kompatibilität. Und so wundert es nicht, wenn dergleichen im kommerziellen Kino nur zu bestimmten Zeiten möglich war und selbst dann die Ausnahme blieb.

Psychedelischer Okkultismus

Abseits des Kino-Mainstreams, im Kunstfilm wie auch in den filmischen Experimenten bohemistischer Subkulturen, spielten veränderte Bewusstseinszustände dagegen schon länger eine zentrale Rolle. So stieß etwa Hollywood-Outlaw Kenneth Anger im Laufe der 1960er Jahre zunehmend in Sphären vor, die zwangsläufig (auch) als Ansichten bzw. Botschaften aus einer psychedelischen Anderswelt erscheinen mussten. Exzessive Farbigkeit, dissoziative Überblendungen und Filter-Effekte, dazu das geballte Motiv-Arsenal satanistischer Mystik – all das verweist auf einschlägige Erfahrungen. Vollends unzweideutig wird es, wenn Anger von seinem Klassiker »Inauguration of the Pleasure Dome« eine »Sacred Mushroom Edition« (1966) schnitt, die einem mit LSD drogierten Publikum vorgespielt wurde.

Noch purer und für nüchterne Betrachter entsprechend befremdlicher wirkt das dunkle Meisterwerk »Invasion of the Thunderbolt Pagoda« (1968) des phänotypischen Far-Out-Psychedelic-Künstlers, Dichters, Nordafrika- und Asien-Reisenden, Trance-Musik-Editors (vgl. die epochale LP »Jilala« von 1966) und eben Film-Pioniers Ira Cohen. Jahrelang gestaltete er sein New Yorker Studio mit biegbaren Spiegeln und organischen Kunststoff-Formen aus, um dort schließlich (neben einigen ikonischen Psychedelic-Verfließ-LP-Covern von Jimi Hendrix, Spirit oder John McLaughlin) eine so gut wie plotfreie, aber optisch umso überwältigendere Orgie zu veranstalten und auf Zelluloid zu bannen. Seine »Invasion of the Thunderbolt Pagoda«

ist eine Reise in eine beunruhigend-lockende Traumlandschaft, die motivisch vor Exotik und Erotik quirlt, dabei aber gehaltlich so unausdeutbar bleibt wie der opake Feedback-Noise-Soundtrack von Ex-Velvet-Underground-Drummer Angus MacLise. Hier wie in den psychedelischen Ausläufern des Expanded Cinema – von Tony Conrads »The Flicker« (1965) über Jerry Abrams' »Eyetoon« (1968) bis zu »Moon 69« (1969) und »Off On« (1972) von Scott Bartlett, der später auch Ken Russells »Altered States« (1980) kreierte – nähert sich das Filmmedium unter Ausschaltung aller überkommenen Drama-, Erzähl- oder sonstigen bürgerlichen Kunstkonventionen programmatisch so weit wie irgend möglich der Sensualität und der »Regie« des Psychedelic-Rausches an. Zwar erreichte dieser temporäre Aufbruch selbst nie den medialen Mainstream, doch hat er seither mittelbar – als Ursuppe aller künftigen Video-Clip-Ästhetik und immersiven Cyber-Gegenwelten – die Populärkultur maßgeblich mitgeprägt. Und bis heute zählen seine kühnsten Vorstöße zu den prägnantesten, »substanzaffinsten« künstlerischen Fingerzeigen oder gar Schleusen in die Anderswelt.

Was speziell die surrealistischen Szenerien angeht, spielen veränderte Bewusstseinszustände auch in den Independent-Kino-Klassikern Alejandro Jodorowskys unübersehbar eine große Rolle – er nannte einen LSD-Trip entscheidend für die Entwicklung seines Klassikers »The Holy Mountain« (1973), bei dessen Dreharbeiten auch einige Schauspieler Psilocybin verabreicht bekamen. Und im weiteren Sinne lassen sich selbst die erratischen Momente in den Filmen Andrei Tarkowskis mit der Fremdheit der psychedelischen Erfahrung in Verbindung bringen – auch wenn der Konsum von Psychedelika dort nie thematisiert wird. Diese erweiterte Tradition, die sich seit den frühen surrealistischen Klassikern von Luis Buñuel an der Schnittfläche von Independent-, Underground- und Kunstfilm bewegt, zieht sich ohne Unterbrechung bis in die Gegenwart: Ein Kurzfilm wie etwa der 2013 in Cannes gefeierte »Tramuntana« des spanischen Regisseurs César Pesquara, der im Stil einer Dokumentation von einem magischen Wind erzählt und dabei mit ästhetischen wie inhaltlichen Elementen des Surrealismus spielt, ist sogar ein geradezu orthodox psychedelisches Werk, sofern er nicht nur die veränderte Wahrnehmung auf LSD oder Psilocybin vorführen, sondern das Fremdwerden der Welt per se erfahrbar machen will: »Tramuntana ist ein Wind, der ALLES verändert«.

Der Rausch als Bildgeber

Etwas verzwickter ist das Verhältnis zu künstlich veränderten Bewusstseinszuständen im Hollywood-Kino. Auch wenn die direkte Thematisierung dort generell die Ausnahme darstellt (und wie »The Trip« oder »Enter the Void« kaum zum Kassenschlager taugt), so gibt es doch immer wieder Annäherungsversuche – wenngleich nicht immer so explizit wie bei »Easy Rider«. Das markanteste Beispiel dafür ist die berühmte Jupiterfahrt am Ende von »2001: A Space Odyssey« (1969). Sicher wäre es eine mutwillige Verkürzung von Kubricks Film, den Sturz des Protagonisten Bowman durch Raum und Zeit nur als Trip zu interpretieren – und doch wurden die wüsten Lichttunnel-Effekte und das abrupte Erwachen im surrealen Szenario der Schlussszene von interessierten Zeitgenossen unverzüglich als Visualisierung der psychedelischen Erfahrung identifiziert. Das verweist auf die mediale Wahlverwandtschaft beider Sphären. Auf der einen Seite ist das Kino naturgemäß stets begierig auf neuen Input – wie er in den 1960er Jahren durch psychedelische Substanzen, die ja nicht zuletzt optisch wirken, schon als Novelty-Feature anfiel. Auf der anderen Seite gibt es den medial-technischen Fortschritt, der – auch ganz ohne Rauschvorbild – zu neuen Bildwelten führt. Die Special Effects von sich morphenden Stadtlandschaften, die zum Beispiel in »Inception« (2009) zu sehen sind, wirken – weil sich die Realität auf eigentüm-

liche Weise zusammenfaltet – zwangsläufig wie ein psychedelischer Rausch, wobei in »Inception« noch verstärkend
hinzukommt, dass in dem Film verschiedene Traumzustän-
de thematisiert werden. Das Konzept Psychedelik kann so
zum massenmedialen Puffer werden, der alles, was neu, ungewohnt oder vielleicht auch einfach nur ambivalent ist,
gleichzeitig auf- und abfängt.

Seit ein paar Jahren scheint es jedoch hier neue, womöglich einen prinzipiellen Wandel anzeigende Impulse zu geben: Eine immer deutlichere Strömung führt direkt in die
psychedelische Welt mit ihren verschiedenen Sinnsphären.
Terrence Malicks gefeierter »Tree of Life« (2011) ist ein
Film, dessen eigentliches »Thema« sich – ähnlich wie bei
»2001«, mit dem er oft verglichen wurde – nur schwer fest-
nageln lässt, ein im guten Sinne größenwahnsinniges Projekt: eine intime Familiengeschichte, eine Kosmogonie, ein
spirituelles Werk. Und wie um den Film noch mehr in diese
Richtung zu drängen, gibt es in seinen kosmogenetischen
Teilen nicht nur überwältigende Naturaufnahmen, sondern
immer wieder auch abstrakt-amorphes Flüssigkeitsgewa-
ber, das seit den Acid-Test-Partys der Merry Pranksters
zum psychedelischen Bildreservoir gehört. Das Finale des
Films schließlich ist nicht nur von der spirituellen All-Ein-
heit des Protagonisten geprägt, sondern löst sich förmlich
auf in gleißendem Licht – eine psychedelische Standardsituation.

Noch unmissverständlicher werden Psychedelika in dem
Western »Blueberry« (2004) thematisiert. Der Protagonist,
ein junger Mann im rechtsfreien Raum des Wilden Westens,
taucht ein in die Kultur eines Indianerstammes. Der Show-
down des Films findet im Ayahuasca-Rausch statt. Dort
schwänzeln Schlangen und rotieren Totenköpfe in vielför-
migen Mandalas, verschluckt die Dunkelheit des Todes
die beiden und spuckt den Guten ins Licht. Der Protagonist
trifft dort auf seinen Gegner und besiegt ihn. Geheilt von
der Schwere des Vergangenen, gelöst aus den Spiralen des
Traumas, ist er bereit für einen Neuanfang. Die psychede-

lische Therapie hat gewirkt. Regisseur Jan Kounen nennt seinen Western dann auch im Abspann nicht »A Jan Kounen Movie«, sondern »A Jan Kounen Session.« Die westlich-moderne Zivilisation gegen die natürlichen Stammesgesellschaften »edler Wilder« auszuspielen, ist ein beliebtes Motiv im psychedelisch inspirierten Kino – bis zurück etwa zu Barbet Schroeders »La Vallée« (1972), wo eine Forschungsexpedition in den Dschungel von Papua-Neuguinea – zu den dräuenden Klängen von Pink Floyd (»Obscured by Clouds«) – zur mystischen Jenseitsreise wird.

Sehnsucht nach der anderen Seite

Sehr publikumswirksam wurde dieses Thema auch von dem bis dato erfolgreichsten Kinofilm aller Zeiten bearbeitet: »Avatar« (2009) von James Cameron, zugleich dem psychedelischsten Blockbuster, den es je gab. Cameron erzählt – auf einen fernen Planeten verlegt – die grausame Kolonialisierungsgeschichte (Süd-)Amerikas. Und ganz wie brasilianische Indianerstämme pflegen auch die Na'vi, die Eingeborenen aus »Avatar, psychedelische Rituale. Sie können sich mit einem »Erinnerungsbaum« verbinden – seine rosafarbenen, schnurdünnen und langen Weidenäste gleichen Datenkabeln – und so Kontakt zu ihren Ahnen und anderen Dimensionen aufnehmen. Cameron hat damit eine einleuchtende Allegorie für die psychedelische Erfahrung geschaffen. In dieser Logik kann auch die Hauptfigur von Avatar, der G. I. Jack Sully, verstanden werden. Er ist ein Fahnenflüchtiger der Zivilisation, der nach und nach auf »die andere Seite«, die der Na'vi, wechselt. Bei seinen Erkundungen dieser Welt leuchten die Pflanzen des Urwalds nachts wie die Neonfarben der Psychedelic Art unter Schwarzlicht. Und am Ende dieser Reise steht die Transformation: Sully verlässt seine menschliche Hülle und erwacht in der seines Na'vi-Alter-Egos. Tod und Wiedergeburt – »Avatar« ist ein eigentlich psychedelischer Entwicklungsroman, der auch ohne einschlägiges Vorwissen, nämlich als exotisch-buntes, zivilisationskritisches Sci-Fi-Spektakel funktioniert.

Ganz ohne Familienkino-Abfederung wird der psychedelische Rausch dagegen in Luc Bessons Action-Reißer »Lucy« (2014) thematisiert – womit sich zugleich ein ganz anderes Themenfeld eröffnet als in »Avatar«: Die fiktive Substanz CPH4 bündelt so ziemlich alle psychotropen Eigenschaften, die es gibt. Ein natürlicher, endogener Stoff, der nach sechs Wochen im Mutterleib an den Embryo weitergegeben wird, wodurch sich Knochen, Nervenbahnen und Körper formen (Ähnliches wird über die Funktion von DMT während der Schwangerschaft gemunkelt). In seiner synthetischen Form macht die Substanz stark abhängig – bei längerem Gebrauch verwandelte man sich zum Meth-Zombie – und ist ein effektiver Neuroenhancer. Nachdem ein Beutel CPH4 im Bauch der Drogenschmugglerin Lucy platzt, verwandelt diese sich in einen Übermenschen, der sich schließlich – ebenfalls eine Standardsituation der psychedelischen Erfahrung – mit seiner Umwelt verbindet und sich darin pantheistisch auflöst (»Ich bin überall«). Die psychedelische Neufiguration des Selbst folgt bei Besson der transhumanen Idee, das eigene Bewusstsein ins Netz zu laden. Der Körper stirbt, der Geist aber führt sein Leben in digitaler Form fort. Der Computer ist das Paradies.

Bei all diesen Mainstream-Filmen fällt auf, in welch freundlichem Licht die psychedelische Erfahrung neuerdings gezeichnet wird. Das war einmal sehr anders – verfehlten doch die Morde der Manson Family und die Verdammung von LSD durch Presse und Politik ihre Wirkung lange Zeit nicht. Besonders in den 1970er Jahren spielte LSD eine unrühmliche Rolle in einigen Horror-Filmen (z. B. »Blue Sunshine« oder »Awakening of the beast«), wo die böse Substanz unschuldige Leute zu unkontrollierbaren Killern macht oder in den Wahnsinn treibt. Doch die gesellschaftliche Beurteilung von Psychedelika wandelt sich, das kann man auch an den Filmen der Gegenwart ablesen. Zwar schrecken viele Filmemacher immer noch vor der direkten Thematisierung psychedelischer Substanzen zurück. Doch es besteht ein großes Interesse an einer künstlich induzierten Jenseitsschau, das gestützt wird durch den Boom spiritueller Selbsterfahrung und eine dezidierte, wenngleich unpolitische Skepsis gegenüber dem Establishment. Unverändert herrscht dagegen im Mainstream noch die alte Scheu, das psychedelische Begehren klar zu benennen. Man darf gespannt sein, wie explizit der zweite Teil von »Avatar« den zeremoniellen Alkaloid-Gebrauch der Na'vi thematisieren wird. Schon das Drehbuch des ersten Teils enthielt ein deutlich erkennbares Ayahuasca-Ritual. Cameron verwendete die Szene nicht. Noch war sie ihm – scheint es – zu kontrovers für das Familienkino.

Nach dem Tabu – die psychedelische Renaissance und wie es weitergehen könnte

Ein zahmer Rausch

Auf unserem Streifzug durch die neueren psychedelischen Entwicklungen haben wir gesehen, dass man über psychedelische Substanzen heute vielerorts anders denkt als noch vor wenigen Jahren. Aber was heißt »man«? In Deutschland, wo Marlene Mortler, die Drogenbeauftragte der Bundesregierung, gebetsmühlenartig gegen jede Lockerung des Cannabis-Verbots wettert, ist von solchem Umdenken bisher kaum etwas zu spüren. Mehrheitlich berichteten die Forscherinnen und Forscher, die wir interviewten, von den unüberwindbaren Hürden, die psychedelischer Forschung hierzulande nach wie vor im Wege stünden. Und sicherlich wird Deutschland auch einer der letzten Staaten sein, der spirituellen Psychedelika-Konsum erlaubt. Doch die deutsche Politik repräsentiert nicht den globalen Zeitgeist.

Dessen Wandel zeigt sich zum einen an der boomenden Forschung, über die wir berichtet haben: MDMA gegen Traumatisierungen und als Hilfe für Autisten; LSD und Psilocybin als vielleicht einzige wirksame Mittel gegen Todesangst; DMT und Iboga als Therapeutika gegen Sucht; Ketamin als hochpotente Depressions-Medikation; dazu die zahlreichen Grundlagen-Studien, bei denen psychedelische Substanzen eingesetzt werden, um den Hirnstoffwechsel besser zu verstehen – wobei die Ergebnisse solcher Studien inzwischen nicht mehr am freakigen Rand des Wissenschaftsbetriebs, sondern in einschlägigen Zentralorganen wie »Lancet« oder »Nature« veröffentlicht werden. Zum anderen manifestiert sich das neue Denken im Boom des spirituellen Psychedelika-Konsums und seiner neuen Institutionalisierung. Wie weit diese inzwischen gediehen ist, zeigt sich etwa daran, dass seit kurzem in einigen brasilianischen Gefängnissen den Insassen Zugang zu Ayahuasca-Ritualen gewährt wird. Vor allem aber manifestiert sich die psychedelische Renaissance in dem, was in den USA »new psychedelic culture« genannt wird: in Festivals wie Burning Man, in Bands wie Animal Collective und einer, wie es scheint, immer größer werdenden Bewegung meist junger Menschen, die aus den unterschiedlichsten Gründen neugierig auf die »andere Seite« sind oder sich von einer Reise dorthin profunde Einblicke über sich und die Welt erhoffen. Und all das begleitet von überraschend großer und freundlicher Medienaufmerksamkeit. Der US-amerikanische Psychologe James Fadiman, der seit den frühen 1960er-Jahren LSD erforscht, resümiert: »Vor zehn Jahren fing es an. Irgendwann habe ich aufgehört, die Artikel zu zählen. Und von den unzähligen Berichten über die klassischen psychedelischen Substanzen, die ich las, war kein einziger negativ.«

Aber woher rührt dieser Boom? Auch dazu hat Fadiman eine recht einfache Erklärung: »Viele der Artikel beziehen sich auf Selbsterfahrungen. Wenn die Journalisten aber vorurteilsfrei und einigermaßen gut vorbereitet in so eine Erfahrung gehen, wird sie aller Wahrscheinlichkeit nach positiv sein. Und das wollen sie dann kundtun.« Seit jeher scheint mit der psychedelischen Erfahrung ein gewisser Sendungswille einherzugehen, ob aus psychonautischem Narzissmus (»Wo ICH war, das glaubt ihr nicht!«) oder aus der ehrlichen altruistischen Absicht, auch andere an den höheren Erlebnissphären teilhaben zu lassen. Doch reicht diese Erklärung allein nicht aus. Denn wäre der psychedelische Rausch noch so tabuisiert wie vor 20 Jahren, bliebe es bei klandestiner Mundpropaganda. Heute aber schwappt der Diskurs zusehends in die öffentliche Wahrnehmung. Die eigentliche Frage ist also: Wieso wird das Tabu gelockert? Eine Antwort könnte sein, dass psychedelische Drogen keine Gefahr für das Establishment mehr darstellen.

Als Timothy Leary im Jahr 1967 im Golden Gate Park vor tausenden Hippies die psychedelische Devise »Turn on, tune in, drop out« ausgab, war das eine Kampfansage: an die Politiker, die LSD ein Jahr zuvor verboten hatten; an die Harvard University, die den unliebsamen Dozenten und seine Kollegen rausgeschmissen hatte; an die Strafverfolgungsbehörden, die Leary wegen einer geringen Menge Cannabis einen Schauprozess gemacht hatten; an das Militär, das sich gerade im Dschungel von Vietnam verrannte; und an das ganze konservative Amerika, in dem Leary und die seinen nur mehr »Plastic People«, eine totalverwaltete und seelenlose Puppenwelt sahen. Die psychedelische Erfahrung sollte helfen, den Vorhang zu zerreißen, der die moderne westliche Gesellschaft vom authentischen, friedlichen, erfüllten Leben trennt. Die Mächtigen nahmen diese Kriegserklärung ernst. Wenn Richard Nixon Leary 1970 (in bemerkenswerter Spiegelprojektion) zum »gefährlichsten Mann Amerikas« erklärte, war das vor allem eine Bestätigung des revolutionären Potenzials halluzinogener Substanzen. Vier Jahrzehnte später wissen wir, dass die psychedelische Revolution der Politik nie stattgefunden hat.

Darüber zu lamentieren wäre inzwischen allerdings genauso müßig wie darüber zu frohlocken, denn spätestens seit der Milleniumswende hat sich die Szenerie komplett gewandelt: Der neue Psychedelika-Konsum hat keinen politisch-revolutionären Anspruch mehr. LSD für Schwerstkranke, Psilocybin zur effektiven Nikotinentwöhnung – wer nicht völlig in alte Vorurteile verbohrt ist, kann dagegen eigentlich nichts haben. Und wenn MAPS, die Vereinigung für psychedelische Studien, mit dem US-Verteidigungsministerium kooperiert, um in Bush-Kriegen versehrte Soldaten mit MDMA zu reparieren, scheint das ziemlich genau das Gegenteil von dem zu sein, was Leary unter Drop-Out verstand. Auch die Neo-Hippies, die bunt gekleidet auf den »transformative festivals« tanzen, kehren nach ein paar Tagen innerer Transformation erfrischt in ihre neoliberalen Arbeitswelten zurück. Anfang 2015 brachte die Website

CNNMoney einen Beitrag über das Silicon Valley: Unter der Überschrift »Can LSD make you a billionaire?« schwärmte die Moderatorin von den Eigenschaften, die im »Valley« gefragt seien, etwa der Fähigkeit, »outside the box« zu denken. Psychedelika, so die einhellige Meinung, könnten dabei helfen. Der psychedelische Rausch ist in dieser Logik kein Gegenentwurf mehr zur modernen Konsumwelt, sondern deren Katalysator und Beschleuniger. Und obwohl auch das wieder zu simpel gedacht ist, sofern sich im psychedelischen Rausch ja nicht jedesmal die Idee zur nächsten Killer-App, sondern mindestens genauso oft auch potentiell Bilanzschädigendes offenbart, so nutzen die kalifornischen High Potentials, mit denen wir sprachen, Psychedelika doch als spirituellen oder einfach nur interessanten Gegenentwurf zur stressigen Arbeitswelt – ohne diese aber prinzipiell in Frage zu stellen. Der Konsum psychedelischer Substanzen hat dort nichts mehr mit den Schreckgespenstern »Sucht«, »Wahnsinn« oder »Verwahrlosung« zu tun, die bis vor wenigen Jahren die öffentliche Wahrnehmung prägten, eher fügt er sich zum gegenwärtigen Trend des Neuroenhancements. Die Entscheidung, seinen Hirnstoffwechsel aktiv zu beeinflussen und daraus neue Erkenntnisse zu gewinnen, steht längst nicht mehr für eine fundamentale Realitätskritik bzw. -opposition, sondern im Gegenteil für Flexibilität, Neugier und Wagemut, kurz: für all das, was heute in Bewerbungsmappen für die interessanteren Berufe zu stehen hat. Und sicher wurden auch schon etliche Ayahuasca-Treatments in peruanischen Luxus-Ressorts versehentlich gebucht, weil es so ähnlich klingt wie Ayurveda.

All das ist natürlich ein leichtes Ziel für Häme, legt es doch die Behauptung nah, der psychedelische Rausch sei heute harmlos, im schlimmsten Fall reaktionär, weil er mit falschen Verhältnissen versöhne. So argumentiert freilich nur, wer die Verbindung von Rausch und Rebellion als naturgegeben betrachtet. Das ist sie jedoch nicht – traditionell eher im Gegenteil: Lange bevor die Hippies in Haight-Ashbury mit LSD experimentierten, wurde die Substanz, ähnlich wie heute wieder, in klinischen Studien erforscht. Und lange bevor Timothy Leary, die Merry Pranksters und der kosmische Kurier Rolf-Ulrich Kaiser die subversive Kraft der psychedelischen Erfahrung priesen, schickte die CIA ahnungslose Testsubjekte mit 200 Mikrogramm LSD in den Wahnsinn. Der psychedelische Rausch zeichnet sich durch eine enorme Plastizität aus. In unterschiedlichen Kontexten zeitigt er völlig disparate Phänomene. Er kann in künstliche Paradiese führen und in die chemische Hölle, er kann zur Heilung wie zur psychischen Folter eingesetzt werden. Bei alldem kommt es maßgeblich auf das Setting an, den Rahmen, durch den man den Rausch betritt. Dazu zählen aber eben nicht bloß die Gestaltung des Raums, die Stimmung in der Gruppe und die Vorbereitung, sondern genauso auch der gesellschaftliche Kontext. Im Aufbruch der 1960er Jahre, als das Verhältnis von Individuum und Gesellschaft neu verhandelt und für Bürgerrechte und die sexuelle Befreiung gekämpft wurde, konnten Psychedelika tatsächlich Katalysatoren für politische Prozesse sein. Heute, wo das gesellschaftliche Klima von Schlagwörtern wie Flexibilisierung und Leistung, Effizienz und Rationalität geprägt ist, verwundert es nicht, dass auch der Psychedelika-Konsum für diesen Zeitgeist eingespannt wird.

Die andere Seite

Die aktuelle Renaissance ist tatsächlich zu einem Gutteil bloß eine *gestattete*, weil sie ihre Grundvoraussetzung in der zumindest kurzfristigen gesellschaftlichen wie politischen Folgenlosigkeit des psychedelischen Rausches hat. Was nicht heißt, dass der psychedelische Rausch deswegen etwa harmlos geworden wäre. Doch seine Provokation, seine Ungeheuerlichkeit hat sich ins Selbstverhältnis des Subjekts verschoben, in das der Rausch so fundamental eingreift. Und hier wird es kompliziert, weil sich dabei ver-

schiedene Ebenen der Macht und der Normierung über-
lagern. Mehrfach haben wir in diesem Buch daran erinnert,
dass die politische Ablehnung des psychedelischen Rausches ein relativ junges Phänomen ist. Noch in den frühen
1960er Jahren standen psychedelische Substanzen ganz im
Paradigma der medizinischen und psychologischen Forschung. Erst mit dem einsetzenden Massenkonsum interessierten sich Innenpolitiker und Staatsanwälte für diese Art
von Rausch. Die nun einsetzende Prohibitionspolitik kam
jedoch nicht aus heiterem Himmel. Sie konnte – zumindest in den USA – an die massiven Verfolgungskampagnen
anschließen, die ab den 1930er Jahren gegen (in der Regel
schwarze oder hispanische) Cannabis-User gefahren wurden.

Noch sehr viel älter als diese rabiaten Sondermaßnahmen
ist freilich die *allgemeine Skepsis gegenüber dem Rausch*.
Und die spezifisch abendländische Ernüchterungsgeschich-
te beginnt sehr früh. In seinem Aufsatz »Weltsucht« untersucht Peter Sloterdijk das Verhältnis von Philosophie und
Rausch. Seine These lautet, dass beide insofern ursprünglich zusammenhingen, als die Philosophie überhaupt erst
aus der Welt-Distanzierung des Rauschs habe entstehen
können: »Ohne Verzückung keine erste Philosophie. Eine
diskursiv adäquate Selbstdeutung solcher Zustände bleibt
freilich auf eine Zeitverschiebung angewiesen und kann notwendigerweise erst nachträglich in eine artikulierte Form
gebracht werden.« Trotz oder gerade wegen dieser Ur-Nä-
he von Ekstase und Erkenntnis immunisiert sich das westliche Denksystem zunehmend gegen alles Rauschhafte: »Seit
Sokrates gehört es zum Ehrenkodex der argumentieren-
den Gemeinschaften, dass es besser sei, nüchtern in die Irre
zu gehen als droguiert mit letzten Wahrheiten herauszu-
rücken.« Der von Sloterdijk nachgezeichnete Ausschluss
ekstatischer Erfahrungen aus dem Wissen des Abendlandes
steht dabei pars pro toto für den gesellschaftlichen Umgang
mit jedem »Anderen der Vernunft«, wozu der Rausch gehört. Allerdings gab es dabei zu jeder Zeit frappierende In-

kohärenzen. So wurde etwa schon im frühen europäischen Mittelalter der rituell-magische Gebrauch von Nachtschattengewächsen als Hexerei verunglimpft und brutal verfolgt. Umgekehrt war es bis lange ins 17. Jahrhundert üblich, Bier mit dem stark halluzinogen wirkenden Bilsenkraut zu brauen. Eine Gemeinschaft deliranter Zecher schien für die Obrigkeit offenbar keine Gefahr darzustellen, Personen, die sich bewusst mit anderen Realitäten verbanden, dagegen umso mehr.

Die christliche Verfolgung spirituell-psychedelischer Rituale wurde durch die Kolonialisierung der Neuen Welt noch drastisch intensiviert, etwa im brutalen Kampf der Conquistadores gegen den Rauschpilz *Teonanácatl* in Mittelamerika. Doch auch nach dem Schwinden der christlichen Dominanz änderte sich an der allgemeinen Ablehnung der Realitätsverdopplung im Rausch nicht viel – allenfalls die »Argumente«, sprich hier: Rationalisierungen einer teils durchaus irrationalen oder machttaktischen Phobie. Die katholisch-christliche Angst, im Rausch mit Dämonen zu verkehren, wurde vom puritanischen Ekel vor Ekstase beerbt. Und mit der Entstehung der modernen Psychiatrie rückte man bald jeden Rausch in die Nähe des Wahnsinns. In seinem Buch »Drachen, Doppelgänger und Dämonen« führt der Neurologe Oliver Sacks aus, dass Halluzinationen seither nur noch als krankhafte Abweichung von der Realität wahrgenommen werden können. Indes haben die Wächter der totalen Nüchternheit in unserer neoliberalen Gegenwart zunehmend das Problem, dass der offizielle Zeitgeist eigentlich verbietet, individuelle Lebensformen zu sanktionieren. Entsprechend sind es nun vermehrt medizinische Argumente, die die Bürger nüchtern halten und etwa vor einer drogeninduzierten Psychose beschützen sollen. Dass diese Gefahr indes – zumindest beim Konsum klassischer Halluzinogene – kaum besteht, zeigen alle neueren Untersuchungen.

Was also sind die tieferen Gründe für diese Angst und das daraus resultierende »paternalistische und provinzielle Verbot, das eigene Bewusstsein mit Pflanzen oder Chemikalien zu erkunden«? (Alexander Shulgin) Die eigentliche Beunruhigung durch den Rausch liegt wohl in dessen Fähigkeit, das Konzept eines autonomen Ichs zu erschüttern, das sich in stabiler Distanz zu seiner Umwelt und seinen Mitmenschen hält und definiert. Denn so unterschiedlich die Erfahrungen, die »auf der anderen Seite« gemacht wurden und werden, im Einzelnen auch sind, eines ist ihnen doch allen gemeinsam: dass sie mit *Fremdem* konfrontieren. Hier empfiehlt es sich, das Wort »Psychedelik« noch einmal genauer zu betrachten. Nominell bedeutet es zwar so viel wie »die Psyche offenbarend« – was eine Reise nach innen, also zum Selbst, suggeriert. Allerdings hat das dort gefundene Selbst in aller Regel nichts mit dem Selbstbild zu tun, das man aus dem Alltag gewohnt ist. Hinzu kommt, dass die Reise nur dann glückt, wenn man Autonomie abgibt, sich »dem Prozess unterwirft«. Genau von diesem Kontrollverlust aber geht eine unheimliche Drohung aus – heute mehr denn je. Der Wiener Kulturwissenschaftler Robert Pfaller beschreibt in seinen Büchern die aktuelle Kultur des Narzissmus, die vor allem dadurch gekennzeichnet sei, dass alles Fremde, alles, was der eigenen Befindlichkeit und dem nüchternen Selbstbild zuwiderlaufe, strikt zurückgewiesen werde. Auf der einen Seite bedient der psychedelische Rausch so zwar das narzisstische Bedürfnis, »sich selbst kennen zu lernen« – und das ist sicher auch einer der Gründe, warum er im Augenblick so boomt. Andererseits führt diese Erfahrung notwendigerweise auch in *terra incognita*. Die Inquisitoren mussten diese Art von Weltverdoppelung bekämpfen, weil sie über die andere Seite keine Macht hatten. Heute fürchtet man sie weniger als häretischen Transzendenzeinbruch, sondern weil sie sich nicht in den selbstvergewisserungshysterischen, aber doch immerhin berechenbar tickenden Alltagsmechanismus einfügt. Die Urangst des Kontrollverlusts ist in beiden Fällen dieselbe.

Einzig der Alkoholrausch bleibt im Abendland traditionell weitgehend von allen Sanktionen verschont. Warum eigentlich? Nach allem, was wir bisher erfahren haben, liegt die Antwort auf der Hand: Weil die Bewusstseinsbeeinträchtigung durch Alkohol eben keine psychedelische Erfahrung ist. Zwar gibt es auch hier beträchtliche Enthemmungen und Realitätsverluste, doch meist keine Konfrontation mit einem Fremden. So gefährlich Alkoholisierte für sich und die Umwelt sind, »von innen« fühlt sich der Rausch harmlos und mollig an. Das Ich schrumpft immer weiter zusammen, bis es sich im Delirium schließlich ganz verabschiedet – und zwar ohne zuvor je in Frage gestellt worden zu sein. Eine Depersonalisierung ohne Schrecken. Das mag einer der Gründe für die Akzeptanz des Alkoholrausches sein (auch wenn es inzwischen ernsthafte Versuche seitens der Nüchternheitsdogmatiker gibt, auch ihn zu tabuisieren). Insgesamt jedenfalls muss man sich klarmachen, dass die Ablehnung *tatsächlich* veränderter Bewusstseinszustände, wie sie in den westlichen Gesellschaften seit mehreren hundert Jahren kultiviert wird, zwar in der globalisierten Arbeitswelt von heute nach wie vor und vielleicht mehr denn je hegemonial ist, im größeren welt- und zivilisationsgeschichtlichen Zusammenhang betrachtet aber eine Ausnahme, um nicht zu sagen: eine Abnormität bildet. Sind doch in fast allen anderen Kulturen mehr oder weniger institutionalisierte Umgangsformen mit künstlich veränderten Bewusstseinszuständen entwickelt worden. Fast überall wurde dem Anderen ein eigener Ort und damit auch sein eigenes Recht zugestanden.

Die »Psychoanalytiker des Urwalds«, wie Claude Levi-Strauss die Schamanen der Amazonas-Völker nannte, nutzen DMT-haltige Getränke, um zu heilen, sich mit den Ahnen zu verbinden oder das Jagdglück zu beschwören. Der nüchterne Diskurs, zu dem auch unser Text zwangsläufig zählt, muss darüber schweigen, was die Schamanen auf ihren Reisen tatsächlich erleben und welchen Realitätswert diese Erfahrungen haben. Offensichtlich ist jedoch die soziale und kulturelle Funktion des Rausches. Die Substanzen spielen eine zentrale Rolle in den Ursprungsmythen der jeweiligen indigenen Gesellschaften, etwa indem sie davon berichten, wie den ersten Menschen von den Göttern Peyote oder Ayahuasca geschenkt wurde. Von den stabilisierenden Eigenschaften der Rauschrituale berichtet exemplarisch der französische Ethnologe Philippe Descola in seinen Studien über die Jívaro im Grenzland zwischen Peru und Ecuador. Wie alle indigenen Völker stehen auch die Jívaro unter enormem Druck seitens der westlichen Zivilisation. Bei Descolas Aufenthalt in den späten 1970er Jahren waren das vor allem nordamerikanische, evangelikale Missionare, die den Jívaro ihre Gebräuche, ihre Kleidung, ihre Art zu denken streitig machen wollten. Dass sie damit – zumindest im von Descola berichteten Zeitraum – keinen Erfolg hatten, lag auch daran, dass der Jívaro-Schamane Mukuimp die Dorfbewohner mit dem DMT-haltigen Getränk Natem in eine viel sinnlichere, plausiblere und auch freudvollere spirituelle Welt führte als jene, die die Missionare feilzubieten hatten.

Ebenfalls einen stabilisierenden Effekt auf die Gemeinschaft haben die Initiationsriten bei Jugendlichen, die in zahlreichen indigenen Gesellschaften mit der Verabreichung psychedelischer Substanzen begangen werden. In ihrer Studie »Adolescent Drug Use in Cross-Cultural Perspektive« berichten der Mediziner Charles Grob und die Ethnologin Marlene Dobkin de Rios von den Bora, einem Aborigines-Stamm in Ostaustralien, den Chumash in Kalifornien und den Shangana-Tsonga in Mozambique. Alle drei Völker nutzen Nachtschattengewächse, um Jugendliche auf die Aufgaben des Erwachsenenlebens vorzubereiten (bei den Aborigines nur die männlichen, bei den Shangana-Tsonga die weiblichen, bei den kalifornischen Indianern beide Geschlechter). So unterschiedlich die jeweiligen Riten sind, so ähneln sie sich doch in zentralen Punkten: Die Einzuführenden unterziehen sich einer Vorbereitung, halten etwa eine Kur; sie werden von der Gemeinschaft separiert und von Lehrern in ein Geheimwissen eingeweiht; sie erleben den (nachtschatten-typisch sehr anstrengenden) Rausch als Jenseitsreise, auf der sie sich mit der Geisterwelt verbinden, die als für die Geschicke des Alltags essentiell betrachtet wird. Völlig verändert kehren sie in die Gemeinschaft zurück, werden von dieser aber eben deswegen als vollwertige Mitglieder begrüßt. Grob und de Rios kontrastieren diese Art von Gebrauch mit dem Drogenkonsum Jugendlicher im Westen. Dieser grenzt aus der Gemeinschaft aus (die meisten User treibt ein Wille zur Distinktion), während jener vergesellschaftet. Gerade die leichte Suggestibilität der Berauschten werde von indigenen Gesellschaften dagegen für eine »schnelle Vermittlung von Wissen verwendet, das für das Überleben des Individuums notwendig ist«. Hinzu kommt der starke Bonding-Effekt der psychedelischen Erfahrung. Das Tragische an Grobs und de Rios' Studie ist, dass sie von einer Vergangenheit berichtet. Die Chumash gelten als ausgestorben. Und auch die Initiationsriten Bora und Shangana-Tsonga kamen zum Erliegen oder werden bestenfalls noch in kleinsten Kreisen gefeiert.

Sehr aktiv hingegen, ja sogar weltweit expandierend, sind die brasilianischen Ayahuasca-Bewegungen, etwa die UDV. Und ähnlich wie bei den eben beschriebenen Initiationsriten hat auch Ayahuasca eine stabilisierende Wirkung – auf die Gemeinschaft wie das Individuum. Es war ebenfalls Charles Grob, der epidemologische Untersuchungen unter brasilianischen UDV-Mitgliedern anstellte. Er kam zu dem Ergebnis, dass die Ayahuasca-Trinker eindeutig weniger reizbar waren als die Mitglieder der »nüchternen« Kontrollgruppe, zudem aufgeschlossener, emotional stabiler, weniger depressiv sowie komplett frei von Suchtkrankheiten. Der letztgenannte Aspekt untermauert Sloterdijks diesbezüglichen Befund: »Fast kann man für jene Welt die Faustregel ausgeben: je profunder die Drogenerfahrung, desto unmöglicher die Sucht. Was die Suchttendenz aus dieser

Drogenpraxis schon im Ansatz ausschließt, ist die rituelle Fassung der Ekstase und die sakramentale Definition der durch die Rauschmittel aufgeschlossenen Realitäten.«

All diese Beispiele entstammen indigenen Gesellschaften oder haben zumindest dort ihren Ursprung. Und doch gab es auch im klassischen Europa eine vergleichbare Praxis: die bis heute sagenumwobenen Mysterien von Eleusis, die in der Nähe von Athen gefeiert wurden, bis sie im Jahre 392 vom christlichen Kaiser Theodosius verboten wurden. Bei diesen Mysterien handelte es sich um einen geheimen, wenngleich jedem, der des Griechischen mächtig war, zugänglichen Weiheritus. Da allen Eingeweihten bei Todesstrafe verboten war, Inhalt und Ablauf der Zeremonien kundzutun, mag es kaum (oder umso mehr?) verwundern, dass über die Mysterien, obwohl sie vermutlich 1500 Jahre lang existierten, so wenig Konkretes bekannt wurde. Halbwegs sicher weiß man nur, dass es sich um einen Kult der Fruchtbarkeits- und Korngöttin Demeter und ihrer Tochter Persephone handelte, deren Raub durch den Unterweltgott Hades den Wechsel der Jahreszeiten erklärte. Anscheinend ging es um die Frage, wie sich der seiner Sterblichkeit bewusste Mensch im Kosmos der sich immer wieder erneuernden Natur begreift. Es ist sehr wahrscheinlich, dass im Zuge der Prozedur auch eine psychoaktive Substanz gereicht wurde. Bis heute streiten sich die Gelehrten, ob es sich dabei um das dem LSD verwandte LSA gehandelt haben könnte, um ein anderes Mutterkorn-Derivat, um Psilocybin-haltige Pilze oder um eine Opium-Tinktur. Fest steht, dass das Erlebnis der Mysterien von so einschneidender Natur war, dass etwa Sophokles darüber schreibt: »Dreifach glücklich sind jene unter den Sterblichen, die, nachdem sie die Riten gesehen, zum Hades schreiten; ihnen alleine ist dort wahres Leben vergönnt. Für die Übrigen ist da alles schlimm.« Offensichtlich versöhnte die Erfahrung der Mysterien die Sterblichen mit ihrem Schicksal.

Das ist auch einer der Effekte des psychedelischen Ritus, den Aldous Huxley in seinem letzten Roman und intellektuellen Vermächtnis »Eiland« beschreibt. Die Bewohner der utopischen Insel Pala nutzen die psilocybinhaltige Medizin »Moksha« nicht nur zur Initiation der Jugendlichen in die Gesellschaft, sondern auch als eine Art Sterbesakrament. Huxley zeichnet in »Eiland« (auf manchmal etwas penetrante Weise) nach, was er sich unter einer idealen Gesellschaft vorstellt. Die Bewohner Palas sind gelassen, autonom, selbstbewusst, spirituell und lebensfröhlich. Zwar führt Huxley dies nicht kausal auf den Moksha-Rausch zurück. Doch die darin gemachte Erfahrung der Ich-Auflösung feit die Palanesen gegen Zivilisationskrankheiten wie Egoismus und Herrschsucht, Depression und Sucht. In »Die Pforten der Wahrnehmung« führt Huxley den Gedanken aus: »Der Drang, die Grenzen ichbewusster Selbstheit zu überschreiten, ist ein Hauptverlangen der Seele.« Die westliche Zivilisation jedoch verwehre diese Erfahrung, und am wenigsten hülfen die christlichen Glaubensgemeinschaften weiter: »Zahllose Menschen sehnen sich nach Selbsttranszendenz und wären froh, mit Hilfe der Kirche zu ihr zu gelangen. Aber – ›die hungrigen Schafe erhalten kein Futter‹ – sie nehmen teil an Ritualen, lauschen Predigten, sie sprechen Gebete nach; doch ihr Durst bleibt ungestillt. Enttäuscht wenden sie sich der Flasche zu.« Der Zeitbezug dieser Zeilen ist unverkennbar, Huxley schrieb »Die Pforten der Wahrnehmung« 1954. An der Grundaussage, dass nur spirituell Hochbegabte den Weg zur »Selbsttranszendenz« ganz allein finden und beschreiten können, hat sich jedoch bis heute nichts geändert. Die große Mehrzahl benötigt Hilfsmittel – und psychedelische Substanzen können praktikabel sein.

Das von Huxley postulierte menschliche Verlangen nach »Selbsttranszendenz« scheint nicht nur von den Funden jahrtausendealter Gegenstände für psychedelische Riten bestätigt zu werden (etwa Kakteenskulpturen aus der peruanischen Frühgeschichte oder Pilzgefäße aus Mexiko). Laut einer Studie der amerikanischen Anthropologin Erika Bourguignon pflegen 90 Prozent aller knapp 500 Kulturen weltweit, über die es Informationen gibt, einen institutionalisierten Umgang mit veränderten Bewusstseinszuständen. So scheint es angezeigt, vom Willen zum Rausch als einer *anthropologischen* Konstante zu sprechen. Und selbst das greift vielleicht noch zu kurz: In seinen zahlreichen Studien hat der italienische Ethnobotaniker Giorgio Samorini nachgewiesen, dass und wie auch Tiere psychotrope Substanzen konsumieren. Eine BBC-Dokumentation zeigte jüngst eine Gruppe jugendlicher Delphine, die sich knapp unter der Wasseroberfläche im Kreis versammelten und einen giftigen Kugelfisch herumreichten. Dabei benagten sie ihr Kalumet gerade so weit, dass dieses nur eine geringe Dosis des Giftes Tetrodotoxin freisetzte, was die Meeressäuger offensichtlich in einen tranceartigen Zustand versetzte.

Eine Tür – aber für wen?

Was wird sich aus der psychedelischen Renaissance, die wir in diesem Buch beschrieben haben, entwickeln? Zwei Szenarien sind denkbar. Das erste, wahrscheinlichere: Die Angst der westlichen Gesellschaften vor veränderten Bewusstseinszuständen behält die Oberhand. Die zahlreichen Liberalisierungen im Umgang mit Drogen werden mit Verweisen auf Gesundheitsrisiken kassiert, rabiate Kontrollmechanismen wie Drug Screening am Arbeitsplatz (was heute in den USA schon Usus ist, etwa bei der vermeintlich so liberalen *New York Times*) oder großzügig verhängte Vorstrafen machen Usern das Leben schwer, und der War on Drugs geht so blutig, korrupt und erfolglos weiter wie bisher.

Die andere Möglichkeit: Die weltweit praktizierten Legalisierungen machen Schule, Staaten finden Gefallen an den Steuereinnahmen aus Cannabis-Verkäufen. Mit enormem wissenschaftlichem Aufwand gelingt es, den medizinischen Gebrauch einiger psychedelischer Substanzen zu enttabuisieren. Hinzu kommen die zahlreichen spirituellen Praktiken, die mit Verweis auf die Religionsfreiheit zum Teil bereits heute legal sind. Und irgendwann schafft es vielleicht Rick Doblin, der Gründer der Multidisciplinary Association of Psychedelic Studies, ein Ritual genehmigen zu lassen, bei dem nicht nur Todkranke, Traumatisierte oder Süchtige die Selbsttranszendenz im Rausch erfahren, sondern größere Kreise. Das aber wirft die Frage auf: wer genau? Angesichts der positiven Effekte der Konfrontation mit dem Fremden (und den desaströsen Folgen ihrer Kriminalisierung) könnte man zu einem psychedelischen Missionarismus verleitet sein. Aber wäre das sinnvoll?

Mit dieser Schlussfrage gehen wir zu Christian Rätsch und Claudia Müller-Ebeling. Der Hamburger Altamerikanist Rätsch ist der Autor einschlägiger Standardwerke, etwa der »Enzyklopädie der psychoaktiven Pflanzen«. Dass er in den Medien die Rolle des raunenden Drogenexperten spielt, darf nicht darüber hinwegtäuschen, dass er und die Kunsthistorikerin Müller-Ebeling profunde Kenner zahlreicher indigener Kulturen sind. Und Rätsch und Müller-Ebeling machen kein Geheimnis daraus, dass ihr Wissen, zumal was den Substanzgebrauch betrifft, nicht theoretisch, sondern praktisch erworben ist. Aber obwohl beide über viele psychedelische Räusche viel Gutes zu berichten haben, raten sie doch von jeder Expansion strikt ab. Denn so stabilisierend der Psychedelika-Konsum in indigenen Gesellschaften wirken mag, so sorgfältig gilt es zu bedenken, dass wir in einer Kultur leben, in der veränderte Bewusstseinszustände seit Jahrhunderten aus der Alltagserfahrung ausgeschlossen sind. Der Großteil dieser Gesellschaft hat das Gebot zur Nüchternheit verinnerlicht und deswegen schlicht keine Lust auf eine »Reise auf die andere Seite«, wenn nicht gar große Angst davor. Und ohne den festen rituellen Rahmen, wie er in indigenen Gesellschaften oder spirituellen Gemeinschaften üblich ist, ist die psychedelische Erfahrung auch tatsächlich ein gewisses Wagnis. Rätsch und Müller-Ebeling betonen daher deren esoterischen Charakter im ursprünglichen Wortsinn, also eines Wissens, das bis auf weiteres nur einem abgeschlossenen Kreis von Eingeweihten zugänglich sein sollte, denn: »In den bestehenden Verhältnissen muss man viele Hindernisse nehmen, um psychedelische Erfahrungen machen zu können. Aber es ist gut, dass diejenigen, die das wollen, sich ihren eigenen Weg dahin bahnen müssen. Und das sind dann immer noch zu viele. Denn oft ist es so, dass diese Erfahrungen für diejenigen, die sie am meisten suchen, gar nicht gut sind. Wer den Kopf sowieso schon in den Wolken hat, wird von einer psychedelischen Erfahrung nur schrecklich verwirrt. Man muss für so etwas mit beiden Beinen im Kartoffelacker stehen.« Umso notwendiger seien ausgewogene, zugängliche Informationen über den psychedelischen Rausch, seine Geschichte, seine Mechanismen, seinen Nutzen und seine Gefahren. Wir hoffen, dass dieses Buch ein wenig dazu beiträgt.

Literaturverzeichnis

Philippe Ariès: Geschichte des Todes, München 1980

William S. Burroughs and Allen Ginsberg: The Yage Letters, San Francisco 1963

Sidney Cohen: Drugs of Hallucination, New York 1970

Ram Dass, Ralph Metzner: Birth Of A Psychedelic Culture, Santa Fe 2009

Philippe Descola: Leben und Sterben in Amazonien, Berlin 2011

Marlene Dobkin De Rios, Visionary Vine: Hallucinogenic Healing in the Peruvian Amazon, New York 1976

Marlene Dobkin De Rios, Hallucinogens: Cross-Cultural Perspectives, Albuquerque 1984

Viktor E. Frankl: Man's Search for Ultimate Meaning, New York 2010

Ephraim Goodman, James S. Ketchum, Reid D. Kirby: Historical Contributions to the Human Toxicology of Atropine, o. O. 2010

Stanislav Grof: LSD Psychotherapy, Alameda 1980

Stanislav Grof, Joan Halifax: The Human Encounter With Death, New York 1977

Johann Hari: Chasing The Scream, London 2015

Richard P. Hartmann: Malerei aus dem Bereich des Unbewussten, Köln 1974

Albert Hofmann: LSD – mein Sorgenkind, Stuttgart 2013

Albert Hofmann: Einsichten – Ausblicke, Solothurn 2003

Albert Hofmann, Ernst Jünger: LSD – Der Briefwechsel, Marbach 2013

Aldous Huxley: Die Pforten der Wahrnehmung / Himmel und Hölle, München 1981

Aldous Huxley: Eiland, München 2014

Mike Jay: High Society, Darmstadt 2010

Ernst Jünger: Annäherungen, Stuttgart 1978

Ken Kesey: Garage Sale, New York 1973

James S. Ketchum: Chemical Warfare Secrets Almost Forgotten, Bloomington 2012

Beatriz Caiuby Labate, Clancy Cavnar (Hrsg.): The Therapeutic Use of Ayahuasca, Berlin 2014

Nicolas Langlitz: Neuropsychedelia, Berkeley 2013

Timothy Leary: High Priest, Berkeley 1995

Timothy Leary, Ralph Metzner, Richard Alpert: The Psychedelic Experience, New York 1995

Martin A. Lee, Bruce Shlain: Acid Dreams, New York 1994

Claude Lévi-Strauss: Strukturale Anthropologie I, Frankfurt am Main 1967

Louis Lewin: Banisteria Caapi, Berlin 1998

Louis Lewin: Phantastica, Paderborn, o. J.

Patrick Lundborg: Psychedelia, Stockholm 2014

John Markoff: What The Dormouse Said ..., New York 2005

John Marks: The Search for the Manchurian Candidate, New York 1992

Terrence McKenna: Food of the Gods, New York 1993

Patrick McNamara (Hrsg.): Where God and Science Meet: The psychology of religious experience, Santa Barbara 2006

Ralph Metzner: Sacred Vine of Spirits: Ayahuasca, Rochester 2006

Jeremy Narby: The Cosmic Serpent, New York 1998

Jeremy Narby, Francis Huxley: Shamans Through Time, New York 2001

Torsen Passie, Wilfried Belschner, Elisabeth Petrow (Hrsg.): Ekstasen, Würzburg 2013

Torsten Passie: Healing with Entactogens, Santa Cruz, 2012

Robert Pfaller: Der schmutzige Heilige und die reine Vernunft, Frankfurt/M. 2008

Daniel Pinchbeck: Breaking Open The Head, New York 2002

Christian Rätsch: Enzyklopädie der psychoaktiven Pflanzen, Aarau 2004

Gerardo Reichel-Dolmatoff: The Shaman and the Jaguar: A Study of Narcotic Drugs Among the Indians of Colombia, Philadelphia 1975

Oliver Sacks: Drachen, Doppelgänger und Dämonen, Hamburg 2014

Giorgio Samorini: Animals and Psychedelics: The Natural World and the Instinct to Alter Consciousness, Rochester 2002

Richard Evan Schultes, Albert Hofmann, Christian Rätsch: Plants of the Gods, Rochester 1996

Benny Shanon: The Antipodes Of The Mind, New York 2002

Alexander Shulgin: PiHKAL, Berkeley 2014

Alexander Shulgin: TiHKAL, Berkeley 2014

Jay Stevens: Storming Heaven, New York 1988

David Stubbs: Future Days, London 2014

Rick Strassman: DMT – Das Molekül des Bewusstseins, München 2012

Sarah Tracy: Altering American Consciousness, Amherst 2004

Gordon Wasson, Albert Hofmann, Carl Ruck: Der Weg nach Eleusis, Frankfurt/M. 1985

Alan W. Watts: Does It Matter?, Novato 2010

Tom Wolfe: The Electric Kool-Aid Acid Test, New York 2008

Wir bedanken uns bei allen, die dieses Buch ermöglicht haben:

Ji-Young Ahn
Vera Bachmann
Bar Gabányi
Café Consciencia
Lorena Carràs
Alicia Danforth
Jean-Marie Dhur
Rick Doblin
James Fadiman
Sara Gael
Peter Gasser
Charles Grob
Ilja Gruen
Inge und Horst Hanske
Moritz von Herzogenberg
David Hoehn
Rachel Hope
Scott Hudek
Pål-Ørjan Johansen
Micha Kranz
Teri Krebs
Ruth Kissling
Alard von Kittlitz
Lars Bang Larsen
Wolfgang Luef
Marc Maleika
Gabor Maté
Ulrich Merz
Ralph Metzner
Claudia Müller-Ebeling
David E. Nichols
Gaspar Noé
Torsten Passie

Stephan Pauli
Michael D. Pfefferl
Christian Rätsch
Anne Rheinländer
Max Rheinländer
Martin Schneider
Christiane und Roman Sarreiter
Jeremy Shaw
Benjamin Shechet
Christian Schiffer
Carmen Stephan
Johannes Ullmaier
Philip Wiegard
Alexis von Wittenstein
Xifan Yang
Tobias Yves Zintel

edition suhrkamp
Eine Auswahl

Giorgio Agamben. Herrschaft und Herrlichkeit. Zur theologischen Genealogie von Ökonomie und Regierung. Übersetzt von Andreas Hiepko. es 2520. 360 Seiten

Giorgio Agamben et al. Demokratie? Eine Debatte. Übersetzt von Tilman Vogt u.a. es 2611. 137 Seiten

Valentin Akudowitsch. Der Abwesenheitscode. Versuch, Weißrussland zu verstehen. Übersetzt von Volker Weichsel. es 2665. 204 Seiten

Arjun Appadurai. Die Geographie des Zorns. es 2541. 158 Seiten

Jakob Arnoldi. Alles Geld verdampft. Finanzkrise in der Weltrisikogesellschaft. es 2590. 92 Seiten

Nanni Balestrini. Tristano. es 2579. 120 Seiten

Wolfgang Bauer. Über das Meer. Mit Syrern auf der Flucht nach Europa. es-Sonderdruck. 133 Seiten

Zygmunt Bauman, David Lyon. Daten, Drohnen, Disziplin. Ein Gespräch über flüchtige Überwachung. Übersetzt von Frank Jakubzik. es 2667. 204 Seiten

Zygmunt Bauman. Wir Lebenskünstler. es 2594. 206 Seiten

Ingolfur Blühdorn. Simulative Demokratie. Neue Politik nach der postdemokratischen Wende. es 2634. 304 Seiten

Carla Blumenkranz u. a. (Hg.). Occupy! Die ersten Wochen in New York. edition suhrkamp digital. 94 Seiten

Friedrich von Borries, Jens-Uwe Fischer. Heimatcontainer. Deutsche Fertighäuser in Israel. es 2593. 200 Seiten

Hauke Brunkhorst. Das doppelte Gesicht Europas. Zwischen Kapitalismus und Demokratie. es 2676. 212 Seiten

Susan Buck-Morss. Hegel und Haiti. Für eine neue Universalgeschichte. Übersetzt von Laurent Faasch-Ibrahim. es 2623. 221 Seiten

Bernd Cailloux. Der gelernte Berliner. Sieben neue Lektionen. es 2563. 251 Seiten

Colin Crouch
- Postdemokratie. Übersetzt von Nikolaus Gramm. es 2540. 159 Seiten
- Das befremdliche Überleben des Neoliberalismus. Postdemokratie II. Übersetzt von Frank Jakubzik. es-Sonderdruck. 247 Seiten

Max Dax. Dreißig Gespräche. es 2558. 330 Seiten

Matthias Dusini, Thomas Edlinger. In Anführungszeichen. Glanz und Elend der Political Correctness. es 2645. 297 Seiten

Gudrun Ensslin, Bernward Vesper. »Notstandsgesetze von Deiner Hand«. Briefe 1968 / 1969. es 2586. 289 Seiten

David Foster Wallace. Schicksal, Zeit und Sprache. Über Willensfreiheit. es 2653. 207 Seiten

Heiner Flassbeck. Zehn Mythen der Krise. edition suhrkamp digital. 59 Seiten

Mischa Gabowitsch. Putin kaputt!? Russlands neue Protestkultur. es 2661. 438 Seiten

Mark Greif
- Bluescreen. Essays. Herausgegeben und übersetzt von Kevin Vennemann. es 2629. 231 Seiten
- Hipster. Eine transatlantische Diskussion. Herausgegeben von Mark Greif u. a. es-Sonderdruck. 206 Seiten

Durs Grünbein. Die Bars von Atlantis. Eine Erkundung in vierzehn Tauchgängen. es 2598. 60 Seiten

Jürgen Habermas
- Im Sog der Technokratie. Kleine politische Schriften XII. es 2671. 193 Seiten
- Zur Verfassung Europas. Ein Essay. es-Sonderdruck. 129 Seiten

David Harvey. Rebellische Städte. Übersetzt von Yasemin Dincer. es 2657. 283 Seiten

Wolfgang Fritz Haug. Kritik der Warenästhetik. Gefolgt von Warenästhetik im High-Tech-Kapitalismus. es 2553. 350 Seiten

Wilhelm Heitmeyer (Hg.). Deutsche Zustände. Folge 10. es 2647. 335 Seiten

Claudia Honegger / Sighard Neckel / Chantal Magnin (Hg.). Strukturierte Verantwortungslosigkeit. Berichte aus der Bankenwelt. es 2607. 395 Seiten

Axel Honneth. Vivisektionen eines Zeitalters. Porträts zur Ideengeschichte des 20. Jahrhunderts. es 2678. 307 Seiten

Thomas Kapielski
- Je dickens, destojewski. Ein Volumenroman. es 2694. 455 Seiten
- Mischwald. es 2597. 347 Seiten
- Sezessionistische Heizkörperverkleidungen. es 2680. 214 Seiten

Christian Kellermann / Henning Meyer (Hg.). Die Gute Gesellschaft. Soziale und demokratische Politik im 21. Jahrhundert. es 2662. 318 Seiten

Benjamin Kunkel. Utopie oder Untergang. Ein Wegweiser für die gegenwärtige Krise. Übersetzt von Richard Barth. es 2687. 245 Seiten

Philipp Lepenies. Die Macht der einen Zahl. Eine politische Geschichte des Bruttoinlandsprodukts. es 2673. 186 Seiten

Oliver Lepsius / Reinhart Meyer-Kalkus (Hg.). Inszenierung als Beruf. Der Fall Guttenberg. es-Sonderdruck. 215 Seiten

Martina Löw / Renate Ruhne. Prostitution. Herstellungsweisen einer anderen Welt. es 2632. 215 Seiten

Barbara Marković. Ausgehen. es 2581. 95 Seiten

Eduardo Mendieta / Jonathan VanAntwerpen (Hg.). Religion und Öffentlichkeit. es 2641. 196 Seiten

Markus Metz / Georg Seeßlen
- Blödmaschinen. Die Fabrikation der Stupidität. es 2609. 780 Seiten

- Geld frisst Kunst – Kunst frisst Geld. Ein Pamphlet. es 2675. 496 Seiten

Danny Michelsen / Franz Walter. Unpolitische Demokratie. Zur Krise der Repräsentation. es 2668. 411 Seiten

Stephan Moebius / Markus Schroer (Hg.). Diven, Hacker, Spekulanten. Sozialfiguren der Gegenwart. es 2573. 473 Seiten

Chantal Mouffe
- Agonistik. Die Welt politisch denken. Übersetzt von Richard Barth. es 2677. 214 Seiten
- Über das Politische. Wider die kosmopolitische Illusion. Übersetzt von Niels Neumeier. es 2483. 169 Seiten

Franco Moretti. Kurven, Karten, Stammbäume. Abstrakte Modelle für die Literaturgeschichte. Übersetzt von Florian Kessler. es 2564. 138 Seiten

Valzhyna Mort. Tränenfabrik. Gedichte. es 2580. 86 Seiten

Sighard Neckel / Greta Wagner (Hg.). Leistung und Erschöpfung. Burnout in der Wettbewerbsgesellschaft. es 2666. 219 Seiten

Barbara Nolte, Jan Heidtmann. Die da oben. Innenansichten aus deutschen Chefetagen. es 2599. 202 Seiten

Miltiadis Oulios. Blackbox Abschiebung. Geschichten und Bilder von Leuten, die gerne geblieben wären. es 2644. 482 Seiten

Katharina Raabe/Manfred Sapper (Hg.). Testfall Ukraine. Europa und seine Werte. es-Sonderdruck. 256 Seiten

Raul Zelik. Der Eindringling. Roman. es 2658. 288 Seiten

Slavoj Žižek. Auf verlorenem Posten. es 2562. 319 Seiten

Gabriel Zucman. Steueroasen. Wo der Wohlstand der Nationen versteckt wird. Übersetzt von Ulrike Bischoff. es-Sonderdruck. 118 Seiten